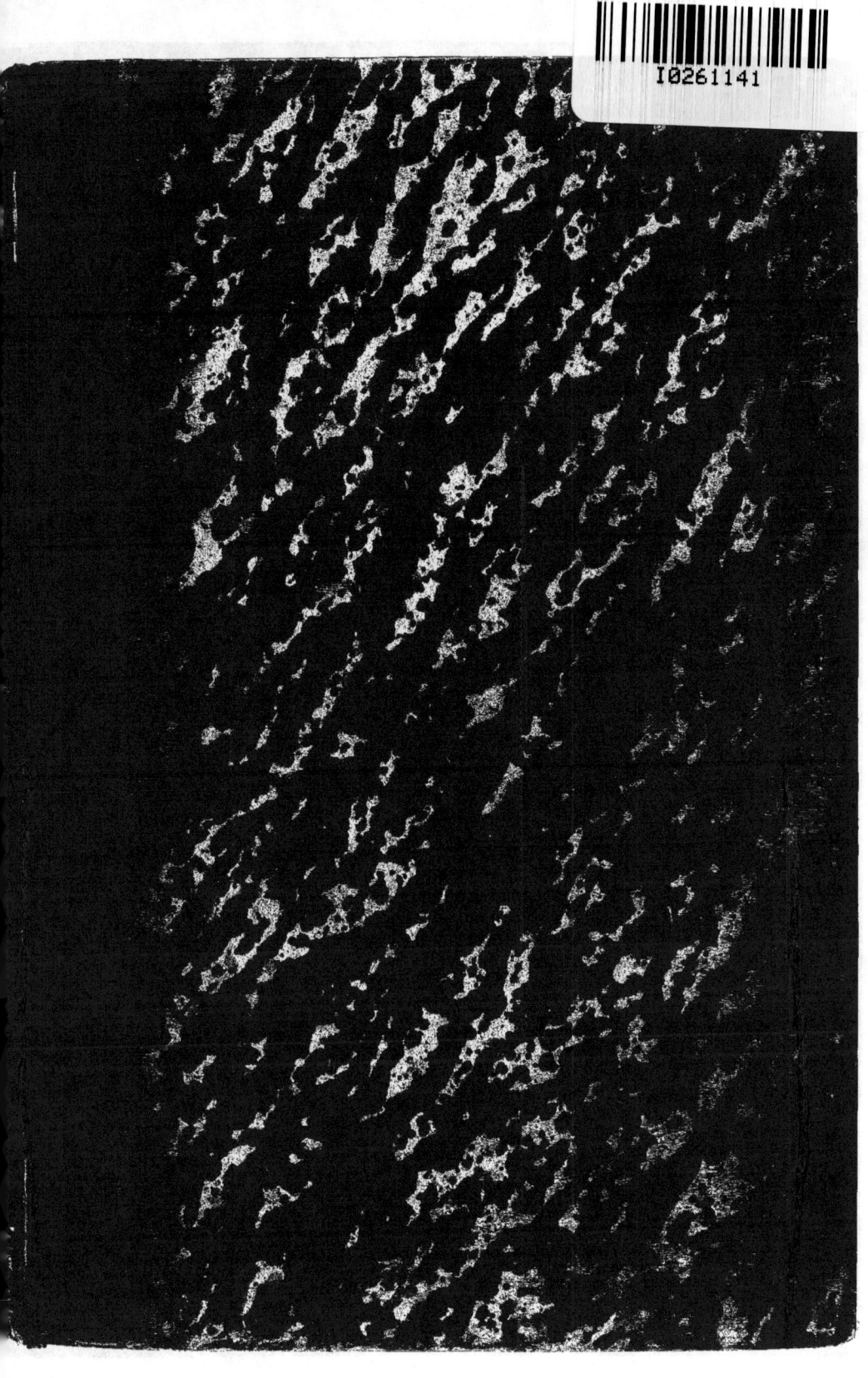

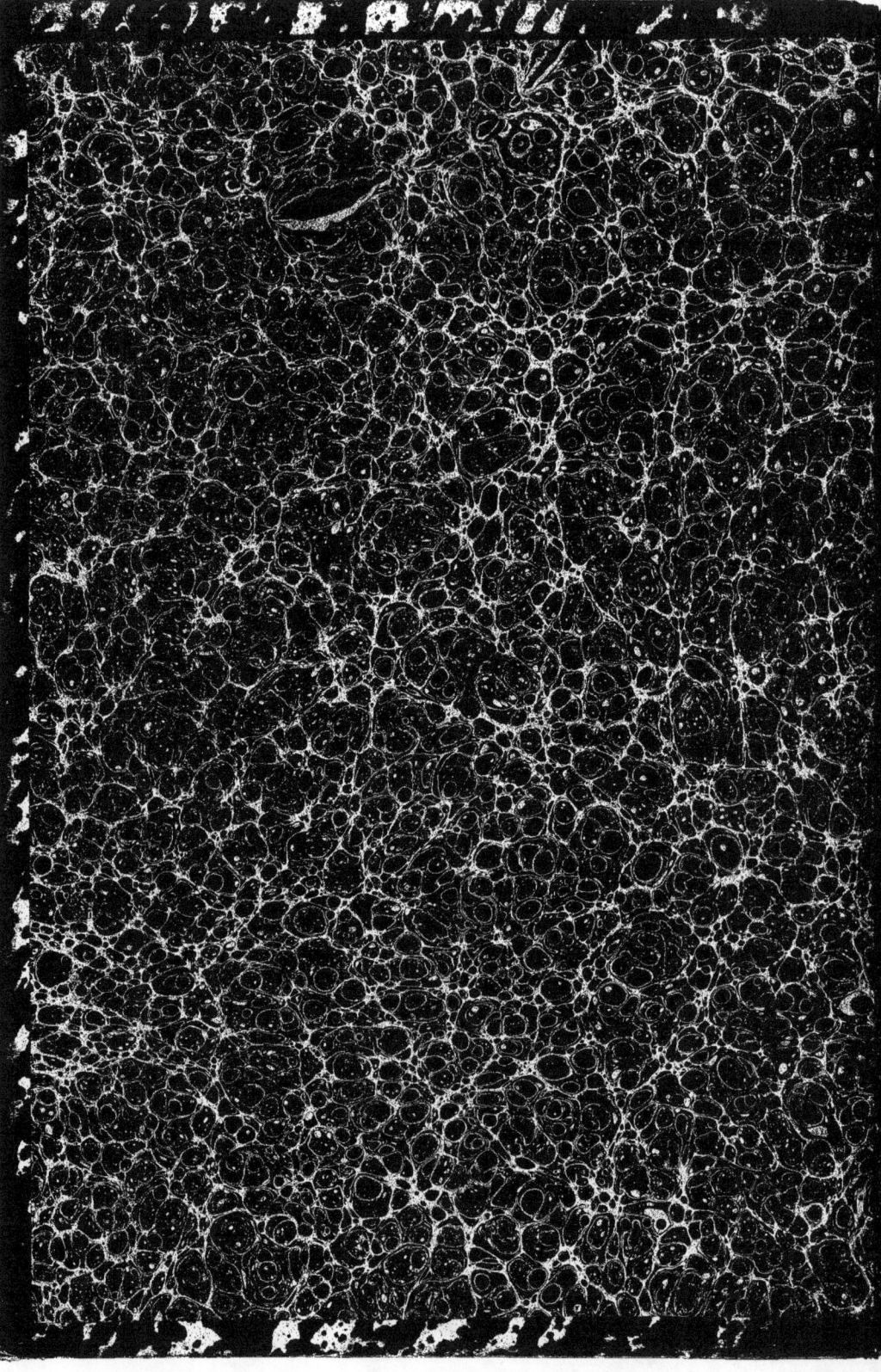

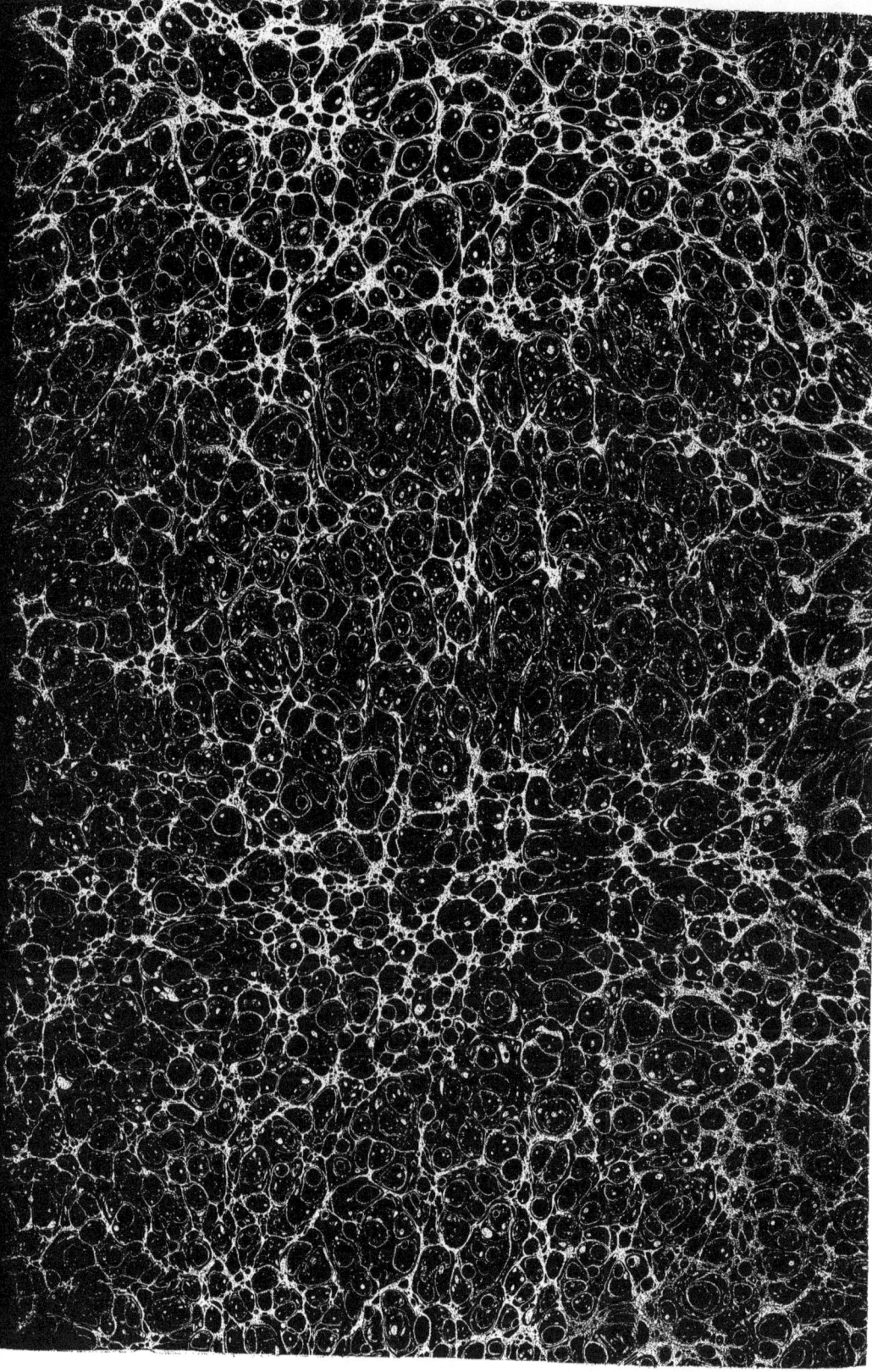

H. 11683. D.

# L'INDE FRANÇAISE

ou

# COLLECTION DE DESSINS

## LITHOGRAPHIÉS

REPRÉSENTANT LES DIVINITÉS, TEMPLES, COSTUMES, PHYSIONOMIES,
MEUBLES, ARMES, ET USTENSILES,

DES PEUPLES HINDOUS QUI HABITENT LES POSSESSIONS FRANÇAISES DE L'INDE,
ET EN GÉNÉRAL LA COTE DE COROMANDEL ET LE MALABAR ;

Publiée par M. J.-J. Chabrelie ;

AVEC UN TEXTE EXPLICATIF,

PAR M. E. BURNOUF,

Membre de l'Institut, Académie des Inscriptions,

ET M. E. JACQUET.

DÉDIÉ

*A S. Exc. M. Paul de Demidoff.*

TOME SECOND.

PARIS.

CHABRELIE, ÉDITEUR, RUE DE LA CHAUSSÉE D'ANTIN, N° 3.

1835.

# MANMATHA

ou

# LE DIEU DE L'AMOUR.

*Manmaden*, altération tamoule du sanscrit *Manmatha*, mot qui signifie « celui qui agite le cœur », est le nom sous lequel les Hindous de la côte de Coromandel désignent le dieu de l'Amour, plus communément appelé dans le Nord *Kâma* ou le Désir. C'est une des divinités que l'imagination gracieuse des poètes indiens s'est le plus attachée à embellir. On le représente d'ordinaire sous la figure d'un jeune homme, monté sur un perroquet, avec un arc à la main. Le bois de cet arc est une canne à sucre; la corde en est quelquefois composée d'un chapelet d'abeilles; et le carquois du dieu renferme cinq flèches, armées chacune d'une fleur particulière. Ces flèches égalent en nombre les sens qu'elles sont destinées à blesser. La femme de *Manmatha* est la Volupté, et le Printemps, son compagnon fidèle.

L'Amour naquit, selon la mythologie indienne, du cœur de *Brahmâ*, le Créateur de l'Univers, et il fit le premier essai de sa puissance sur l'âme de son père, auquel il inspira une passion incestueuse pour sa fille *Sandhyâ*. Un jour que *Shiva*, désolé de la perte de *Satî*, son épouse, se livrait à de sévères austérités, et restait insensible aux charmes et au culte de *Pârvatî*, fille de l'*Himâlaya*, l'Amour osa le frapper de ses flèches. Shiva, courroucé, consuma du feu d'un de ses regards le corps de *Manmatha*, et le réduisit à n'être plus qu'une essence immatérielle; fable ingénieuse qui semble indiquer que le véritable amour ne consiste pas dans l'action passionnée des sens. Dès-lors *Manmatha* reçut le nom de *Ananga*, ou l'Incorporel.

Pl. 1.ʳ                                                                                    16: LIV.

*Manmatha.*

S. मन्मथः

# LE GÉANT RAVANA,

## ROI DE LANKAY (CEYLAN).

Le géant à dix têtes *Râvana* est un des plus fameux héros de la mythologie indienne; son histoire est décrite fort au long dans le *Râmâyana*, poëme épique très-étendu, composé par un auteur du nom de Valmiki, l'un des ouvrages les plus célèbres qui existent dans l'Inde, qui a été traduit en vers dans tous les idiomes qu'on y parle, et qui est le plus généralement lu par les personnes de toutes les castes, comme donnant le meilleur résumé de l'histoire fabuleuse du pays. Râvana eut pour ennemi le dieu Râma, dont il avait enlevé la femme Sîtâ. Il la tenait captive dans l'île de Lankay (la même que l'île de Ceylan), dont il était roi, et où il régnait sur un peuple de géants. Râma, outré de l'insulte qui lui avait été faite, et voulant recouvrer sa femme Sîtâ, déclara la guerre au géant, leva une armée composée de singes et d'ours, et, avec cette armée de satires, il alla attaquer son ennemi dans l'île de Lankay. Comme il y avait un bras de mer à traverser, le dieu, aidé de son armée de singes et d'ours, forma une digue pour joindre l'île au continent ; aussitôt qu'elle fut construite, il passa le détroit et alla livrer bataille à son ennemi Râvana. Celui-ci, soutenu de son armée de géants, lui opposa une longue et vigoureuse résistance pendant laquelle Râma éprouva souvent les vicissitudes de la victoire et de la défaite, et perdit, dans les combats sanglants qu'il eut à soutenir, presque toute son armée de satires. A la fin, fatigué de cette longue guerre et usant de toute l'étendue de son pouvoir divin, il mit à mort son redoutable ennemi et anéantit l'armée des géants. Sîtâ, la cause de cette terrible et longue guerre, fut recouvrée par son époux et conduite en triomphe à Ayodhyâ, capitale de l'empire de Râma.

Le Géant Ravana
Roi de Lankay (Ceylan)

# ANOUHMA ou ANOUHMANTA.

Le singe Anouhma, en sanscrit *Hanouman*, est un des principaux objets du culte idolâtrique des Indous. Il reçoit partout des marques distinguées de vénération. Son image, telle qu'on la voit dépeinte ici, et souvent dans des attitudes encore plus ridicules, se trouve représentée, non seulement dans les temples, mais encore sur les grandes routes, sur le bord des rivières et des étangs, dans les édifices publics et dans tous les lieux fréquentés. Anouhma est la divinité favorite, surtout des dévots ou sectaires de Vichnou, qui lui rendent un culte spécial et de prédilection. Dans les pays de l'Inde où ces sectaires sont en grand nombre, on rencontre à chaque pas l'image de leur dieu favori. Les plus dévots parmi eux en portent toujours l'empreinte gravée sur de grandes médailles de cuivre ou d'argent suspendues à leur cou.

Le nombre des singes, dans l'Inde, est très-considérable. Ils vont par bandes, souvent de plus de cent; et comme ils sont sous la protection de la superstition du pays, ils sont très-hardis; ils ne craignent pas l'approche de l'homme. Ils entrent familièrement dans les maisons, d'où l'on ose à peine les chasser, quoiqu'ils y causent souvent de grands dommages, pillant, renversant et détruisant tout ce qui leur tombe sous la main. C'est un dieu, personne n'oserait lui faire du mal. On voit souvent des dévots indous leur porter dans les lieux où ils sont réunis en grand nombre, de la nourriture, comme du riz cuit, des fruits, etc., croyant exercer par là un acte de charité du plus grand mérite.

Anouhma est le général de l'armée de singes que le dieu Râma leva lorsqu'il alla attaquer le fameux géant Râvana et faire la conquête de l'île Lanka (ou Ceylan). Ce dieu, puissamment secondé de ces redoutables auxiliaires, réussit complétement dans son entreprise. L'histoire de cette terrible armée de satyres et de leur vaillant général Anouhma, se trouve rapportée avec le plus grand détail dans le célèbre poëme épique indien connu sous le nom de *Râmâyana*.

*Anouhma ou Anouhmanta.*

# SOUPRAMANY-SAMY ou SOUBRAHMANYA.

Ce dieu du second rang est un des fils de Shiva. Il est ordinairement adoré sous la forme d'un serpent monstrueux, auquel on donne les noms d'*Ananta* et *Mahâ secha*. Le dieu Vichnou est représenté dormant sur les eaux de l'Océan, soutenu sur la tête de ce serpent, ou de Soubrahmanya sous la forme de ce monstrueux et redoutable reptile. C'est donc à Soubrahmanya que se rapporte le culte religieux rendu partout dans l'Inde aux serpents, et surtout aux plus venimeux de tous, le *serpent à sonnettes*, connu dans le midi de l'Inde sous le nom de *Naga pambou*, appelé en portugais *cobra de capello* ou *serpent à chapeau*. Ce nom lui est venu de l'espèce de chaperon qui, lorsqu'il est irrité, se forme sur sa tête par la dilatation ou l'extension de sa peau. Son venin est si actif que sa morsure cause quelquefois la mort dans un quart d'heure. On voit plusieurs temples érigés en l'honneur des serpents ou de Soubrahmanya. De gros serpents y ont établi leur demeure, et tous les jours les Brahmanes et autres dévots viennent leur offrir leurs adorations et des sacrifices consistant en bananes, beurre, lait et autres substances qui sont la nourriture de ces dangereux reptiles. On en voit l'image sculptée sur des pierres, sur les grandes routes, dans la plupart des temples et autres lieux fréquentés par le public. Lorsqu'ils s'introduisent dans les maisons, ceux qui les habitent n'osent pas chasser ces hôtes dangereux. On en voit où des serpents sont établis à demeure fixe depuis des années, et où ils sont entretenus et choyés par ceux qui partagent avec eux la même demeure. Bien loin de les craindre, les habitants les regardent comme des génies tutélaires, les adorent en se prosternant devant eux, et les nourrissent avec du lait, du beurre et d'autres substances. Il est rare qu'ils soient exposés à des accidents; vivant toujours ensemble, ils s'apprivoisent avec ceux qui les entretiennent si bien. On rencontre souvent des dévots allant chercher dans les champs les trous dans lesquels les serpents ont établi leur demeure, et les visitant pour leur offrir leurs adorations et leur porter de la nourriture, surtout du lait, dont ils sont très-friands. On célèbre dans toute l'Inde, au mois de décembre, une fête solennelle appelée *Nagara-pantchamy*, en l'honneur des serpents, ou de Soubrahmanya sous la forme de ce reptile. Tuer un serpent serait un crime irrémissible, et qui exposerait aux plus grands dangers celui qui l'aurait commis.

**SOUPRAMANY-SAMY,**
*Second fils de Siva.*

# MARIYAMMAI,

### DÉESSE DE LA PETITE-VÉROLE.

*Mâri* ou *Mâriyammai* (1), nommée *Shîtalâ* dans l'Inde septentrionale, est la déesse de la petite-vérole; elle a dans les provinces du sud plusieurs autres noms. Il est probable que son culte est originaire de cette partie de l'Inde, et que de là il s'est répandu dans l'Orissa et dans le Bengale, où cette déesse n'a d'ailleurs qu'un assez petit nombre de fidèles. Les Tamouls ont identifié Mâriyammai avec Rênoukâ, épouse de Djamadagni, dont l'histoire est diversement racontée dans les Pourânas; ils ont adopté une de ces versions, et y ont ajouté des circonstances qui ne peuvent avoir été imaginées qu'au-delà du Kritsna. Rênoukâ devait à sa pureté le pouvoir de saisir les éléments sous toutes les formes; un jour qu'elle avait condensé de l'eau en boule, pour la rapporter à la maison de son époux, elle vit passer dans l'air un beau Gandharva; elle éprouva des désirs et perdit la chasteté du cœur; l'eau s'échappa aussitôt de ses mains. Djamadagni, assuré de son infidélité, ordonna à son fils Parashourâma de lui trancher la tête sur la place où se faisaient les exécutions publiques; Parashourâma obéit avec résignation à cet ordre, et obtint de son père, pour prix de son obéissance, le *mantra* qui pouvait rappeler Rênoukâ à l'existence. Dans l'impatience qu'il éprouvait de rendre à sa mère ce devoir pieux, il courut à la place des exécutions, releva la tête de Rênoukâ, et y joignit, par une fatale erreur qu'il ne reconnut qu'après avoir prononcé le *mantra*, le corps d'une *paraitchi* (2) récemment décapitée. Livrée dès-lors aux infâmes passions des femmes de cette caste, disposant néanmoins de l'énergie qui l'avait un moment abandonnée, elle commit d'effroyables excès; les dieux, pour apaiser ses fureurs, lui accordèrent le pouvoir d'infliger et de guérir la petite-vérole (3). On la représente assise, tantôt sur un trône, tantôt sur une fleur de lotus, la tête entourée de flammes et surmontée de l'immense développement du chaperon d'un serpent *nâga*, tenant d'une de ses quatre mains une épée, d'une autre un *trishoûla*, d'une autre un tambour *oudoukou*, et de la quatrième un masque, emblème effrayant. La couleur de feu de cette déesse fait sans doute allusion aux pustules enflammées dont l'éruption est le signe extérieur de la maladie. Les Brahmanes et les Shoûdras de bonne caste ont un profond mépris pour le culte de Mâriyammai, qui n'a presque d'autres adorateurs que des Parias. Si un Shoûdra veut lui adresser des prières, il entre dans la pagode, où est placée la tête de la déesse; le corps est relégué à la porte de cette pagode et livré aux adorations impures des Parias. Mâriyammai réduite à la condition de *paraitchi*, séparée de son fils Parashourâma par sa propre dégradation, obtint des dieux un nouveau fils né Paria; ce fils, digne de sa mère, après avoir été empalé, devint le dieu des suppliciés. Les Parias lui rendent également un culte, et considèrent sa mère et lui comme les divinités tutélaires de leur nation. La fête de Mâriyammai a déjà été décrite dans ce recueil.

(1) Ce mot est composé de *mâri* et de *ammai* (mère). On nomme encore cette déesse *Mâriyatâl*, de *atâl*, qui signifie également mère; c'est aussi le titre que lui donnent les habitants du Bengale, en l'invoquant sous le nom de *Mâtâ* : elle est en effet associée par les Indiens aux grandes *Mâtrî* ou mères, qui paroissent être des *Shakti* ou énergies divines personnifiées. Le nom sanskrit de cette déesse, *Shîtalâ* (froide), fait sans doute allusion aux frissons fébriles qui sont un des symptômes de la petite-vérole.

(2) Femme de Paria.

(3) Les Chinois rendent aussi un culte à l'Esprit de la petite-vérole.

*Mâriyammai.*
S. शातला: *(la froide)* T. மாரி ou மாரியம்மை

# KATAVARAYEN.

Rênoukâ avait été privée, par la déplorable erreur de son fils, des avantages de la naissance brahmanique, en même temps qu'elle avait reçu les honneurs divins, et qu'elle avait été associée aux redoutables *Shakti;* elle était déesse, mais elle était aussi *paraitchi.* Humiliée de sa condition présente, n'espérant plus les respects de Parashourâma, elle obtint des dieux, par sa puissante énergie, un fils qui pût lui rendre les devoirs de la piété filiale, sans se dégrader et sans souiller la pureté de sa naissance. Elle conçut dans son corps de *paraitchi* un fils qui naquit Paria, et qui reçut à sa naissance le nom de *Kâtavârayen. Mâriyammai* reporta sur lui toute son affection maternelle; mais *Kâtavârayen* était condamné par sa naissance même à se rendre indigne de cette affection; il ne lui manqua aucune des inclinations basses et ignobles qui forment le trait principal du caractère des Parias. Il y a plusieurs traditions sur l'existence humaine et sur la mort de *Kâtavârayen;* cette variété de traditions est facile à expliquer par l'ignorance et par la stupidité crédule des Parias qui en conservent le dépôt; suivant l'une d'elles, *Kâtavârayen* se pendit et fut élevé au rang de dieu des suicidés et des suppliciés. C'est aussi sans doute dans ces traditions qui nous sont inconnues, qu'on trouverait l'explication d'une particularité curieuse de la représentation de ce dieu, telle que nous l'offre le dessin original dont notre planche est la copie exacte; *Kâtavârayen,* né Paria, divinité nationale des Parias, est revêtu du cordon brahmanique, de cet insigne sacré de la naissance spirituelle (1); on observera d'ailleurs que sa coloration n'est pas celle des Parias, mais plutôt celle des Brahmanes: il serait important de connaître la cause mythologique d'une si étrange anomalie. Ce dieu est représenté assis sur un trône, tenant d'une main un sabre, de l'autre un bouclier; son front, ses bras et son corps portent le signe qui distingue les sectateurs de Shiva; sa tête est couverte d'un bonnet d'une forme particulière et entièrement différente de celle de la mitre droite que les usages religieux accordent à toutes les autres divinités. Un trait remarquable de la physionomie de Kâtavârayen est la longue dent recourbée qui sort de chaque coin de sa bouche, et tient ses lèvres entr'ouvertes. Cette double dent canine, symbole de la férocité, est commune à toutes les divinités terribles, telles que *Mannârsouvâmi, Mâriyammai* et les *Shakti;* on la retrouve également dans les représentations singalaises des divinités infernales *Souniyan Yakchayâ* ou *Oddi, Dalarâsi* et *Yamarâkchayâ.*

Divinité inférieure, *Kâtavârayen* suit la condition de ses adorateurs: or rendre un culte à ce dieu, c'est se déclarer Paria. Toutes les offrandes lui sont bonnes, parce que toute nourriture est bonne pour le Paria; on peut lui offrir des viandes cuites et déjà entamées, parce que les Parias peuvent manger les restes de toutes les castes; on peut lui offrir encore du poisson salé, du tabac et les autres substances dont les plus vils Shoûdras ne parlent qu'avec horreur.

(1) Les Indiens de basse caste se font sans doute peu de scrupule de décorer leurs divinités des insignes de la noblesse brahmanique; car l'honneur des Brahmanes a seul à souffrir de cette supercherie. Les jésuites de Pondichéry exposèrent un jour dans une crèche une statuette de bois représentant Jésus enfant: les indigènes chrétiens, presque tous de caste inférieure, ne trouvèrent d'autre moyen d'ajouter à la solennité de cette parade pieuse, que de revêtir Jésus-Christ du triple cordon de Brahmane; il fut respectueusement placé sur ses épaules par un Indien qui représentait un des trois mages venus de l'Orient.

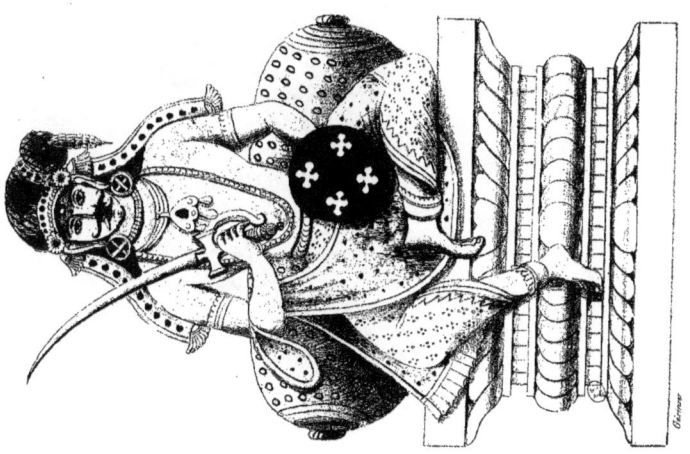

Katavarayen.

# MANNARSOUVAMI.

*Mannârsouvâmi*, souvent prononcé *Mannârsâmi*, est la plus vulgaire des nombreuses dénominations sous lesquelles est connue une divinité mâle, terrible, dont l'origine est d'ailleurs si incertaine, que les Indiens eux-mêmes ne s'accordent pas sur le point de savoir duquel des dieux adorés par les Brahmanes elle est la transfiguration populaire (1). Quelques-uns prétendent que Shiva lui-même s'est revêtu de cette forme pour recevoir les adorations des basses castes; mais les *poûdjâri* de *Mannâr* affirment que cette divinité n'est autre que Soubrahmanya, fils de Shiva; les Brahmanes ne favorisent ni l'une ni l'autre de ces opinions, et pensent que *Mannâr* ne peut prétendre à tant d'honneur; ils n'ont pas moins de mépris pour ce dieu que pour ses adorateurs, et considèrent comme une insulte l'invitation d'assister à sa fête pour y célébrer le *poûdjai*.

*Mannârsouvâmi* est la divinité nationale et tutélaire de la caste agricole des *Palli*; cette caste rend également un culte national à *Pachoumma* sa mère, dont le nom est toujours associé à celui de *Mannâr* dans les prières publiques, et qui doit être sans doute considérée comme une *Shakti*. Il faut observer que chacune des tribus de l'intérieur des terres a deux divinités tutélaires, l'une mâle, l'autre du sexe féminin, qui est une *Shakti*, et qui reçoit en cette qualité le titre honorifique de *Mère*; quelques tribus rendent le même culte à plusieurs *Shakti* en même temps; je ne pense pas qu'on doive s'en étonner, parce que ces divinités, dont le nombre est indéfini, ne paraissent être que des formes diverses d'une seule énergie divine personnifiée, celle de Shiva, plus connue sous les noms de *Prâvatî* et de *Dourgâ*. Cette conjecture, à laquelle il serait facile de donner ailleurs plus de développements et d'autorité, confirmerait l'opinion de ceux qui identifient *Mannâr* avec *Soubrahmanya*; on trouverait peut-être une nouvelle preuve de cette identité dans le nom de *Pachoumma*, qui doit sans doute s'écrire régulièrement *pachoumai* et signifier *bonne, vertueuse*, de même que *Satî*, l'un des noms de l'épouse de Shiva. On élève à *Mannâr* et à sa mère de petits temples au milieu des champs; on place dans ces temples les statues en pierre de ces deux divinités, le *linga*, les figures de Poullaiyâr, de Kartikêya et de douze jeunes vierges, circonstance à laquelle ces temples doivent le nom de *Kanniyerkôyl* ou *temple des vierges*: à la porte de ces temples s'élèvent des statues colossales de *Bhoûta* ou de *Mounniriyâr* (dieux gardiens) construites en briques et revêtues d'un enduit brillant; ces dieux gardiens ont souvent des noms et des caractères propres, tels que ceux de *Vel* (blanc), *Chem* (rouge), *Kâr* (noir), etc. *Mannâr* lui-même est représenté de couleur rouge, assis sur un trône, élevant d'une main une épée nue, appuyant l'autre main sur son genou gauche; un de ses pieds repose sur une tête d'homme attachée au bas de son trône; il porte au front les trois lignes qui révèlent un sectateur de Shiva. Les *poûdjâri* de ce dieu sont le plus souvent choisis dans la caste des *Palli*; ils n'offrent de sacrifices qu'aux dieux gardiens du temple, qui sont ordinairement au nombre de trois. On célèbre des fêtes en l'honneur de *Mannârsouvâmi* à l'équinoxe du printemps et à l'équinoxe de l'automne. Les *poûdjâri* de *Mannârsouvâmi* vont dans les villes, chanter sur les places publiques des hymnes en l'honneur de Shiva et de Kartikêya, en accompagnant leur voix du *challimbou* (2), de l'*oudoukou* et de plusieurs clochettes; ils portent ordinairement avec eux une boîte contenant des cendres de bouse de vache, et en font de libérales aumônes à ceux des passants qui leur font des aumônes d'argent.

(1) La même incertitude existe au sujet du caractère réel de la déesse *Mâriyammaï*; les uns prétendent qu'elle est fille de Shiva; les autres soutiennent avec plus de vraisemblance qu'elle est une transformation de *Dourgâ*, épouse de ce dieu.

(2) Grand anneau creux rempli de cailloux; le bruit désagréable que produit ce singulier instrument est destiné à soutenir la récitation des dernières syllabes de chaque stance.

Mannarsouvámi.
மன்னசுவாமி

# AYYANAR ou HARIHARAPOUTRA.

L'*amrita*, la liqueur qui donne l'immortalité, venait d'être élevé du fond de la mer de lait par les efforts souvent interrompus des Dieux et des *Asoura* leurs vainqueurs; les *Asoura*, se confiant dans la supériorité de leurs forces, avaient enlevé des mains de *Dhanvantari* le vase qui contenait la précieuse liqueur, et se préparaient à refuser aux Dieux la part d'immortalité qui leur était acquise par de si pénibles travaux : les Dieux invoquent Vichnou, et aussitôt paraît dans l'assemblée des Dieux et des *Asoura* une femme brillante de beauté, de jeunesse et de grâces; elle folâtre avec les *Asoura*, les séduit par son sourire et les enivre de ses regards; elle saisit le vase d'*amrita*, et distribue le breuvage d'immortalité, en commençant par le côté où sont rangés les Dieux; le vase s'épuise avant que les *Asoura* aient cessé d'admirer cette gracieuse beauté, et déjà le dernier des Dieux a bu la dernière goutte d'immortalité: alors Vichnou reprend sa forme divine, et les *Asoura* se retirent furieux et impuissants. Les Dieux avaient été aussi émus par l'apparition de cette céleste beauté; Shiva en avait conservé un si agréable souvenir, qu'il pria un jour Vichnou de revêtir de nouveau ces formes voluptueuses qui avaient séduit les *Asoura*. Vichnou refusa de satisfaire à son désir, l'assurant qu'il ne pourrait réprimer les mouvements désordonnés de ses sens trop vivement excités; il finit cependant par céder aux instantes prières de *Mahâdéva*, et se transforma en cette femme dont les charmes avaient assuré l'immortalité aux Dieux: Shiva ne put se contenir; troublé par cette brillante illusion, il courut à Vichnou, et l'étreignit dans ses embrassements avec les transports d'une passion effrénée. Vichnou conçut et mit au jour un fils qui reçut le nom de *Hariharapoutra* ( *Arigaraboutiren* en tamoul, c'est-à-dire fils de Vichnou et de Shiva ). On lui donne encore le nom de *Ayyanâr*, sous lequel il est mieux connu dans le sud de l'Inde. Quoique ce dieu puisse être considéré comme une des divinités populaires, dont le culte est devenu la part des castes inférieures, les Brahmanes lui accordent quelque considération en faveur de sa haute origine, et ne dédaignent même pas quelquefois de célébrer le *poûdjai* en son honneur. On l'invoque comme dieu tutélaire de la contrée, comme protecteur du bon ordre et des mœurs publiques; on lui sacrifie des coqs et des chevreaux. Tous ses temples sont construits à l'écart, loin des villes, des villages et des chemins, le plus souvent à l'entrée d'un de ces grands bosquets nommés *topou*, où les voyageurs vont chercher vers le milieu du jour la fraîcheur et le repos. C'est un devoir, lorsqu'on approche de ces petits temples agrestes, de descendre de voiture ou de cheval, d'ôter sa chaussure et de passer nu-pieds devant la statue du dieu. Au-devant de ces temples s'élèvent ordinairement des hangars, à l'abri desquels les Indiens viennent déposer de petites figurines de terre cuite, représentant des chevaux ou des éléphants, qu'ils consacrent à *Ayyanâr*. Ce dieu n'est pas le seul auquel on fasse des offrandes de ce genre; les tribus de l'intérieur des terres, et en particulier la grande tribu des *Palli*, placent dans de petites cours, au-devant des temples de *Mannârsouvâmi* et des autres divinités populaires, des chevaux, des éléphants et des *Bhoûta* en terre cuite, comme *gardiens* de ces temples. Lorsqu'un *Palli* tombe malade, il fait vœu de déposer un certain nombre de ces figurines devant le temple de la divinité, qu'il suppose être l'auteur de sa maladie. Il est intéressant d'observer qu'aucune des divinités brahmaniques ne reçoit de pareilles offrandes.

Hariharapoutra.

# SATCHI, ÉPOUSE D'INDRA.

Une des précédentes livraisons de cet ouvrage offre la représentation d'*Indra* (*Devendiren*) dans son caractère de chef des Dêvas et de roi du ciel inférieur ou *Svarga* : ce caractère est celui sous lequel il apparaît le plus fréquemment dans la moderne mythologie des Indiens; c'est Indra, tel que l'ont fait les *Pourânas*, ces vastes encyclopédies du mythe. Un autre caractère lui appartient, aussi noble, aussi grand, et qui peut avoir également son origine dans une révolution des idées religieuses, celui de chef des *Dikpâla* ou des huit dieux gardiens des points de l'espace (1). Il est placé à leur tête, vers la région de l'est, de laquelle part et à laquelle revient tout mouvement céleste et tout mouvement religieux. Les *Dikpâla* (dont les Tamouls ont altéré le nom en celui de *Tigoupâlager*) ont pour séjour huit villes situées sur le sommet de la montagne centrale ou *Merou*, autour de la grande cité d'or nommée *Brahmapoura*, à vingt-quatre mille *yôdjana* (2) au-dessus de la surface de la terre : celle qui est sous la domination d'Indra, s'élève sur le côté oriental, distinguée des trois autres faces de cette fabuleuse montagne par sa couleur blanche. L'importance du rôle que jouent les *Dikpâla* dans la mythologie du moyen âge indien, plus encore que le culte vulgaire, que leur adressent aujourd'hui les peuples du sud de l'Inde, nous engage à leur consacrer une partie considérable des dernières livraisons de cet ouvrage.

*Satchî* ou, suivant l'orthographe tamoule, *Sachidévi*, est l'épouse d'Indra. On sait que ce dieu donne aux aventures amoureuses la plus grande partie du temps, dont lui permettent de disposer les pénitences rivales des pieux solitaires. Il n'est peut-être aucune de ces aventures dont il soit sorti d'une manière honorable; mais de toutes, la plus odieuse est certainement son entreprise contre *Satchî*, fille du saint *richi Poulôman* (3); il opposa la violence au pudique refus de Satchî, puis, pour prévenir la malédiction dont le menaçait la colère du vieux pénitent, il l'anéantit, et enleva sa fille au *Svarga*, où il lui donna pour résidence la ville merveilleuse d'*Amarâvatî*. Indra doit à cette aventure les noms de *Poulômabhid* et de *Poulômâri* (ennemi, destructeur de *Poulôman*); il lui doit encore celui de *Satchîpati* (époux de *Satchî*). Il a, de son union avec cette déesse, un fils nommé *Djayanta* ou *Djayadatta*, dont les exploits sont célébrés dans les compilations mythologiques des Indiens. Les poètes accordent à *Satchî* une beauté majestueuse, et lui comparent les princesses dont ils vantent les charmes pleins de grâce et de noblesse.

(1) Les *Dikpâla* paraissent être une transformation relativement moderne des *Vasou* ou des huit dieux de l'espace célébrés dans les Védas; ces dieux s'y montrent revêtus d'un caractère cosmogonique, et sous les noms d'*Indra*, de *Sodrya*, de *Pavana*, de *Yama*, de *Varouna*, de *Tchandra*, d'*Agni* et de *Prithol*, quelquefois même sous celui des *huit Vichnou*; dans un autre système, et probablement dans d'autres temps, les huit *Vasou* ont d'autres noms, ceux de *Dhava*, *Dhrouva*, *Sôma*, *Vichnou*, *Anila*, *Anala*, *Prabouchâ*, *Prabhâsa*; l'ordre n'est plus le même, et le nom d'*Indra* a disparu. Plus tard, à l'époque des croyances purement mythologiques, les huit dieux des points de l'univers sont nommés *Dikpâla*; ce sont Indra, Agni, Yama, Niriti, Varouna, Vâyou, Kouvéra et Ishâna; trois de ces divinités ne se retrouvent pas dans les précédentes listes. Enfin, une dernière transformation des *Vasou* paraît être la création mythologique des *Dikpati* ou maîtres des points cardinaux; ces divinités sont des personnifications des corps planétaires les plus apparens, le Soleil, Saturne, Mars, Mercure, Vénus, la Lune, Jupiter, ainsi que du phénomène sidéral de l'éclipse. Cette transformation, évidemment la plus moderne de toutes, a probablement été imaginée par l'école astronomique des *Djyôticha*.

(2) Le *yôdjana* est ordinairement évalué à neuf milles anglais.

(3) *Satchî* est aussi connue sous le nom patronymique de *Pôlômî*. On consigne ici une observation, à laquelle on se propose de donner ailleurs plus de développemens : *Poulôman* paraît être un équivalent de *Poulastya*, nom propre d'un *richi* qu'on n'a encore trouvé cité dans aucun texte simultanément avec *Poulôman*; la seule différence qui existe entre ces noms identiques quant à leur signification, est tout entière dans le choix du suffixe.

Satchi, épouse d'Indra.

# AGNI, DIEU DU FEU.

*Agni*, fils de *Kashyapa* et d'*Aditi*, est le dieu du feu. Il est peu de divinités, dans le panthéon indien, qui se produisent sous des formes aussi nombreuses et aussi variées. La cause en est, sans doute, qu'*Agni* a parcouru le cercle entier des révolutions de la mythologie indienne, que chacune des traditions dont il a été le sujet s'est formulée sous un type différent, et que ce type graphique s'est, comme il arrive souvent, conservé plus long-temps que l'idée religieuse, dont il était primitivement l'expression. Il est représenté, sur la planche en regard, dans sa forme la plus simple, dans celle qui probablement se rapproche le plus du type primitif : son corps, auquel on donne quelquefois un excessif embonpoint, est d'un rouge ardent; sa triple tête, qui lui a fait attribuer l'épithète de *trishiras*, est enveloppée de flammes ; ses yeux, ses sourcils et ses cheveux sont noirs ; il tient dans sa main droite la terrible masse d'armes (*mousala*), si célèbre dans les poèmes héroïques des Indiens (1). Sa monture est un vigoureux bélier, quelquefois, mais rarement, un bouc. On le représente encore sous la forme d'un homme à deux têtes, à trois jambes et à sept bras, de couleur de feu, monté sur un bélier, et tenant une petite bannière sur laquelle est aussi figuré cet animal. Ses sept bras sont souvent remplacés par sept rayons de gloire, qui s'échappent de son corps. Souvent aussi on le représente exhalant de sa bouche des traits de feu, images imparfaites des sept langues de feu, sur lesquelles on suppose qu'il élève jusqu'au ciel les offrandes destinées aux divinités (2). Car les hymnes des Védas le célèbrent comme le médiateur entre les dieux et les hommes, comme l'une des deux bouches par lesquelles les dieux mangent le sacrifice, comme le représentant des dieux toujours présent sur la terre, comme le dieu du foyer et de la famille (3). A lui s'adressent ces admirables paroles des Védas : « Je chante un » nouvel hymne à *Agni*, cet aigle céleste ; donne-nous d'abondantes richesses , » *Agni*, toi qui es le maître du sacrifice embrasé, toi dont la splendeur réjouit la » vue, comme les trésors, le père d'une nombreuse famille. » *Agni* est encore considéré comme le suprême purificateur de toutes les choses terrestres, et invoqué en cette qualité sous le nom de *Pâvaka*. Le caractère d'*Agni*, dans la mythologie des *Pourânas* est déjà moins simple et moins élevé ; dans l'un d'eux, il est identifié avec l'année ; il est l'année sous la forme du soleil, les *Pitri* sont les saisons, les diverses productions de la nature sont les fils des *Pitri*; ce système rapporte évidemment au feu l'origine et le développement de toutes choses. Les légendes sont plus nombreuses encore que les allégories cosmologiques, et sont presque toujours elles-mêmes des allégories d'un ordre moins élevé : il suffira de rappeler celle qui représente *Agni* condamné par l'imprécation d'un brahmane *sâgnika* à tout dévorer, et obtenant par la force de sa pénitence le pouvoir de purifier tout ce qui serait dévoré par lui. Bien moins élevée encore est l'idée que se font aujourd'hui d'*Agni* les Tamouls, réduits à ne lire que des recueils de légendes sans autorité, le plus souvent inventées dans le sud de l'Inde, loin des sources les plus pures de la mythologie indienne : *Agni* est devenu pour eux le dieu de la cuisine et l'ami de la maison.

*Agni*, en sa qualité de *Dikpâla*, protège la région du sud-est. Sa résidence est la ville de *Tedjôvatî*, ou, suivant la prononciation tamoule, de *Téchôbadipattanam*.

(1) Ces sept langues sont nommées *pravaha*, *âvaha*, *oudvaha*, *samvaha*, *vivaha*, *parâvaha* et *anouvaha*.
(2) Le brahmane maître de maison doit entretenir trois feux, le feu *gârhapatya* ou feu domestique, le feu *âhavanîya* ou consacré, et le feu *dakshina* ou du sud.
(3) On le représente plus fréquemment armé de la lance ou *shakti*.

*Agni, Dieu du Feu.*

# SVAHA, ÉPOUSE D'AGNI.

*Sváhá* ou, selon la prononciation tamoule, *Souvagá*, fille de *Kashyapa* et d'*Aditi*, est l'épouse d'*Agni* (1); elle est constamment associée aux honneurs divins rendus à son époux, et n'est jamais séparée de lui dans les invocations religieuses. Au moment d'allumer le feu du sacrifice, le brahmane officiant répète cette formule védique : « O feu! ceci (il désigne les matériaux combustibles) est ta nourriture; dévore donc ces aliments, et accrois notre richesse. » Après ces paroles, il invoque *Sváhá* par son nom, comme représentant l'intention même du sacrifice : c'est ainsi du moins que les Indiens comprennent aujourd'hui cette cérémonie propitiatoire; il est cependant certain, et les textes des Védas en offriraient de nombreuses preuves, que cette déesse est simplement la personnification de l'invocation religieuse *sváhá* (2), dont le véritable sens ne paraît pas avoir été conservé par la tradition. Cette invocation est une partie intégrante du sacrifice; on représente les dieux recevant cette invocation comme nourriture, en même temps que le *havis* ou beurre clarifié, et que les autres offrandes des hommes; aussi *Sváhábhoudj* (qui se nourrit de *sváhá*) est-il le nom commun de toutes les divinités. *Sváhá* ne différait probablement pas dans l'origine d'une autre invocation (*Svadhá*), avec laquelle elle a des rapports plus intimes encore que ceux qu'on peut saisir dans la forme extérieure des deux mots. *Svadhá* est une invocation funéraire (3); on l'adresse aux mânes ou *Pitri* dans les sacrifices particuliers (*kavya*) qui leur sont offerts; aussi *svadhá* est-elle considérée comme la nourriture propre des mânes. Cette nourriture spirituelle doit leur être préparée par leurs descendants pendant toute la suite des siècles, qui s'écouleront jusqu'à la destruction des mondes : privés de cette nourriture par la négligence ou par l'interruption de leur postérité, les *Pitri* éprouveraient toutes les angoisses de la faim, et seraient couverts de honte et de misère; aussi les nomme-t-on *Svadhábhoudj*. Ce qui ne permet aucun doute sur l'identité originaire de *sváhá* et de *svadhá*, c'est que cette dernière invocation personnifiée est souvent confondue avec la première par les Indiens eux-mêmes, dans le caractère d'épouse d'*Agni*; aussi ce dieu est-il indifféremment nommé *Svadhápati* ou *Sváhápati*. On a sans doute commencé à distinguer ces deux invocations, au moment où l'on a commencé à distinguer le culte des *Pitri* ou ancêtres, de celui des dieux, et à instituer le double sacrifice *kavya* et *havya* (4). *Agni* a, de son union avec *Sváhá*, trois fils, qui ont eux-mêmes quarante-neuf fils, tous célèbres dans les fastes mythologiques de l'Inde.

(1) Le nom même de cette invocation est *Sváhákára*.
(2) Le nom spécial de cette invocation est *Svadhákára*.
(3) La forme grammaticale même de ces deux mots semble assurer l'antériorité à *Svadhá*, dont *Sváhá* pourrait être une altération; ce résultat s'accorderait avec les traditions et avec la critique des textes : les dieux étaient en effet considérés primitivement comme les ancêtres ou *pitri* des hommes.
(4) Les représentations de cette déesse sont si rares, que M. Coleman déclare n'en avoir jamais vu une seule.

Swâhâ, épouse d'Agni.

# YAMA,
## DIEU DES RÉGIONS INFÉRIEURES.

*Yama* ou, selon la prononciation altérée des Tamouls, *Emen*, est le maître du *nâraka* ou des régions inférieures, le juge des morts et le dieu qui préside aux cérémonies funéraires. Il est fils de *Soûrya* (le soleil) (1) et de *Sandjñâ* son épouse, dans laquelle on peut reconnaître une personnification du crépuscule ; aussi la coloration de ce dieu est-elle d'un bleu obscur (2). Quelquefois cependant la couleur verte est celle du corps d'*Yama*. Toutes les traditions ne s'accordent pas sur la forme extérieure et sur les attributs de ce dieu; toutes cependant lui donnent pour monture un bœuf à bosse, qu'on peint quelquefois des mêmes couleurs que lui ; on le voit souvent représenté couvert de vêtements jaunes ou rouges, les yeux couleur de sang, les dents sortant des coins de la bouche, la tête chargée d'une couronne, et la main droite, d'une lourde massue; souvent encore, il tient de cette main un *danda* ou bâton de pénitent, emblème qui s'accorde mieux avec la couleur d'ocre de ses vêtements. On lit cette description d'*Yama*, probablement empruntée à quelque poème mythologique : « Il est revêtu de terreur; il est élevé de deux cent quarante *yôdjana*; ses » yeux, larges comme des lacs, sont de couleur de feu; des rayons de gloire s'échap- » pent de son corps; sa voix est retentissante comme le tonnerre au moment de la » dissolution des mondes; les poils de son corps sont tous aussi longs qu'un palmier; » des gorgées de feu sortent de sa bouche, et le bruit de sa respiration est plus terrible » que le mugissement de la tempête. » *Yama*, sous cette dernière forme, est identique avec *Kâla* ou le Temps destructeur. Il est le dieu de la mort et le juge de ses victimes; aussi lui donne-t-on les noms de *Pitripati* ou *Souverain des mânes*; de *Dandadhara*, ou *Justicier*, de *Dharmadéva* ou *dieu de la loi*; car sa sentence est la sanction de la loi sur la terre. Il est entouré d'un grand nombre d'officiers exécuteurs de ses ordres; à ses côtés est *Tchitragoupta* son secrétaire, qui inscrit et efface les noms des hommes sur le livre de vie, et qui enregistre toutes les actions humaines, ces pièces irrécusables du grand procès que viendra subir chaque homme devant l'inflexible juge. *Yama* tient son tribunal dans la ville d'*Yamâlaya* ou *Yamapoura*, à l'extrémité méridionale du monde; le chemin qui mène à cette région est pénible à parcourir, semé de dangers et de tourments de toute espèce; aussi les morts n'arrivent-ils devant leur juge que quatre heures et quarante minutes après avoir quitté la terre. *Yama* prononce la sentence sur chacun d'eux, et les envoie, soit aux joies du *svarga*, soit aux supplices de l'enfer. Le tableau des deux conditions qui attendent l'homme au sortir de la vie, ne se rapporte pas assez immédiatement à *Yama* pour que ce soit ici le lieu de le tracer; il faudrait d'ailleurs des volumes entiers pour épuiser les descriptions des supplices infernaux dans lesquelles s'est complue l'imagination gigantesque des Indiens.

Considéré comme *Dikpâla*, *Yama* est le dieu protecteur de la région australe.

---

(1) *Sandjñâ* est en effet composé de *sam* et de *djñâ*, de même que *sandhyâ* (crépuscule, ou plutôt temps du crépuscule) est dérivé de *sam* et de *dhyâi*: deux circonstances permettent à peine de conserver des doutes sur le sens allégorique de *Sandjñâ*; 1° ce mot est un de ceux qui désignent la célèbre prière *gâyatrî*, que les trois classes ceintes du cordon spirituel doivent répéter chaque jour, au moment des deux *sandhyâ* naturels et du *sandhyâ* légal (le milieu de la journée); 2° *Soûrya* a deux épouses, *Sandjñâ* et *Tchhâyâ* (l'ombre). *Sandjñâ* ne pouvant supporter l'éclat des rayons de son époux, l'abandonna un jour, et laissa à sa place son *ombre*, Tchhâyâ, qui, depuis ce temps, fut la seconde épouse de *Soûrya*.

(2) Une des épithètes de ce dieu est *Andhâmbara*, revêtu, ou entouré de ténèbres.

*Yama, Dieu des Régions inférieures.*
S. यम  T. ஸ்ரீமன்

# SAMALADEVI, ÉPOUSE DE YAMA.

Il n'est rien qui excite une si vive attente et un si puissant intérêt en faveur de l'étude de l'Inde, que la variété presque inépuisable des traditions qui composent sa mythologie et son histoire héroïque. En présence de ces traditions qui rattachent souvent à un seul nom des faits contradictoires ou du moins difficiles à concilier sous le double rapport des temps et des lieux, on devine tout d'abord qu'il y a là les croyances religieuses et les légendes héroïques de plusieurs sectes et de plusieurs tribus aujourd'hui confondues dans les quatre ordres de la société indienne. Les traditions sont quelquefois locales, confinées aux dépendances de quelque temple, ou bien généralement admises dans l'étendue d'un district; ce sont les plus curieuses, parce qu'elles sont le plus souvent l'expression des croyances particulières des castes inférieures, et que plus bas on descend dans l'ordre de ces castes, plus on est assuré de retrouver les habitants primitifs de l'Inde. Mais sans parler de ces traditions populaires qui se rattachent à peine à l'ensemble des croyances brahmaniques, on peut observer de singulières variations entre les légendes écrites du nord et celles du midi de l'Inde; les dieux ont souvent dans les contrées méridionales d'autres noms, d'autres séjours, d'autres attributions, d'autres familles, d'autres épouses.

Le nom de la principale épouse de Yama, dans les traditions des Tamouls, est *Sâmalâdévi* : nous ne connaissons encore de cette déesse rien de plus que son nom.

Les traditions de l'Inde moyenne et septentrionale, recueillies dans les Pourânas, ne font pas mention de cette divinité, mais nomment plusieurs autres épouses de Yama, entre lesquelles les sept filles de Dakcha, et *Vidjayâ*, fille d'un brahmane nommé *Vîra* (1); ce fut de l'union de ce dieu avec *Vidjayâ* que sortit cette famille allégorique des Yamides dont la suite est rapportée tout entière dans le *Bhâgavatapourâna*.

(1) *Vidjayâ* est le sujet d'un épisode du *Bhavichyatpourâna*.

PL. 5.  22:LIV.

Sàmalàdévi, épouse de Yama.
T. சாமளாதேவி

# NIRRITI.

Dans l'immense cercle de la création imaginé par les mythologues indiens, on trouve une classe de mauvais génies, dont il est également difficile de définir le caractère réel, et d'assigner la place entre les diverses natures d'êtres, dont la série commence à Brahmâ et finit à la molécule matérielle. Ce sont les Râkchasas, êtres impurs, démons faméliques, ennemis des hommes, prenant, pour les épouvanter, les poursuivre, les saisir et les dévorer, les figures les plus étranges et les plus effrayantes, troublant les sacrifices des pieux solitaires par leurs funestes apparitions, associés enfin par la crainte populaire à tout ce qui inspire l'horreur et le dégoût. C'est là leur caractère le plus odieux; car les Râkchasas (leur nom signifie *gardiens*) sont encore les serviteurs du dieu des richesses, de Kouvêra, qui est lui-même un Râkchasa; ils partagent avec les Yakchas le soin de veiller sur les huit trésors de ce dieu. Quelquefois les Râkchasas se présentent avec le caractère de guerriers; ils ont des formes grandes et héroïques; ils sont forts, ils sont rois; tout fait supposer qu'ils appartiennent à la tribu des Kchâtriyas. Et cependant tous les Râkchasas, de quelque forme qu'ils se revêtent, sont brahmanes par le droit de leur naissance; ils sont les descendants de ces pieux pénitents dont les dieux eux-mêmes se reconnaissent les disciples; ils doivent leur origine, ou au *richi Kashyapa*, ou au *richi Poulastya*, fils de Brahmâ; quelques-uns même sont pénitents, portent des vêtements de *sannyâsî*, et sont représentés absorbés dans des méditations religieuses. Ils ont leur part dans tous les sacrifices des hommes, et viennent la recevoir sous la forme d'oiseaux. Quand on considère toutes ces traditions, il semble naturel de croire que les Râkchasas ont eu une existence réelle, qu'ils constituaient une société religieuse et guerrière, hostile à celle des Brahmanes et des Kchatriyas. Mais il serait difficile de conjecturer dans quelles régions elle a existé; car bien que certaines légendes placent les Râkchasas dans les contrées qui sont au sud-ouest, on les trouve encore, suivant d'autres traditions, au nord, sur la montagne *Kailâsa*, à la cour de Kouvêra, au midi, dans l'île de Lankâ, le séjour du farouche Râvana, et à l'est, au-delà du Brahmapoutra, dans le royaume de Hidimba.

*Nirriti* (1) ou, selon la prononciation tamoule, *Nayouroudi*, est un Râkchasa pénitent, livré à la contemplation de Brahmâ; il préside à la région du sud-ouest; il fait son séjour ordinaire dans la ville de *Tâdachâbadipattanam* (2). On lui donne encore le nom de *Viroûpâkcha* (aux yeux difformes, ou, comme l'interprètent arbitrairement les pandits, *qui a trois yeux*) (3). Dans toutes les grandes cérémonies religieuses, il reçoit une offrande en sa qualité de *Dikpâla*. Les Tamouls ajoutent à son nom, comme à ceux de tous les autres dieux régents de l'espace, le titre de *râdjâ* ou roi. L'art indien n'a que rarement reproduit la figure de *Nirriti* : on le trouve néanmoins représenté dans deux postures différentes, soit assis et tenant un sabre en main, soit armé du *kounta*, et monté sur les épaules d'un autre Râkchasa, que sa couleur noire fait reconnaître pour un habitant de Lankâ.

Dans un âge antérieur de la mythologie indienne, *Soûrya*, ou le soleil, était le dieu protecteur de la plage austro-occidentale.

(1) Il se nomme aussi *Nairrita*.
(2) Orthographe tamoule.
(3) Il faut observer que ce nom est aussi celui d'un des onze Roudras.

*Nirriti*
s. निर्ऋति   т. நயுருதி

# DIRGHA, ÉPOUSE DE NIRRITI.

Les observations qui ont été faites précédemment au sujet de *Samalâdévi*, sont également applicables à la déesse *Dîrghâ*, épouse de *Nirriti*. C'est encore un de ces noms mythologiques qui paraissent avoir été trouvés dans le sud de l'Inde, et qui sont, du moins aujourd'hui, absolument inconnus dans les parties septentrionales de cette contrée. Aucun des Pourânas dont nous avons des extraits, n'a encore présenté ce nom à l'étude des Indianistes, et il est plus que douteux qu'on le découvre dans les autres, si ce n'est peut-être dans les plus modernes de ceux qui appartiennent à la secte de Shiva. Aussi est-ce probablement aux traditions populaires des Tamouls, que nous devons demander la légende qui explique ce nom; sans le secours de ces traditions, on ne pourrait former que de vaines conjectures sur l'application mythologique du sens littéral de ce mot, qui signifie *longue*.

*Dîrghâ* ou, suivant la prononciation des Tamouls, *Tîrgâdévi*, est représentée sur la planche en regard, ornée de colliers de perles et de pierreries, vêtue de riches étoffes, et la tête surmontée d'une couronne d'or remarquable par la délicatesse du travail: l'artiste indien lui a donné une pose élégante et gracieuse; la couleur noire de *Dîrghâ* paraît cependant indiquer qu'elle appartient à la même race que *Nirriti*, qu'elle est une de ces hideuses *Râkchasî*, dont les poëmes épiques de l'Inde nous ont conservé d'effrayantes descriptions. Cette nouvelle contradiction confirme ce qui a été dit au sujet du caractère indéfinissable et de l'apparence multiforme de la race des Râkchasas.

L'épouse de *Nirriti* a, comme on l'a déjà remarqué, d'autres noms dans les textes classiques de l'antiquité indienne. Un de ces noms appelle une observation qui peut n'être pas sans importance; c'est celui de *Nirriti* (1), que les Indiens, dans ces derniers siècles, lui ont fait partager avec son époux; il serait difficile de dire sur quelle autorité ils se sont fondés, pour lui attribuer ce nom; mais on peut du moins, dès à présent, conjecturer que cette confusion dans les noms a pu quelquefois introduire la confusion dans les faits; je pense qu'on trouverait des preuves à l'appui de cette conjecture dans l'explication que donnent les commentateurs, d'un passage du code de Manou, où il est fait mention de *Nirriti* (2). Ce texte dit que l'homme, qui s'est rendu coupable du péché impur de l'*avakîrna*, ou de l'effusion volontaire de la semence, doit offrir à *Nirriti*, pendant la nuit, et au point de réunion de quatre routes, le sacrifice d'un âne n'ayant qu'un œil (3). Les commentateurs ont ajouté au mot *Nirriti* cette glose insuffisante, « c'est-à-dire la déesse qui préside à la région du » sud-ouest. » Il semble cependant plus raisonnable de donner ici à *Nirriti* sa valeur ordinaire, et de penser que le sacrifice doit être offert au *Dikpâla* lui-même, d'autant plus que le sacrifice, au moment où on l'accomplit par l'offrande crematoire, est rendu commun à trois autres *Dikpâla* (*Mârouta*, *Indra*, *Agni*), et à *Vrihaspati*, le maître spirituel des *Dévas*.

(1) La signification propre de *Nirriti*, comme dénomination d'un *Dikpâla*, n'est rien moins que certaine. Il se peut que ce mot signifie, dans ce cas, *hors de la voie*. On trouverait un motif d'admettre cette conjecture dans la signification du mot *dakchinâpatha* (région du sud), où le mot *patha* (*voie*) est employé, non pas comme substitut du mot *dish*, mais dans un sens spécial, parce que la région méridionale est la *voie* des hommes après leur mort : *Nirriti* signifierait donc *ce qui est à côté de la voie*. Il est néanmoins utile d'observer que ce nom est vulgairement interprété par *malheur*.

(2) Manou, ch. xi, vers 118.

(3) Ou, selon les commentateurs, d'un âne noir.

Dîrghâ, épouse de Nirriti

# VAROUNA,
## DIEU DES EAUX.

*Varouna* est le dieu des eaux : son nom signifie *celui qui entoure*, et fait évidemment allusion au système cosmologique des Indiens, qui ne reconnaît que des lotus s'élevant sur la surface d'un lac, c'est-à-dire des îles surgissant des profondeurs de l'Océan. *Varouna*, dans toutes les traditions mythologiques qui se sont succédé depuis l'âge des Védas, a toujours occupé la région occidentale de l'espace, comme *Vasou* ou dieu protecteur du monde. Dans le système védique, il est encore un des douze *Aditya* ou manifestations du soleil, et son nom est souvent associé à celui de *Mitra* ou de l'unité qui résume les douze *Aditya*; cette fiction est peut-être le symbole de la doctrine cosmogonique, suivant laquelle l'eau est le produit de la transformation de la lumière fixée ou du feu. La mythologie, qui s'est emparée de cette antique tradition pour la convertir à son usage, fait assister les douze *Aditya* à la cour de *Varouna*; c'est-à-dire qu'elle identifie absolument cette divinité avec *Mitra* ou le soleil annuel. Dans le même système, *Varouna* est encore compté au nombre des *Roudra*; car il réside, comme dieu des eaux ou de la semence, dans l'organe générateur, l'un des dix organes qui sont figurés par les dix *Roudra*. *Varouna* se répète donc, sous des apparences différentes, dans la triple unité de cet antique système cosmogonique, immense série de manifestations successives qui s'étend de la cause primitive jusqu'à l'homme.

*Varouna* est vulgairement représenté couvert de vêtements blancs, assis sur un monstre marin nommé *Makara* (1), et tenant d'une main l'arme symbolique *pasha* (2) ou le nœud coulant, de l'autre un faisceau de plantes marines. Le ciel séjour de *Varouna* ou *Varounalôka* (3) a huit cents *yôdjana* de circonférence; il est l'ouvrage de *Vishvakarman*, le divin architecte: au centre est un grand bassin d'eau pure et limpide. *Varouna* est assis, avec son épouse ou son énergie personnifiée, sur un trône de diamant, autour duquel se pressent les *Samoudra* ou divisions de l'océan, *Gangá* avec les autres déesses des fleuves, les douze *Aditya* ou soleils mensuels, les *Nága*, protecteurs des fontaines, les *Daitya*, les *Danava*, et plusieurs autres groupes de divinités. *Varouna* partage avec *Soúrya* ou *Mitra* la paternité de *Vasichtha*; sous sa seconde forme et sous le nom d'*Agastya*, avec le sage *Atri*, celle de *Sóma* ou du dieu Lune; il se peut que ces deux traditions ne soient qu'une double expression allégorique d'un fait unique, celui de l'origine d'une des tribus brahmaniques.

(1) Les diverses représentations que l'on a de ce monstre ne s'accordent pas; il est figuré tantôt comme un crocodile à croupe recourbée, tantôt comme un animal amphibie, ayant les parties antérieures de l'antilope et la queue d'un poisson.
(2) L'arme *pasha*, la corde de combat, a la même signification mythologique que le nom de *Varouna*; c'est avec cette corde que le dieu des eaux embrasse la terre.
(3) Le nom de la ville céleste où *Varouna* réside, est, suivant les Tamouls, *Káudábadipattanam*.

*Varouna, Dieu des Eaux.*

# KALIKA.

*Kâlikâ* ou *Kâlikâdévi* est un des noms de l'épouse de *Varouna :* il faut le distinguer, dans cette acception, de *Kâlikâ*, épouse de *Shiva ;* car bien que l'identité originaire de ces deux divinités soit certaine, elles apparaissent aujourd'hui sous les formes distinctes de deux séries de traditions mythologiques qui appartiennent à des âges différents, traditions que l'on peut rapprocher, mais que l'on ne doit pas confondre. Le nom le moins significatif de l'épouse de *Varouna* est *Vârounî ;* il représente simplement la *shakti* ou l'énergie divine personnifiée du dieu des eaux, sans lui attribuer un caractère mythologique spécial. Quant au nom de *Gaôrî*, il appartient à la mythologie, et représente vraisemblablement un symbole ; car il signifie *blanche*, et il est à remarquer que la couleur blanche est celle de tout ce qui a rapport à *Varouna,* ainsi qu'à *Sôma*, dont ce dieu partage pour ainsi dire la paternité avec le sage *Atri* (1) : il n'est pas moins intéressant d'observer que *Kâlikâ*, au contraire, signifie *noire* : on verra bientôt que le même contraste existe dans un mythe analogue. D'autres légendes donnent pour épouse à *Varouna*, *Gangâ*, la déesse du Gange, ou plutôt la déesse des fleuves (dont le Gange est le noble représentant); les traditions relatives à *Kâlikâ* paraissent avoir prévalu, dans le sud de l'Inde, contre celles qui se rapportent à *Gangâ;* mais elles ont leur point de contact dans leur comparaison avec le mythe auquel j'ai déjà fait allusion. Ce mythe est celui de *Shiva* et de *Dourgâ* ou *Kâlî*, son épouse ; il présente une curieuse conformité avec celui de *Varouna* ; je n'insisterai que sur les principaux points de ressemblance. La couleur blanche est particulièrement consacrée à *Shiva*; elle a, pour les sectaires de ce dieu, une intention religieuse ; ils l'affectent dans leurs vêtements et jusque dans les liniments dont ils se couvrent la peau. L'épouse de *Shiva* se présente sous les mêmes apparences que l'épouse de *Varouna;* elle est *Kâlî* ou *Kâlikâ*, c'est-à-dire noire, et *Gaôri*, c'est-à-dire blanche. *Gangâ*, épouse de *Varouna,* suivant certaines légendes, est *blanche* également; elle est, comme *Pârvatî* ou *Dourgâ*, fille de *Himâlaya* et de *Ménâ* ou *Ménakâ*, c'est-à-dire fille des montagnes. *Dourgâ* ébranle le monde sous sa danse délirante; *Shiva* se jette sous ses pieds pour sauver le monde ; appelée du sommet de l'Himâlaya par le sage *Bhagîratha*, *Gangâ* menace d'écraser le monde par sa chute; *Shiva* prévient ce désastre, en recevant *Gangâ* sur le sommet de sa tête (2) : ainsi tout s'accorde dans les deux traditions mythologiques; des recherches ultérieures démontreront peut-être que cette conformité se poursuit jusque dans le système cosmogonique des Védas.

*Vârounî* est encore la vingt-cinquième constellation lunaire personnifiée.

---

(1) Le mythe de la naissance de *Sôma* me paraît être en rapport et comme en opposition avec celui de la naissance de *Skanda*; dans ce dernier, la semence de *Shiva* ou l'eau est reçue dans le *feu*, et *Skanda* est produit ; dans le premier mythe, au contraire, *Sôma* est produit par *Varouna* ou l'eau, qui a reçu une humeur blanche échappée des yeux d'*Atri :* or, le nom de ce richi est vraisemblablement identique à celui du *feu* dans la langue zende : ce double mythe représente peut-être l'origine de l'ordre brahmanique et celle de l'ordre des guerriers.

(2) C'est peut-être à cette tradition que fait allusion le titre d'un des *wang* des *Toufan* (Tibétains), institués en 1373 par l'empereur *Houng-wou;* ce titre est *Kouan ting koue sse* ou *maître du royaume de la tête qui répand de l'eau*.

Kâlikâ, épouse de Varouna

# VAYOU,
## DIEU DU VENT.

*Váyou*, aussi nommé *Pavana* et *Márouta*, est le dieu du vent. La région du nord-ouest est placée sous sa protection. *Váyou* est représenté monté sur une biche aux formes gracieuses et effilées; il tient dans la main droite un petit étendard blanc, son corps est aussi de couleur blanche (1). La richesse si variée de l'esprit indien a attribué à *Váyou* plus d'une naissance; c'est le sort commun de presque tous les dieux qui ont, comme *Váyou*, traversé tous les âges de la religion brahmanique. Sa naissance *mythologique*, probablement la plus moderne, est simplement l'exposition poétique d'un phénomène naturel. Les *Asoura* avaient succombé dans la guerre excitée entre eux et les *Déva* au sujet de la liqueur qui donne l'immortalité; *Diti*, leur mère, supplia *Kashyapa*, son puissant époux, de lui engendrer un fils qui pût venger sur *Indra* la défaite de ses frères; après une pénitence de mille ans, elle conçut le fils désiré. Redoutant les effets de la promesse de *Kashyapa*, *Indra*, armé de la foudre, entra dans le sein de *Diti*, et divisa son fruit en sept parties; mais touché par les prières maternelles, il consentit à donner une existence divine aux sept *Marout*, et leur confia la direction des vents. L'un d'eux fut placé dans le monde de *Brahmá*, un second dans le monde d'*Indra*, *Váyou*, le troisième, dans le ciel du monde terrestre; les quatre autres occupèrent les points cardinaux. Une autre version rapporte qu'Indra divisa de nouveau en sept chacune des sept parties du fœtus, et compléta ainsi l'aire des vents, divisée en quarante-neuf points.

La naissance *cosmogonique* de *Váyou* se rapporte à l'âge antique des Védas; elle forme un acte de cet admirable drame de l'origine des dieux, représenté dans les *Oupanichad* avec une si magnifique solennité de style. L'esprit suprême éleva du sein des eaux primitives une forme humaine immense, mais encore privée de vie; cette forme humaine était le monde; l'esprit voulut, il regarda, dit le texte sacré, la bouche s'ouvrit sous son regard, de la bouche sortit la parole, de la parole sortit le dieu de la parole, qui est le *feu*. Les narines s'ouvrirent, des narines sortit le souffle, du souffle sortit le dieu du souffle, qui est le *vent*. Ainsi s'ouvrirent tous les organes des sens de l'homme-monde, pour émettre les dieux protecteurs dont l'action entretient ce corps immense.

La résidence de *Váyou*, considéré comme *Dikpála*, est, suivant les Tamouls, la ville de *Touchabadipattanam*.

(1) La couleur des dieux indiens varie souvent sous l'influence des traditions locales, et quelquefois même suivant le caprice des artistes indigènes; mais il faut toujours s'en tenir, pour ces détails, à l'autorité des monuments écrits ou figurés les plus anciens.

Váyou, Dieu du vent.

# ANDJANA, ÉPOUSE DE VAYOU.

Le caractère que les Tamouls attribuent à *Andjanâ*, présente une nouvelle occasion d'observer les altérations successives qu'a subies la mythologie brahmanique, en descendant des régions centrales de l'Inde vers les contrées méridionales, habitées par des peuples d'une autre race. La religion des Brahmanes, dont le progrès suivait sans doute la marche conquérante des Kchatriyas, atteignit enfin cette population indigène, qui avait toujours reculé devant elle, et dont la fuite ne fut arrêtée que lorsque la terre lui manqua; mais comme toutes les croyances, elle se modifia en s'étendant, elle perdit de sa pureté en s'éloignant de sa source; la chaîne des traditions fut interrompue, les idées furent autrement associées, quelques-unes se perdirent, d'autres furent développées avec une incroyable exagération sous l'influence de certaines sectes; il y eut schisme dans le dogme et variation dans la mythologie. Des faits particuliers et accidentels furent considérés comme généraux et permanents; l'interprétation usurpa l'autorité des textes anciens; les noms de divinités furent multipliés à l'infini; comme on procédait d'ailleurs avec un certain ordre, à chacune des manifestations d'une divinité mâle, on associa une divinité femelle; et pour compléter ces arrangements, on créa de nouvelles déesses, ou bien on plaça dans de nouveaux rapports celles qui existaient déjà.

Il y a dans les Pourânas une légende dont l'obscénité peut être difficilement excusée, même par son caractère allégorique; elle rapporte qu'une méprise indiscrète de *Vâyou* fit naître des rapports incestueux entre *Shiva* et *Andjanâ*, femme du singe *Késarin*, et que cette méprise eut pour résultat la naissance de *Hanouman*, le célèbre allié de Râma. Les mythologues de l'Inde méridionale ont pris occasion de cette légende pour associer *Andjanâ* au dieu du vent, en dépit de l'autorité écrite des Pourânas, qui lui donnent un singe pour époux.

*Audjanâ, épouse de Vâyou.*

# KOUVERA,
## DIEU DES RICHESSES.

*Kouvéra* est le dieu des richesses et le protecteur de la région septentrionale du ciel. Les traditions conservées par les poëmes épiques et légendaires de l'Inde, ne s'accordent pas sur sa généalogie; les unes le font naître de *Vishravas*, fils du vénérable *richi Poulastya*, les autres, auxquelles on doit peut-être accorder plus d'autorité, de Poulastya lui-même, qui, un jour, pour humilier la haute fortune de son propre fils, se cacha sous la forme d'un pénitent et sous le nom de *Vishravas*. Aujourd'hui que les traditions bouddhiques, reconnues antérieures au cycle légendaire des Pourânas, doivent être considérées comme les plus puissants moyens de critique dans l'examen de cette mythologie relativement moderne, on ne peut négliger d'observer, que l'un des *Tchatourmahârâdjâ* ou dieux protecteurs des points de l'espace dans le système bouddhique, celui qui préside à la région du nord, porte le nom de *Vâishravana* (fils de *Vishravas*), qui est aussi celui de *Kouvéra*, suivant les légendes recueillies dans les Pourânas. Le *Vâishravana* des bouddhistes est également roi des *Yakcha* et des *Râkchasa*: son corps a une couleur dorée; c'est aussi celle du corps de *Kouvéra*, dans un certain ordre de traditions brahmaniques: mais l'allégorie morale, qui vient toujours trop tôt altérer le véritable sens de ces traditions, s'est aussi emparée du personnage de *Kouvéra*, et a exprimé par les défauts corporels de ce dieu, les souillures que ses présents impriment à l'âme. Dans ce système, *Kouvéra* est difforme et couvert de lèpre; il s'appuie sur trois pieds et n'a que huit dents; un de ses yeux est voilé par une tache jaune (1); une de ses mains tient un marteau. L'attribut particulier de *Kouvéra* est le char *Pouchpaka*, qui se meut de lui-même dans la direction que lui donne la volonté du dieu. Expulsé du royaume de *Lankâ* par son frère le farouche *Râvana*, *Kouvéra* établit son séjour sur le mont *Kâilâsa*, dans la ville céleste d'*Alakâ*, célèbre par ses délicieux jardins (2). Les *Râkchasa*, les *Yakcha*, les *Gouhyaka*, les *Gandharva* et les nymphes *Apsaras* composent sa cour; aux *Yakcha* est spécialement confiée la garde de ses neuf trésors ou *Nidhi* personnifiés sous les noms de *Padma*, *Mahâpadma*, *Shankha*, *Makara*, *Katchtchhapa*, *Moukounda*, *Nanda*, *Nîla* et *Kharva*. *Râma*, après la conquête de *Lankâ*, renvoya à *Kouvéra* le char *Pouchpaka*, qui lui avait été enlevé par *Râvana*. Les plus célèbres des fils de *Kouvéra* sont *Nalakoûvéra* et *Manigrîva*, qui durent leur délivrance à *Krichna*.

(1) Les noms des trois *Râkchasî* que , suivant la version du *Mahâbhârata* , *Kouvéra* offrit à son père *Poulastya* , sont simplement allégoriques. *Pouchpôtkatâ* et *Mâlinî* rappellent la tache qui obscurcit sa vue , et *Râkâ* , la lèpre dont ses membres sont couverts.

(2) La résidence de *Kouvéra* , suivant les Tamouls, est *Ajagâbouripattanam* ou *la jolie ville*.

Kouvéra Dieu des Richesses.
S. कुबेर   T. குபேரன

# TCHITRALEKHA,

## ÉPOUSE DE KOUVÊRA.

Nous n'avons jusqu'à présent aucune raison de croire que l'association du nom de *Tchitralékhâ* à celui du puissant roi *Kouvéra* soit autorisée par une autre opinion que celles des modernes mythologues de l'Inde méridionale. Mais le dieu des richesses devait avoir une épouse, et ils ont choisi dans sa nombreuse cour la nymphe qui leur a paru la plus digne de cette faveur. *Tchitralékhâ* est une *Apsaras* ou nymphe céleste. Les *Apsaras* sorties du sein des eaux en même temps que *Lakchmî*, déesse de la prospérité et de la beauté, sont ornées de toutes les grâces et de tous les talents dont l'imagination des poètes indiens peut embellir une femme ; elles sont l'ornement du ciel d'Indra ; elles y amusent les loisirs des dieux par leurs chants mélodieux, par leurs danses voluptueuses, par les représentations scéniques qu'elles exécutent sous la direction du saint pénitent *Bharata*. Elles partagent la couche des dieux, et quelquefois même ne dédaignent pas l'amour des rois de la terre. Les poëmes légendaires se plaisent à exagérer leur nombre, qui s'élève à trente-cinq millions suivant quelques-uns, et, suivant d'autres, à six cent quarante millions. Les seules qui soient célèbres sont *Tchitralékhâ*, *Ménakâ*, *Rambhâ*, *Sahadjanyâ* et *Ourvashî*, la plus gracieuse de toutes, qui doit sa naissance à l'énergie créatrice du pénitent *Nârâyana*. *Tchitralékhâ*ap apparaît dans les poèmes et dans les drames, comme la compagne fidèle d'*Ourvashî* et la confidente de ses amours : son nom signifie *peinture* ; il est probable que les poètes indiens ont voulu placer dans le ciel l'origine d'un art qui paraît avoir été cultivé dans l'Inde, dès les plus anciens temps. *Tchitralékhâ* est encore célébrée, dans les Pourânas comme l'amie d'*Ouchâ*, l'aimable fille de l'*Asoura Bâna* ; c'est elle qui protége ses secrètes amours avec le jeune *Anirouddha*, de la race des *Yâdava*.

L'épouse de *Kouvêra*, suivant les traditions conservées dans quelques Pourânas, est *Shoubhângî*, dont le nom signifie *belle, gracieuse*.

Tchitralekhá, épouse de Kouvéra.

S. चित्रलेखा

# ISHANA.

*Ishâna*, *Isha* ou *Ishvara* est le dieu protecteur de la région céleste située vers le nord-est. *Isha*, ou le *maître*, est probablement la plus ancienne forme du dieu *Shiva*; cette forme antique est simple, grande, majestueuse, et se distingue par ces caractères de la forme terrible et hideuse que cette divinité a revêtue dans le système relativement moderne des *Tântrika*. Nous savons avec certitude que, déjà vers le septième siècle de notre ère, ces deux manifestations étaient assez distinctes sous les noms d'*Ishvara* et de *Bhîma*, pour que chacune eût ses temples et ses sectateurs. *Ishvara* est représenté, sur la planche en regard, avec des attributs qui n'appartenaient sans doute pas à son caractère de *Vasou*, dans la haute antiquité indienne : les plus anciens monuments qui représentent *Ishvara*, des médailles bactriennes du second ou du troisième siècle, dont quelques-unes portent des légendes grecques, nous le montrent sous la figure d'un jeune homme d'une mâle beauté, appuyé sur le taureau *Nandi*, et tenant un trident de la main droite. Les Indiens, qui s'éloignent chaque jour de plus en plus de cette simplicité primitive, représentent aujourd'hui *Ishvara* avec quatre bras, lui donnent pour attributs le trident, le tambour et la biche, et couvrent la partie inférieure de son corps d'une peau de tigre : aussi *Ishvara* ne diffère-t-il de *Mahâkâla* que par la couleur blanche de ses membres et par la présence du taureau, son attribut indispensable. Quant au nœud de cheveux nommé *djatâ*, il peut ne pas avoir été inventé par les *Tântrika*, comme on est disposé à le croire; car en examinant les médailles bactriennes dont il a été fait mention, on observe que la chevelure d'*Ishvara* s'élève sur la partie antérieure de sa tête en touffes trop épaisses, pour que l'artiste les ait ainsi exprimées sans une intention particulière. Le culte d'*Ishvara* paraît avoir été plus florissant dans les contrées qui sont à l'ouest et au nord de l'Inde (1), que dans l'Inde proprement dite : il en reste aujourd'hui à peine quelques monuments ; ce culte a été presque partout remplacé par celui de la forme terrible de *Shiva*.

La résidence d'*Ishâna*, suivant les Tamouls, est la ville de *Kaylâchabouripattanam*, ou la ville située sur le mont *Kâilâsa*.

L'épouse d'*Ishâna* est *Pârvatî*; on n'a pas jugé nécessaire de répéter ici ce qui a été dit au sujet de cette déesse dans une des précédentes livraisons.

---

(1) Presque tous les Brahmanes des contrées occidentales de l'Inde reconnaissaient *Shiva* pour leur instituteur religieux. L'une des écoles de Brahmanes shaivites les plus célèbres était celle de *Gandhâra*; elle avait été illustrée par des hommes d'un grand mérite, entre lesquels il suffit de citer le célèbre mouni *Pânini*, né dans le bourg de *Vartoula*, qui appartenait à cette contrée. Il avait reçu les enseignements d'*Ishvara* lui-même, et avait composé sur la grammaire sanskrite un ouvrage en mille shlôkas *anouchtoubh*, qui ne nous est point parvenu sous cette forme, mais dont nous possédons la substance dans les *soûtra* qui lui sont attribués. Plusieurs siècles encore après la mort de *Pânini*, les Brahmanes de *Vartoula* se distinguaient par un mérite éminent et par une profonde science.

Íshána ou Shiva.

# AJAGOU TANNIR KARICHY.

Le sujet représenté par ce portrait, connu sous le nom de *Ajagou Tannir Karichy*, ou *la Jolie Porteuse d'Eau*, est une femme qui exerce cette profession. Les personnes qui s'y livrent ne forment pas une caste, et elle peut être exercée sans déshonneur par toute sorte d'individus. Les Indiens des diverses tribus qui vivent dans l'aisance, prennent à leur service de pauvres femmes de leur caste pour exercer cet office, parce que de l'eau apportée par des personnes d'une caste inférieure à la leur serait souillée, et ils ne pourraient pas en boire, ni s'en servir pour faire la cuisine. — Les porteuses d'eau, au service des Européens ou descendants d'Européens, sont toutes tirées de la vile tribu des Parias. Aucune femme honnête, de toute autre caste, ne voudrait s'astreindre, à quelque prix que ce fût, à exercer cet office auprès d'eux.

Les porteuses d'eau reçoivent un salaire proportionné aux facultés de ceux qui les emploient et au travail plus ou moins pénible qu'elles ont à soutenir. Il varie depuis une jusqu'à trois ou quatre roupies (2 fr. 50 c. à 9 ou 10 fr.) par mois. Outre leur principale fonction d'apporter chaque jour l'eau nécessaire aux besoins du ménage, elles aident à la cuisine, balayent la maison, nettoient et lavent les enfants, enlèvent les immondices, et se livrent à d'autres services également dégoûtants et bas, tels que ceux de vider et laver les vases de nuit, nettoyer les lieux d'aisances, etc.

Celles qui servent chez les Européens ont ordinairement, outre leurs gages, une petite portion de ce qu'on lève de la table de leurs maîtres après leurs repas, qu'elles emportent chez elles pour le partager avec leurs familles.

Le nom de la servante que représente notre planche se prononçait à Pondichéry, *Ajeque Tanègarchi*. C'est une modification peu sensible de la véritable prononciation *Ajagou Tannir Karichy*.

Pl. 2. XVI

Ajeque Tanègarchi.

# RANGANI,

## PORTEUR DE PALANQUIN.

L'individu représenté dans notre planche est un porteur de palanquin ; cet homme, d'origine telingua, était employé au service de M. Géringer. Il existe dans le sud de la presqu'île de l'Inde deux castes qui exercent cet emploi, la tribu des pêcheurs et celle des bergers ; cependant plusieurs autres basses tribus, parmi les Soûdras et même les Pariahs, s'y livrent aussi. Ce métier est un des plus pénibles et n'est exercé que par des hommes forts, robustes et à la fleur de l'âge ; ceux qui s'y livrent habituellement sont bientôt épuisés. Les Telinguas du nord sont préférés à tous les autres, parce qu'ils sont plus forts, plus agiles, plus sobres et plus fidèles. Les personnes qui font de longs voyages en palanquin en prennent ordinairement douze, et un treizième chargé de porter les provisions, les vases de terre pour les faire cuire, et les torches résineuses pour éclairer leur marche la nuit. Ils vont très-vite, faisant de trente à quarante milles anglais depuis six heures du soir jusqu'au lendemain matin à pareille heure ; ils courent en cadence, et la personne qui est dans le palanquin n'éprouve pas la moindre secousse, et elle peut y dormir aussi tranquillement que dans son lit ; le premier porteur fait entendre des sons cadencés qui règlent le pas des autres. Les palanquins, remplis souvent des provisions de bouche et des effets des voyageurs, pèsent quelquefois de trois à quatre cents livres. Les porteurs se relèvent, et il n'y en a jamais plus de la moitié employés à la fois ; les six autres suivent au trot aux deux côtés du palanquin, et se remplacent ainsi d'heure en heure pendant le voyage, qui dure quelquefois des mois entiers.

Les habitants aisés, indiens ou européens, qui vivent dans les villes, en ont ordinairement six ou huit à leurs gages qui les portent lorsqu'ils vont à leurs affaires, en visites ou en promenade. Les porteurs reçoivent ordinairement un salaire de cinq roupies *sicca* (environ douze francs) par mois ; mais ceux qui font de longs voyages sont mieux payés, on leur donne communément dix roupies sicca (vingt-cinq francs) par mois.

Les Telinguas qui viennent du nord pour exercer cette pénible profession, sont des jeunes gens pauvres qui ne s'y livrent que jusqu'à ce qu'ils aient fait des épargnes suffisantes pour pouvoir se marier décemment dans leur pays, où ils retournent après quelques années d'absence, et où ils se livrent à une profession moins dure.

Rangami,
Porteur de Palanquins.

# SYPAYE ou SIPAHY.

Ce mot est un terme persan qui signifie *soldat*, et c'est sous ce nom qu'on désigne les militaires naturels du pays qui servent dans les armées européennes de l'Inde. Les Anglais en ont environ deux cent mille à leur service, commandés par des officiers européens, très-bien équipés et supérieurement disciplinés. C'est cette armée de sypayes qui constitue leur force physique dans l'Inde. Aussi ils en prennent le plus grand soin, et tâchent de les attacher à leur gouvernement par tous les moyens possibles, leur donnant une bonne solde, et les payant régulièrement, les faisant soigner dans leurs maladies, continuant la paie des invalides ou de ceux qui sont grièvement blessés dans les combats, jusqu'à leur mort, payant aux veuves et aux orphelins de ceux qui tombent sur le champ de bataille, la solde dont ils jouissaient durant leur vie.

Le portrait ci-joint représente un sypaye durant le service. Hors du service, ils quittent leurs uniformes, se revêtent des mêmes habits que les autres habitants, et n'ont rien qui les distingue de la foule.

La profession des armes appartenait jadis exclusivement à la tribu des Kchatria, la seconde et la plus noble après celle des Brahmanes. Eux seuls avaient le droit de faire la guerre, et aucune autre tribu n'était admise à cette honorable profession. Dans les temps modernes, les institutions des Indous sur ce point ont subi une altération totale. Aujourd'hui toutes les castes sans exception, depuis le Brahmane jusqu'au Pariah, sont admises, et tout le monde peut parvenir successivement aux grades militaires les plus élevés. On voit quelquefois, même chez les princes indous, des Pariahs colonels de régimens. Cependant les Râdjahpoutras du nord de l'Inde, qui sont les descendans des anciens Kchatriah, continuent généralement de se livrer à la profession des armes, et passent pour d'excellents soldats.

Les sypayes disciplinés et commandés par des officiers européens, font de bonnes troupes. Ils supportent les fatigues de la guerre beaucoup mieux que les troupes européennes, mais il s'en faut de beaucoup qu'ils égalent ces dernières en courage et en bravoure.

Pl. 2. 18.ᵉ LIV.

Sypaye,
Soldat indien au bataillon français de Pondichery

# CHINNAPPA.

Le sujet représenté ici est de la vile caste des Pariahs, dont il a déjà été plusieurs fois fait mention dans cet ouvrage. De toutes les tribus indiennes, celle des Pariahs est, sans contredit, la plus avilie et la plus dégradée. On ne trouve dans l'histoire des nations anciennes et modernes aucun exemple d'une pareille abjection. Bannis de la société des autres hommes, ils sont un sujet d'exécration générale, partout traités avec dureté, insultés, battus sans pouvoir repousser les injures et les insultes dont ils sont l'objet. Il ne leur est pas permis d'habiter dans les mêmes lieux que les autres castes, et ils sont obligés de se bâtir, à une distance considérable des maisons des autres habitants, de misérables huttes, où ils font leur séjour avec leurs femmes et leurs enfants. Ils ne sont jamais admis dans les temples, qui seraient souillés par leur présence. Ils ne peuvent pas s'approcher des personnes d'une autre caste, et quand ils ont à parler à quelqu'un, ils doivent se tenir à une certaine distance, afin que celui à qui ils adressent la parole ne soit pas exposé à être souillé par leur haleine ou par leur attouchement. Ils n'ont pas même, dans plusieurs provinces, la permission de labourer la terre pour leur compte, en prenant à ferme les terres du gouvernement; mais ils sont obligés de se louer aux autres castes, qui, pour un modique salaire, leur font exercer sous leurs ordres les travaux les plus pénibles de l'agriculture, et tous les offices les plus vils, tels que d'enlever les immondices, soigner les bœufs et les chevaux, balayer les rues, nettoyer les écuries, etc. Leurs maîtres peuvent les injurier, les battre et les maltraiter tant qu'il leur plaît, sans que cela tire à conséquence, et sans avoir à craindre de représailles de leur part. Aussi c'est un dire assez commun parmi ces malheureux Pariahs, *qu'ils sont nés pour travailler et être battus*. Leur condition est, sous tous les rapports, bien pire que celle des esclaves dans les colonies européennes. A la vérité, les Pariahs de l'Inde ne sont pas vendus comme esclaves, mais ils le sont en effet.

Les Pariahs vivent généralement dans une grande pauvreté; ils ne sont vêtus que de haillons, et la plupart vont presque nus. Ils sont très-adonnés à l'ivrognerie; ils se nourrissent des alimens les plus infects et les plus révoltants; ils courent comme des chiens affamés sur les cadavres qu'on jette à la voierie, en enlevant la chair à demi pourrie, et vont la dévorer dans leurs cabanes. Cependant ceux qui sont au service des Européens jouissent de plus d'aisance et d'indépendance que les autres, car les Européens sont obligés d'admettre ces vils Pariahs à leur service, parce que les membres des autres castes ne consentiraient jamais à exercer auprès d'eux des services très-vils. D'après leurs préjugés, aucun Indien autre que des Pariahs ne voudrait, par exemple, servir de cuisinier à un Européen, être son palefrenier, frotter et cirer ses bottes et ses souliers, etc., etc. : ils sont donc obligés d'avoir recours à des domestiques Pariahs pour ces genres de services; ces derniers ne se refusent à rien.

*Chinnappa,*
Caste de Pariah (agé de 21 ans)

# PERIRAYAPA.

*Perirayapa* (1) est un individu de la caste *Palli*, âgé de quarante ans. Pressé sans doute par le souvenir de quelque péché dont il est permis d'apprécier la gravité, en considérant celle de l'expiation, il a fait vœu d'accomplir la grande pénitence nommée par les jurisconsultes du Telingana et de l'Orissa *dvadashavarchika* ou de douze années; le devoir le moins rigoureux imposé par cette pénitence est d'errer continuellement de village en village, ne prenant d'autre nourriture que celle qu'on a mendiée et obtenue de la compassion des hommes. Perirayapa, dont le zèle ne s'est pas arrêté aux étroites limites des prescriptions légales, a voulu ajouter à leur sévérité, en s'engageant à porter au cou, pendant toute la durée de sa pénitence, un grillage de fer d'un poids considérable. Ce pieux pénitent a cependant enlevé quelque chose au mérite de son action, en prenant le soin de placer de petits bourrelets de chiffons entre les barreaux du grillage et ses épaules, que le contact immédiat du fer eût pu écorcher. Le cadre de ce grillage étant très-large, Perirayapa ne peut reposer sa tête sur le sol ; cette position contrainte cesserait bientôt d'être supportable, s'il ne plaçait sous sa tête, lorsqu'il se couche, une large pierre pour la soutenir au niveau de l'ouverture dans laquelle est passé son cou (2). Le signe dont est marqué le front de Perirayapa a déjà été expliqué plusieurs fois; il suffit pour indiquer la secte religieuse à laquelle appartient celui qui le porte. Ce fut à Yanaon, sur la côte d'Orissa, que M. Geringer rencontra ce personnage et fit son portrait. Un autre instrument de pénitence, peu différent de celui qui vient d'être décrit, est une lame de fer très-large, nommée *kapanam*, que le patient s'attache également au cou.

On trouve dans les anciennes relations de nombreux récits de semblables actes de pénitence ou d'exercices ascétiques non moins rudes imposés par un simple vœu fait dans une intention religieuse : moins connue est la terrible et sanglante pénitence nommée *pâvâdam*, qui consiste à se couper la langue en expiation de certains péchés. On confondait autrefois sous le nom de *Fakîr* les mendiants de toutes les nations et de toutes les croyances, qui se livrent aux actes de cet ascétisme grossier ; cette erreur, alors et aujourd'hui même si difficile à éviter, est peut-être le jugement le plus sévèrement ironique qui ait été porté sur le mérite religieux de ces pratiques.

---

(1) Je conjecture que l'orthographe régulière de ce mot est *Periyardýpen*; *apen* (père), à la fin des noms propres, est un titre honorifique qui s'applique aux *Choûtirer* de condition inférieure, tandis que les *Vellajer* reçoivent et ajoutent à leur nom le titre beaucoup plus honorable de *Pillai* (jeune homme). *Châmpân* est le titre honorifique des Parias.

(2) Quelques religieux chinois, livrés à des pratiques de pénitence, ne s'imposent pas une moins rude mortification de la chair en passant leur cou dans de lourdes cangues de bois, dont les bords extérieurs dépassent les extrémités de leurs épaules.

Perirayapa
de la Caste Pally.

# ARNIGRITCHI.

A trois lieues des célèbres ruines de *Mahâbalipouram*, vers l'embouchure du *Pâlarou* (fleuve de lait), est une petite ville ouverte, sans défense, que les Européens sont convenus de nommer *Sadraspatnam*, mais dont le véritable nom est *Chadirangapattanam* ou *la ville quadrangulaire*. Les Hollandais y avaient autrefois un comptoir qui depuis long-temps n'existe plus : la population a diminué en même temps que l'importance commerciale de la ville; elle est aujourd'hui peu nombreuse et généralement pauvre.

Comme M. Geringer, dans un de ses voyages, passait par cette ville, il apprit que presqu'en même temps que lui y était arrivé une pénitente indienne, qui avait été précédée par une grande réputation de sainteté, et qui était accueillie par les pieux respects du peuple. Il trouva cette pénitente assise sur une place publique, auprès d'une petite pagode, entourée d'une foule considérable qui était accourue pour la contempler; elle recevait ces témoignages de vénération avec une dignité et même une indifférence qui prouvait qu'elle y était habituée. Les habitants les plus riches se pressaient autour d'elle pour lui offrir des aumônes en argent et en nature; aussi M. Geringer eut-il beaucoup de peine à s'approcher d'elle; il parvint enfin à lui adresser la parole, et lui demanda la permission de faire son portrait. La sainte femme, après avoir fait quelques difficultés, y consentit enfin; elle mit cependant à sa complaisance quelques conditions; celle sur laquelle elle insista le plus vivement, était aussi celle que notre voyageur était le plus disposé à lui accorder; c'était de ne point la toucher pendant qu'elle poserait. M. Geringer alla le lendemain à la *chauderie* où cette *yôginî* s'était établie, et y exécuta le portrait dont la planche en regard offre la copie.

Cette pénitente, nommée *Arnigritchi*, était âgée de soixante ans; elle venait de *Tiroutchinnappalli*, où elle était née, et se rendait à Madras, pour recueillir les aumônes des habitants de cette ville, qui trouvent presque tous dans le commerce une source de richesses. Elle était reçue avec vénération dans tous les lieux où elle passait. Son principal titre à tant de respect était une hideuse difformité, qui rendait témoignage de ses longues pénitences : jeune encore, elle avait fait vœu de tenir son bras constamment élevé au-dessus de sa tête; elle avait accompli ce vœu avec une si courageuse persévérance, que ses nerfs s'étaient contractés, et qu'il en était résulté une ankylose complète; elle ne pouvait plus détendre ni plier son bras. Elle appartenait à la classe des *yôgî*, qu'on nomme *Ourddhabâhou* et *Nakhî*, et portait comme eux sur son front les signes du saivisme.

Ces pénitents, après s'y être engagés par un vœu, étendent leurs bras au-dessus de leur tête, et souvent même les entrelacent en les roidissant de toute leur force nerveuse; lorsqu'ils sentent que la fatigue ramène ces membres à leur position naturelle, ils se les font attacher de manière qu'ils ne puissent retomber, et attendent ainsi que toute douleur ait cessé; l'ankylose est alors formée; nulle force ne pourrait rendre à leurs bras leur direction naturelle, leur forme, leur utilité. Tous laissent croître leurs ongles et les considèrent comme un des insignes de leur profession religieuse : quelques-uns serrent violemment leurs mains pour faire pénétrer les ongles dans les chairs; les ongles continuent de croître, et souvent s'enfoncent entre les os du métacarpe, pour ressortir de l'autre côté de la main.

Pl. 4.  21.ᵉ LIV.

*Arnigritchi.*

# CHAHGARAMOUSEN.

Chahgaramousen *el Hâdjî*, dont la planche en regard offre le portrait, est musulman et sectateur d'Ali : Pondichéry est le lieu de sa naissance. Il était encore très-jeune lorsqu'il prit du service dans le corps de cipayes entretenu par le gouvernement français. C'était en 1758; M. de Lally-Tolendal était gouverneur des établissements français dans l'Inde; une guerre dont les revers mêmes ne devaient pas être sans gloire pour les armes françaises, offrait au courage et au talent militaire de fréquentes occasions de se produire. Elles ne furent pas perdues pour Chahgaramousen; il se comporta si bravement au siége du fort Saint-David en avril 1758, qu'il reçut de ses chefs des éloges et un état de service. Il se trouva encore au siége de *Kânjîvaram*, célèbre par le dévouement du fournisseur *Râmalinga-Poullai*, et s'y fit distinguer de nouveau par son intrépidité et par sa patience à supporter les privations de toute espèce. Fidèle au drapeau qu'il avait défendu, Chahgaramousen suivit la fortune de l'armée française, et ne quitta ses rangs qu'à un âge déjà fort avancé. Lorsqu'en 1814 la France rentra en possession de ses établissements coloniaux dans l'Inde, le vieux cipaye fut admis à la retraite et obtint une modique pension. Ce secours pécuniaire l'aida à accomplir un projet qu'il avait depuis long-temps conçu, et auquel il s'était d'année en année plus fortement attaché, l'opiniâtreté de la vieillesse venant fortifier le sentiment religieux. Il avait plus d'une fois éprouvé le désir de remplir le devoir d'un pieux musulman en faisant un pélerinage à la Mecque, mais sa vie aventureuse ne lui avait pas encore permis de donner suite à ses projets : il profita avec empressement des avantages de sa nouvelle position, pour accomplir le devoir qu'il s'était imposé à lui-même; il traversa à pied toute la presqu'île, s'embarqua à Surate pour Maskat, et arriva à la Mecque après un voyage où tout était fatigue et péril.

Ce fut au retour de ce voyage que M. Geringer eut occasion de le voir. Il avait pris le costume et les habitudes d'un fakir, et jouissait d'une réputation de piété, qui l'entourait de respects et de soins bienveillants. Il avait adressé une pétition à M. Dupuy, Gouverneur des possessions françaises dans l'Inde, pour demander la concession d'un terrain peu étendu, situé sur la route de Pondichéry à Madras, et la permission d'y bâtir une petite mosquée avec le produit des aumônes qu'il avait recueillies dans son pélerinage. Le résultat de cette demande ne nous est pas connu.

Chahgaramousen vint poser plusieurs jours de suite chez M. Geringer, mais il le supplia de ne montrer son portrait à aucun autre musulman, pour ne pas compromettre la réputation qu'il avait acquise, d'être un fidèle observateur des préceptes du Koran.

PL. 6.  22.ᵉ LIV.

*Chahgaramousen.*

# MITTOU.

Le personnage dont la planche en regard présente le portrait, devait nécessairement trouver sa place dans cet ouvrage; car il faisait, pour ainsi dire, partie de la collection de curiosités que M. Geringer avait rapportée de l'Inde; c'était une figure ajoutée à la série de portraits que notre artiste avait formée, mais une figure dont il pouvait long-temps et consciencieusement étudier la représentation; car elle posait tous les jours et à toutes les heures devant lui; elle apparaissait et disparaissait au moindre mouvement de tête, et se trouvait toujours à la pointe du crayon ou du pinceau de M. Geringer; Mittou, c'est le nom de ce personnage, était son domestique.

Mittou est né à Calcutta, et doit avoir présentement atteint sa trente-deuxième année; il est musulman et appartient à la secte qui considère les successeurs immédiats de Mohammed comme les représentans légitimes de l'envoyé de Dieu. Fils d'un ancien cipaye, il avait deux frères engagés au service militaire de la Compagnie anglaise des Indes; ils périrent tous les deux dans la campagne que fit l'armée du Bengale contre les Birmans. Mittou entra en 1822 au service de M. Geringer, en qualité d'interprète et de domestique; il était recommandé par de bons certificats, et plus encore par la douceur de son caractère; il se distinguait par son intelligence et son activité, des autres domestiques attachés à l'établissement que dirigeait M. Geringer; ces qualités le firent choisir pour suivre son maître dans ses diverses excursions au-delà des limites des possessions françaises dans l'Inde. Il accompagna M. Geringer à son retour en Europe, et excita quelque temps à Paris une curiosité assez empressée. M. Geringer lui avait fait espérer que son séjour en France serait de courte durée, et qu'aussitôt après avoir terminé quelques affaires, il retournerait dans l'Inde, où le rappelaient ses goûts, ses habitudes et ses souvenirs. Des circonstances indépendantes de la volonté de notre artiste, ayant indéfiniment ajourné ce second voyage, Mittou pria son maître de lui permettre de revoir sa patrie; déjà la mélancolie avait enlevé à son esprit sa joyeuse activité; il était à craindre que l'abattement des forces morales ne fût suivi de quelque grave maladie, à laquelle ses forces physiques auraient été mal préparées sous l'influence d'une température aussi contraire à celle de l'Inde. M. Geringer lui accorda son congé, et lui fit prendre passage à bord d'un vaisseau du port de Nantes, en 1827.

Mittou est d'une haute stature; sa taille est dégagée, sa marche assurée; les traits de sa figure sont réguliers, et de fortes moustaches leur donnent une expression de noblesse et de sévérité. Il s'exprime très-correctement en anglais, et parle avec facilité plusieurs idiômes de l'Inde. M. Geringer avait consacré à lui apprendre le français, les nombreuses heures d'ennui qu'on peut compter dans une traversée de quatre mois; ces leçons, et peut-être plus encore celles qu'il recevait de la nécessité de se trouver en rapports habituels avec les matelots, lui firent bientôt acquérir l'usage facile de la langue française. Il faisait son service auprès de M. Geringer avec beaucoup d'exactitude et d'adresse; il avait tous les genres de talent qu'on exige ordinairement au Bengale des domestiques musulmans; il savait préparer les repas, dresser la table, pouvait au besoin tailler et assembler un habit, et rendait à lui seul tous les services qu'on ne pourrait attendre en Europe que de deux ou trois serviteurs différents.

*Mitlou.*

# VIEILLE FEMME
## DE HAUTE CASTE.

La planche en regard représente une femme d'un âge avancé; la richesse de ses vêtements, et plus encore la noble sévérité de sa figure, annoncent assez qu'elle appartient à une des classes supérieures de la société indienne. Des circonstances particulières qu'il est inutile de rapporter ici, permirent à M. Géringer de faire le portrait de cette femme, sans lui fournir l'occasion de connaître même son nom. Nous nous trouvons ainsi obligés de reporter nos observations sur les détails de la parure des femmes dans le sud de l'Inde, et sur l'usage qu'elles font des joyaux dans l'économie de leur toilette. Ces explications trouveront un commentaire facile à consulter, dans la figure qui accompagne cette notice; car la parure de cette femme est généralement celle des personnes de distinction ; la mode est si peu capricieuse sur la côte de Coromandel, qu'une observation de plusieurs années suffirait à peine pour en reconnaître une légère variation; elle ne consiste que dans l'habitude générale des diverses classes de porter des vêtements d'une certaine étoffe et d'une certaine forme. Les femmes de presque toutes les castes arrondissent la masse de leurs cheveux noirs et lisses en un chignon rejeté derrière la tête; celles qui peuvent se permettre ce luxe, posent sur la ligne de séparation des cheveux un ornement en or ou en pierreries, dont la forme allongée est terminée par un globule, et appliquent sur chaque natte un autre ornement en forme de soleil, également enrichi de pierreries. C'est pour les femmes de l'Inde un usage antique et général, de suspendre au cartilage du nez une perle de prix, quelquefois une pierre précieuse; les femmes des provinces du sud ajoutent à cette coquetterie celle de se passer dans la narine gauche un anneau d'or. Leurs oreilles dont les lobes sont allongés dès l'enfance par une prévoyante vanité, soutiennent deux girandoles dont le poids est souvent considérable; l'art des bijoutiers indiens excelle à en varier la forme. Les femmes indiennes, à qui la réserve du bon goût n'est pas encore connue, chargent de colliers la partie supérieure de leurs épaules; c'est moins un ornement qu'un moyen de faciliter à la curiosité publique le calcul de la fortune dont elles jouissent. Une partie de leur ajustement qui n'est pas sans importance est le voile dont elles se couvrent la tête; ce voile est le plus souvent d'une mousseline légère, transparente, et semée de paillettes d'or.

PL. 6.    24.°LIV.

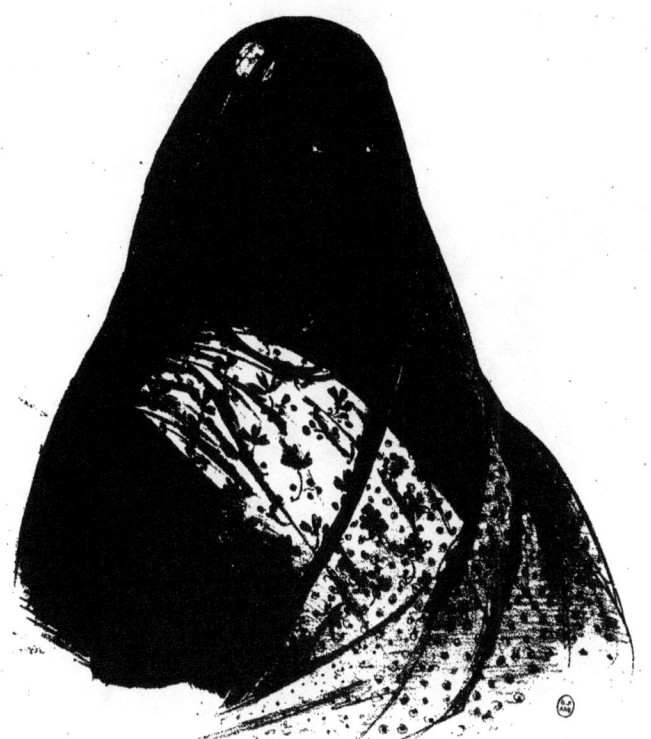

*Vieille femme*
*de haute Caste*

# DANSE DES SERPENTS

OU

## PAMB-ATTY.

Parmi les personnes qui ont visité l'Inde, il y en a peu qui n'aient pas été à portée de voir les tours joués par les Pamb-attys, mots tamouls qui signifient *homme qui fait danser les serpents*. On les rencontre dans toutes les villes. Ils appartiennent aux castes des jongleurs qui sont en grand nombre dans le pays, et qui sont composées des danseurs de corde et faiseurs de tours de force et de souplesse, des escamoteurs, etc. Toutes ces professions, ainsi que celles des autres castes, sont héréditaires et passent de père en fils. Celle des Pamb-attys consiste à apprivoiser les serpents et à les faire danser au son des instruments. Ils choisissent pour cela les espèces les plus venimeuses et les plus redoutées. Ils commencent d'abord par leur arracher les dents et leur ouvrir la vessie dans laquelle est déposé leur venin, après quoi ils se familiarisent avec eux, les baisent, mettent leur tête dans leur bouche, les entortillent autour de leur cou ou de leurs bras, leur apprennent à se mouvoir en cadence, etc. Le Pamb-atty, ayant ses serpents enfermés dans un panier, se rend aux endroits où se trouvent des personnes rassemblées, s'asseoit par terre au milieu d'elles, ouvre son panier et embouche son instrument. Aux premiers sons, le reptile entortillé lève la tête, se déroule, sort du panier, s'avance vis-à-vis du jongleur, se dresse à un pied de hauteur, supporté sur deux ou trois plis de sa queue, se meut en cadence, tourne la tête de côté et d'autre avec une certaine grâce, et jetant des regards étincelants sur les spectateurs.

Ces jongleurs passent aussi pour posséder l'art de charmer, par leurs enchantements, les serpents les plus sauvages, de les forcer de venir à eux au son de leur flûte, et de se laisser prendre par eux sans essayer de leur faire aucun mal. — Les Pamb-attys sont rangés parmi les castes nomades et ils habitent sous des tentes. Leur profession les obligeant de paraître souvent en public, ils sont plus civilisés que les Kourravers, les Kouroumerés, etc., autres tribus nomades dont il est parlé dans cette livraison; ils sont aussi mieux vêtus et plus proprement. Cependant l'immoralité et surtout la crapuleuse intempérance des uns et des autres sont à peu près les mêmes. Leurs femmes n'ont ni pudeur, ni modestie, ni retenue, et accordent leurs faveurs à tous ceux qui en veulent jouir.

Toutes ces castes de jongleurs sont universellement méprisées, et ce mépris est pleinement justifié par la dissolution des mœurs et la conduite infâme des individus de l'un et l'autre sexe qui les composent.

Danse des Serpents.

# KOURRAVER

ou

# KOURVAS,

## PORTEURS DE SEL.

Les Kourvas ou Kouroumas sont une division de caste des Kourravers dont il sera question dans la notice suivante. Ils ont à peu près les mêmes mœurs, les mêmes usages, et souvent le même genre de vie, c'est-à-dire le commerce des grains et du sel, qu'ils transportent sur des ânes. La confection des ustensiles de ménage, tels que nattes, paniers, corbeilles, etc., le larcin et la prostitution des femmes qui peuvent se livrer sans déshonneur à ceux qui ont le courage de convoiter les faveurs de ces hideuses et dégoûtantes créatures. Les femmes de cette vile tribu exercent encore une autre profession; elles sont diseuses de bonne fortune, et les habitants simples et crédules du pays ont fréquemment recours à elles pour faire tirer leur horoscope; elles s'acquittent de ce devoir en examinant attentivement les linéamens des mains, et en faisant mille vaines combinaisons sur les traits qu'elles y remarquent. Elles frappent en même temps avec leurs doigts sur un petit tambour, en prononçant des mots baroques et tout-à-fait inintelligibles, mêlés de fréquentes invocations de leurs dieux ou de leurs démons, après quoi elles prédisent aux personnes qui les ont consultées le bien ou le mal qui doit leur arriver.

Toutes ces tribus sont extrêmement odieuses aux habitants du pays, et regardées avec un souverain mépris. Elles n'ont d'autres rapports avec la société que ceux que leurs besoins matériels exigent impérieusement. Un individu de toute autre caste n'oserait jamais former des liens d'amitié ou de familiarité avec les Kouroumas et les Kourravers, ni leur donner asile dans sa maison.

Ces tribus vivent dans la plus grande misère, et ceux qui les composent ne sont couverts que de haillons. La principale cause de leur pauvreté, c'est leur intempérance. Ils sont fort adonnés à l'ivrognerie, vice rare et extrêmement odieux parmi les Hindous, et ils dépensent dans la bonne chère tout ce qu'ils peuvent gagner ou voler. Du reste ils se repaissent de toute sorte de substances, même les plus dégoûtantes : serpents, lézards, crapauds, rats, corbeaux, etc., tout leur est bon.

*Kourraver, Porteurs de sel.*

# KOURRAVERS,

## VANNIERS.

La caste des Kourravers est une des principales tribus nomades qu'on rencontre fréquemment dans les diverses provinces de la presqu'île de l'Inde. Ceux qui la composent parlent les différens dialectes usités dans les pays qu'ils parcourent, mais ils ont entre eux un jargon particulier qui n'est entendu que d'eux seuls. Ils habitent sous des tentes composées de nattes grossières faites de feuilles de palmier, dans des lieux isolés et éloignés des villages où vivent les Indiens qui ont un domicile fixe, avec lesquels ils n'ont que très-peu de communications. Ils passent partout pour des voleurs et des filous très-adroits; aussi partout où ils campent, la police exerce sur eux une vigilance sévère, et les habitans des environs prennent toutes les précautions nécessaires pour n'être pas exposés à leurs déprédations. On ne sait jamais ce qui se passe dans leurs camps, composés ordinairement de dix, quinze ou vingt tentes, sous lesquelles vivent autant de familles. Ils subsistent par le commerce des grains qu'ils exportent à la côte, et ils en rapportent en échange du sel, qu'ils vendent dans l'intérieur du pays. Le transport de ces denrées se fait sur des ânes, quelquefois sur des buffles. Chaque famille en a deux ou trois, et c'est là leur unique propriété. Lorsqu'ils séjournent quelque tems dans un endroit, ils s'occupent à faire des nattes grossières d'osier ou de palmier, des paniers et d'autres ustensiles de ménage, qu'ils vendent aux habitans des villages, ou qu'ils échangent pour des grains ou autres denrées. Ils ne restent pas long-tems dans le même lieu. Après quelques jours de séjour dans un endroit, ils plient leurs tentes et vont camper ailleurs. Ils ont parmi eux des chefs qui veillent au maintien des règles de la caste, et en punissent les infractions par des amendes ou des punitions plus ou moins sévères. Ils ne s'adressent jamais aux magistrats publics pour se faire rendre justice; tout se règle entre eux par les chefs, et on ne sait jamais rien dans le public de ce qui se passe dans leur camp.

*Kourraver, Vanniers.*

# NOROUNGATI,

## FAISEURS D'USTENSILES DE MÉNAGE.

Cette tribu se rapproche beaucoup, par ses habitudes et ses coutumes, des Kourravers et des Kouroumas; ceux qui la composent ne se livrent pas cependant, comme ces derniers, au commerce des grains et du sel, et quoique avilis ainsi qu'eux dans l'opinion publique, ils n'inspirent pas autant d'horreur. Ils s'adonnent presque exclusivement à la confection des ustensiles de ménage. Ils font aussi le commerce des anneaux de verre que les femmes hindoues portent à leurs bras. Dans le temps des travaux de la campagne, les hommes et les femmes vont aider les habitants qui ont besoin de leur travail pour la moisson, pour sarcler les plantes des champs, pour piler le riz, etc. Cette tribu n'est pas, à beaucoup près, aussi nombreuse que celle des Kourravers et des Kouroumas. Les membres de toutes ces castes nomades sont extrêmement grossiers. Ils vivent presque dans un état de nature. On n'aperçoit parmi eux aucun principe de civilisation, aucun sentiment d'honneur. Leurs traits rudes, leur laideur et leur contenance sauvage, dénotent assez leur caractère brutal et leurs mœurs grossières.

Ce sont les femmes des Noroungates qui, en commun avec les femmes Kourravers, impriment sur les bras et autres parties du corps des femmes indiennes les fleurs et autres signes qu'on y voit dépeints. Pour cela, elles commencent par décrire ces figures sur l'épiderme de la peau, en la piquant légèrement avec une aiguille; elles y frottent ensuite rudement le jus de certaines plantes qui s'introduit dans les piqûres et ne s'efface plus.

Lorsque ces tribus nomades voyagent, elles portent avec elles tout leur mobilier, et quelques provisions pour subsister; elles en chargent une partie sur leurs ânes, et les hommes et les femmes portent le reste sur leurs têtes; volailles, porcs, chiens, en un mot tout leur avoir est avec eux.

*Noroungati, faiseurs d'Ustensiles de ménage.*

# IROULERS,

## HABITANTS DES FORÊTS.

La caste des Iroulers vit constamment dans les bois, et ceux qui la composent mènent une vie entièrement sauvage. Ils n'ont que très-peu de relations avec les habitants civilisés de la plaine. Quelques personnes parmi ces derniers vont les trouver dans leurs forêts et leur portent quelques provisions indispensables, telles que du sel, du piment, des menus grains, qu'ils échangent pour du miel et de la cire qui abondent dans les lieux où vivent ces sauvages. Ils mènent une vie très-misérable; les hommes et les femmes vont presque nus; les dernières n'ont pour tout vêtement que quelques feuilles d'arbre cousues ensemble, attachées autour de leurs reins, qui forment une espèce de tablier d'un pied et demi de long et autant de large. Ils ne cultivent pas la terre; ils se nourrissent des racines, des herbes et autres plantes sauvages qui croissent spontanément dans leurs forêts, du miel qui s'y trouve en abondance, des reptiles et autres animaux qu'ils peuvent attraper à la course, ou prendre dans des piéges, ou tuer à coups de flèche. Ils forment des peuplades de dix à douze familles habitant dans des huttes. Dans quelques lieux ils construisent un grand hangar, où ils vivent tous pêle-mêle; ils changent souvent de demeures, surtout dans les tems de sécheresse où l'eau leur manque. Ces sauvages ne reconnaissent pas les dieux du pays, mais ils adorent les *boutams* ou esprits malfaisants, qu'ils représentent sous la forme d'une pierre brute, noircie ou ornée de poudre de bois de sandal, qu'ils placent dans une espèce de niche, au milieu de leur camp, et à laquelle ils adressent leurs prières et leurs demandes. Ils ont quelques-uns des principaux préjugés des autres Indiens sur la souillure et la propreté, sur la division des castes, etc. Ce sont des peuples très-timides et très-inoffensifs; ils sont cependant redoutés par les habitants de la plaine, qui les regardent comme initiés dans la magie et les sortiléges.

Les Iroulers forment différentes peuplades dispersées sur les montagnes du Carnatique et dans les vastes forêts du Malabar, où ils sont désignés sous le nom de *Cahdou-kouroubarou*, qui signifie *pâtres des forêts*. On les regarde partout comme ayant le pouvoir, par leurs charmes et leurs enchantements, de se mettre à couvert des attaques des éléphants sauvages, des tigres et autres bêtes féroces qui errent avec eux dans les mêmes forêts et qui ne leur font jamais de mal.

Telle est la force de l'habitude et leur amour de l'indépendance, qu'on n'a jamais pu obtenir de ces sauvages qu'ils quittassent la vie misérable qu'ils mènent au milieu des forêts pour venir goûter les douceurs de la vie sociale parmi les habitants de la plaine.

*Iroulers,*
Habitans des forêts

# CAROUMANS.

C'est le nom qu'on donne à la caste des tailleurs de pierre. Ils font partie de cinq castes d'artisans désignés sous le nom de *Pantchalas* ( ou cinq castes d'ouvriers ), composées des tailleurs de pierre, des fondeurs, des forgerons, des orfévres et des charpentiers. Ils taillent les pierres et forgent toutes les pièces qui se rapportent à la bâtisse et à la construction. Il y en a un dans chaque village, et aucune autre personne de la même profession ne peut y venir travailler sans sa permission; ce droit exclusif se transmet de père en fils. Il en est de même des fondeurs, des forgerons, des orfévres et des charpentiers; chacun d'eux a le droit exclusif d'exercer sa profession dans son village. Ils sont ordinairement payés en nature, c'est-à-dire en grains, par chaque habitant au tems de la récolte. Ils n'ont point d'ateliers, et en établissent un partout où on les appelle. Ils portent dans un petit sac de cuir tous les outils nécessaires pour se mettre de suite au travail. S'ils ont quelques pièces à forger, deux peaux d'agneau, cousues ensemble, leur servent de soufflet; pour enclume, la première pierre qu'ils rencontrent, quelques poinçons de fer ou d'acier qu'ils préparent eux-mêmes pour tailler ou piquer les blocs de pierre ou de granit dont ils font usage, un ou deux marteaux, une paire de tenailles, une petite baguette de fer pour attiser le feu, voilà à peu près l'ensemble des outils dont ils se servent.

Les tailleurs de pierre et autres castes de *Pantchalas* appartiennent tous à la division de la main gauche, dont ils sont le plus ferme soutien; aussi sont-ils assez généralement connus sous le nom *de gens de la main gauche*, et dans les disputes qui s'élèvent souvent entre les deux mains, ce sont eux qui sont les plus actifs et les plus bruyants. Ils comptent aussi parmi eux les Veisyas, ou marchands, quelques autres basses tribus des Soudras, et la plus infâme de toutes, celles des *Chakilys*, ou savetiers.

Ce sont certains priviléges que chacune des deux divisions revendique, qui distinguent une main de l'autre; mais comme ces priviléges ne sont pas clairement reconnus, il en résulte souvent des collisions très-graves, des rixes sanglantes et des excès auxquels, malgré leur timidité, les Indiens ne craignent pas de se livrer.

Ces prérogatives sont quelquefois très-ridicules aux yeux des Européens surtout : en voici quelques-unes. Le droit de porter des *babouches* ou pantoufles, de se promener à cheval ou en palanquin; l'honneur d'avoir une escorte de gens armés dans certaines cérémonies; de faire sonner de la trompette devant soi, etc., etc, et une foule d'autres priviléges plus futiles les uns que les autres, pour le maintien desquels les Indiens s'entr'égorgent quelquefois.

**Caroumans,**
*Tailleurs de pierres.*

# VÉDER ou BOYA,

## CHASSEUR INDIEN.

Cette tribu, appelée en cannada Béda ou Bédanou, et en télinga Boya, forme la caste des chasseurs ; c'est une des plus viles parmi les Soûdras. Les individus qui la composent habitent ordinairement les forêts ou les montagnes ; ces lieux leur fournissent plus de ressources pour se livrer à la chasse, ou pour prendre dans des pièges les animaux dont ils font leur principale nourriture. Plusieurs d'entre eux ont des bœufs et des buffles, et cultivent les vallées des montagnes où ils ont établi leur domicile. Ils ont des manières grossières ou brutales, et sont fort en arrière des autres tribus dans la civilisation.

Cependant on voit, dans le midi de la presqu'île, plusieurs petits princes de cette tribu, entourés et soutenus des personnes de leur caste, qui se font respecter et craindre de leurs voisins. Leurs montagnes et leurs forêts leur fournissent un asile sûr, où il serait dangereux de les attaquer. Ils sont armés de sabres, de lances, de poignards et de fusils, et entendent très-bien le maniement de ces différentes armes. Les Anglais désignent ces petits princes sous le nom de Poligars, mot dérivé du tamoul *Paleyacâren*, ou chef de bandes, et ils ont eu beaucoup de peine à les réduire. Dans les pays où des Indiens de cette tribu exercent la souveraineté, la caste jouit de plus de considération dans les limites de ces principautés ; mais, hors de là, elle est tenue dans le mépris, à cause de ses usages bas et de ses coutumes viles aux yeux des autres Indiens, car les Véders rejettent les notions généralement reçues sur la souillure et la propreté, se nourrissent de la chair de toute espèce d'animaux, et boivent des liqueurs fermentées. Enfin cette tribu vit sans décence et sans retenue, et paraît étrangère aux sentiments d'honneur qu'on voit régner parmi les autres castes de Soûdras, dont aucune ne voudrait entretenir un commerce familier et amical avec les Véders.

*Veder ou Roya,*
chasseur Indien.

# PARIAH COMBOU-CARA,

## TROMPETTE.

Le combou est une longue trompette terminée en demi-cercle, qui produit un bruit sonore et retentissant; il exige un grand effort de poumons dans celui qui en sonne. Le son qu'il produit est si fort, que, dans la nuit, par un tems serein, on peut l'entendre à une lieue de distance. Ce sont toujours des Pariahs qui sonnent du combou. Les autres instruments à vent sont l'apanage des barbiers, héritiers exclusifs de la musique indienne, exécutée sur cette sorte d'instruments. Les Brahmanes, il est vrai, cultivent aussi la musique, mais ils ne peuvent jouer que sur les instruments à corde. Ils seraient souillés s'ils embouchaient un instrument à vent. Le combou dont le Pariah seul peut jouer, est de tous les instrumens usités dans l'Inde le plus commun. On l'emploie non-seulement dans les cérémonies religieuses, mais encore dans toutes les fêtes de famille, aux assemblées publiques, aux mariages, etc. Lorsque des personnes en dignité paraissent en public, ou qu'elles font des visites, elles sont précédées d'un ou plusieurs Pariahs sonnant du combou; les simples chefs de village eux-mêmes s'arrogent souvent cette prérogative; on s'en sert aussi lorsqu'on va à la chasse des bêtes fauves pour les faire sortir de leurs retraites.

On emploie encore une trompette qui diffère peu du combou. C'est le taré, sujet de la planche suivante (*Indien qui sonne du taré pendant les funérailles*), plus généralement employé dans les cérémonies de deuil; on se sert beaucoup d'instruments de musique dans les convois des Soudras, ce qui n'a jamais lieu pour les castes élevées. Quand un Soudra est mort, un ou deux de ces tarés sont chargés d'annoncer cette triste nouvelle à tout le voisinage, et en effet ces sons aigres, lugubres et traînants inspirent l'effroi, et conviennent bien à ces cérémonies de deuil.

Cette symphonie monotone et déchirante continue sans interruption depuis le moment du décès jusqu'à la fin des obsèques. C'est le troisième jour de deuil dans cette caste, appelé le jour *de la libation de lait*, que le sonneur de taré fait retentir l'air des éclats sinistres de son instrument, de même qu'au moment où le chef du deuil prend un des os du défunt qui ont résisté à l'action du feu durant la cérémonie du bûcher, il va le jeter dans l'étang voisin au son de ce lugubre instrument.

Pariah Combou-cara.
(scuipette.)

# DOMBERS,

## JONGLEURS INDIENS.

La tribu des Dombers, répandue dans toutes les parties de l'Inde, est composée de funambules, saltimbanques, faiseurs de tours d'adresse et de force, escamoteurs, etc. On trouve dans toutes les provinces des bandes organisées de ces jongleurs qui parcourent le pays, et ne vivent que de ces professions, auxquelles ils sont exercés dès leur bas âge, afin de faire prendre de bonne heure à leurs membres les plis, la souplesse et l'élasticité nécessaires pour exercer les emplois auxquels ils sont destinés. Les hommes et les femmes sont acteurs dans cette profession ; ce sont même ces dernières qui exécutent les tours les plus difficiles et les plus périlleux. Ils voyagent sans cesse d'un lieu à un autre pour exercer leur profession. On les trouve aux fêtes du pays, aux foires, aux marchés, dans les grandes réunions qui ont lieu à l'occasion des mariages et autres fêtes de famille, partout enfin où il y a des rassemblements considérables, où, pour un modique salaire, ils amusent le public par la variété de leurs tours de force ou d'adresse. Ils exécutent des choses vraiment étonnantes ; ils font prendre à leurs membres les positions les plus forcées et les plus périlleuses, et en fait de souplesse, d'adresse et de force, ils sont beaucoup supérieurs à nos jongleurs européens. On en voit qui courent pieds nus, sans se blesser, sur des lances très-pointues et bien acérées ; d'autres qui dansent sur la corde, ayant sur leurs épaules un ânon ou un bouc dont le mouvement presque continuel ne leur fait jamais perdre l'équilibre. Des femmes grimpent sur un bambou de la hauteur de plus de trente pieds, et qui n'a pas plus de trois pouces de diamètre au sommet ; sur son extrémité supérieure elles appuient le nombril, et tenant leurs jambes et leurs bras étendus en l'air, elles donnent à tout le corps un mouvement rotatoire qui le fait tourner sur ce bambou presque avec autant de vélocité qu'une meule de moulin. Les plis qu'ils donnent à leurs membres, et la force dont ils font preuve, en portant dans les positions les plus gênantes des fardeaux, des poids de trois à quatre quintaux, sont presque incroyables.

Cette caste des Dombers est partout tenue dans le mépris. Ceux qui la composent, hommes et femmes, vivent publiquement dans la crapule, et s'adonnent à toute sorte de vices. Leur intempérance est la principale cause de leur extrême pauvreté. A leur vil métier, leurs femmes ajoutent la profession encore bien plus dégradante de la prostitution, à laquelle elles se livrent sans honte et sans retenue.

**Dombers.**
*Jongleurs indiens.*

# CALLER,

## CASTE DE VOLEURS.

Ce mot tamoul *caller* signifie littéralement *voleurs*, et quelque incroyable que cela puisse paraître, la caste des voleurs, c'est-à-dire des personnes qui exercent ce honteux et odieux métier par droit de naissance, entre dans le tableau de la civilisation indienne. La tribu des voleurs est même une des castes les plus distinguées parmi les Shoûdras. Ils ne rougissent nullement de leur naissance ou de leur infâme profession, et si l'on demande à un individu de cette tribu qui il est, il répond hardiment, *je suis un voleur!* Le vol n'a rien d'infamant pour eux, parce qu'en s'y livrant, ils sont censés faire leur métier et user d'un droit qu'ils tirent de leur naissance et du rang qu'ils occupent dans l'ordre social. Ils sont très-nombreux dans les provinces du sud de la presqu'île de l'Inde. Ils abondent surtout dans le Maduré, le Marava et près du cap Comorin. S'ils sont pris sur le fait, on les oblige de restituer les choses volées; mais s'ils ne sont découverts qu'après qu'ils ont mis leur butin en lieu de sûreté, il est rare qu'ils soient poursuivis devant les cours de justice, parce qu'en volant ils sont censés avoir usé d'un droit qui leur est acquis. Les habitants, pour se mettre à couvert de leurs déprédations, s'abonnent avec leurs chefs, et moyennant une petite rétribution annuelle de dix à douze sous, et une ou deux volailles, ils sont sûrs de voir leurs propriétés respectées, et peuvent dormir tranquilles. Si par méprise ou autrement il se commettait quelque vol chez les personnes ainsi abonnées, les chefs de la tribu, fidèles à leurs engagements, leur feraient rendre exactement la chose volée ou l'équivalent.

Cette caste de voleurs a plusieurs bandes organisées et disciplinées à leur manière, qui, sous des chefs habiles, font souvent des excursions nocturnes, et vont piller des villages isolés et éloignés du lieu de leur domicile. Après s'être gorgés de butin, ils viennent le partager avec les gens de leur parti. Cependant comme le vol n'enrichit pas ordinairement, et que là où il y a tant de milliers de voleurs, cette infâme profession ne peut pas faire subsister tant de monde, presque tous ou la plupart se livrent aux travaux de l'agriculture, ou exercent d'autres professions plus honnêtes que celle à laquelle leur naissance leur donne des titres.

Caller,
Chasse de Voleurs

# DJITTYS,

## LUTTEURS.

On ne peut mieux comparer les personnes de cette profession qu'aux boxeurs anglais. Ceux qui s'y livrent forment une tribu distincte qui, ainsi que toutes les autres, est héréditaire, et se transmet des pères aux enfans de génération en génération. Cette caste n'est pas cependant très-nombreuse, mais elle est généralement composée de beaux hommes, bien faits, forts, et d'une constitution athlétique. Ceux qui ne possèdent pas assez de force physique pour se livrer aux exercices violens de la lutte, s'adonnent à l'agriculture, au commerce, à la médecine, etc. Les princes du pays ont à leur solde des boxeurs, qui exercent leur profession dans les grandes occasions. C'est surtout dans les fêtes publiques que les lutteurs se rendent de toutes les parties de l'Inde pour y prendre part, en se livrant à leurs exercices barbares, et pour disputer les prix quelquefois considérables décernés aux vainqueurs. Une fête célèbre, connue sous le nom de *Dassara*, a lieu dans l'Inde tous les ans à la nouvelle lune d'octobre, et dure dix jours. Les militaires surtout la solemnisent avec pompe. Durant tout le tems que dure la fête, les princes du pays donnent des spectacles publics, auxquels assiste une foule immense de peuple. Les Djittys accourus de tous les pays s'y livrent chaque jour des combats. Ceux qui doivent entrer en lice se font inscrire d'avance. L'heure de la lutte arrivée, les combattants se présentent dans l'arène, formée au milieu de la multitude, n'ayant d'autre vêtement qu'un caleçon étroit qui descend jusqu'à la moitié de la cuisse. Le poignet droit est garni d'une espèce de gantelet de corne ou d'ivoire. Les deux combattants se fixent durant quelque temps avec des regards significatifs, ils s'approchent l'un de l'autre, tournent autour, s'observent mutuellement afin de connaître par leurs mouvements le fort et le faible de leur antagoniste. Ils avancent, puis ils reculent, ils s'assènent quelques coups de poing, mais il est en général défendu de frapper sur quelque autre partie du corps que la tête. Ils se serrent de plus près, le sang coule, ils se saisissent, se dégagent, prennent haleine, reviennent au combat. Les coups de poing redoublent, le sang ruisselle; ils se saisissent corps à corps, se dégagent encore, se saisissent de nouveau, se terrassent; étendus par terre, les coups de poing continuent encore. Enfin, l'un des deux est déclaré vainqueur. On les sépare le corps tout couvert de sang; ils vont l'étancher, se faire panser, et reviennent pour recevoir le prix dû à leur brutale bravoure. Ceux-là font place à d'autres qui renouvellent la même scène, et ce spectacle barbare dure des heures entières, à la grande satisfaction de la multitude abrutie, qui le contemple et y applaudit.

Djitty.

# SARADA CAREN,

## CHANTEURS AMBULANTS.

Ce mot signifie littéralement *louangeurs*, et il est donné à des personnes de diverses castes dont l'unique métier est d'aller chanter des louanges en l'honneur des personnes qui veulent les entendre, et les récompenser pour leurs peines et pour les fades adulations qui leur sont adressées par ces êtres vils, qui trouvent moins pénible de gagner leur vie par des bassesses que par des travaux corporels. On voit des personnes de diverses tribus exercer ce métier. Cependant la plupart sont des Télingas, d'une tribu connue sous la dénomination de *Battou*. Ils savent par cœur certains lieux communs de poésie, certaines formules banales de compliments auxquels ils ne font qu'adapter les noms des personnes qu'ils veulent louer. Plusieurs de ces derniers, pensant que ces hymnes ont été faites exprès pour eux, et qu'ils méritent bien les louanges qui leur sont adressées, récompensent généreusement ces vils adulateurs. Lorsqu'ils chantent en public devant des réunions, ils choisissent quelque morceau indécent de poésie, faisant allusion à quelque circonstance de la vie libertine de leurs dieux, ou à quelque trait d'histoire du pays. En chantant, ils s'accompagnent d'une espèce de guitare, à laquelle ils font rendre des sons bien peu en harmonie avec celui de leurs voix, mais ils ont affaire à des auditeurs qui ne sont pas difficiles sur ce point. Après avoir diverti quelque tems l'assemblée par leur chant et le son discordant de leur instrument, ils font une collecte dont ils sont très-contens, si elle s'élève à la valeur de deux ou trois sous. Les personnes de cette profession, ainsi que les autres baladins qui abondent dans le pays, vivent dans la misère et le mépris.

Sarada-Caren.
*Chanteurs ambulants.*

# PANDARONS.

Les Pandarons ou Pandarams sont les prêtres de la secte de Shiva. Les Hindous sont divisés en deux principales sectes religieuses, qui vivent dans un état d'opposition continuelle l'une à l'égard de l'autre; ce sont la secte de Vichnou et celle de Shiva. L'une et l'autre ont de nombreux adhérents, et chacune d'elles adore exclusivement la divinité à laquelle elle s'est attachée, sans faire aucun cas de l'autre, dont elle ne parle jamais qu'en termes de mépris. Ces sectaires ont leurs temples respectifs, leurs cérémonies particulières, leur culte spécial, et leur manière différente de vivre. Ils ont souvent, sur la prééminence de leurs dieux, des querelles et des altercations très-vives, qui dégénèrent quelquefois en batailles. Ils vivent dans une méfiance continuelle les uns des autres. Les Pandarons et autres dévots de Shiva mènent une vie austère. Ainsi que les Brahmanes, ils s'abstiennent de toute nourriture animale et de toute espèce de liqueurs enivrantes, et ne vivent que de laitage et de végétaux, tandis que les dévots de Vichnou se font partout remarquer par leur excessive intempérance, se nourrissent de la chair de toutes les espèces d'animaux, même les plus immondes, la seule chair de vache exceptée, et usant sans modération de toute sorte de liqueurs et autres drogues enivrantes, au mépris des usages du pays les plus sacrés et les plus universellement observés.

Les dévots de ces deux sectes se distinguent par des signes extérieurs auxquels il est impossible de se méprendre : les Pandarons et autres dévots de Shiva sont aisément reconnaissables aux cendres de bouse de vache dont ils se frottent le front, les bras et la poitrine, et mieux encore par le signe appelé *Lingam*, qu'ils portent suspendu à leur cou renfermé dans une boîte d'argent ou de cuivre, ou enchâssé dans de petits tubes attachés à leurs bras ou à leurs cheveux. On ne peut rien voir de plus indécent que ce signe abominable du Lingam, objet du culte des Pandarons. Il représente d'une manière expressive *veranda utriusque sexus in statu copulationis*. On rougit vraiment de donner, même dans une langue morte, la définition de ce symbole, auquel tous les dévots de Shiva offrent des adorations et des sacrifices plusieurs fois chaque jour. On en trouve la représentation, non seulement dans tous les temples dédiés à Shiva, mais encore sur les grandes routes, dans les places publiques, dans les chauderies, sur le bord des étangs, etc. Les dévots qui passent devant cette abominable idole, quelque part qu'elle se trouve, ne manquent pas de s'arrêter pour l'adorer.

Le signe distinctif des dévots de Vichnou est la figure appelée *Nahman*, qu'ils décrivent sur leur front. Elle est composée de trois lignes perpendiculaires en forme de trident, dont les deux lignes collatérales sont formées d'une espèce de craie blanche, et la ligne du milieu est rouge. On ne saurait rien concevoir de plus infâme que ce signe. Il a une signification si abominable que nous n'osons pas en donner la définition même dans une langue morte.

Ces signes caractéristiques des deux principales sectes des Hindous, le *Lingam* et le *Nahman*, quelque repoussants qu'ils soient en eux-mêmes, paraissent n'avoir été dans l'origine qu'une grossière allégorie du grand pouvoir de la nature qui perpétue l'existence de tous les êtres. Pour en donner une idée frappante à un peuple ignorant, et qui ne se conduit que par l'impression des sens, les premiers législateurs indiens ont cru nécessaire de le représenter par les organes extérieurs de la génération, source de cette force irrésistible qui reproduit les êtres.

*Pandarons ou Religieux mendiant,
de la Caste de Vichnou.*

# DJANGOUMAS.

Les Djangoumas diffèrent peu des Pandarams. Comme ces derniers, ils appartiennent à la secte de Shiva, et en sont les chefs; ils sont en très-grand nombre à l'ouest de la presqu'île de l'Inde. Ils y forment la majorité de la population parmi la caste des Shoûdras surtout, qui compose la plus nombreuse de toutes les tribus indiennes, elle seule renfermant environ les trois quarts de la population. Il faut remarquer que, parmi ces sectaires, on voit peu de personnes appartenant aux hautes tribus, et surtout à celle de Brahmâ. Ces derniers restent étrangers à ces divisions de secte, et rendent un culte égal à Shiva et à Vichnou, sans préférer l'un à l'autre.

Les Djangoumas vivent retirés dans des ermitages, ainsi que les Pandarams; parmi eux, un grand nombre sont célibataires, quelques-uns sont mariés, mais ces derniers ne jouissent pas de l'estime qui environne ceux qui sont censés exercer l'empire sur leurs passions en s'abstenant de tout commerce avec les femmes, quoique cependant un grand nombre d'entre eux ne passent pas pour être fort scrupuleux sur l'observance de la vertu de chasteté. Néanmoins si les scandales de ces derniers devenaient trop publics, ils seraient destitués par leurs supérieurs, car il existe parmi eux une sorte d'hiérarchie ecclésiastique qui assujétit le clergé inférieur à l'autorité d'une espèce de pontifes chargés de surveiller leur conduite et de leur infliger des peines plus ou moins graves, selon la nature de leurs délits. Les Djangoumas et les Pandarons portent un costume qui leur est particulier; leurs vêtemens sont partout d'un jaune foncé: ils ne peuvent pas en avoir d'autre couleur. Auprès de leurs ermitages, auxquels on donne le nom de *Matta*, on voit une petite pagode qui leur sert de chapelle, et où ils vont trois fois par jour, le matin, à midi et le soir, offrir des adorations, des prières et des sacrifices à l'idole infâme du Lingam, dont ils portent toujours l'image suspendue à leur cou renfermée dans une boîte d'argent. Le reste du tems devrait être consacré à la contemplation des grandeurs et des perfections du dieu Shiva, à la lecture des livres sacrés qui se rapportent à cette divinité, et à donner audience à ceux de leurs disciples qui viennent souvent les visiter pour les consulter sur différents sujets, pour s'instruire ou pour s'édifier. Mais personne ne doit se présenter à eux les mains vides, tous doivent leur apporter quelque présent en argent ou en denrées. Outre les dons considérables que les Djangoumas et les Pandarons reçoivent des dévots, ils ont obtenu presque partout de la générosité des princes du pays des terres exemptes de toute redevance, qu'ils font cultiver pour leur compte. Après avoir prélevé sur leurs différentes sources de revenu ce qui est nécessaire à leur entretien, ils doivent dépenser le superflu en bonnes œuvres, et exercer surtout l'hospitalité envers toutes les personnes de leur secte qui les visitent ou qui passent par leurs ermitages. Le nombre de voyageurs qu'ils ont à entretenir est quelquefois considérable, mais ils ne peuvent renvoyer personne sans lui avoir servi à manger. Ils parcourent de tems en tems leurs districts respectifs pour visiter leurs disciples, pour voir si tout est en règle parmi eux, s'il ne s'y passe rien de contraire aux usages de la secte, pour punir ceux qui les ont transgressés, et surtout pour lever le tribut qu'on est dans l'usage de leur payer. Ils voyagent toujours montés sur un bœuf, monture favorite de leur dieu Shiva. — Après le Lingam, le principal objet du culte de la secte de Shiva, c'est le taureau appelé *Bassouva*, dont on voit l'image représentée dans tous les temples dédiés à cette divinité, et devant laquelle les dévots ne manquent pas de se prosterner après avoir rendu leurs premiers hommages au Lingam.

**Djangouma,**
*ou Religieux de la Caste de Chiva.*

# RELIGIEUX,

## PORTEURS D'EAU DU GANGE.

Les personnes qui exercent cet emploi sont des espèces de Sanniassy ou pénitents, qu'on rencontre partout dans le pays. Les eaux du Gange sont très-vénérées dans l'Inde. Les Hindous comptent sept rivières sacrées, dont les eaux saintes possèdent plus ou moins de vertu; mais celles du Gange surpassent toutes les autres en mérite. Faire une seule ablution dans ses eaux suffit pour effacer toutes les souillures extérieures et intérieures qu'on peut avoir contractées, et pour attirer le pardon de tous les péchés et de tous les crimes qu'on peut avoir commis. Boire quelques gouttes de cette eau purifiante, quand on ne peut pas se laver dans le fleuve, produit le même effet. Eût-on commis l'homicide, le vol, l'adultère, le parjure, tous les crimes enfin, tout est pardonné, quand on a le bonheur de se baigner dans le Gange ou de boire de ses eaux. Les morts qu'on ensevelit dans ces eaux sacrées sont assurés d'obtenir le *Svarga* (paradis des Indiens). En vertu de cette croyance, ceux qui habitent sur les bords ou dans le voisinage du Gange n'attendent pas que leurs parents soient morts pour les ensevelir dans les eaux du fleuve; mais aussitôt qu'ils sont à l'agonie et qu'il n'y a plus d'espérance de vie, on les transporte sur le rivage, où on les dépose jusqu'à ce que le retour de la marée vienne les enlever pour les transporter au *Svarga*, à moins que les crocodiles, qui sont en grand nombre dans ce fleuve, ne les arrêtent au passage pour en faire leur proie, ce qui arrive presque toujours.

Les eaux du Gange possédant tant de vertus, il ne doit pas paraître surprenant que les habitants du pays qui vivent à une grande distance du fleuve désirent avec tant d'ardeur de se procurer de quelque autre manière les avantages dont jouissent ceux qui vivent dans son voisinage. Pour satisfaire à leurs pieux désirs, on rencontre partout des pénitents qui se vouent à ce genre de service, et transportent de tous les côtés, quelquefois à une distance de plus de trois cents lieues, ces eaux sacrées puisées dans le Gange, contenues dans de grandes cruches de cuivre scellées sur les lieux du sceau des officiers chargés de la distribution de cette eau lustrale, et munis de bons certificats, qui attestent que c'est de la véritable eau purifiante du fleuve sacré. Cependant, lorsque l'eau sainte commence à s'épuiser, les porteurs ne se font pas scrupule d'y suppléer en remplissant leurs cruches de l'eau du premier étang qu'ils trouvent sur leur route. Pour justifier cette fraude, ils disent que l'eau du Gange a tant de vertus, que quelques gouttes suffisent pour communiquer leur sainteté à celle qu'on y ajoute, quelle qu'en soit la quantité. On rencontre souvent ces porteurs d'eau du Gange dans les villes et villages, leurs cruches sur leurs épaules, criant à haute voix : *Gangaï-tîrtam! Gangaï-tîrtam!* ou *Eau bénite du Gange! eau bénite du Gange!* A ces mots, les habitants, surtout les femmes, sortent de leurs maisons, portant de petits vases de cuivre, et reçoivent avec le plus grand empressement, de la cruche du pénitent, une quantité d'eau sainte proportionnée aux largesses qu'ils lui font; car on doit bien supposer qu'il ne la donne pas pour rien. Le nombre des personnes qui vivent dans l'Inde de ce commerce de l'eau sacrée du Gange dépasse peut-être un million.

*Religieux porteurs d'eau du Gange.*

# LADA-SANNIASSY ou BAIRAGUI.

Les deux premiers mots tamouls signifient *pénitents nus*. Les personnes de cette dénomination sont aussi assez généralement désignées sous les noms de *Bairaguis* et *Yoguy*; le dernier signifie *contemplatif*.

Les auteurs grecs nous ont parlé de ces anciens philosophes hindous déjà connus de leur tems, et ils leur ont donné le nom de Gymnosophistes, sages entièrement nus, qui, séparés du monde, vivaient dans des ermitages isolés au milieu des déserts ou des forêts, menant une vie dure, bravant l'intempérie des saisons, n'ayant d'autre nourriture que les fruits sauvages, les racines et les herbes qui croissaient spontanément autour de leurs ermitages, n'entretenant plus aucun commerce avec le monde, auquel ils avaient entièrement renoncé, s'attachant surtout à subjuguer leurs sens et à dompter les passions dont les mondains étaient esclaves, se livrant à la contemplation et à l'étude de la philosophie, de la métaphysique, de l'astronomie, et autres sciences abstraites, et recevant les hommages que les dévots, et surtout les princes, venaient leur rendre de tems en tems. Il paraît, par le récit des auteurs grecs, que ces anciens philosophes existaient encore à l'époque de l'invasion d'Alexandre-le-Grand. Ils sont désignés par les auteurs indiens sous le nom de *Vanaprastha*, qui signifie *habitant des déserts*. Cette classe d'hommes est à présent éteinte, et on aurait tort de confondre, comme l'ont fait quelques auteurs modernes, ces célèbres Gymnosophistes anciens avec les modernes *Lada-Sanniassy* ou *Yoguy*, dont il est ici question. Ces derniers sont des fourbes ignorans et abrutis, qui, quoique jouissant d'une espèce de tolérance parmi un peuple simple et crédule, n'obtiennent que peu de considération dans le public. Ces imposteurs vont entièrement nus nuit et jour, et parcourent le pays souvent par bandes, vivant d'aumônes qu'ils demandent, ou plutôt qu'ils exigent partout avec insolence. Ce qui surprend le plus les étrangers, c'est de voir que la passion qui exerce le plus violent empire sur la plupart des hommes ne paraît avoir aucune prise sur eux, et qu'aucun des objets les plus capables de l'exciter ne fait sur ces pénitents la moindre impression. On allègue plusieurs raisons physiques pour rendre compte de l'inertie de ces prétendus pénitents. Plusieurs disent qu'ils se la procurent par des excès de libertinage si monstrueux, que la pudeur défend de les mentionner, et qui finissent par les rendre tout-à-fait impuissants. D'autres prétendent qu'ils ont recours pour cela à des procédés chimiques et à différents remèdes, qui produisent cet effet. Un plus grand nombre soutiennent que, pour obtenir cette fin, ils suspendent, durant long-temps, à la partie qu'ils veulent amortir, un poids qu'ils traînent avec effort pendant des années, et jusqu'à ce que les nerfs et les fibres déracinés, ou extrêmement affaiblis, ne puissent plus exercer leurs fonctions.—On rencontre les *Lada-Sanniassy* dans les bazars et autres endroits publics exposés dans leur nudité cynique aux yeux du public, et demandant impérieusement l'aumône. Ce sont surtout les femmes stériles qui sont les plus dévotes envers eux, s'imaginant que les largesses qu'ils leur font leur procureront la fécondité; et, le croira-t-on? quelques-unes poussent la crédulité, ou plutôt l'infamie, jusqu'au point de *devote osculari verenda* de ces imposteurs.

*Lada Sanniassy ou Bahiraguy.*
Pénitents nuds.

# GARI,

## OU CHAR TRAINÉ PAR DES BOEUFS.

Un des objets de luxe auxquels les Indiens du Madouré et du Tanjaour attachent le plus de prix, est le *gari* ou char à deux roues traîné par des bœufs. Entre le *radam* (1) ou *váganam* sur lequel on promène les statues des dieux aux jours de fêtes, et les palanquins plus ou moins élégants dont l'usage est généralement permis à tous ceux qui ont les moyens de le payer, se place le *gari* (2), réservé presque exclusivement aux grands officiers de l'état et aux autres personnages de distinction. Ce char consiste en un pavillon ouvert de quatre côtés et s'arrondissant en dôme, décoré de rideaux à l'intérieur, et supporté par une espèce de caisse à laquelle s'adapte un large et pesant timon; ce timon, sur la partie plate duquel est agenouillé le conducteur, est garni à son extrémité d'un joug attaché par des courroies au cou de deux bœufs à bosse (*bos gaveus*); une double corde, passée dans les naseaux de ces bœufs (*moûkanângaya-rou*), sert à les guider. Ces animaux sont pleins de vigueur, et peuvent faire des courses de vingt lieues par jour, pendant cinquante ou soixante jours de suite; leur allure ordinaire est un trot rapide. On leur donne vers le milieu de la journée deux ou trois boulettes d'une pâte pétrie de froment, de beurre et de mélasse, et, sur le soir, une mesure de pois chiches broyés et macérés dans l'eau. Le prix d'une couple de ces bœufs s'élève quelquefois à cinq cents roupies; on se plaît à leur polir les cornes et à les orner de cercles d'or, quelquefois même à peindre de diverses couleurs leurs jambes et leurs poitrails. La caisse sur laquelle repose le pavillon sert de coffre à provisions. Sous le pavillon est assis, les jambes croisées et les reins appuyés sur des coussins, le maître de cet équipage dont l'ensemble est d'une forme lourde et disgracieuse.

Il y a deux espèces de palanquins, qui sont distinguées moins encore par leurs formes que par l'étiquette qui en règle l'usage. La première est celle dont la planche du *Paléagar* (3) offre la représentation; il faut observer seulement que sa forme peut être aussi celle d'un arc très-courbé auquel est suspendue une litière découverte; on la nomme *pallakou*: l'autorité du prince en accorde l'usage comme un privilége. Les Européens, qui depuis long-temps n'ont plus rien à solliciter des princes indiens, ont adopté ce modèle, et l'ont perfectionné dans les modernes palanquins nommés *palanquins du Bengale*, qui ont, comme nos plus élégantes voitures, des portières, des jalousies, des stores, des glaces, des lanternes, et même des armoiries. L'usage de la seconde espèce de palanquins, nommée *douli* (4) ou *kattouppallakou*, est de droit commun : sa forme est plus simple et son mouvement moins doux. Elle consiste en une corbeille suspendue à une longue et grosse tige de bambou qui repose sur les épaules de quatre hommes; un drap étendu sur la tige de bambou défend des rayons du soleil la personne portée dans ce palanquin mouvant.

(1) Il y a une forme particulière de *radam*, qui sert de char triomphal aux généraux commandant en chef; elle est très-légère et assez élégante; le dais, de couleur rouge, est supporté par quatre colonnes de bois dorées, et surmonté d'un petit drapeau.
(2) *Gâdi*, prononcé *gári*, est un mot mahratte.
(3) VI<sup>e</sup> livraison.
(4) *Douli* ou *doli* est vraisemblablement une altération du tamoul *tôdi*, qui signifie *toile suspendue à un bambou dans laquelle on place les objets que l'on veut transporter*.

**Douli Gari**
ou Char traîné par des bœufs.

# KOUDOUGOUDOUPPAIGAREN,

## OU DEVIN.

Au dessin original dont cette planche est la reproduction, est jointe une note en tamoul, dont le sens est celui-ci : « les *Koudougoudouppaigâren* (1), ou devins, appartiennent aux races des *Mârâdiyer* (Mahrattes), des *Vadouver* (Telingas) et » des *Kôraver* (habitants du Toulava) : dès avant le premier chant du coq, après » avoir adoré la déesse *Sati*, ils s'enivrent; puis ils parcourent la ville, allant de » maison en maison et recueillant les offrandes de grains et d'argent qu'on leur fait. » Les *Kôraver*, dont le nom pourrait être considéré comme l'altération tamoule ou malabare du sanskrit *Kâurava* (descendants de Kourou), transporté dans le sud de l'Inde en même temps que la dénomination de *Pândava*, les *Kôraver* forment une peuplade qui parle une langue particulière, et qui passe pour avoir autrefois occupé le Toulava tout entier, bien qu'elle soit aujourd'hui réduite à la misère et à la servitude. Ils ne s'allient point avec les femmes des autres castes, et c'est presque la seule restriction que leur impose leur état social; ils peuvent d'ailleurs manger les restes des autres castes, la chair des vaches, des tigres, des corbeaux et celle de tous les autres animaux impurs, à l'exception des chiens et des serpents; il leur est également permis de boire des liqueurs enivrantes. Le devin représenté sur notre planche paraît appartenir par son costume à la race telinga ; il porte dans la main un instrument, qui est vraisemblablement l'*oudoukou* ou petit tambour de cuivre resserré vers le milieu, et qu'on fait sonner par un léger mouvement des doigts sur l'une de ses extrémités; cet instrument est spécialement consacré à Mâriyatâl, qui est peut-être la Sati ou Shakti nommée dans la note rapportée plus haut. Les devins adressent généralement un culte à toutes les *Shakti* et aux autres divinités terribles; les *Kôraver* ont apporté du Toulava dans le Tanjaour leur coutume nationale d'adorer une divinité de l'ordre des *Bhoûta*, sous la forme d'une énorme pierre entourée d'un petit mur, et de lui sacrifier des poules ou de lui présenter une offrande de grains et de fruits.

On nomme encore les devins *Kônangi* et *Mandiravâdi* (2); ce dernier nom s'applique plus spécialement à ceux qui exercent le métier de magiciens et d'exorciseurs de démoniaques : c'est aussi probablement à eux que se rapportent les accusations de sacrifices humains, accusations de la vérité desquelles il n'est malheureusement point permis de douter. Les devins proprement dits courent de village en village, chargés d'une caisse qui contient leurs instruments et un ou plusieurs traités sur l'art de jeter les sorts, de tirer les horoscopes, et de faire retrouver les choses perdues.

---

(1) *Koudougoudouppaigâren* me paraît être composé de *koudoukoudou*, onomatopée qui répond à notre *glouglou*, et de *pai*, sac : ce mot, qui signifierait presque littéralement *sac à vin*, indiquerait plutôt les habitudes que le métier de ces devins.
(2) Altération du sanskrit *mantravâddin*.

*Koudougoudouppaigâren*
ou Devin et sa femme.

# SATADEVEN ou PÉNITENT VAICHNAVITE.

Les *Satadeven* (1), nommés *Satani* (2) et *Satanana* dans le Maïssour, sont des pénitents de la secte de Vichnou; ils se donnent à eux-mêmes le titre de *Shrîvaichnouver* ou adorateurs de Vichnou par excellence; ils n'ont d'ailleurs à ce titre d'autres droits que ceux qui leur sont communs avec tous les autres *bhakta* de Vichnou. Ils affectent encore le titre de *Shrîvaichnouvapirâmaner* ou brahmanes vaichnavites; ces prétentions sont hautement repoussées par les brahmanes de race, qui les traitent de *Choûtirer*; mais ils soutiennent avec ces brahmanes une rivalité qui n'est pas toujours à l'avantage de ces derniers. Ils sont appuyés dans leur usurpation du rang de brahmanes par l'autorité que leur accordent plusieurs tribus de Parias, celles surtout de l'intérieur des terres, qui les reconnaissent pour leurs *gourou*, tandis qu'eux-mêmes, par une étrange contradiction que le sentiment religieux peut seul expliquer, avouent leur infériorité de naissance et la vanité de leurs prétentions, en choisissant souvent leurs *gourou* dans l'ordre des brahmanes de race. Les brahmanes, moins touchés de leur humilité spirituelle que de leur rivalité mondaine, n'épargnent aucun moyen de les rendre ridicules et de leur témoigner leur mépris. On connaît trois divisions de Satanana, dont la première, qui fournit des *gourou* et des *poûdjâri* aux Parias, celle des *Valmikasatanana*, n'a pas encore été bien observée; la seconde est celle des *Tricovelourou Satanana* (3), qui réussit le mieux à parodier la vie pénitente des brahmanes, qui n'adresse aucun culte aux *Shakti* et aux autres divinités populaires, et qui s'abstient rigoureusement de l'usage de la viande et des liqueurs spiritueuses; la troisième, dont le nom tamoul est *Kovilsatadever* ou *Satani* des temples, et à laquelle appartient probablement le personnage représenté sur notre planche, affecte le titre de *première*, et ceux qui appartiennent à cette division, le titre de *chefs des Satadeven*. Ils remplissent les fonctions de *poûdjâri* dans les temples de Vichnou; ils y récitent des prières, font des libations d'eau sur la statue de ce dieu, l'oignent d'huile fraîche, et l'ornent de guirlandes de fleurs que leurs femmes tressent elles-mêmes. L'eau ainsi versée sur la statue, et qui s'y est imprégnée de particules d'huile rance, est soigneusement recueillie par les *poûdjâri*, puis distribuée aux Shoûdras qui la boivent ou la répandent sur leur tête au moment de la prière. Les *Satani* ont exclusivement le droit de toucher la statue et de la placer sur le *radam* ou char sacré, lorsqu'ils se préparent à faire une procession; ils abandonnent aux Shoûdras le laborieux honneur de tirer le char avec des cordes. Quelques-uns consacrent leur vie à cultiver des fleurs pour l'usage des temples; d'autres prennent le vêtement rouge ou jaune des pénitents et vont demander l'aumône en chantant les louanges de Vichnou et en accompagnant leur voix des sons du *vînai* et du *talam*; ils portent, soit à la main, soit sur leur tête, le vase de cuivre dans lequel ils reçoivent les aumônes qu'on leur fait.

---

(1) Ce mot est vraisemblablement l'altération tamoule du sanskrit *djâtadêva* (brahmane né, ou même simplement brahmane); il déclare leurs prétentions aux priviléges de la naissance brahmanique. Il ne paraît pas possible que la première partie de ce mot réponde au sanskrit *djatâ*, parce que la coiffure ainsi nommée est le signe caractéristique des Saivites et de quelques sectes de pénitents musulmans.

(2) Probablement les mêmes que les *Tchadanys* de M. l'abbé Dubois.

(3) Ce nom et le précédent sont empruntés à la langue télougou, qui est celle de ces deux classes de *Satadeven*.

Penitent Satadeven.

# MUSICIENS.

Les musiciens ne constituent point une caste particulière; mais comme ils appartiennent généralement aux plus basses classes, que leur métier suppose d'ailleurs moins de mérite, moins de pureté que le métier de maçon ou de charpentier, ils ne perdent rien individuellement du mépris qui s'attacherait à leur caste, s'ils en formaient une. Il faut bien avouer que leur talent et leur *respectabilité* sont appréciés par les Indiens à leur juste valeur. L'oreille la moins délicate est souvent assourdie et toujours offensée par la bruyante dissonance de leur exécution musicale. Ils ne connaissent que quatre formes générales d'instruments et quelques variétés de ces formes. Le premier de ces instruments, celui qui a été le plus diversifié, celui qui produit le plus de bruit, c'est-à-dire l'effet le plus agréable pour une oreille indienne, est le tambour; il y a des tambours de toutes les dimensions, de toutes les formes, de toutes les matières, et pour ainsi dire de toutes les sectes; le *nagar*, ou grande timbale en bois recouverte de peau (1); le *mahâtalam*, qu'on bat avec les doigts, pour régler les pas des bayadères; l'*oudoukou*, qu'on tient d'une main et qu'on frappe de l'autre; le *perigai*, remarquable par son volume; le *pambai*, composé de deux petits tambours liés ensemble, qu'on fait sonner le plus souvent d'un côté avec les doigts, de l'autre avec les baguettes (2); le *kidoubidi*, qu'on bat avec une seule baguette; le *parai*, d'une forme particulière; le *mourasou*, grand tambour royal; le *tambattam*, le *tavil*, le *tambou*, et d'autres variétés de cet instrument, auxquelles il faut ajouter deux espèces de cymbales : le *pambai* appartient au culte de *Vîrapatren* et de quelques autres divinités terribles; l'*oudoukou*, au culte de Mâriyammai; les pénitents de basse caste qui demandent l'aumône au nom de cette *Shakti* jouent d'une espèce de tambour nommée *baini*, qui sera décrite plus bas; les pénitents *Tader* demandent aussi l'aumône en accompagnant leurs chants des sons d'un tambour plat et sourd. Le second des quatre instruments est la trompette, soit en cuivre, soit en coquillage; le troisième, la flûte ou le hautbois, dont il y a plusieurs formes; le dernier, la guitare, dont le *vînai* est la forme la plus ordinaire (3), et dont le *tambourou* est une variété; cet instrument, monté en cordes de métal, rend des sons durs et perçants.

Il y a deux classes principales de musiciens, savoir, ceux qui sont nés musiciens, c'est-à-dire les enfans mâles des bayadères, nés serviteurs de la pagode à laquelle appartiennent leurs mères, et ceux qui n'exercent le métier de musiciens que dans certaines occasions, c'est-à-dire les *Panichaver* et les *Ambatter*, serviteurs publics et salariés de la commune, qui doivent, entre autres services, celui d'écorcher le menton et les oreilles des individus des autres castes, en leur double qualité de barbiers et de musiciens. Ils reçoivent ordinairement, pour remplir ce dernier office, un traitement de quinze *panam* par mois.

---

(1) On peut en voir la représentation sur notre planche.
(2) Il est représenté sur la planche en regard.
(3) C'est l'instrument à cordes dont notre planche offre la représentation.

*Musiciens.*

# MUSICIENS.

On a réservé pour cette livraison des détails sur la forme et sur le jeu des instruments, qui n'auraient pu trouver place dans une précédente notice spécialement destinée à présenter un aperçu général des moyens dont dispose l'art musical dans l'Inde, et à faire connaître la considération qu'obtiennent ceux qui exercent la profession de musiciens.

Le tambour est, comme on l'a déjà observé, l'instrument que les Indiens ont le plus perfectionné, parce que c'est celui qui est le moins susceptible de l'être, dont la confection exige le moins de frais pour l'acquisition des matières premières, le moins de travail pour l'assemblage des parties, et la connaissance la moins étendue des principes de la science musicale : il est d'ailleurs difficile que les essais en ce genre soient malheureux; car on tire toujours d'une peau tendue sur une caisse de bois, de quelque forme qu'elle soit, tout ce que l'on peut tirer d'un tambour, du bruit. Il y a des *nagar* de différentes dimensions; les plus grands sont d'une forme haute et presque hémisphérique (1); le musicien se tient debout auprès de l'instrument et le touche avec deux baguettes; d'autres plus petits sont portatifs; on en place deux à côté l'un de l'autre, et on frappe le premier avec un bâtonnet, le second avec une espèce de crochet qui fait rendre à la peau tendue un son légèrement différent de celui que produit la percussion de la baguette ordinaire (2). Les sons du *nagar* accompagnent ordinairement les cérémonies des pagodes et les pompes des processions. Le *dôl* (que les Européens appellent *tamtam*) est un tambour long qui n'est ni renflé vers le milieu comme le *magâdalam* ou *mahâtalam*, ni rétréci vers la même partie comme les tambourins qui forment le *pambaï*; on le pose à terre et on le bat, soit avec des baguettes, soit avec les mains (3). Le *tamoukou* est une timbale de la plus petite dimension; elle se porte suspendue au cou par un ruban; on la touche avec des baguettes très-courtes. Cet instrument est réservé aux Parias, qui le jouent dans les solennités religieuses auxquelles ils sont admis. Il n'y a d'ailleurs que les plus basses castes qui jouent des instruments recouverts de peau; les autres craindraient de contracter une souillure par le contact d'une matière animale morte, telle que la peau, même préparée.

Le *kombou* (littéralement *corne*) est une espèce de cornet à bouquin. Les sons que l'on en tire sont rauques et saccadés; ils dominent presque toujours ceux des autres instruments et les interrompent avec une monotonie d'autant plus désagréable, que ses ronflements se succèdent avec régularité, et que leur retour est attendu. Cet instrument qui irrite l'oreille chatouilleuse d'un Européen, est un de ceux qui obtiennent la faveur des Indiens; il n'est point de procession, point de cérémonie religieuse qui soit considérée comme ayant un caractère grave et solennel, si le *kombou* n'y jette pas ses cris rauques et perçants. Cet instrument est ordinairement joué par des individus de la caste des *chakiliyer* ou cordonniers (4).

(1) Une timbale de cette forme est représentée dans une planche de la précédente livraison.
(2) On voit la représentation de cette double timbale sur la planche ci-jointe.
(3) La planche en regard offre la représentation de ces instruments.
(4) Voyez la planche ci-jointe.

Musiciens.

# INDIEN AGONISANT
## PORTÉ SUR LES BORDS DU GANGE.

De tous les usages religieux des Indiens, celui qui frappa le plus vivement l'esprit des premiers voyageurs qui pénétrèrent dans le Bengale, ce fut l'exposition des agonisants sur les bords du Gange ; cette coutume, que ces voyageurs, peu instruits des mœurs et des opinions du peuple qu'ils visitaient, ne pouvaient rapporter à aucune idée religieuse, ne leur apparaissait que comme le résultat d'une effrayante dépravation des sentiments les plus sacrés; de là l'expression de l'indignation et de l'horreur contre un peuple, dont cette erreur, dernier témoignage d'une pieuse sollicitude, n'eût dû appeler que des regrets et de la pitié. Aucun des devoirs de fils, d'épouse ou de frère n'est en effet plus pénible que celui-ci : le malade, épuisé par une longue maladie, exténué par les souffrances, ne laisse déjà plus à sa famille l'espoir de le conserver à la vie, les symptômes de la mort se sont manifestés si certains qu'il est devenu impossible de s'y méprendre ; il reste quelques moments encore pour recueillir les derniers efforts d'une intelligence qui succombe, les derniers restes d'une voix qui s'éteint, les regards vacillants d'un œil qui se ferme, quelques moments seulement pour recevoir et rendre tant de signes d'affection ; mais les angoisses de ce suprême moment ne sont pas même adoucies pour un Indien par le regret des affections dont il se sépare ; le sentiment religieux fait à sa famille un devoir de tourmenter son agonie, de l'avancer même, en la sanctifiant : ses fils ou ses plus proches parents posent sur une litière son corps déjà roidi, et le transportent sur les bords du Gange; là ils entr'ouvrent avec peine ses lèvres contractées, et versent abondamment dans sa bouche, au moyen d'une coquille, de l'eau puisée au fleuve, de cette eau qui purifie l'âme de toutes ses souillures, et qui assure à celui qui en avale une seule goutte en cet instant la libération de toutes les vicissitudes de la transmigration. Si la vie du mourant a été moins pure, et que sa famille conçoive de pieuses alarmes, on délaie dans l'eau de la vase du fleuve, et on gorge le patient de cet immonde breuvage. Ceux qui ont commis de grands péchés, reçoivent de leurs parents de plus cruelles preuves encore de leur affection mal dirigée ; on les transporte au milieu même des eaux du fleuve; on les laisse s'enfoncer lentement dans ce bain spirituel, et lorsque le corps est entièrement recouvert d'eau, on abandonne le cadavre au cours du fleuve; les derniers devoirs sont remplis. Quelquefois encore, si l'on craint que les souffles vitaux ne s'échappent avant que la cérémonie ne soit accomplie, on bouche toutes les issues du corps avec du limon du Gange, afin que l'âme trouve sa sanctification au passage.

Les Indiens éloignés des bords du Gange conservent ordinairement dans leurs maisons de l'eau de ce fleuve, et en abreuvent les agonisants. Ils négligent rarement aussi de profiter du voyage d'un parent ou d'un ami au Bengale, pour faire jeter dans les eaux du Gange les os recueillis au milieu des cendres du bûcher qui a consumé quelque personne de leur famille.

**Indien agonisant** *porté sur les bords du Gange.*

# COMBAT DE RAMA
## ET DE RAVANA.

La planche en regard est une copie, corrigée dans quelques détails, d'un dessin indien colorié faisant partie de notre collection. Elle représente le combat de *Râma* et de *Râvana*, le fait le plus célèbre de la mythologie héroïque des Indiens. Deux terres opposées sont séparées par la mer; l'une est le continent de l'Inde, l'autre, l'île de *Lankâ*. Sur la pointe de cette île, se dresse de toute la hauteur de sa gigantesque stature, *Râvana*, le chef des Râkchasas; ses vingt mains agitent des armes terribles. Derrière lui se tient son frère *Koumbhakarna*; l'armée des Râkchasas obéit à son commandement. Sur les bords du continent de l'Inde, on voit déjà entassés des quartiers de rocher, premières piles de ce pont immense, qui doit donner passage aux héros d'*Ayódhyâ*. *Sougrîva*, chef des singes, apporte de ses propres mains un fragment de rocher; encouragés par son exemple, les singes arrivent chargés de troncs d'arbres, et se préparent à combler le détroit. Sur le premier plan se présente *Râma*, porté sur les épaules du célèbre singe *Hanouman*, et posant déjà sur son arc la flèche qui doit atteindre *Râvana*. *Vibhîchana*, frère du chef des Râkchasas, mais dévoué à *Râma*, élève le parasol royal au-dessus de la tête du héros. Derrière lui est placé *Lakchmana*, frère de *Râma*. Au milieu des nuages paraissent *Angada*, autre chef des singes, et *Indradjit*, fils de *Râvana*, surnommé *Méghanâda* ou le Tonnerre.

Voici le récit que fait de ce combat, le *Raghouvansha* (1), un des *grands poèmes* de la littérature indienne : « Des tourbillons de flèches rivalisaient avec la pluie de
» fleurs que faisaient tomber sur les deux combattants les dieux et les *Asoura*, satis-
» faits de leurs efforts opposés. Le *Rakchas* lança sur son ennemi sa massue de
» *koûṭaschâlmali*, hérissée de dents de fer; on eût dit qu'il avait emprunté celle
» du fils de *Vivasvat*. Cette arme, l'effroi des dieux, l'espoir des *Asoura*, avant
» qu'elle n'eût atteint son char, *Râma* la brisa aussi facilement qu'un *kadalî*, avec
» ses flèches terminées par un croissant de fer. Puis il posa sur son arc, cet incom-
» parable archer, le trait de Brahmâ, ce trait inévitable, dont l'effet salutaire devait
» guérir la blessure que lui avait faite l'enlèvement de son épouse. Semblable à un
» serpent qui fait briller les cercles de son terrible chaperon, ce trait armé d'une
» pointe étincelante sembla dans l'air se multiplier en dix traits. Sous cette arme,
» qu'une invocation accompagne, le héros abattit en moins d'un clin-d'œil la ligne
» entière des têtes de *Râvana*, avant même que pût être sentie la douleur de la
» blessure. Comme sur la surface des eaux, l'image réfléchie du soleil naissant est
» brisée par l'agitation des vagues, ainsi, lorsque chancelait déjà le corps du *Rakchas*,
» brillèrent ses têtes abattues les unes sur les autres. »

(1) Édition de M. Stenzler. J'ai légèrement modifié dans deux passages le sens que me présentait sa traduction. Le *koûṭashâlmali* et le *kadalî* sont deux espèces d'arbres.

Combat de Râma et de Râvana.

# APPENDIX.

## EXTRAITS D'UN MANUSCRIT INÉDIT

INTITULÉ:

## RELIGION DES MALABARS,

PUBLIÉS

### PAR M. E. JACQUET.

### INTRODUCTION.

On a dit précédemment que la publication de l'*Inde Française* répondait à un besoin chaque jour plus vivement senti, celui de connaître les mœurs, les traditions et les cérémonies religieuses de chacune des races qui ont vécu pendant tant de siècles dans cette vaste étendue de pays, à laquelle les Européens ont imposé une fictive unité, en rassemblant sous une seule dénomination des contrées séparées plus encore par la différence des mœurs que par la distance des lieux. La rédaction de l'ouvrage a été constamment dirigée par la pensée d'exclure toutes ces généralités vagues et tant de fois répétées qui ne nous ont encore rien appris de satisfaisant sur l'Inde, et de n'admettre que des notions sur l'exactitude desquelles leur spécialité même ne pût laisser aucun doute. Il ne suffisait cependant pas d'être seulement exact; il était encore nécessaire d'être complet; or l'ouvrage laissait à désirer des descriptions détaillées des cérémonies de la vie publique et des occupations de la vie privée des Tamouls; ce devait être le sujet d'un travail supplémentaire, espèce de note générale s'étendant à toutes les parties de l'ouvrage, et destinée à éclaircir les difficultés que pouvait faire naître la rédaction trop concise des notices particulières : pour un semblable travail, les nombreuses descriptions des parties méridionales de l'Inde, publiées par les Anglais, pouvaient fournir des documents utiles, quoiqu'ils n'eussent pas le caractère d'une spécialité bien précise. Mais s'il existait un ouvrage comprenant l'ensemble des sujets sur lesquels on attendait de nouveaux éclaircissements, composé par une personne qui avait long-temps et minutieusement observé, dans l'intention de faire connaître d'une manière exacte des détails trop souvent négligés; si un tel ouvrage existait, l'*Inde Française* devait s'en enrichir, et ne pas attendre d'autre part un complément, qui lui était pour ainsi dire dès long-temps préparé. Cet ouvrage a été trouvé; c'est celui dont nous publions des extraits étendus dans le présent appendix; l'observation directe des faits y a réuni plus de notions utiles que n'eût pu en rassembler un long et consciencieux travail de compilation. Cet ouvrage inédit porte le titre de *Religion des Malabars*; il est anonyme, et aucune circonstance particulière de la rédaction ne peut nous aider à découvrir le nom de l'auteur; nous avons seulement la certitude qu'il appartenait à la mission française de la côte de Coromandel, et nous pouvons conjecturer qu'il écrivait son livre dans la première moitié du dernier siècle, au moment où était encore vivement soutenue la polémique suscitée entre les Jésuites et d'autres ordres religieux, sur la part de concessions qu'il convenait de faire, dans les missions de l'Inde et de la Chine, à l'influence qu'avaient conservée sur les usages de la vie civile des nouveaux convertis, les réminiscences et les habitudes de leur vie religieuse antérieure.

Cette longue discussion créa une littérature tout entière ; l'attaque et la défense furent entretenues pendant plus de trente ans avec un zèle qui n'était pas toujours exempt de scandale. La question fut plusieurs fois portée au tribunal du Souverain pontife, des décisions furent rendues, de solennelles légations furent envoyées en Orient pour en assurer l'exécution, et cependant les causes du différend subsistaient toujours, la vivacité de la discussion n'avait pas même été atténuée. L'intérêt qu'elle avait d'abord excité en Europe avait contribué à la prolonger ; dès que l'attention publique se fut détournée de ces querelles religieuses, pour se porter sur d'autres sujets, la discussion s'apaisa peu à peu ; quelques années encore et l'on ne s'en souvint plus. Si les limites de cette courte introduction ne m'obligeaient de supprimer tout développement, j'examinerais, avec toute la gravité qu'elle comporte, une question d'un haut intérêt, qui se dissimulait à peine sous la question religieuse ; savoir, celle de la conversion des naturels à la civilisation européenne ; la question se représenta plus tard, lorsque les Anglais eurent étendu leur domination sur l'Inde presque entière, mais alors dégagée de toutes les controverses religieuses qui l'avaient d'abord compliquée : les Jésuites et les Anglais décidèrent la question dans le même sens ; seulement, placés dans des positions différentes, ils firent des concessions plus ou moins larges aux préjugés des Indiens, et mirent plus ou moins d'habileté à suivre l'application de leurs raisons politiques, à préparer l'accomplissement de leurs desseins. Les Anglais, en prenant possession de l'Inde, s'empressèrent de maintenir toutes les institutions de la société indienne ; ils n'abolirent pas une seule loi civile, ils ne dérangèrent pas un seul intérêt privé, et, sur toutes choses, ils respectèrent les croyances religieuses, ils encouragèrent même les études de la littérature et de la religion nationales, soit par la publication des textes, soit par leur propre exemple : le gouvernement de la Compagnie s'était placé assez haut pour n'intervenir comme pouvoir dans aucune discussion d'intérêts civils ou religieux ; il avait reconnu les institutions indiennes ; les Indiens reconnurent la domination britannique, et ajoutèrent ainsi une sanction morale au droit de la conquête. Les Anglais firent preuve de prudence ; les Jésuites montrèrent une grande habileté ; ils mirent autant de soin à se mêler à la vie privée des Indiens, que les Anglais en mirent dans la suite à ne pas y intervenir ; le pouvoir leur manquait pour commander ; l'esprit de conciliation leur servit à se faire tolérer ; ils n'étaient pas en position d'approuver et de concéder ; ils furent assez discrets pour ne manifester leur approbation que par l'adoption de ce qui convenait aux Indiens ; ils ne voulurent pas détruire l'autorité religieuse des brahmanes ; ils aimèrent mieux la partager ; ils n'essayèrent pas d'effacer les préjugés que les naturels entretenaient contre les Européens ; ils s'offensèrent de ce nom comme d'une insulte ; ils attirèrent les Indiens à la religion chrétienne, ou du moins à ce qu'ils avouaient de cette religion, tantôt en dissimulant les dogmes chrétiens sous des formes qu'un brahmane seul pouvait trouver orthodoxes, tantôt en prêtant une intention chrétienne aux cérémonies les plus significatives du culte brahmanique, en sorte qu'on put douter si les Indiens avaient converti les Jésuites, ou si les Jésuites avaient converti les Indiens. Ce qui ne fut plus long-temps douteux, c'est que cet ordre religieux s'était acquis sur l'esprit des tribus littorales de l'extrémité méridionale de l'Inde, un pouvoir moral que n'avait encore pu obtenir aucun des gouvernements militaires établis par les Européens dans ces contrées, c'est qu'il s'était assuré sur l'obéissance que prêtait à ces gouvernements une partie de la population indigène, une influence dont il ne faisait pas toujours un légitime usage, c'est que déjà il prétendait au partage de l'autorité souveraine. Un tel succès avait suivi tant d'efforts habilement dirigés. Dans quelques provinces le nombre des fidèles de la nouvelle secte était presque égal à celui des sectateurs de Vichnou et de Shiva ; les Jésuites étaient les brahmanes de cette nouvelle secte. Il est aujourd'hui bien reconnu, et l'opinion de M. l'abbé Dubois est décisive sur ce point, qu'il

# APPENDIX.    3

n'y avait pour les Jésuites d'autre parti à prendre que de faire des conversions douteuses ou de n'en pas faire du tout ; or, il était peut-être plus sage de préparer les Indiens à la religion et aux mœurs des Européens en gagnant leur confiance, que de faire l'épreuve de leurs répugnances en essayant de faire subir à leurs mœurs des altérations dont ils ne comprenaient pas l'utilité. Ainsi les Jésuites et les Anglais arrivèrent par des considérations différentes au même résultat, le maintien des usages civils et religieux des Indiens.

Les autres ordres religieux qui partageaient avec les Jésuites les travaux de la mission, mais qui n'obtenaient pas les faciles succès de leurs confrères, dénoncèrent au souverain pontife les actes peu orthodoxes de la nouvelle église ; de là surgit la querelle religieuse : au sujet de cette querelle fut certainement composé l'ouvrage dont on publie ici des extraits. Le dessein de l'auteur est évidemment de rapprocher dans un continuel parallèle les cérémonies du culte indien primitif de celles du culte indien modifié par les Jésuites ; pour suivre l'exécution de ce plan, il donne d'abord une description étendue et minutieusement exacte de chacune des principales cérémonies religieuses des Tamouls, le récit de toutes les légendes qui se rapportent à l'institution de cette cérémonie, puis ensuite les témoignages prouvant que cette cérémonie, dans ses parties les plus significatives, est autorisée ou du moins tolérée par les Jésuites, les excuses alléguées ou même les raisons produites pour la légitimation de cet acte religieux, ou bien encore les fausses interprétations de cet acte substituées à celles qu'en donnent les brahmanes. Le religieux auquel nous devons cet ouvrage, n'était certainement pas un homme d'une érudition fort remarquable ; il est douteux qu'il eût acquis par une grande lecture de textes les connaissances spéciales dont il fait preuve dans son traité ; il les avait sans doute recueillies de la conversation des *poûdjâri* et des brahmanes, ou il les avait obtenues de ses propres observations. Ce défaut d'érudition est précisément ce qui constitue le mérite particulier de l'ouvrage : les textes nous sont depuis quelques années plus accessibles qu'ils ne pouvaient l'être alors à un religieux, que ses premières études n'avaient sans doute pas préparé aux travaux de pure érudition ; mais lorsqu'en Europe nous lisons un des textes sacrés des Indiens, nous ne sommes assurés de connaître que l'état ancien des croyances religieuses ; nous possédons l'autorité canonique ; nous ignorons d'ailleurs si la pratique du culte s'y conforme également dans toutes les parties de l'Inde ; nous sommes incertains sur les modifications que des circonstances et des traditions locales peuvent apporter au précepte général. C'est là ce que nous devons attendre de l'observation directe des faits ; c'est là ce qu'un voyageur doué d'une certaine justesse d'esprit peut rechercher aussi bien et souvent mieux qu'un savant préoccupé de l'étude des théories. Il serait à désirer que l'on possédât, sur les usages religieux des diverses provinces de l'Inde, des séries d'observations aussi précises que le sont généralement celles qu'a faites sur ces usages, dans le Carnatic, l'auteur de la *Religion des Malabars* (1) ; cet ouvrage porte le caractère d'une sévère exactitude.

Un doute s'est d'abord présenté à l'esprit de l'éditeur : devait-il n'admettre dans ses extraits que les passages concernant les cérémonies purement indiennes, et supprimer les détails relatifs au mélange de ces cérémonies avec celles du culte chrétien, ou bien devait-il faire un choix entre tous ces détails, et publier ceux qui pouvaient exciter quelque intérêt ? Il s'est décidé à suivre ce dernier parti, en considérant que le partage serait souvent fort difficile, sinon impossible à faire, et que d'ailleurs le titre général de l'*Inde Française* admet des détails spéciaux sur les rites des Tamouls chrétiens. On a supprimé tous les passages de controverse théologique et des chapitres entiers absolument dépourvus d'intérêt ; une table de l'ouvrage, placée à la suite des extraits, permettra d'apprécier l'étendue et la valeur des parties supprimées. La rédaction de l'ouvrage est d'une incorrection remar-

(1) L'auteur, en intitulant ainsi son traité, a commis une erreur d'ailleurs si souvent répétée par les Européens, qu'elle a presque cessé d'en être une. Le nom de *Malabar* n'appartient proprement qu'à la côte de la péninsule indienne opposée à celle qui est vulgairement connue sous la dénomination de Coromandel, et qui est habitée par les tribus de race tamoule.

quable, bien que le manuscrit sur lequel on a copié ces extraits, paraisse avoir été préparé pour l'impression (1); on a cru ne pas manquer de fidélité en corrigeant le style, sans en altérer d'ailleurs les formes et le caractère. Les mots tamouls sont aussi fort inexactement transcrits dans le manuscrit original, l'orthographe en a été rétablie dans le texte même, et on a cité en note les leçons fautives du manuscrit.

J'ai placé à la suite de ces fragments, et en forme de notes, des extraits d'un autre ouvrage inédit sur les croyances religieuses des Tamouls. Cet ouvrage est intitulé : *Relation des erreurs qui se trouvent dans la religion des Malabars gentils de la côte de Coromandel;* il peut être réuni au premier dans une étude commune. Moins étendu et moins spécial que la *Religion des Malabars*, il répare néanmoins quelques omissions de ce traité, et sert à le compléter; mais ce qu'il offre de plus curieux, c'est la naïveté avec laquelle l'auteur (appartenant sans aucun doute à l'ordre des Jésuites) fait aux PP. de la mission du Madouré un mérite et une gloire de ces complaisantes transactions avec les croyances indiennes, que le missionnaire de la mission française leur reproche si vivement. Le Jésuite prend soin d'expliquer toutes les pieuses embûches que leur zèle dresse à la crédulité des gentils; il approuve, il loue si franchement, qu'on peut le considérer comme disposé à tolérer des cérémonies même plus étranges que celles qu'a décrites l'auteur de la *Religion des Malabars*.

Il existe à la Bibliothèque Royale trois copies de l'ouvrage que je viens d'indiquer; elles ont été successivement revues et corrigées. La dernière, et la plus correcte, n'est pas complète; la première est remarquable par les fautes grossières qui la rendent presque inintelligible; on s'aperçoit que le R. P., en étudiant le tamoul et le telinga, avait désappris sa langue maternelle, et avait même oublié l'ordre dans lequel les idées doivent s'y présenter. Bien que les deux copies corrigées soient moins fautives et moins prolixes, le style en est encore embarrassé par de nombreuses répétitions; je n'ai donc conservé de l'ouvrage que les faits et l'ordre dans lequel ils sont exposés : j'ai entièrement renouvelé le style.

L'auteur a divisé son traité en sept chapitres intitulés : I Erreurs des Malabars au sujet de la divinité; II Erreurs des Malabars au sujet du paradis et de l'enfer; III Erreurs des Malabars au sujet de l'âme; IV Erreurs des Malabars au sujet du monde; V Erreurs des Malabars au sujet de l'homme; VI Gouvernement, coutumes, rites nuptiaux et funéraires des Malabars; VII Opinion que les Malabars ont des Européens ou *Piranguis*.

E. J.

(1) Ce manuscrit est déposé dans une bibliothèque publique de Paris; il existe une autre copie de l'ouvrage à la Bibliothèque Royale; mais elle est si fautive qu'on n'en a fait usage que dans un petit nombre de passages. Il y a aussi dans le premier manuscrit des phrases évidemment altérées par des méprises de copiste.

# RELIGION DES MALABARS.

## CHAPITRE I.

Les PP. Jésuites brahmanes *sannyâsi* (1) croient rendre gloire à Dieu, en défendant aux fidèles et aux nouveaux missionnaires de s'appeler du nom de *Kiristouven* (2), c'est-à-dire Chrétiens; ils leur ont donné celui de *Sarouvechourenoudaiya vedakârer*, par lequel ils veulent que l'on entende des hommes suivant la loi du vrai Dieu. Mais ce nom composé est certainement bien loin de l'idée que nous devons avoir de cette loi ; il signifie littéralement *des hommes qui suivent la loi du Seigneur de toutes choses*, et par ce Seigneur de toutes choses, les gentils entendent le dieu Shiva, à qui seul s'applique le nom propre d'*Ichouren* (3). Les gentils, qui connaissent très-bien la valeur de ces mots, ne croiront-ils pas que les chrétiens suivent la loi de leur dieu Shiva ? et ils peuvent être d'autant plus confirmés dans ce préjugé, qu'ils voient les chrétiens pratiquer la plus grande partie des cérémonies instituées par Shiva (4). Ne diront-ils pas qu'ils ont encore sur les chrétiens l'avantage de reconnaître un Dieu supérieur à Shiva, tandis que les chrétiens n'ont foi qu'en Shiva ou en quelque homme qui lui ressemble ? Ils ne croiront pas que ce soit un si grand bonheur de quitter leur croyance pour embrasser le christianisme........

## CHAPITRE II.

Quand on sollicite les Malabars de recevoir le baptême, on les engage sous promesse de leur donner de l'argent ou de leur procurer de l'emploi auprès du gouvernement et du commerce. Le mal est que, les circonstances venant à changer, et les PP. ne pouvant pas toujours accomplir ces promesses, les pauvres chrétiens se dégoûtent de la religion, pratiquent les superstitions des gentils, et le plus souvent abandonnent entièrement la foi chrétienne pour retourner à leur première croyance. On en compterait plusieurs à Pondichéry qui se sont convertis et ont apostasié par ces motifs..... L'apostasie de presque tous les chrétiens du royaume de Tanjaour, dans la dernière persécution, est une triste preuve qu'il y a peu de conviction dans les Malabars chrétiens. Il n'y eut que quelques familles qui se retirèrent sur les terres de la Compagnie.

## CHAPITRE IV.

La coutume, parmi les Malabars, est que chacun porte le nom d'un dieu gentil; ceux d'entre eux qui se font chrétiens, ne laissent pas de se faire donner ces noms d'origine payenne. Les PP. Jésuites et les autres Malabars chrétiens ne les appellent pas autrement. Les PP. Jésuites croient que cet abus peut être toléré, parce qu'il y a des adultes qui ne veulent pas tout d'abord paraître chrétiens; or, si on les appelait du nom qu'ils ont reçu à leur baptême, ils seraient reconnus et exposés à de fâcheux traitements, chassés de leur famille, déshérités, considérés comme infâmes. Lors même qu'ils sont publiquement reconnus comme chrétiens, ils se font appeler de leur nom gentil. Plusieurs des chrétiens de Pondichéry s'appellent *Tirouvenkatam* (5) ( c'est un des noms du dieu Vichnou), *Koumârâpen* (un des noms du dieu *Choupiramaniyen* (6) ; *Chouriyâpen* (un des noms du dieu *Soûriyen* ou le soleil) ; *Arounâchalam* (7) (un des noms de Shiva) ; *Velajanden* (8) (un autre nom de Shiva) ; c'est aussi celui du catéchiste des PP. Jésuites de Pondichéry, etc. Tous les Malabars chrétiens signent de leurs noms gentils les contrats qu'ils font et les lettres qu'ils écrivent........

---

(1) Voyez, dans la suite de ces extraits, le chapitre intitulé : *Des Jésuites brahmatchâris et brahmanes*.

(2) Irrégulièrement écrit *christouven* dans l'original.

(3) L'auteur donne cette analyse un peu confuse du mot *Sarouvechourenoudaiya* : « Ichouren fait au génitif *ichourenoudaiya*, » et en changeant l'*i* en *e*, *esourenoudaiya*; l'on joint ce mot à *sarowa*, venant du datif *sarowadou*, et faisant au nominatif *saruwam* » ( tout ) ; puis enfin retranchant le dernier *a* de *sarowa*, on a *sarowechourenoudaiya*. » Il y a d'ailleurs en même temps justesse et confusion dans les observations de l'auteur sur le sens de ce mot : il a en effet confondu *sarva* (tout) et *sharva* ( nom de Shiva), deux mots entre lesquels il n'existe d'autre rapport qu'une ressemblance de sons. Mais il était impossible au missionnaire de reconnaître cette différence dans la transcription tamoule *sarowa*, qui convient également aux deux mots, la langue tamoule ne possédant qu'un seul caractère pour représenter les trois sifflantes sanskrites. Son observation n'en subsiste pas moins; car les Jésuites commettaient la même erreur que lui, et n'avaient raison qu'à leur insu. E. J.

(4) On verra dans la suite de ces extraits des détails sur ce point.

(5) Irrégulièrement écrit *Divowangandam* dans l'original : *tirou* signifie *saint*; Venkata est le nom tamoul de Vichnou. E. J.

(6) Irrégulièrement écrit *Chouppramanyar; Soubrahmanya* en sanskrit. Koumâra est un des noms de *Kartikeya*. Le mot *apen* qui termine le nom de *Koumârâpen* et plusieurs autres, signifie *père*, et se joint, comme titre honorifique, aux noms des individus de certaines castes et à ceux de la plupart des divinités. E. J.

(7) *Arounâtchala* est proprement le nom d'une montagne où Shiva est adoré. E. J.

(8) La première partie de ce mot signifie *blanc*. E. J.

# APPENDIX.

Les PP. Jésuites n'imposent jamais aux baptisés les noms des saints de l'église, tels que nous les donnons; ils les traduisent en d'autres noms; ainsi le nom de Paul en celui de *Chinnâpen* (1), ce qui veut dire *petit maître*; le nom de Louis en celui de *Ñânapiragâcham* (2), qui signifie *bonne lumière*, par allusion au mot latin *lux*, et ainsi des autres. Les PP. Jésuites donnent pour motif de cette irrégularité qu'il n'y a pas de termes pour exprimer les noms de Paul, de Louis, etc., et que d'ailleurs ces noms de *Chinnâpen* et de *Ñânapiragâcham* désignent invariablement saint Paul et saint Louis. Puis, disent-ils, les noms de *Chinnâpen* et de *Ñânapiragâcham* ont le mérite particulier de ne pas laisser soupçonner aux gentils que l'on impose aux chrétiens malabars des noms étrangers. Toutes vaines excuses. On peut très-bien exprimer le nom de Paul par *Pavoulou*, celui de Pierre par *Pedoulou*, celui de Louis par *Lovichou*, et ainsi des autres.

Les Jésuites du Madouré et des autres missions malabares de l'intérieur des terres ne donnent plus, depuis long-tems, tous ces noms travestis. Ils conservent au catéchumène son premier nom, celui de l'idole; ainsi, lorsqu'ils baptisent un adulte s'appelant Vichnou, ils lui laissent ce nom, sans lui en imposer d'autre. Quant aux enfans, les parens leur donnent tous les noms gentils qu'ils veulent, sans que les PP. Jésuites s'en mettent en peine. Est-ce donc là le christianisme que les Jésuites, dans leurs lettres imprimées, osent comparer à celui de la primitive église?.....

La difficulté que font les Malabars de souffrir qu'une personne qui n'est pas de leur caste souffle sur eux, n'est pas une raison suffisante pour omettre une cérémonie du baptême. Quant au signe de la croix et à l'imposition de la main, les PP. Jésuites font ces cérémonies à une si grande distance de la personne baptisée (surtout si c'est un paria), qu'elles ne paraissent point exprimer l'intention dans laquelle elles ont été instituées......

Quoique les Malabars chrétiens aient beaucoup de respect pour les PP. Jésuites de Pondichéry, ils ne laissent pas de les regarder comme des parias (3). Les PP., qui ne l'ignorent pas, ont la complaisance de s'abstenir de mettre eux-mêmes le sel dans la bouche de la personne qu'ils baptisent; c'est le parrain ou la marraine qui se charge de ce soin...... Les PP. Jésuites n'observent point du tout la cérémonie de l'onction avec la salive dans le baptême qu'ils confèrent aux Malabars : ils ne veulent ni paraître se souiller en touchant les oreilles et les narines des parias, ni souiller les Malabars de haute caste en oignant avec de la salive leurs oreilles et leurs narines; car ils craignent qu'on ne dise que les Malabars baptisés sont devenus infâmes, oints de la salive d'une personne qui n'est pas de leur caste. Il y a pourtant un décret de la sacrée congrégation, approuvé par Alexandre VII, qui défend d'omettre ces cérémonies sous de tels prétextes......

Il faut que les Malabars sachent que nous ne faisons point cette cérémonie par mépris de leurs personnes, et qu'ils ne sont pas plus dégradés de leur caste en devenant chrétiens, qu'un Malabar de la secte de Vichnou ne devient brahmane, parce que des brahmanes appartiennent à la secte de ce dieu. Les honneurs des familles ne se changent pas de la sorte; celui qui est noble, demeure toujours noble, et celui qui est de basse condition, demeure toujours tel, nonobstant le baptême. Cette cérémonie chrétienne ne peut être que très-honorable aux hommes de tous rangs. Nous voyons d'ailleurs des Malabars gentils pratiquer des cérémonies beaucoup plus extraordinaires; s'ils les pratiquaient en toute autre circonstance et à une autre intention, ils passeraient pour infâmes et perdraient leur caste; mais sanctifiées par leurs dieux qui les ont instituées d'une manière spéciale, ils regardent ces cérémonies comme pieuses et honorables. Ainsi, lorsqu'un brahmane se fait recevoir docteur, les brahmanes font ouvrir le ventre d'un mouton, lui font arracher le foie, et après l'avoir rôti devant le feu du sacrifice *yâgiyam* (4), en mangent tous un morceau : la loi défend cependant aux brahmanes de tuer aucun animal, et il leur est aussi défendu de manger d'aucune chose qui ait eu vie, sous peine de péché, d'infamie et de *perte de caste*. Lorsqu'une certaine confrérie de Vichnou tient ses assemblées de nuit, et qu'après avoir bu de l'arac, puis éteint toutes les lumières, les brahmanes, les Malabars et leurs propres femmes, tous ensemble, sans se connaître, se mêlent et commettent d'infâmes actions (5), on ne dit pas que ces gens soient devenus infâmes, ni qu'ils aient perdu leur caste, ni même qu'ils aient commis aucun péché. N'est-ce pas

---

(1) *Chinnâpen* a le sens de *parvulus* (Paulus) *pater* ou *dominus*. E. J.

(2) Incorrectement écrit dans l'original *Nianapragacham*. En sanskrit, *Djñânaprakâsha*, *lumière de la science*. Les Jésuites qui avaient inventé ces déguisements de mots, n'étaient pas assurément de très-habiles étymologistes. E. J.

(3) Voyez la suite de ces extraits.

(4) Incorrectement écrit dans l'original *jekiam*. En sanskrit *yâgya* ou *yadjña*, sacrifice : ce mot paraît avoir dans l'Inde méridionale le sens particulier de sacrifice pour lequel se réunissent douze brahmanes. Un autre chapitre de l'ouvrage présente les détails de la cérémonie à laquelle l'auteur fait allusion. E. J.

(5) Cette singulière cérémonie est décrite avec plus de détails dans une autre partie de l'ouvrage. E. J.

encore une chose fort dégoûtante que de boire de l'urine et de manger de la fiente de vache? et cependant les gentils croient être sanctifiés par cette pratique de piété.

### CHAPITRE V.

Les PP. Jésuites se servent de pailles pour faire les onctions du baptême, et aussitôt les onctions faites, ils brûlent ces pailles; ce n'est pas sans motifs, car s'ils faisaient les onctions avec le pouce, ils toucheraient immédiatement le baptisé; si c'était un paria, ils paraîtraient s'être souillés : s'ils faisaient ces onctions avec la petite cuillère, les saintes huiles paraîtraient aussi souillées, et ne pourraient plus être appliquées aux autres Malabars. C'est pour éviter ces inconvénients, que les PP. font les onctions avec des pailles....

### CHAPITRE VII.

Lorsqu'un paria est malade, les PP. Jésuites de Pondichéry, pour éviter de paraître se souiller en entrant dans la maison d'un paria, se le font apporter en dehors du seuil de la porte, quelque infirme qu'il puisse être, et là lui administrent l'extrême-onction, après l'avoir confessé. Quant aux PP. Jésuites du royaume de Madouré et des autres missions malabares, ils n'entrent jamais dans l'habitation des parias, de peur de contracter une souillure : ils font apporter le malade hors de l'habitation, sous un arbre ou sous une espèce de tente que l'on fait de branches d'arbres et de feuillages, et là, après l'avoir confessé, ils lui donnent l'extrême-onction. Mais lorsque le malade est trop faible pour qu'on puisse le transporter jusqu'à ce lieu, sans l'exposer à mourir en chemin, le P. se contente d'envoyer un catéchiste pour consoler le malade.

Les PP. Jésuites donnent pour motifs de cette conduite que, s'ils entraient dans les maisons ou même dans les habitations des parias, les autres Malabars et les brahmanes ne les regarderaient plus eux-mêmes que comme des parias immondes; ils ne pourraient plus avoir aucun commerce avec les hautes castes; en sorte, disent les PP. Jésuites, qu'il vaut mieux laisser mourir les parias sans sacrements, que de manquer de complaisance pour les préjugés des Malabars.

### CHAPITRE VIII.

La chasteté est une vertu si recommandable, qu'elle est estimée même des gentils; ceux d'entre leurs pénitents qui font profession de garder la chasteté, sont beaucoup plus révérés que les autres. Il y a dans la caste des brahmanes quelques brahmanes Lacharis (1) qui ne se marient jamais, et vivent, dit-on, très-chastement. D'autres de la même caste, après avoir été mariés, renoncent pour le reste de leurs jours aux plaisirs de l'union conjugale (2). Mais Dieu sait en quoi ces pénitents font consister leur chasteté. Ils se disent chastes, et ils font en particulier des actions qu'on n'oserait nommer........

Les mariages ne sont pas libres entre les Malabars; chacun doit se marier dans sa caste ou tribu, de manière que les héritages ne se confondent point; il leur est expressément défendu de contracter mariage avec les nations étrangères, qu'ils regardent comme immondes et maudites. Ils sont sur tous ces points d'une telle rigueur, que si un Malabar ne trouvait point dans la ville où il demeure une fille de sa caste, pour la donner en mariage à son fils, il parcourrait toutes les terres malabares, ou le laisserait même sans femme, plutôt que de se mésallier. Si la fantaisie venait à cet enfant de se marier dans une autre caste, il serait aussitôt déshérité, chassé de la maison de son père, et dès lors aucune personne de son ancienne caste ne voudrait plus manger avec lui.

### CHAPITRE IX.

Le mariage n'est pas une charge pour les Malabars; les femmes ne sont pas moins laborieuses que les hommes; tandis que ceux-ci sont occupés de la culture des champs ou de quelque autre ouvrage, les femmes préparent le repas et le servent à leurs maris, sans que la noblesse de leur extraction puisse les dispenser de ce devoir..... Les femmes malabares ne mangent jamais avec leurs maris; elles se tiennent debout pendant le repas, afin d'être toujours prêtes à leur donner ce qui leur est nécessaire. Cet ordre est observé en toutes choses : ce sont les femmes qui rendent les derniers devoirs à leurs maris...

---

(1) Voyez dans la suite de ces extraits les chapitres intitulés : *Vanaprasthas* et *Ordre des Sannyâsis*.

(2) Je conserve l'orthographe du manuscrit, parce que la forme régulière de ce mot ne m'est pas connue. Il se peut que ce soit la modification tamoule d'un mot sanskrit *tadjâyâtchârî*, qui n'existe cependant dans aucun dictionnaire, et que je n'ai encore rencontré dans aucun texte : les Tamouls peuvent avoir fait subir au mot *tadjâyâ*, pudeur, honte, une altération dont on trouve des traces dans plusieurs autres mots dissyllabiques, et qui consiste à supprimer la voyelle désinente de la forme sanskrite, en allongeant celle de la première syllabe ; on aurait ainsi *lâchchârî*, prononcé *lâtchâri*. E. J.

# APPENDIX.

La stérilité est un sujet de honte parmi les Malabars ; il n'est point de vœux et de sacrifices qu'ils n'offrent aux dieux pour obtenir des enfans (1). Si la stérilité continue, le mari peut épouser une autre femme, du consentement de sa caste : il ne laisse pourtant pas de garder chez lui sa première femme ; mais si la seconde a des enfants, elle devient la maîtresse, et l'autre n'est plus regardée que comme une servante, ce qui est une cause ordinaire de grands troubles dans la maison...... Il n'est point de passion plus violente chez les Indiens que celle de la chair ; presque toutes leurs chansons, leurs entretiens et leurs cérémonies de religion ne tendent qu'à l'impureté. Ce qui contribue plus encore à leur corrompre l'esprit et le cœur, c'est cette liberté de mœurs qui leur permet d'être toujours presque nus dans leurs maisons ; c'est l'exemple de leurs dieux qui ont été eux-mêmes des adultères et des gens adonnés à tous les plaisirs de la chair ; c'est le grand nombre de nudités et de représentations obscènes qu'ils conservent dans leurs pagodes, dans leurs maisons, et auxquelles ils adressent des cérémonies qui font horreur.

## CHAPITRE XI.

Lorsqu'une femme malabare a déshonoré son mari par un adultère, et que l'offensé veut se séparer d'elle, la loi ordonne qu'il assemble quatre ou cinq de ses plus proches parents, assistés de quelques brahmanes, et qu'il leur expose les sujets de plainte qu'il a contre sa femme, pour mettre ces arbitres à même de prononcer sur la séparation des époux ; car le mari ne peut pas quitter sa femme de sa propre autorité, et lors même qu'il a obtenu une sentence de séparation, il ne peut la chasser de sa maison ; il est toujours obligé de la garder chez lui dans quelque lieu séparé, et de lui fournir toutes les choses nécessaires à la vie. Si des enfans sont nés de ce mariage, ils se retirent sous la direction de leur père. La femme rend à son mari le *tâli* (2) qu'elle porte au cou ; si elle a reçu quelque dot en mariage, et que cette dot soit entre les mains de son mari, elle la retire. Cependant les parens des deux époux travaillent avec zèle à opérer entre eux une réconciliation, et s'efforcent d'amener cet heureux résultat avant que le mari s'avise d'épouser une autre femme ; car la loi lui donne ce droit ; et s'il arrive qu'après ces secondes noces, la première épouse se réconcilie avec son mari, la seconde devient sa maîtresse : de là une guerre continuelle qui s'entretient entre les femmes et ne contribue pas peu à mettre le trouble dans la famille.

La femme n'a pas les mêmes priviléges que son mari : bien qu'elle sache qu'il vit dans un état continuel d'adultère, elle ne peut ni se plaindre, ni demander à se séparer de lui. Mais si le mari maltraite gravement sa femme, et qu'elle s'en plaigne à ses parents, ceux-ci demandent, sous quelque prétexte honnête, la permission d'avoir leur fille quelques jours chez eux, et ne la rendent qu'à de bonnes conditions, si son mari vient la redemander, ce qui se fait toujours en présence des parents.

Si les Malabars ne mariaient pas leurs enfants en si bas âge, et qu'ils les laissassent se choisir eux-mêmes, d'après la conformité de leurs mœurs et de leurs inclinations, les unions seraient beaucoup plus heureuses ; car ces pauvres enfants, que l'on a mariés à deux ou trois ans, ne viennent pas plus tôt à se connaître qu'ils se haïssent, et cette haine, qui accompagne toute leur vie, les rend extrêmement misérables.

## CHAPITRE XIII.

Les Malabars ont pour leurs enfants un amour qui va jusqu'à les perdre ; ils croiraient blesser la tendresse paternelle, s'ils les corrigeaient de leur libertinage ; aussi ces enfants s'adonnent-ils aux vices dès leur tendre jeunesse, et manquent-ils très-souvent de respect envers leurs parents. Les pères mettent cependant beaucoup de zèle à enseigner à leurs enfants les métiers qu'ils professent. Or, comme c'est la coutume des Malabars que le métier soit attaché à la caste, les enfants ne pouvant apprendre que le métier de leurs pères, chacun excelle dans son art. Il est difficile de trouver un peuple plus industrieux et qui fasse beaucoup d'ouvrage avec si peu d'outils ; on ne peut non plus refuser son approbation aux écoles où l'on enseigne aux enfans mâles à lire, à écrire et à calculer (3). Quant aux filles, on ne juge pas à propos de leur faire apprendre d'autre métier que celui de leurs mères..... On ne peut dire que les Malabars aient un véritable amour pour leurs femmes ; il est vrai qu'ils se font honneur de ne les laisser manquer de rien, mais la dureté et le mépris qu'ils leur montrent prouvent assez qu'ils n'ont point d'affection pour elles, et qu'ils les regardent comme un méchant meuble dont on ne peut se passer à la maison. Aussi ont-ils coutume de dire, lorsqu'ils se

---

(1) Voyez *Mœurs et Institutions des peuples de l'Inde*, tome II, p. 366 et 368.
(2) Voyez dans la suite de ces extraits le chapitre intitulé : *Explication des cérémonies du mariage*. Les Tamouls nomment la répudiation *touroumbou*, littéralement *paille*, parce que le mari le signifie en rompant un fétu de paille dont un bout est entre ses doigts et l'autre entre ceux de son épouse. E. J.
(3) Voyez sur ces écoles les détails donnés dans une des premières livraisons de l'*Inde Française*.

marient : « Je vais acheter une femme. » En raison de ce même principe d'indifférence, les maris ne communiquent presque jamais à leurs femmes les affaires du dehors, et leur parlent moins encore des sujets de peine et d'affliction qu'ils peuvent avoir. Les Malabars entretiennent encore un grand nombre de femmes qui font profession publique du vice de l'impureté (1); ils commettent le péché avec elles sans honte et sans scrupule.

## CHAPITRE XIV.

On ne peut dire que les Malabars regardent leurs femmes comme leurs compagnes, car on ne voit pas en eux cette douceur, cet amour, cette patience, vertus inséparables de deux personnes qui ne doivent avoir qu'un même cœur. Les maris sont aussi violents à maltraiter leurs femmes pour un ragoût mal assaisonné ou pour l'omission du moindre apprêt, qu'ils le seraient à punir leurs serviteurs des mêmes fautes : il n'est point de terme bas dont ils ne se servent, lorsqu'ils sont en colère contre leurs femmes....

L'oisiveté n'est pas le vice des Malabars; l'extrême avidité qu'ils ont d'amasser de l'argent leur donne naturellement un grand amour du travail. Ce n'est cependant pas qu'ils fassent de grandes dépenses pour l'entretien de leurs familles, puisqu'ils ne vivent que de riz et de quelques légumes assaisonnés (la plupart s'abstenant de manger du poisson et de la viande, par suite du principe de la transmigration des ames); mais persuadés que la pauvreté est un signe de malédiction pour cette vie et pour l'autre, ils croient aussi que les richesses sont un gage assuré de leur bonheur..... (2).

## CHAPITRE XV.
### *Cérémonies du mariage des Malabars chrétiens* (3).

Lorsque les Malabars chrétiens ont dessein de marier leurs enfants (4), les pères et mères conviennent ensemble du mariage; ensuite ils prient les parents de venir y donner leur consentement : c'est devant eux que la future épouse reçoit de son père et de sa mère quelques présents qui lui servent de dot. On donne avis du mariage au curé, afin qu'il fasse publier les bans. Les pères des futurs époux vont prier tous leurs parents et amis d'assister à la cérémonie; ils leur font connaître le jour convenu et leur présentent du bétel. Quatre ou cinq jours avant le mariage, les parents étant assemblés dans la maison des fiancés, on dit les litanies de la Vierge (5); on fait ensuite un trou au milieu de la cour; le catéchiste y répand du lait et de l'eau, et y plante un pieu, auquel il attache une branche d'*arachou*. La cérémonie qui consiste à verser du lait et de l'eau et à attacher le rameau d'*arachou* est du moins usitée parmi les chrétiens du Madouré; le catéchiste des PP. Jésuites ne l'a pratiquée qu'une ou deux fois à Pondichéry (6). Depuis ce temps, il a seulement planté le pieu, y a attaché des feuilles de manguier, et a posé une petite croix sur ces feuilles. Dans la mission du Madouré et dans les autres missions de l'intérieur des terres, on se contente de mettre sur l'*arachou* l'image de la Vierge. Cela fait, on présente du bétel à toute l'assemblée, et chacun se retire chez soi. On emploie le temps qui reste jusqu'au jour du mariage à élever autour du pieu une tente assez spacieuse pour contenir tous les conviés, et pour faire convenablement toutes les cérémonies du mariage (7). On élève encore

---

(1) Un préjugé que justifient peut-être des usages qui nous sont encore inconnus, que pourraient expliquer du moins des souvenirs de vieilles haines nationales, a attaché au nom que portent dans la langue tamoule les femmes des *Paraver* (*Parati* ou *Paratai*) le sens de *prostituées*. Les *Paraver* forment une des dernières classes de l'ordre des Shoûdras; or dans les parties les plus méridionales de la côte de Coromandel, ainsi que sur la côte de Malabar, tous les individus des castes supérieures ont un droit légal et reconnu sur les femmes des castes inférieures; cet usage, qui fait un devoir aux jeunes filles de découvrir leur sein, lorsqu'elles passent devant un homme d'une caste supérieure, a probablement donné lieu à l'injurieuse application que font les Tamouls du mot *Paratai*. E. J.

(2) Les Indiens représentent souvent *Lakchmî*, déesse de la fortune, par un symbole assez singulièrement choisi, mais sur la signification duquel il ne peut y avoir aucun doute. La quatrième nuit précédant celle où se célèbre la cérémonie religieuse, ou plutôt le divertissement du *kâdjâgara*, les vechnavites, à l'heure de minuit, déposent leur argent dans un coffre, et lui rendent un culte comme au signe visible de *Lakchmî*. Il est remarquable qu'une cérémonie exactement semblable existe à la Chine : elle consiste à remplir un coffret de pièces de monnaie, et à le soulever respectueusement. E. J.

(3) On ne peut se méprendre sur l'intention de l'auteur, qui s'est appliqué, dans ce chapitre et dans le suivant, à décrire dans les mêmes termes et presque dans le même ordre, des cérémonies semblables. E. J.

(4) Les Indiens sont persuadés que le soin qu'ils prennent de procurer des époux à leurs filles, avant qu'elles aient atteint leur neuvième année, équivaut au mérite religieux d'un sacrifice solennel; si leurs filles n'ont pas trouvé d'époux avant l'âge de dix ans, ils considèrent cette disgrâce comme une malédiction des dieux. E. J.

(5) On remarquera, en lisant ces extraits, que les Jésuites avaient, dans presque toutes les occasions, substitué le culte de la Vierge à celui de *Pillaïyâr*. Voyez, dans le chapitre suivant, le passage qui correspond à celui-ci. E. J.

(6) On peut voir, dans la suite de ces extraits, un chapitre où ces faits sont exposés avec plus de détails. E. J.

(7) La cérémonie nuptiale est ordinairement célébrée dans la maison qu'habite la famille de la fiancée; mais elle peut l'être également dans celle de la famille de l'époux. E. J.

# APPENDIX.

une autre tente devant la porte de la maison ; elle est destinée à ceux qui veulent se reposer. Ces deux tentes, et surtout celle de la cour, sont ornées de rameaux, de toiles peintes, de bandes de papier doré, de fanaux, et de plusieurs autres objets de luxe (1). Au jour du mariage, les joueurs d'instruments, le catéchiste, les parents et les amis, tant chrétiens que gentils, qui ont été conviés, arrivent dès le matin à la maison nuptiale. La future épouse monte seule en palanquin, et se rend à l'église, accompagnée de plusieurs de ses parents et des joueurs d'instruments. Dès qu'elle y est arrivée, elle renvoie le palanquin pour prendre son fiancé. Les autres parents conviés et les joueurs d'instruments accompagnent aussi l'époux. Si les familles sont riches, un autre palanquin est réservé au fiancé, et l'on ne renvoie pas celui de l'épouse. Le curé leur donne la bénédiction nuptiale ; il bénit le *tâli* qui est déposé dans un bassin sur deux guirlandes : il met ensuite les deux guirlandes au cou des époux, et célèbre la messe. Les parents, pendant ce temps, gardent le *tâli*. Après la messe, l'épouse remonte dans son palanquin et retourne à la maison nuptiale. Dès qu'elle y est arrivée, elle renvoie le palanquin à son époux, s'il n'en a pas un autre à son service : il faut d'ailleurs qu'ils aillent à l'église, et qu'ils en reviennent l'un après l'autre. Si la maison d'un parent ou d'un ami se trouve sur le chemin, et qu'on veuille faire la cérémonie destinée à écarter le maléfice du *mauvais regard*, le palanquin s'y arrête : les femmes de la maison apportent trois bassins ; dans deux de ces bassins il y a du safran et de la chaux délayée dans de l'eau ; dans le troisième, une masse de riz cuit, divisée en plusieurs compartiments et teinte de différentes couleurs ; au milieu du bassin est une lampe faite de pâte de riz, dans laquelle il y a du beurre et une mèche allumée. Elles donnent ces bassins à trois femmes des pagodes, qui ont aussi suivi les palanquins en dansant et en chantant. Les *dévadâchi* font, l'une après l'autre, passer trois fois les bassins devant le visage des époux ; puis elles jettent dans la rue tout ce qui était dans les bassins (2) : elles reçoivent, en récompense de ce service, chacune une poignée de bétel. On répète cette cérémonie à chaque procession que l'époux fait dans la ville. Ses parents et ses amis, s'ils sont gentils, cassent quelquefois un coco. Les femmes des pagodes ont aussi assisté au mariage de plusieurs chrétiens de Pondichéry ; mais les PP. Jésuites leur ont enfin défendu de s'y trouver. C'est présentement à trois femmes mariées, chrétiennes ou gentiles, qu'on remet les bassins et le soin d'écarter le maléfice du *mauvais regard*. Lorsque les époux sont arrivés à la porte de la maison nuptiale, les principales parentes apportent aussi sur le seuil trois bassins, et font la même cérémonie. Quand tous les assistants sont entrés, on leur présente du bétel, et chacun se retire chez soi. Dans l'après-midi, vers cinq heures, les mêmes conviés s'assemblent sous la tente de la cour ; on élève un autel devant le pieu dont il a été parlé ; on pare l'autel avec les ornements de l'église des Jésuites ; on y place des cierges et l'image de la Vierge. Vers six heures, le catéchiste fait venir l'époux et le fait asseoir, devant l'autel, sur un siége recouvert d'une toile blanche et sous lequel est étendue une couche de riz ; il pose le *manapongal* au bas de l'autel, et fait placer, devant l'époux, sur des billots, trois bassins, dans l'un desquels il y a du lait, dans un autre du safran et de la chaux délayée dans de l'eau, dans le troisième des *adai* (3) ; il dispose autour de l'autel cinq petits pots remplis de pois et de riz germés ; derrière ces cinq pots il met un grand vase, et sur ce vase un autre plus petit, tous les deux remplis d'eau ; plus loin encore, il place une lampe allumée à cinq ou sept mèches. Aux deux côtés de l'autel, il établit deux pierres pour y faire brûler de l'encens : des Malabars ont assuré avoir vu autrefois le catéchiste faire le sacrifice du feu dans quelques mariages ; un Malabar nous a même dit que le catéchiste avait voulu faire ce sacrifice dans la cérémonie du mariage de sa propre sœur, mais que son père l'en avait empêché. Le catéchiste ordonne ensuite à trois femmes de prendre chacune un des bassins et de faire, l'une après l'autre, la cérémonie destinée à écarter de l'époux le maléfice du *mauvais regard ;* puis il fait apporter devant l'époux un bassin plein de riz, sur lequel est posé un coco entier. L'époux, tenant les mains étendues et serrées l'une contre l'autre, les plonge dans le bassin et les en retire couvertes de riz. Le catéchiste place le coco sur le riz, puis il remet au barbier assistant un cordon oint de safran, et dans un nœud duquel est retenu un morceau de safran, en lui recommandant d'attacher ce cordon au bras de l'époux : celui-ci, aussitôt la chose faite, remet le bassin, le riz et le coco au barbier, au blanchisseur et aux joueurs d'instruments ; ce sont leurs pro-

---

(1) L'usage est de suspendre aussi des feuillages et des guirlandes, ou découpures fantastiques de papier, nommées *pattom* (*patra*), au milieu de la rue, en face de la maison où se fait la cérémonie ; ces guirlandes sont soutenues par des cordes (*tôranam*) tendues d'une maison à l'autre. On emploie encore ce genre de décoration le jour de la première entrée d'un prince dans une ville. E. J.

(2) On trouvera, dans un des chapitres suivants, des détails spéciaux sur cette cérémonie : *tirer l'œillade* se dit en tamoul *dittikajikiradou*. E. J.

(3) C'est ainsi que les Tamouls nomment certains gâteaux ou beignets cuits dans le beurre ou dans l'huile. E. J.

# APPENDIX.

fits (1). L'époux monte ensuite en palanquin, et va à l'église, accompagné de tous les conviés et des joueurs d'instruments. Après y avoir fait quelques prières, il remonte en palanquin, et va avec toute sa compagnie faire une procession par les rues de la ville (2). Il ne manque pas de personnes empressées à faire la cérémonie pour écarter le maléfice du *mauvais regard*. Pendant cette procession, le catéchiste fait aussi attacher le cordon au bras de l'épouse; cette cérémonie terminée, l'épouse se retire dans sa chambre. Lorsque l'époux est arrivé à la porte de la maison, une des principales parentes fait la cérémonie contre le maléfice du *mauvais regard*. Il entre alors, lui et toute sa compagnie, sous la tente de la cour, et s'assied sur son banc. Le catéchiste fait apporter une feuille de figuier, du riz non cuit, deux petits pots remplis d'eau et deux cocos; il pose la feuille de figuier sur la terre, à gauche de l'autel; il répand le riz sur cette feuille en deux tas; sur ce riz il place les deux pots, dont il garnit l'embouchure de feuilles de manguier; sur ces pots il pose les deux cocos. Appelée par son ordre, l'épouse fait le tour de l'autel, et va s'asseoir auprès de son mari. On apporte un bassin rempli de fleurs, sur lesquelles est posé le *tâli* : le catéchiste, prenant alors pour aspersoir quelques-unes des feuilles de manguier qui couvrent les pots, arrose les époux avec l'eau contenue dans ces vases; il casse un des cocos sur la pierre plate, répand l'eau qu'il contient, met le *tâli* dans une moitié de ce coco, et le porte ainsi sur l'autel, auprès de l'image de la Vierge. Depuis que Mgr. le Patriarche d'Antioche a défendu ce sacrifice du coco, le catéchiste place seulement le *tâli* dans un bassin, sur l'autel, et laisse les cocos sur les deux pots, sans les casser. Tous les assistants récitent ensuite les litanies de la Vierge; ces prières dites, le catéchiste prend le *tâli* et le présente à toucher aux principaux parents et amis; puis il le donne à l'époux pour l'attacher au cou de son épouse. Il applique alors du *tirountrou* sur le nœud du cordon, et en met aussi au front des époux. Il fait apporter un bassin rempli de riz non cuit, mêlé de safran; les principaux parents et amis viennent l'un après l'autre prendre une poignée de riz, et la présentent d'abord aux genoux de l'époux, ensuite au-devant de ses épaules, et enfin sur sa tête, laissant chaque fois tomber un peu de riz; ils en font autant à l'épouse. Ensuite les fiancés se lèvent de leur siège; le barbier joint en manière de crochet le petit doigt de la main gauche de l'épouse à celui de la main droite de l'époux. Les fiancés se tenant ainsi par les deux petits doigts font trois fois le tour de l'autel, et à chaque fois se mettent à genoux devant l'image de la Vierge. Une femme mariée porte devant eux le petit pot d'eau *kadavâri* (3), et laisse tomber cette eau goutte à goutte, à mesure qu'elle s'avance : une autre femme mariée porte devant eux une des petites lampes; car, outre la grande lampe, il y en a plusieurs petites. Les trois tours finis, les époux entrent dans leur chambre; la femme qui tient la lampe les y conduit : on donne du bétel à toute la compagnie, et chacun se retire chez soi. Si quelques-uns des principaux parents et amis désirent rester, on les régale de tout ce que l'on a de meilleur. Le lendemain, on donne à dîner à ceux des conviés qui veulent s'y trouver : sur le soir, les époux montent ensemble en palanquin, et vont à l'église avec le même cortège que le premier jour. Après y avoir fait quelques prières, ils remontent en palanquin et traversent en procession les rues de la ville; c'est une nouvelle occasion de faire la cérémonie destinée à écarter le maléfice du *mauvais regard*. De retour à la maison nuptiale, ils vont s'asseoir sur leur siège. Le catéchiste fait apporter, comme la veille, un bassin rempli de riz mêlé de safran, et fait présenter ce riz aux genoux, aux épaules et sur la tête des époux : ceux-ci se lèvent, font trois fois le tour de l'autel, et se retirent dans leur chambre. Les conviés restent sous la tente pour faire leurs présents; on leur donne ensuite du bétel, et ils s'en vont; il ne reste que les plus proches parents. Le catéchiste rappelle les époux, les fait asseoir sur leur siége, et fait apporter un bassin dans lequel il y a du riz et un coco : le mari tenant les mains étendues et serrées l'une contre l'autre, les plonge dans le bassin et les en retire couvertes de riz; sur ce riz le catéchiste pose le coco : le mari verse le tout dans les mains de son épouse, qui le reverse aussitôt sur les mains de son époux : celui-ci ayant les mains ainsi chargées, les pose sur celles de son épouse; le barbier coupe alors le cordon attaché au bras du mari : celui-ci verse le riz et le coco dans les mains de son épouse, qui, à son tour, les pose ainsi chargées sur celles de l'époux; le barbier coupe alors aussi le cordon attaché au bras de la femme. C'est ainsi que se termine la cérémonie du mariage.

(1) Les barbiers et les blanchisseurs, dans l'Inde méridionale, sont pour ainsi dire des domestiques communaux, qui remplissent des offices publics dans plusieurs cérémonies de la vie civile et religieuse, qui ne peuvent refuser leur service, et qui reçoivent des autres castes un salaire annuel en nature et des rétributions casuelles en argent. E. J.

(2) Il faut observer que ces promenades solennelles dans l'enceinte de la ville, se nomment en tamoul *oularvalam*, parce que l'on doit toujours se diriger vers la droite. E. J.

(3) Ce mot se lit dans l'original *cadavary* et *cadavery*; il m'est d'ailleurs inconnu, et je ne suis pas certain d'en saisir exactement le sens; je conjecture qu'il est formé de deux mots tamouls, *kadal*, mer, et *vâri*, amas d'eau; *kadal* est probablement pris dans le sens de *nadi*, fleuve. E. J.

# APPENDIX.

## CHAPITRE XVI.

### *Cérémonies du mariage des Malabars gentils.*

Lorsque les pères et mères sont convenus du mariage de leurs enfants (1), et que tous les parents ont donné leur consentement, on prie les brahmanes (2) de venir examiner les constellations sous lesquelles a eu lieu la naissance des futurs époux, afin de juger si ces deux personnes peuvent vivre heureusement l'une avec l'autre. Si ces constellations sont dans des rapports convenables, et n'annoncent rien de fâcheux, les brahmanes déclarent que ces deux personnes peuvent se marier ensemble. Le mariage au contraire n'a point lieu, si les brahmanes trouvent dans leurs calculs quelques mauvais pronostics. Si l'on a omis de faire les observations horoscopiques à la naissance de ces personnes, les brahmanes ont recours à l'anagramme des noms propres, dont ils transposent les lettres, jusqu'à ce qu'ils aient trouvé le nom de quelques-unes des constellations; c'est par là qu'ils prétendent reconnaître quels sont les signes célestes sous lesquels sont nées ces deux personnes. Si l'anagramme des deux noms présente quelque funeste présage, et que cependant les deux personnes n'en persistent pas moins à s'unir, elles prient les brahmanes de changer leurs noms; les brahmanes leur en donnent d'autres. Lorsque les brahmanes sont enfin satisfaits du résultat de leurs combinaisons, ils désignent un jour heureux pour faire la cérémonie du mariage (3). Les parents s'assemblent peu de jours après à la maison de la future épouse; son père et sa mère lui font des présents qui lui servent de dot (4); le contrat de mariage est conclu. Quelque temps avant le mariage, on prépare une tente dans la cour de la maison de l'un ou de l'autre des époux; on l'orne de rameaux, de toiles peintes, de bandes de papier doré, de fanaux et de plusieurs autres choses précieuses. Le trou dans lequel on doit placer le premier pilier de la tente étant creusé, les brahmanes y répandent du lait, de l'eau, quelques feuilles d'*arachou* et du riz non cuit mêlé de safran. Cela fait, les brahmanes, assistés de quelques femmes mariées, prennent tous ensemble le pilier et le plantent dans le trou (5); les brahmanes ordonnent à une de ces femmes de pétrir entre ses mains une masse de terre ou de fiente de vache, et de la placer devant le pilier; cette masse informe représente le dieu *Pillaiyâr*. Le brahmane officiant fait apporter un coco et le casse sur la pierre plate, l'offrant en sacrifice à *Pillaiyâr*; les autres brahmanes font alors une prière à ce dieu : « Seigneur, disent-ils, nous vous supplions de ne mettre aucun obstacle à ce mariage, et de veiller à ce qu'il n'y manque rien. » Les parents répètent après eux la même prière; puis tous les assistants font à *Pillaiyâr* les saluts que l'on a coutume de lui adresser. On distribue du bétel à toute l'assemblée, et chacun se retire chez soi (6). On prépare aussi une autre tente devant la porte de la maison, mais on n'y fait aucune cérémonie. Le jour du mariage, vers cinq ou six heures du soir, les conviés s'assemblent; on place au milieu de la tente une branche d'*arachou*, à laquelle, suivant les usages de certaines castes, on attache quelquefois une toile blanche et une petite branche de *mouroukou*. On élève un autel en terre autour du pied de l'*arachou*. Les brahmanes font placer derrière cet arbre cinq petits pots (7) dans lesquels il y a du riz et

---

(1) Les personnes que l'on charge ordinairement de la recherche d'un gendre, sont le brahmane et le barbier de la maison; on leur donne, pour exciter leur zèle, de l'argent et un paquet de feuilles de bétel. Lorsqu'ils ont réussi à trouver un gendre dont l'âge et la fortune soient assortis à l'âge de la jeune fille et à la fortune de sa famille, on leur remet une table généalogique dressée avec soin, qu'ils comparent et qu'ils échangent avec un pareil titre fourni par la famille du gendre. Ce n'est qu'après ces préliminaires qu'on examine les rapports des deux horoscopes. E. J.

(2) L'auteur écrit incorrectement *brahame* pour *brahmane*, *Brouhma* pour *Brahmâ*, et *Vichenou* pour *Vichnou*; ces leçons vicieuses ont été partout corrigées. E. J.

(3) L'auteur décrit plus spécialement, dans ce chapitre, les cérémonies du mariage des *Shoûdra*; le mariage d'un brahmane ou d'un *râdjâ* est accompagné de quelques cérémonies particulières que n'observent pas les *Shoûdra*; telle est, par exemple, l'épreuve du sort ou plutôt de son adresse que fait la fiancée d'un *kchatriya*, en tirant trois petites flèches sur un poisson artificiel flottant dans un bassin rempli d'eau. La nécessité de renfermer ces notes dans de justes limites, me force d'omettre plusieurs détails de ce genre; je ne puis mieux faire que de renvoyer le lecteur au mémoire du Col. M'Kenzie *on the marriage ceremonies of the Hindoos*, imprimé dans le vol. III des *Transactions de la Société Asiatique de la Grande-Bretagne*. E. J.

(4) Les femmes n'apportent point de dot; elles sont au contraire obtenues de leur famille, en payant une certaine somme, dont le dixième au moins doit être remis avant la cérémonie nuptiale à titre d'arrhes ou *paricham*; aussi acheter (*kollougiradou*) est-il synonyme d'épouser une femme. E. J.

(5) La plantation du *kâl* est le premier acte de la cérémonie du mariage; cette cérémonie ne peut durer moins de deux jours; elle peut se prolonger jusqu'au trente et unième jour. E. J.

(6) On veille avec soin, pendant toute la cérémonie, à ce que le feu ne prenne point à cette tente ou *pandel*; la consternation de toute la famille suivrait un pareil malheur; car il serait le présage certain de la mort prochaine d'un de ses membres. E. J.

(7) Ces petits vases de terre cuite sont nommés *kalam*, ou, suivant la prononciation grasse des indigènes, *kalom*; c'est l'origine de notre ancien mot *galon*, pris en ce sens. E. J.

# APPENDIX.

quatre sortes de grains, que l'on a eu auparavant grand soin de faire germer dans ces mêmes pots, en sorte que, lorsqu'on s'en sert dans la cérémonie, ces grains ont des germes de près de deux pouces de longueur. Après ces pots, les brahmanes font placer l'un près de l'autre deux autres pots, l'un très-grand, l'autre plus petit, tous deux remplis d'eau, puis une lampe allumée à cinq ou sept mèches, et quelques autres petites lampes. Pendant ce temps, on prépare dans une pièce voisine le riz *pongal*, et on établit à quelque distance de l'autel le siége de l'époux. Les brahmanes le font asseoir sur ce siége, et ordonnent à une femme mariée de lui passer au cou une guirlande (1); quelques autres femmes mariées disposent au devant de l'autel cinq feuilles de figuier, sur chacune desquelles elles mettent, suivant les instructions des brahmanes, un peu de riz *pongal*, une figue pilée, du beurre et du sucre. Les brahmanes offrent aux dieux ce sacrifice, et brûlent de l'encens en leur honneur : une femme mariée répand un peu d'eau autour des feuilles. Les brahmanes font placer devant le fiancé sur un bloc de bois, un bassin où il y a du safran, de la chaux délayée dans de l'eau, et quelques feuilles d'*arachou* : ils font approcher deux femmes mariées, qui, l'une après l'autre, passent trois fois le bassin devant le visage du fiancé, pour écarter le maléfice du *mauvais regard*. Cela fait, le fiancé se lève, fait le tour de l'autel, et se retire dans sa chambre. Le barbier, le blanchisseur et les joueurs d'instruments enlèvent le riz amoncelé sous le siége, et quatre parts du sacrifice qui a été offert; on porte la cinquième part au fiancé à qui seul elle est réservée. Les brahmanes rappellent le fiancé, l'invitent à s'asseoir sur son siége, et font apporter devant lui un bassin dans lequel il y a du bétel, de l'arèque, du riz non cuit, un coco et un cordon de coton, auquel est attaché par un nœud un morceau de safran. Les brahmanes présentent ce bassin devant tous les conviés, et le déposent sur un billot, devant le fiancé, qui tient ses mains étendues et serrées l'une contre l'autre. Le brahmane officiant y met du bétel, de l'arèque, du riz et le coco; puis il récite des prières et lui attache le cordon au bras droit par trois nœuds, en prononçant les noms de Brahmâ, de Vichnou et de Roudra (2); il lui met ensuite au front le *tirounârou*, et au cou une guirlande : des prières accompagnent toutes ces cérémonies. Le fiancé remet dans le bassin ce dont on a chargé ses mains, et en donne le tout au barbier, au blanchisseur et aux joueurs d'instruments. Les brahmanes font apporter un autre bassin rempli de riz mêlé de safran; ils prennent, l'un après l'autre, deux poignées de ce riz, et les présentent à la tête, aux épaules et aux genoux du fiancé, laissant tomber chaque fois un peu de ce riz; ensuite, les parents et les amis viennent, l'un après l'autre, faire la même cérémonie. L'époux se lève et va faire une procession par les rues de la ville, accompagné de tous les conviés et des joueurs de trompette, de hautbois et de tambour, ainsi que de plusieurs femmes des pagodes, qui chantent et dansent autour du palanquin. Si le fiancé appartient à une famille riche, on fait porter au devant et aux côtés du palanquin plusieurs petits dais en forme de parasol, que l'on emprunte le plus souvent aux pagodes; on porte aussi sur des perches plusieurs petits ouvrages de papier, découpés en forme de poissons ou d'oiseaux, et des fanaux. Comme cette procession se fait ordinairement la nuit, on allume un grand nombre de torches et de lampes, et on tire plusieurs sortes de feux d'artifice; pendant la cérémonie destinée à écarter le maléfice du *mauvais regard*, on casse ordinairement plusieurs cocos. Pendant cette procession, les brahmanes disposent devant l'autel les matériaux d'un nouveau sacrifice pareil à celui que nous venons de décrire; ils entassent encore du riz sous le siége nuptial, et attachent un cordon à la main gauche de la fiancée, avec les mêmes cérémonies que celles auxquelles le fiancé a assisté. Le riz qui est sous le siége et quatre des parts du sacrifice sont donnés au barbier, au blanchisseur et aux joueurs d'instruments; on porte la cinquième part à la fiancée, qui s'est retirée dans sa chambre; elle seule mange cette part. Lorsque le fiancé est arrivé à la porte de la maison, on ne manque pas de faire la cérémonie pour écarter le maléfice du *mauvais regard*, il va ensuite s'asseoir sur son siége, et sa future épouse vient se mettre à sa droite (3). Les brahmanes étendent, à quelque distance du lieu du sacrifice, une feuille de figuier, sur laquelle ils mettent du riz en deux petits tas; sur ces tas de riz, ils placent deux petits pots d'eau, dont l'embouchure est garnie de feuilles de manguier : ils font une aspersion de

---

(1) La guirlande avait une autre signification dans les anciens rites nuptiaux de l'Inde. Les jeunes filles, libres alors de faire un choix entre leurs prétendants, les faisaient assembler et passaient une guirlande de fleurs au cou de ceux qu'elles choisissaient pour époux ; on trouve des allusions à cet antique usage dans les drames sanskrits. E. J.

(2) Ce cordon, auquel est attaché du safran, se nomme en tamoul *kanganam* (bracelet) ou *kâpou* (préservatif) ; il faut observer qu'on le noue au bras droit de l'époux et au bras gauche de l'épouse. Le Paria qui représente l'époux de *Kâli*, pendant la fête de cette déesse terrible, porte le *kâpou* au bras droit, en signe de son union avec *Kâli*, et ne peut, aussi long-temps qu'il est revêtu de ce caractère, s'approcher de sa propre femme. E. J.

(3) C'est l'usage, dans certaines castes de *Shoûdra*, que le frère de l'époux se présente à la porte de la chambre de la fiancée, au moment où elle en sort, et l'arrête en lui demandant où elle va ; la fiancée lui répond qu'elle va chercher un époux ; ce n'est qu'après cette déclaration que se fait la présentation du *tâli*. E. J.

cette eau sur le fiancé et sur toute l'assemblée. Les brahmanes alors célèbrent le sacrifice du feu qu'on nomme *yâgiyam*; ils entretiennent ce feu avec du beurre qu'ils y répandent de temps en temps en forme de libation. Ils font ensuite apporter devant les fiancés un bassin dans lequel il y a du bétel, des arèques, des figues, un coco oint de safran et le *tâli*; le brahmane officiant casse le coco sur la pierre plate. La fiancée tient les mains ouvertes et rapprochées; son père y met du bétel, des arèques, des figues, un coco, et par dessus quelques pièces d'argent; il lui prend les mains, et les plaçant sur celles de son gendre, il y verse tout ce qu'elle avait reçu. Le brahmane l'invite à dire : « Tous les dieux sont témoins que je vous donne cette fille ; en voilà les arrhes. » Le brahmane prend alors le *tâli* et récite les paroles de la consécration (1) ; après avoir cassé le coco apporté dans le bassin, il remet dans ce bassin les deux moitiés de coco, présente le *tâli* à toucher aux principaux de l'assemblée , et le remet au fiancé qui l'attache au cou de sa future épouse. Le brahmane applique un peu de *tirounîrou* sur le nœud du cordon qui soutient le *tâli*, et en met aussi au front des époux ; il fait alors passer l'épouse à la gauche de son mari. On fait de nouveau la cérémonie qui consiste à présenter du riz sur la tête, aux épaules et aux genoux, ainsi que la cérémonie destinée à écarter le maléfice du *mauvais regard*. Les époux, sur l'invitation du brahmane, se prennent par les petits doigts, et vont ainsi faire trois tours de l'autel (2) ; une femme mariée porte devant eux le petit pot d'eau *kadavâri* dont elle laisse tomber l'eau goutte à goutte ; à mesure qu'elle s'avance, une autre femme mariée marche aussi devant eux, tenant en main une des petites lampes. Toutes les fois qu'ils passent près de la pierre plate, le mari prend le pied de son épouse et lui fait toucher cette pierre. Cela fait, ils se disposent à entrer dans leur chambre; mais, avant d'y entrer, ils se tournent vers l'*arachou*; quelqu'un leur verse de l'eau dans les mains (3), et ils en jettent un peu vers cet arbre. Les époux et les principaux parents étant entrés dans la chambre, on apporte un bassin dans lequel il y a du lait doux et des figues broyées; l'époux en boit un peu ; il en donne à boire à son épouse dans le même vase où il a bu, et il en boit encore après elle ; les parents des deux époux en boivent aussi dans le même vase les uns après les autres. Le lendemain , les deux époux vont en palanquin faire une procession par les rues de la ville ; les conviés, les femmes des pagodes et les joueurs d'instruments les accompagnent ; on n'épargne rien pour se donner le luxe des torches, des feux d'artifice, des dais et des autres choses curieuses (4) ; on ne manque pas non plus de faire plusieurs fois la cérémonie pour écarter le maléfice du *mauvais regard*. Après la procession, on fait asseoir les époux sur leur siége , et on coupe les cordons qu'ils ont au bras, de la même manière que dans les cérémonies du mariage des chrétiens. Les époux se retirent dans leur chambre; pendant ce temps, les conviés font leurs présents (5), et on leur distribue du bétel. C'est ainsi que se termine la cérémonie.

## CHAPITRE XVII.

### *Explication des cérémonies du mariage des Malabars gentils.*

Si les calculs astrologiques par lesquels les brahmanes prétendent reconnaître que deux personnes peuvent se marier ensemble, n'étaient pas dépourvus de toute valeur, il ne devrait jamais y avoir de mariages malheureux entre les Malabars ; encore moins entre les brahmanes ; car ceux qui se vantent de connaître les mystères cachés dans les astres, ne manqueraient pas sans doute de choisir des maris et des femmes qui pussent vivre long-temps et heureusement ensemble ; et cependant

---

(1) Ces paroles sacramentelles sont les suivantes : *Tâniyam , tânam , pachou , vaoupoutiral âbam* ( soyez riches de grains , d'argent, de bestiaux et d'un grand nombre d'enfants ) ; on reconnaît facilement dans cette formule de bénédiction les mots sanskrits altérés par la prononciation tamoule. E. J.

(2) C'est là un des plus anciens rites de l'Inde ; on lit dans le *Râmâyana* , liv. I, lect. 73 , que les fils de *Dasharatha* et leurs épouses firent trois fois le *pradakchina* autour du feu ; *trir agnîm té parikramya*, etc. E. J.

(3) La personne qui remplit ce ministère est ordinairement la mère de la jeune fille, ou une des plus proches parentes chargée de la représenter. E. J.

(4) Tous les voyageurs s'accordent à dire que les mariages sont la ruine des familles; le luxe est en effet, dans cette circonstance , une nécessité pour le pauvre comme pour le riche; celui qui n'a pas encore gagné assez d'argent pour faire d'une manière honorable les cérémonies du mariage de ses enfants , emprunte à gros intérêts , à vingt ou trente pour cent. Sonnerat dit que les plus magnifiques dépensent près de huit cent mille francs dans ces somptueuses cérémonies ; un missionnaire anglais nous assure que les plus pauvres ne peuvent guère y dépenser moins de mille ou douze cents francs. On a vu plus d'une fois trois ou quatre mille brahmanes venir de plus de vingt lieues loin assister à une noce ; or chacun d'eux reçoit en présent une pièce de toile neuve, et est invité chaque jour à un festin où il mange avec avidité, jusqu'à ce que se rompe un lien de paille noué sur son ventre en forme de ceinture. E. J.

(5) Lorsqu'il se fait un mariage dans une famille opulente , une personne est chargée de recevoir les présents et de les enregistrer avec les noms de ceux qui les remettent ; on peut ainsi, à la première occasion, rendre à chacun des visiteurs des présents d'une pareille valeur. E. J.

combien voyons-nous de brahmines qui désolent leurs maris en se livrant à des hommes des plus basses castes? combien d'autres qui sont dans un continuel divorce? combien de brahmanes meurent dans leur première jeunesse, avant même d'avoir eu aucune communication avec leurs femmes? Or le plus grand bonheur des brahmines et des femmes de haute caste est de vivre long-temps avec leurs maris, puisque, eux morts, elles ne peuvent ni se remarier ni paraître avec les autres femmes dans les cérémonies publiques, et qu'elles doivent dès ce moment quitter leurs joyaux, pour ne plus les reprendre (1). Les brahmanes n'auraient-ils pas dû employer leur science à empêcher tous ces fâcheux accidents, et si bien régler leurs calculs que ces malheurs eussent été prévenus? Ils prétendront qu'ils avaient pris toutes les précautions nécessaires; ils ajouteront peut-être que, s'ils se sont trompés, la faute en est à ceux qui ont fait les premières observations à la naissance des enfants (2); que si leurs calculs avaient été exacts, ils ne se seraient pas eux-mêmes trompés. On ne peut admettre cette excuse; car ceux qui doutent de la précision de ces premières observations ne devraient pas s'y fier, ni donner comme réel ce qui peut être faux : c'est abuser de la simplicité du peuple et décrier la science astrologique.....

L'anagramme que font les brahmanes des noms des futurs époux pour savoir s'ils seront heureux ensemble, n'a pas une plus grande valeur; si ces noms ont quelque signification, elle n'est sans doute pas en rapport avec les constellations observées à la naissance des enfants, dans les noms desquels on veut voir expressément marquée cette rencontre des astres. Comme les observations faites sur ces constellations sont absolument fausses, et que d'ailleurs les astres n'ont aucune influence sur la bonne ou la mauvaise fortune, il est évident que ces anagrammes de noms propres ne donnent aucun résultat réel.

N'est-ce pas d'ailleurs une rêverie de croire qu'aussitôt que les futurs époux ont changé de noms, ils doivent aussi changer d'humeur, d'inclinations, de tempérament, en sorte que celui qui est paresseux devienne vigilant, que celui qui est emporté devienne doux, que celui qui est d'un tempérament faible et maladif devienne fort et vigoureux? Les astres ne font, suivant les brahmanes, que révéler les décrets de Brahmâ, qui a écrit, disent-ils, dans la tête de chaque homme tout ce qui doit lui arriver, et qui le fait naître sous des constellations conformes à ces irrévocables décrets. Comment donc les brahmanes sont-ils assez hardis pour prétendre s'opposer aux décrets de Brahmâ?.....

La cérémonie qui accompagne la pose du premier pilier de la tente la consacre comme un temple, et la rend digne de recevoir les dieux qui doivent assister au mariage (3). Sans cette cérémonie propitiatoire, la tente ne serait qu'un pavillon ordinaire, et ne pourrait servir aux autres cérémonies du mariage.....

Les Malabars gentils ne commencent jamais aucun acte de quelque importance, sans avoir d'abord offert le sacrifice du coco à *Pillaiyâr* (4). Ce dieu est nommé *Vikinesouwaren* (5), c'est-à-dire *dieu periurbateur*, parce qu'il met des obstacles à toutes choses, à moins qu'on ne lui offre le sacrifice du coco. Aussi les Malabars, lorsqu'ils veulent bâtir une maison, placent-ils au milieu du terrain une figure représentant le dieu *Pillaiyâr* (6); ils le prient instamment de ne mettre aucun empêchement à la construction de l'édifice, et pour se concilier ses bonnes grâces, cassent un coco en son honneur : ils font également cette cérémonie pour recouvrer les choses perdues, et pour obtenir des

(1) Voyez dans la suite de ces extraits le chapitre intitulé : *Cérémonies qui ont lieu aux funérailles des brahmanes*.

(2) Les observations horoscopiques se font, dans presque toutes les parties de l'Inde, à la naissance des enfants qui appartiennent à des familles riches et distinguées. Les Indiens attachent une telle importance à l'état astronomique du ciel et à l'influence que lui attribuent leurs préjugés, qu'ils font souvent inscrire en tête des actes de leurs transactions civiles, l'indication de la mansion lunaire, de la planète et du *karana*, avec autant de soin que celle du jour, du mois et de l'année. E. J.

(3) On nomme cette cérémonie *la plantation du kâl* (pied, appui, pilier); visiter le chef de la famille le jour de cette cérémonie est pour les amis un devoir dont ils ne peuvent se dispenser sans manquer aux convenances. E. J.

(4) On peut voir dans la xiv° livraison de l'*Inde Française* l'explication que donnent les Tamouls de ce nom propre. Je saisis l'occasion que me présente cette étymologie, de réparer une omission, en donnant celle de *Ayyanâr*, un des noms de *Hariharapoutra* (xxi° livr.). Ce mot, qui se trouve aussi écrit *ayyinâr*, est l'altération tamoule régulière du sanskrit *aryanara* : *ayyen* représente le sanskrit *arya* (maître, seigneur). E. J.

(5) En sanskrit *Vikchnéshoara*, littéralement *dieu de la destruction*, ou, suivant le sens que les Tamouls attachent au mot *vikinam*, *dieu de l'obstacle*. Les *Vikchnaka* des Pourânas shaivites sont les ministres de destruction créés par la colère de Shiva, et dont les troupes (*gana*), toujours prêtes à affliger la terre de tous les maux, sont placées sous le commandement de *Pillaiyâr* ou *Ganésha*. Ce dieu est encore nommé *Vinâyaken* ou *Vinâyaka* (qui fait obstacle). Les Tamouls lui donnent souvent aussi le nom de *Aiukaren* (qui a cinq mains, quatre mains et une trompe). E. J.

(6) On trouve des détails plus précis sur cet usage dans la suite de ce chapitre. Lorsque les Chinois construisent une maison, ils essaient d'y renfermer la prospérité et l'abondance, en plaçant sous les poutres du faîte des *tchao* ou papiers-monnaies; ces assignats n'ont d'ailleurs aucune valeur légale sous la dynastie actuelle. E. J.

enfants. Si le coco se casse net par le milieu, succès que prépare ordinairement l'adresse du brahmane officiant, ils croient que c'est un témoignage de la bienveillance du dieu. *Pillaiyâr* étant un des dieux le plus souvent invoqués par les Malabars, je vais rapporter son histoire; on y verra l'origine des saluts particuliers qu'on lui adresse.

La déesse *Pârvatî* (1), épouse du dieu Roudra, s'étant incarnée dans le sein de la femme d'un roi nommé *Richipirayâsabadi* (2), Roudra fut si épris de la beauté de cette jeune fille, qu'il voulut l'épouser. Un jour que Roudra était absent, et que *Pârvatî* se baignait dans un étang, elle conçut un violent désir d'avoir un enfant mâle; elle en fut si vivement pressée, qu'elle se trouva couverte de sueur, et, comme elle s'essuyait la poitrine, de cette sueur il se forma tout-à-coup dans sa main un enfant mâle, qu'elle nomma *Vivagahen* (3), c'est-à-dire *qui n'a point de maître*. Roudra étant de retour, et voyant dans les bras de *Pârvatî* un enfant mâle qui jouait avec elle, comme avec sa mère, crut que, pendant son absence, sa femme lui avait été infidèle; il en conçut une violente colère. *Pârvatî*, qui savait combien terrible était la fureur de son époux, s'empressa de lui raconter la naissance miraculeuse de cet enfant, et réussit à apaiser ses soupçons. Cette réconciliation n'eut cependant pas d'heureuses suites. Peu de temps après, le roi, père de *Pârvatî*, ayant fait le sacrifice solennel que l'on nomme *yâgiyam*, y convia tous les dieux, mais ne pria point son gendre d'y assister. Roudra entra en fureur et se rendit à l'assemblée des dieux, au moment où ils finissaient le sacrifice et où ils se préparaient au banquet : il arracha une tresse de ses cheveux nommée *chadai* (4), et la jeta contre terre d'une si grande force, que, de la violence du coup, il en sortit un dieu formidable nommé *Vîrapatiren* (5). Ce dieu, pour venger l'injure faite à Roudra, se jeta sur les dieux assemblés, et les terrassa tous ensemble. Comme le Soleil et la Lune, qui assistaient à ce sacrifice, voulaient s'enfuir, il donna au Soleil un si rude coup dans la mâchoire, qu'il lui fit sauter toutes les dents de la bouche, (c'est pour cette raison qu'on ne lui offre plus en sacrifice que des choses molles, telles que du lait, du riz, du beurre et des fruits); il foula la Lune sous ses pieds, et lui meurtrit tellement tout le corps, que les marques lui en sont toujours restées; ces meurtrissures sont les taches que l'on aperçoit dans le disque de la lune (6). *Vîrapatiren* tua aussi le roi *Tévapirayâsabadi* (7), et coupa la tête à *Vinâyechen* (8). *Pârvatî* vivement affligée de la mort de son père et de celle de *Vinâyechen*, pria Shiva de les ressusciter : touché de la désolation de *Pârvatî*, ce dieu ordonna à Roudra de chercher les têtes de *Vinâyechen* et de *Tévapirayâsabadi*, et de les rejoindre à leurs corps. Mais comme ces têtes étaient tombées dans le feu du sacrifice, et qu'elles étaient réduites en cendre, Roudra coupa la tête d'un éléphant et la plaça sur le corps de *Vinâyechen*, qui revint à la vie avec un corps d'homme et une tête d'éléphant; puis il coupa la tête d'un chevreau (9) et l'appliqua sur le corps de *Tévapirayâsabadi*, qui fut également ressuscité. Roudra nomma le fils de *Pârvatî Vikinesowaren*, c'est-à-dire *dieu perturbateur* : on le nomme plus communément *Pillaiyâr*; ce nom signifie *fils de*

(1) Le nom de *Pârvatî* est ici presque une inexactitude ; car l'incarnation de l'énergie de *Shiva* en *Pârvatî* est considérée par tous les mythologues indiens comme postérieure à son incarnation en *Satî*, fille de *Dakcha*. E. J.

(2) Incorrectement écrit dans l'original *Rasaprayasabady*. En sanskrit *Richiprayâdjapati*, littéralement *le maître du sacrifice solennel des richis*. C'est un des surnoms de *Dakcha* (*Taken* en tamoul), le plus célèbre des *Brahmâdika*, ou grands richis. E. J.

(3) J'ai conservé l'orthographe du manuscrit, parce que le sens de ce mot ne m'est pas évident. Je pense qu'il faut lire *aviodgen* (en sanskrit *aviodha*, *non marié*), ou bien *aviodgi* (en sanskrit *aviodhin*); mais ce mot ne peut d'ailleurs signifier *né hors du mariage*. M. de la Flotte (*Essais historiques sur l'Inde*) attribue avec plus de raison au mot *Vindyaken* un sens semblable (*qui n'a point de père*, ou plus littéralement, *qui n'a point de chef*) ; Il est probable que notre missionnaire aura confondu les significations de ces deux épithètes de *Ganêsha*. Il est inutile d'observer que les Tamouls ont joué sur deux sens possibles du mot *Vindyaka*. E. J.

(4) En sanskrit *djatâ* : c'est une masse de cheveux rassemblés en désordre sur le sommet de la tête ; le *djatâ* est ordinairement de forme conique. Voyez, dans la suite de ces extraits, le chapitre intitulé : *Le chadai et le chandiramâma*. E. J.

(5) Inexactement écrit dans l'original *Virapouren*. En sanskrit *Vîrabhadra*. D'autres traditions prétendent que cette terrible figure fut formée de la sueur que la colère faisait jaillir des pores de Roudra. On représente ordinairement *Vîrapatiren* avec une tête et huit bras : les légendes shaivites lui attribuent cependant mille têtes et deux mille bras. E. J.

(6) C'est ici des mythologues de l'Inde méridionale ont fait de ce admirable épisode de la légende shaivite, une des plus grandes et des plus hardies conceptions de cette secte qui, dans le genre terrible, a souvent atteint le sublime, mais l'a presque toujours dépassé. Il suffirait de cet exemple pour montrer dans quel esprit les castes inférieures du sud de l'Inde ont altéré les plus belles traditions du brahmanisme; ils les ont fait descendre à la hauteur de leurs mœurs et de leur intelligence. Cette terrible scène a d'ailleurs aussi été travestie au Bengale, il y a une trentaine d'années, dans une esquisse de comédie composée en sanskrit par le pandit *Védyanâthavotchaspati* ; M. Wilson nous l'a fait connaître par une rapide analyse. La malheureuse aventure du dieu *Soûrya* a plus d'une fois excité la verve comique des poètes indiens. E. J.

(7) Inexactement écrit dans l'original *Dolaprayabady*. En sanskrit *Dévaprayâdjupati* : ce surnom de *Dakcha* ne diffère que légèrement de celui qu'on a vu plus haut ; il signifie *le maître du sacrifice solennel des Dieux*. E. J.

(8) *Vinayachen* dans le manuscrit original ; probablement *Vindyêsha*, le dieu de l'obstacle ; il se peut cependant que ce ne soit qu'une orthographe fautive de *Vindyaken*. E. J.

(9) Ceci est une légère inexactitude : il fallait dire la tête d'un bélier. E. J.

# APPENDIX.

*Shiva* (1). Shiva ne voulut point que *Pillaiyâr* se mariât, avant d'avoir rencontré une femme aussi belle que *Pârvatî* sa mère, et voulant lui faciliter le succès de sa recherche, il ordonna de le placer dans les pagodes, dans les carrefours des villes et sur les grands chemins, pour qu'il considérât toutes les femmes qui passeraient; il recommanda également de le suspendre au cou de toutes les femmes, comme le signe de l'indissoluble lien du mariage, afin que, s'il ne trouvait pas une épouse qui réunît toutes les perfections désirées, il eût au moins les premières faveurs de toutes les femmes mariées : comme ce dieu n'a pu trouver jusqu'ici une femme dont la beauté égalât celle de sa mère, il est demeuré le mari de toutes les femmes (2), et en même temps le signe de l'indissoluble lien du mariage. Une femme qui est infidèle à son mari, fait également injure à *Pillaiyâr*. Telle est la vertu de cette image de *Pillaiyâr*, qu'on attache au cou des femmes mariées, et que l'on nomme *tirou-mangiliyam* (3), que si un garçon l'avait attachée au cou d'une jeune fille, par surprise, et même pendant le sommeil, avec le dessein de l'épouser, le mariage serait valide, et la célébration des cérémonies nuptiales obligatoire; comme cette jeune fille en effet est acquise au dieu *Pillaiyâr*, elle doit l'être aussi à celui qui lui a assuré cette conquête.

Voici l'origine des saluts que l'on adresse à *Pillaiyâr* (4). Un géant nommé *Kachamougâchouren* (5) avait porté le ravage dans les diverses parties du monde supérieur, et en particulier dans le ciel de *Dévendiren*; il avait réduit une grande partie des trente mille millions de dieux (6) à venir lui faire tous les jours trois saluts, dont le premier consistait à tenir les mains jointes et élevées au-dessus de la tête, le second, à se battre trois fois les tempes à poings fermés et les bras croisés, le troisième, à lui faire trois révérences à la manière des femmes (7). Décidés à ne plus subir une si honteuse humiliation, les dieux prièrent Shiva de venir à leur secours. Ce dieu eut compassion de leur misère, et envoya *Pillaiyâr* avec les troupes de dieux placées sous ses ordres, pour combattre le géant. Mais *Pillaiyâr* ne voulant point leur faire partager la gloire du succès, les laissa simples spectateurs du combat, et marcha seul à la rencontre du géant. La victoire ne fut pas long-tems disputée; *Pillaiyâr* terrassa son ennemi et le mit en pièces. Mais usant du pouvoir qu'il avait de se transformer, le géant prit tout-à-coup la figure du rat *Peroutchâli* (8), et se leva contre *Pillaiyâr*. Ce dieu, sans s'effrayer, saisit le rat et en fit sa monture ordinaire. C'est pourquoi, dans les cérémonies où l'on porte *Pillaiyâr* en

---

(1) Cette explication est certainement fausse : ce n'est pas d'ailleurs un motif d'ajouter une foi sans réserve à celle que proposent les Tamouls. Il se peut que *Pillaiyâr* ne soit qu'une forme augmentée de *pillai* (enfant), et que la syllabe désinente *âr* soit une orthographe altérée à dessein de la particule honorifique *âr*; cette explication admise, on aurait dans le tamoul *Pillaiyâr* un synonyme du sanskrit *Koumâra*. Les Tamouls ont confondu dans cette légende deux faits mythologiques très-distincts. On peut voir dans la XIVᵉ livraison de l'*Inde Française* le récit des Pourânas composés anciennement dans l'Inde supérieure; la mutilation de *Ganêsha* y est attribuée au fatal regard de *Shani*, et n'a aucun rapport au sacrifice de *Dakcha*, troublé par *Vîrabhadra*. La *Relation* manuscrite dont il est fait mention plus haut, contient un récit qui s'accorde avec celui de notre auteur à lier les deux légendes de la naissance de *Vindyaka* et du sacrifice de *Dakcha*, mais qui présente des variantes assez curieuses; Roudra a appris avec plaisir la nouvelle de la naissance imprévue de *Pillaiyâr*, et lui a donné des preuves d'affection paternelle; *Pillaiyâr* succombe sous le bras redoutable de *Vîrabhadra*; Roudra, après avoir arrêté la fureur du vengeur qu'il s'était suscité, aperçoit son fils adoptif étendu au milieu de la salle du festin, et privé de tête; il se livre à sa douleur, se fait apporter le corps, et ne pouvant retrouver la tête, y ajuste celle d'un éléphant. L'auteur de ce récit observe également que, depuis ce temps, on n'offre plus au soleil que des choses molles et liquides, telles que du lait, du beurre, du sucre et des fruits très-mûrs. E. J.

(2) Tel est le caractère de *Pillaiyâr*, lorsqu'il reçoit les adorations des femmes stériles. E. J.

(3) Littéralement le *saint ornement*. Le mot *mangiliyam* peut être une altération tamoule du sanskrit *mangalya* (or), ou bien de *Mângalâ* (le fils de Mangalâ ou *Pârvatî*).

(4) Voyez la planche III de la XIVᵉ livraison de l'*Inde Française*.

(5) En sanskrit *Gadjamoukhâsoura*, c'est-à-dire l'*Asoura qui a une tête d'éléphant*. Quelques traditions rapportent que *Pillaiyâr* se rompit une défense pour s'en faire une arme contre l'*Asoura*; mais les Pourânas vichnavites disent que cette défense fut brisée par Vichnou, à qui *Ganêsha* voulait interdire l'entrée du ciel de Shiva. E. J.

(6) Ce nombre varie singulièrement dans les diverses traditions des Tamouls; pour qu'il soit exact, il suffit qu'il soit invraisemblable; la seule condition imposée à ceux qui veulent l'étendre ou le restreindre, est de n'y admettre d'autre unité que *trois*; le nombre probablement le plus exact est trois cent trente-trois millions. Il est évident que cette notion est une forme moderne du mythe védique et arien des *Trayastrimshat* ou trente-trois dieux, sur lequel on peut consulter les savantes observations de M. E. Burnouf (*Commentaire sur le Yoçna*, tom. I, pag. 338); ce qui sert à prouver ce rapport, c'est que les myriades de dieux sont placées sous l'autorité de *Dévendiren*, et que, dans l'antique tradition, Indra est le premier des trente-trois dieux. Les Indiens des temps modernes se sont persuadés qu'ils ajouteraient à la solennité de ce mythe en exagérant les nombres; on sait comme ils y ont réussi. E. J.

(7) D'autres auteurs disent que ce dernier salut consistait à se saisir les oreilles, les bras croisés, et à faire dans cette posture trois inclinations en pliant le genou, comme pour s'asseoir, et en se redressant subitement : ce que cette révérence, nommée *tôpoukandam*, peut avoir d'humiliant dans l'opinion des Tamouls, c'est qu'elle est aujourd'hui une des punitions infligées aux écoliers. E. J.

(8) Il faut ajouter au récit de l'auteur, que ce rat était de la grosseur d'une montagne. E. J.

procession, son image est toujours montée sur le rat *Perouichâli*. Les dieux, pour reconnaître le service que leur avait rendu *Pillaiyâr* en détruisant leur ennemi, le prièrent de permettre qu'ils lui fissent les saluts qu'ils adressaient au géant (1)..........

L'*arachou* est l'*arbre royal* (2) ; on le nomme ainsi parce que le dieu Roudra se tient à la cime, Vichnou au milieu, et Brahmâ au pied de l'arbre ; c'est pour cette raison que les gentils le considèrent comme un arbre sacré. Il est ordinairement planté sur le bord des étangs ; lorsque les gentils vont s'y baigner, ils ne manquent pas, après leur ablution, de tourner plusieurs fois autour de cet arbre (3), en lui adressant de grandes adorations ; quelquefois même ils lui offrent des sacrifices. Cet arbre préside, pour ainsi dire, au mariage, parce qu'il renferme les divinités en l'honneur desquelles est célébrée presque toute la cérémonie (4). Voici les fables qu'on rapporte au sujet de l'*arachou*.

Trois géants (5) s'étant imposé une grande pénitence en l'honneur de Shiva, ce dieu, satisfait de leur dévotion, leur apparut un jour et leur demanda ce qu'ils désiraient. Ils le prièrent de leur donner trois villes, dont toutes les forteresses fussent, celles de la première, d'or massif, celles de la seconde, d'argent, et celles de la troisième, de fer. Shiva leur accorda ces trois villes (6). Comme leur dessein était de porter la guerre dans tous les mondes, ils prièrent Shiva de leur accorder encore cette grâce, de pouvoir transporter leurs villes partout où ils le désireraient, et enfin de mettre à leur disposition ses formidables armes. Shiva leur donna le pouvoir de transporter leurs villes au gré de leurs désirs, et pour ajouter encore à leur puissance, confia à l'un ses armes, à l'autre celles de Vichnou, et au troisième celles de Brahmâ ; du moins ces armes étaient des manifestations des armes divines (7). Shiva leur imposa cependant cette condition, qu'ils perdraient leur puissance, aussitôt que leurs femmes leur seraient devenues infidèles. Les trois géants firent aussitôt la guerre dans tous les mondes ; ils laissaient descendre leurs villes sur la tête de leurs ennemis, et les écrasaient avec leurs armes, qui étaient autant de divinités ; ils portaient partout le carnage. Voyant que ces géants allaient conquérir tous les mondes, Vichnou résolut de mettre un terme à leur audacieuse ambition. Comme les femmes de ces trois géants n'avaient pas d'enfants, elles priaient sans cesse Shiva de leur en accorder. Un jour qu'elles étaient à se baigner et qu'elles adressaient encore leurs prières à Shiva pour obtenir des enfants, Vichnou se transforma en pauvre (8), et vint sur le bord de l'étang où elles se baignaient. Les femmes furent si touchées de l'air languissant de ce pauvre, qu'elles résolurent de lui apporter tous les jours de la nourriture, dans l'espérance que cette aumône leur mériterait quelque grâce de Shiva.

Ravi du bon traitement qu'il recevait, le pauvre ne s'éloignait pas de ce lieu : il y planta comme pour se désennuyer trois petites tiges d'*arachou*, et eut grand soin de les arroser tous les jours, en sorte qu'elles devinrent fort grandes en peu de temps. Voyant que ces femmes continuaient à venir faire à cet étang leurs ablutions et leurs prières pour obtenir des enfants, il s'approcha d'elles et leur

---

(1) L'auteur consacre une longue discussion à établir l'identité de *Pillaiyâr* avec le démon. On me saura sans doute gré d'avoir supprimé les preuves catégoriquement énumérées qu'en donne le pieux missionnaire. E. J.

(2) *Arachou* signifie en effet *roi* dans la langue tamoule. Il est d'ailleurs fâcheux pour cette étymologie que *arachou* (arbre) soit une altération du sanskrit *ridjou*, droit, et *arachou* (roi) une altération du sanskrit *râdjan*. L'*arachou* paraît être une variété du peuplier. Quelques traditions tamoules prétendent que *Nârâyana* fut porté sur la surface des eaux par une feuille d'*arachou* ; suivant d'autres traditions, probablement plus anciennes, ce fut sur une feuille de *vata* (ficus indica) ; l'autorité des Pourânas est en faveur d'une fleur de *kamala* ou lotus. E. J.

(3) Ces circumambulations religieuses sont nommées *pradakchina* : ce mot signifie littéralement *mouvement vers le midi* ; on a déjà dit que tout mouvement religieux a son point de départ à l'orient ; l'inclinaison vers le midi est le commencement d'une révolution circulaire. E. J.

(4) Quelques tribus remplacent le rameau d'*arachou* par un rameau d'*âlam* ou *âlamaram* : cet arbre est le même que le *nyagrôdha* ou *vatta*, le grand figuier des Indes, dont les branches sont les racines, suivant l'heureuse expression des Indiens. Le mot *âlam* est originairement sanskrit, et signifie *grand*, *étendu*. E. J.

(5) L'auteur appliquant à la mythologie de l'Inde les souvenirs qu'il avait conservés de nos vieux contes populaires, nomme géants les *Asoura*, les *Râkchasa*, les *Yakcha* et les autres êtres de cet ordre. E. J.

(6) Ce récit est certainement une des nombreuses variantes de la légende de *Tripoura*, l'une de celles qui ont été le plus diversement modifiées par le caprice des modernes mythologues ; ils ont en effet ménagé le sujet avec tant de prévoyance, qu'ils ont réussi à étendre la légende primitive en quatre ou cinq légendes ; on trouvera dans la suite de ce chapitre un autre récit qui a la même origine. Le commencement de celui-ci appartient à la tradition commune ; le dénouement est emprunté d'autre part. E. J.

(7) Ces armes divines, au nombre de cent, sont des pouvoirs surnaturels incorporés, des divinités secondaires que les mythologues ont représentées comme les enfants du *déourchi Krishâshoa* ; elles exécutent avec une irrésistible énergie les ordres des dieux supérieurs ou des héros auxquels elles sont confiées. On en trouve deux catalogues presque complets dans les lectures 29 et 56 du premier livre du *Râmâyana* (éd. Schlegel) ; on en retrouve la mention dans le premier acte du drame *Outtararâmatcharitra*. E. J.

(8) Le caractère que Vichnou revêtit en cette circonstance, était sans doute celui de pénitent mendiant. E. J.

APPENDIX.

promit de les rendre mères, si elles voulaient se conformer aux conseils qu'il leur donnerait. Ces femmes y consentirent avec empressement, n'y mettant d'autre condition que celle de ne pas se rendre infidèles à leurs maris. Le pauvre, pour mieux les assurer de la réalité de ses promesses, leur lut un traité, dans lequel il était fait mention de la vertu qu'avait l'*arachou* de faire concevoir les femmes stériles; il ajouta qu'il suffisait que chacune d'elles allât embrasser un des trois arbres qu'il avait plantés. Ces femmes s'empressèrent de suivre le conseil du pauvre; mais celui-ci s'était déjà transformé en ces trois arbres; il rendit enceintes les femmes des trois géants. Elles n'eurent pas plus tôt commis cette faute, que leurs maris se sentirent privés de leur force et de leur puissance; leurs villes ne se mouvaient plus à leur volonté. Ils comprirent aussitôt que leur malheur venait de l'infidélité de leurs femmes; ils voulurent apprendre d'elles ce qui s'était passé en leur absence. Elles leur racontèrent toute l'aventure; ils ne doutèrent plus alors que ce ne fût Vichnou qui leur avait joué ce tour; ils résolurent d'aller abattre les trois plants d'*arachou*; ils crurent qu'ils y réussiraient facilement à coups de flèches; mais tous leurs efforts étant inutiles, ils saisirent leurs armes divines, dont ils ne se servaient que dans les grandes occasions. Roudra parut alors à la cime, Vichnou au milieu, et Brahmâ au pied de ces arbres (1). L'apparition des trois dieux était absolument nécessaire en ce moment; car les armes divines confiées aux géants ne pouvaient être vaincues que par leurs propres maîtres. Les dieux ressaisirent leurs armes et s'en servirent pour détruire les géants (2).....

On attache la branche de *mouroukou* (3) à l'*arachou* pour la faire participer à la vertu de cet arbre; après la cérémonie du mariage, on ne manque pas de planter cette branche de *mouroukou*, et de sa croissance on tire de bons ou de mauvais présages pour les époux (4). La toile qu'on étend sur l'*arachou* lors même qu'on n'y attache point la branche de *mouroukou*, est une espèce d'habit que l'on donne par honneur aux dieux renfermés dans l'*arachou*.

Pour ce qui est de l'arbre *mâ*, voici ce qu'on en rapporte : Le pénitent *Mandararichi* (5), qui s'est rendu célèbre tant par l'austérité de sa pénitence que par l'inspiration qu'il reçut, dit-on, pour écrire les prodiges accomplis par Vichnou, rapporte que, pressé par le désir de se dévouer à la pénitence, il se retira avec sa femme dans le désert; il s'y éleva à un si haut degré de contemplation, que l'union de son esprit avec les dieux lui fit oublier, non seulement toutes les choses de la terre, mais même sa propre femme. Un jour qu'elle se plaignait à lui de cet abandon, il lui répondit qu'elle ne devait pas s'étonner de ce qu'il ne pensât plus à elle, parce que son intimité avec la suprême intelligence lui avait fait prendre en dédain les choses du monde; il lui défendit de le troubler jamais dans ses méditations. Cette femme ne pouvait cependant s'empêcher de venir le troubler de temps en temps, soit par sollicitude pour sa santé, soit par désir de participer aux faveurs que les dieux lui accordaient. *Mandararichi* ne pouvant souffrir plus long-temps l'importunité de sa femme, lui déclara que, puisqu'elle ne voulait pas se conformer à ses remontrances, il allait la séparer de lui par une malédiction qui la condamnerait à être pour toujours privée du plaisir de le voir; il jeta sur elle une imprécation, et la transforma en un arbre nommé *mâ* jusqu'alors inconnu sur la terre. Sa femme lui adressa d'humbles excuses, et le supplia de lui dire au moins jusqu'à quand elle subirait cette malédiction. Il lui annonça qu'un pénitent nommé *Choutter* viendrait un jour s'asseoir sous cet arbre, pour faire pénitence en l'honneur de Vichnou, qu'après plusieurs années, Vichnou et *Latchimi* (6) apparaîtraient à ce pénitent, pour lui demander quel fruit il

(1) Cette circonstance me paraît être un indice certain de la postériorité de cette légende; la position relative des trois dieux, dans l'*arachou*, est évidemment la même que celle qu'on observe dans le *linga*; l'*arachou* est ici une autre manifestation du pouvoir générateur représenté par le *linga*; la seconde partie de cette légende est donc un plagiat, comme la première. E. J.

(2) L'auteur s'attache ici à réfuter sérieusement cette légende; j'ai supprimé ses réflexions aussi prolixes qu'ennuyeuses. Le seul fait nouveau qu'on y trouve, c'est que les dieux tirèrent des trois plants d'*arachou* trois flèches qui abattirent les trois géants : il est d'ailleurs difficile de concilier ce dénouement avec celui que l'auteur a rapporté plus haut. E. J.

(3) Ce rameau est vulgairement nommé *kalydnamouroukou* ou *mouroukou de bon augure*; on le nomme encore en sanskrit *swastimat* (qui porte bonheur). E. J.

(4) Cette croyance populaire rappelle les gracieuses allusions des anciens poètes indiens à la vertu que possédait, dit-on, l'*ashôka* de fleurir spontanément, touché par le pied d'une belle femme : dans le drame de *Shakountalá*, la *mâdhaví* qui se couvre de fleurs présage à la jeune fille la prochaine venue d'un époux. E. J.

(5) J'ai conservé la leçon du manuscrit original; mais je suis persuadé qu'il faut lire *Nâradarichi*. On sait que le sage *Nârada*, fils de Brahmâ, et l'un des *Brahmâdika*, fut l'ami de *Krichna* et reçut le premier, suivant certaines traditions, la révélation du dogme de l'*yôga*; *Souka*, le narrateur du *Bhâgavatapourâna*, ne fait que répéter les paroles de *Nârada*, lorsqu'il expose au roi *Parikchit* la nature divine de *Bhagovat*; on peut donc considérer *Nârada* comme un des poètes qui ont célébré les louanges de Vichnou. Je ne me souviens pas d'avoir lu autre part la légende que rapporte notre auteur. E. J.

(6) Les Tamouls écrivent aussi *Lakchimi*; on reconnaît facilement dans cette leçon *Lakchmî*, épouse de Vichnou. Ils transcrivent par *Chiri* un autre nom de cette déesse, *Shri*. On représente souvent *Lakchmî* assise sur les genoux de son époux

désirait de sa pénitence, qu'en ce moment elle recouvrerait l'intelligence et pourrait aussi demander une grâce à *Latchimi*. Plusieurs années se passèrent avant que le pénitent *Choutter* vînt accomplir sa pénitence sous l'arbre *má*; et ce ne fut que long-temps après que Vichnou et *Latchimi* lui apparurent pour lui demander ce qu'il désirait. Il leur dit qu'ayant abandonné les biens et les richesses de ce monde, il ne désirait plus en jouir, mais qu'il les priait de lui accorder la science nécessaire pour connaître tout ce qui est contenu dans les quatorze mondes : ils lui accordèrent cette faveur. En ce moment, l'intelligence vint animer l'arbre *má*; l'épouse de *Mandararichi* se souvenant alors de ce que lui avait annoncé son mari, pria Vichnou et *Latchimi* d'avoir compassion d'elle, et leur fit le récit de sa transformation. *Latchimi* touchant l'arbre de sa main, lui dit qu'elle était délivrée des effets de la malédiction, et lui demanda si elle voulait rentrer dans le monde. Cette femme répondit qu'elle était contente de rester arbre, pourvu qu'on lui rendît quelques honneurs. *Latchimi* lui dit alors que ses fruits seraient offerts aux dieux dans les sacrifices, que ses feuilles seraient employées dans toutes les cérémonies comme un signe de prospérité, de joie et de pureté, et que ses bourgeons seraient placés par honneur sur la tête des dieux : *Latchimi* lui promit enfin de l'accompagner dans toutes les cérémonies. C'est pour cette raison que l'on considère cet arbre comme consacré à la déesse *Latchimi*; il est un des sept bois sacrés avec lesquels on peut allumer le feu des sacrifices journaliers (1). Dans d'autres cérémonies, ses feuilles servent d'aspersoir pour répandre l'eau lustrale. Les gentils suspendent souvent au-dessus de leurs portes des feuilles de cet arbre enfilées dans une corde, pour annoncer que la présence de *Latchimi* a introduit la prospérité et la pureté dans leurs maisons. Aussitôt que les cérémonies du mariage sont terminées, on enfile dans une corde toutes les feuilles qui ont servi d'aspersoirs dans ces cérémonies, et on les attache au faîte de la maison comme un signe de la présence de *Latchimi* (2).....

Pour comprendre le sens de la cérémonie des cinq pots, il faut savoir qu'il y a huit dieux qui veillent continuellement aux principales parties du monde : l'est est régi par *Indiren*, le sud-est, par *Akini*, le sud est sous la direction de *Chemen*, le sud-ouest sous celle de *Niroudi*, l'ouest obéit à *Varounen*, le nord-ouest, à *Váyou*, le nord-est gardé par *Kouberen*, et le nord-est, par *Ichânen* (3). Tous ces dieux prennent soin de conserver le monde et d'empêcher que les géants ne viennent le ravager. Le premier pôle est consacré à *Indiren*, qui est une manifestation de *Dévendiren* (4), et dont le séjour est une forteresse aussi grande qu'un monde, où se retrouvent toutes les délices du ciel de *Dévendiren* : le second pôle est consacré à *Chemen* (5), dont le séjour est aussi une immense forteresse; ce n'est cependant que sa maison de plaisance ; car il a un autre palais où il exerce la charge de grand examinateur des âmes qui sortent de ce monde : le troisième pôle est consacré à *Varounen*, qui demeure dans une forteresse de même étendue que les autres ; ce dieu est chargé de dispenser la pluie : le quatrième pôle est consacré à *Kouberen*, qui habite un monde abondant en métaux précieux, en pierreries, en fleurs parfumées et en fruits exquis : un cinquième pôle, qui est au milieu des quatre autres, est consacré à Roudra, dont tous ces dieux reconnaissent l'autorité. Les semences germées contenues dans les cinq petits pots sont un sacrifice offert à ces cinq dieux (6), pour les prier d'empêcher que les géants ne viennent troubler le monde. On adresse des adorations à ces divinités pour les supplier de combler les époux de toutes sortes de biens, de faire prospérer leurs champs par des pluies abondantes, de les enrichir des plus précieux joyaux, et de ne pas interrompre de sitôt leurs plaisirs par une mort prématurée......

et serrée dans ses bras; les Tamouls prétendent que Vichnou n'embrasse si étroitement la déesse des richesses, que pour qu'elle ne puisse s'enfuir et prodiguer à d'autres ses faveurs. E. J.

(1) L'arbre nommé *má* est l'*amra* de l'Inde sanskrite ou le manguier ; ce dernier mot est l'altération du tamoul *mánkáy* (*má* et *káy*), fruit de l'arbre *má*. C'est ordinairement ce bois que l'on préfère pour construire les bûchers funéraires. E. J.

(2) Nouvelle réfutation de l'auteur, qui s'efforce de constater l'identité de Vichnou avec le démon. E. J.

(3) On trouve des notices étendues sur ces dieux gardiens des régions célestes, dans les trois dernières livraisons de l'*Inde Française*. Je me contenterai d'observer que l'auteur, ou plutôt le copiste, a constamment confondu l'est avec l'ouest. Plusieurs noms sont inexactement transcrits dans l'original, *Agekini*, *Voyou*, *Kouperen*, etc. E. J.

(4) C'est une opinion propre aux mythologues du sud de l'Inde ; on a déjà observé qu'elle n'avait aucun fondement réel dans la mythologie des âges antérieurs. En effet, dans la transition de la cosmologie védique à la mythologie du moyen âge, *Indra* ne descend au rang des *Vasou* ou *Dikpâla*, qu'en perdant son caractère primitif de chef de *Trayastrimshat*. E. J.

(5) Cette orthographe tamoule dissimule le nom bien connu d'*Yama*. C'est une règle générale que tous les mots sanskrits qui passent dans la langue tamoule, peuvent y permuter, au commencement des mots, la liquide *y* avec la sifflante *ch* ou *s*, et souvent dans l'intérieur des mots, la sifflante *ch* par la liquide *y*, comme dans *irayen* pour *râdjan*, *ouyam* pour *outchtcha*, etc. ; en sorte qu'un mot a souvent trois ou quatre orthographes toutes également reçues. Cette observation peut expliquer la forme et le sens du nom propre *Sâmalâdêvi* (*Inde Française*, XXII° livraison), dont la première partie paraît représenter un mot sanskrit *Yamalâ*. E. J.

(6) Lorsque des grains renfermés dans un vase germent à point, on considère cette germination comme un heureux présage, et la famille s'en réjouit. E. J.

## APPENDIX.

L'eau contenue dans le grand et dans le petit pots représente les sept déesses *Kangai*, *Yamounai*, *Kodávíri*, *Sarasouvadi*, *Narmadai*, *Sindou* et *Káveri* (1) : toutes ces rivières sacrées sont représentées par cette eau et assistent au mariage. *Kangai* ou le Gange est le plus célèbre fleuve de l'Inde : les gentils ont une si grande vénération pour ce fleuve, qu'ils accordent à ses eaux la vertu de purifier de tous les péchés. Telle est même leur sainteté qu'il suffit, pour assurer le salut d'une personne morte, d'y jeter quelques-uns de ses os retirés des cendres du bûcher. La plupart des brahmanes et les personnes riches se font apporter de cette eau à de grandes distances, et la gardent dans leurs maisons avec une extrême vénération (2). Quoique l'eau contenue dans les pots n'ait été puisée ni au Gange ni aux autres rivières sacrées, ces rivières y sont rendues présentes par la vertu des oraisons que l'on prononce sur cette eau. Les Malabars pensent qu'elle a la vertu d'effacer tous les péchés, et de purifier de toutes les souillures. Voici la fable de la déesse *Kangai*, épouse de Roudra.

*Magábali Chakaravardi* (3) était fils du géant *Pragaláden*. Ayant fait une grande pénitence en l'honneur de Shiva, il le pria de lui accorder la grâce d'être immortel. Shiva lui apparut et se rendit favorable à sa prière. Le géant alla d'abord, avec une puissante armée, faire la guerre à *Dévendiren*; il chassa ce dieu du monde qu'il occupait, s'empara de ses femmes, et réduisit tous les dieux à la servitude. Il descendit ensuite dans les mondes inférieurs, et les conquit tous successivement. Vichnou, qui n'attendait qu'une occasion favorable pour mettre un terme à ces désordres, vint enfin naître dans le sein de la femme d'un brahmane. Il avait le corps d'un nain et portait le nom de *Vámanen* (4). Comme *Magábali Chakaravardi* offrait un jour le sacrifice *yâgiyam* à Shiva, tous les brahmanes, suivant la coutume, vinrent lui demander l'aumône ; le nain se présenta aussi ; le roi l'ayant aperçu, lui demanda ce qu'il souhaitait ; le nain lui répondit qu'il ne désirait ni or ni argent ; qu'il le priait seulement de lui donner autant de terre qu'il pourrait en mesurer en trois pas, pour qu'il pût se construire une petite maison. Le roi, charmé du désintéressement de ce brahmane, lui accorda avec plaisir ce qu'il demandait ; mais le *gourou* du roi, nommé *Choukouren* (5), l'avertit de bien réfléchir à ce qu'il allait faire, que ce nain pouvait avoir quelque mauvais dessein, et devenir un jour son ennemi. Le roi n'accorda aucune attention à l'avis de son *gourou*; il s'apprêta, pour donner la sanction religieuse à son engagement envers le nain, à lui verser de l'eau dans la main droite; mais aussitôt le *gourou* s'introduisit dans le pot et en boucha l'ouverture avec sa tête, pour empêcher l'eau de couler. Le nain, à qui cette ruse n'avait pas échappé, poussa une paille dans l'ouverture du vase pour le déboucher, et creva un œil au *gourou*. Le roi versa l'eau dans la main du nain, et la donation fut accomplie (6). Le nain alla pour mesurer ses trois pieds de terre ; mais il se développa tout-à-coup sous une forme si grande, que d'un seul pied il couvrit le monde sur lequel il s'appuyait, et que, jetant l'autre pied sur les mondes supérieurs, il les couvrit tous ensemble. Il les ébranla si violemment par cette secousse, qu'il y en eut un qui s'ouvrit. La déesse *Kangai* s'en échappa comme un torrent; elle eût inondé tous les mondes si Shiva ne l'eût retenue dans ses cheveux (7).

(1) Les noms sanskrits de ces rivières sont : *Gangá*, *Yamouná* ou *Yamî*, *Godávarí*, *Sarasvatí*, *Narmadá*, *Sindhou* et *Kâverí*. Cette liste varie quelquefois ; ainsi le *Sindhou* est souvent remplacé par le *Koumari* ou *Koumárí*, qui paraît être le même fleuve que le *Krichná*. D'autres auteurs prétendent que les deux grands vases remplis d'eau représentent Vichnou et *Lakchmî*, ou bien Roudra et *Párvatí*, suivant la secte des époux ; l'autre explication me paraît plus probable. E. J.

(2) Voyez les détails donnés sur le commerce d'eau du Gange dans la XIXᵉ livraison de l'*Inde Française*, feuille III.

(3) Incorrectement écrit dans l'original *Mahabalisauravarti*; ce dernier mot est ainsi défiguré dans tout le cours de l'ouvrage. Le père de *Mahábali* ou *Bali tchakravarti* était *Prahláda*, fils de *Hiranyakashipou* détruit par Vichnou dans l'incarnation qui précéda immédiatement le *Vámanávatára*; *Bali* lui-même est le père de l'*asoura Bâna*, qui fut aussi vaincu par Vichnou dans le *Krichnâvatâra*. Cette succession de princes *daitya* qui suit parallèlement la succession des *avatâra* de Vichnou, indique une longue et terrible lutte entre deux civilisations ennemies ; c'est le caractère de la mythologie indienne de résumer un grand fait historique en une seule légende, et deux peuples opposés, en deux personnages héroïques. *Vîrya* est un autre nom de *Bali*; c'est sous ce nom qu'il paraît dans le *Bhâgavata*. E. J.

(4) Voyez le récit du *Vámanávatára* ou incarnation de Vichnou en brahmane nain, dans la xᵉ livraison de l'*Inde Française*. E. J.

(5) Altération tamoule de *Soukra*. Ce *pourôhita* de *Mahâbali*, aussi nommé *Oushanas*, préside à la planète de Vénus ; on le représente vulgairement privé d'un œil, habillé de blanc, et assis sur un lotus. Il appartient à la mythologie shaivite, comme le prouve le *roudrâkcha* qu'il porte à la main, et le rôle de précepteur des *asoura* qui lui est assigné par les Pourânas vechnavites. E. J.

(6) L'accomplissement de cette cérémonie est imposée par la loi religieuse, qui est en même temps la loi civile, aux princes qui veulent faire des donations de terres aux brahmanes ; aussi la trouve-t-on toujours mentionnée dans les actes de donation gravés sur cuivre (*shâsana*), et ordinairement dans cette forme *oudakapoûrvataya*. Les peuples de l'Inde méridionale, toujours empressés d'ajouter aux institutions et surtout aux pratiques religieuses, ne donnent rien à un brahmane, pas même du bétel, sans lui avoir versé quelques gouttes d'eau dans la main. E. J.

(7) Cette circonstance est évidemment empruntée aux traditions populaires de l'Inde méridionale ; elle lie, ou plutôt elle confond deux légendes très-distinctes dans les Pourânas. Suivant l'autorité de ces recueils, Shiva ne reçut *Gangâ* sur sa tête qu'au moment où *Bhagíratha* obtint, par l'énergie de sa pénitence, de la faire descendre du sommet de l'Himâlaya. E. J.

## APPENDIX.

Vichnou voyant que son compte n'était pas encore parfait, demanda au roi de la terre pour son troisième pied. Le roi répondit qu'il n'en avait pas davantage, mais que le dieu pouvait, s'il lui plaisait, poser le pied sur sa tête. Vichnou y consentit, et, appuyant son pied sur *Magâbali*, il le précipita dans le monde inférieur qu'on appelle *Magâdalam*. Les uns disent que *Magâbali Chakaravardi* est encore aujourd'hui dans le *Magâdalam* (1), où il est traité en prisonnier; les autres prétendent qu'il réside dans les mondes supérieurs, parce que, disent-ils, il est impossible qu'un homme qui a eu le bonheur d'être touché par le pied de Vichnou, soit éternellement malheureux (2). Cependant Shiva demanda à *Magâbali Chakaravardi* quelle consolation il désirait obtenir en récompense du sacrifice qu'il avait fait en son honneur. Le géant le pria seulement d'instituer une fête, dans laquelle on ferait partout des feux en mémoire de celui qu'il avait allumé dans ce sacrifice, avant que le nain vînt lui demander ces trois pieds de terre, et d'accorder des faveurs particulières à ceux qui célébreraient cette fête. Shiva lui accorda cette grâce; c'est pour cette raison que les Malabars font, à un jour fixe de l'année, une grande solemnité, pendant la célébration de laquelle ils allument un grand nombre de lampes au-devant des pagodes et des maisons, et font des feux dans toutes les rues, en criant : *Magâbali! Magâbali!*

Le roi *Sagara Chakaravardi* faisant un jour un sacrifice *yâgiyam* ou sacrifice de feu en l'honneur de Shiva, ce dieu fit sortir du sacrifice un cheval furieux (3), et assura le roi qu'avec le secours de ce cheval il pourrait vaincre les maîtres de tous les mondes. *Sagara Chakaravardi* rendit des actions de grâces à Shiva, et se mit aussitôt en marche pour aller porter la guerre en tous lieux; il se rendit bientôt si puissant que personne ne pouvait lui résister. Ses ennemis trouvèrent cependant le moyen d'enlever le cheval divin pendant les heures de la nuit; ils allèrent le cacher à peu de distance d'un pénitent nommé *Kabilen*. Aussitôt que le roi eut appris l'enlèvement de son cheval, il partit accompagné de soixante hommes pour en faire la recherche : il le trouva enfin attaché à quelques pas de distance du pénitent *Kabilen*. Il adressa à ce pénitent les plus graves insultes, l'accusant d'avoir dérobé son cheval. *Kabilen* qui, depuis un grand nombre d'années, s'était, en esprit de pénitence, interdit la vue des choses du monde, fut indigné de cette insolente accusation; il ouvrit les yeux; la flamme qui en jaillit consuma le roi et tous ceux qui l'accompagnaient. Le fils du roi ayant vainement attendu le retour de son père, marcha avec le reste de l'armée pour aller à sa rencontre; arrivé en présence du pénitent *Kabilen*, il vit son père consumé avec toute son escorte. Il en demanda la raison au pénitent; *Kabilen* répondit que *Sagaren* s'était attiré cette punition par la présomption qu'il avait eue de l'insulter et de troubler ses méditations. Le prince le pria d'avoir compassion de son père, et de lui enseigner le moyen d'obtenir sa délivrance; le pénitent lui dit qu'il ne pouvait espérer de succès qu'en priant Shiva d'envoyer *Kangai* sur la terre; que si le dieu lui accordait cette grâce, il n'avait qu'à prendre de cette eau sacrée, pour en arroser son père et toute son armée, que cette ablution suffirait pour effacer tous leurs péchés et leur assurer une éternelle béatitude. Le fils du roi, plein de confiance dans les paroles du pénitent, laissa le gouvernement du royaume à son propre fils, et se retira dans le désert pour y faire une grande pénitence en l'honneur de Shiva; mais il y mourut sans avoir rien obtenu. Le fils qui devait lui succéder, voyant que la pénitence de son père n'avait pu procurer la délivrance de *Sagaren*, abandonna aussi le soin de gouverner à son fils et se soumit également à la pénitence : il mourut encore sans avoir pu fléchir la colère de Shiva. Le descendant de *Sagaren* à la troisième génération, nommé *Pagîraden* (4), ajoutant aux austérités de ses prédécesseurs, fit vœu de ne point prendre d'épouse, et de passer le reste de ses jours dans la pénitence. Il se retira donc dans le désert; il y attendit long-temps avec résignation l'accomplissement des promesses de *Kabilen*. Shiva, Vichnou et Brahmâ lui apparurent enfin, et lui demandèrent ce qu'il souhaitait pour fruit de sa pénitence. Il leur répondit qu'il n'avait qu'une grâce à leur demander; c'était de faire descendre *Kangai* sur la terre, pour effacer les péchés de ses pères et pour délivrer *Sagara Chakaravardi* son aïeul des terribles effets de la malédiction du pénitent *Kabilen*. Shiva se laissa fléchir par ses prières, et fit descendre *Kangai* du ciel sur la terre. Aussitôt

---

(1) Incorrectement écrit dans l'original *Magâdalaham*. En sanskrit *Mahâtala*, l'un des sept mondes inférieurs; on les énumère dans cet ordre: *Atala, Vitala, Soutala, Taratala, Mahâtala, Rasâtala, Pâtâla*. C'est dans ce dernier monde que le précipite la tradition généralement reçue. E. J.

(2) La tradition des Pourânas nous rassure sur le sort de *Bali*; Vichnou lui laissa l'empire des mondes inférieurs. E. J.

(3) Cette circonstance, qui ne s'accorde pas avec la tradition généralement reçue, indique qu'il ne s'agit pas ici du sacrifice *ashwamêdha*, mais du sacrifice *vishwajît*; le récit de notre auteur s'éloigne de la tradition des Pourânas, dans plusieurs autres passages, dans celui, par exemple, où soixante guerriers et *Sagara* lui-même sont substitués à ses soixante mille fils. E. J.

(4) Inexactement écrit dans l'original *l'akîrden*. *Bhagîratha* était fils de *Dillpa*, fils d'*Anshoumat*, dont le père était *Asamandja*, fils de *Sagara*; il offrit les mérites de sa pénitence à Brahmâ, à Vichnou et à Shiva. *Gangâ* est du nom de ce prince, appelée *Bhâgîrathî*; les lieux bas où elle vint arroser les cendres des Sagarides, furent surnommés *sâgara*, ou la mer; c'est ainsi que, pour expliquer plus de noms en une seule légende, on a rattaché à celle-ci le mot *sâgara*. E. J.

que *Pagîraden* l'aperçut, il lui adressa ses adorations, et s'empressa de lui frayer un chemin pour la conduire jusqu'au lieu où était son aïeul; mais il rencontra sur la route un pénitent qui, irrité d'avoir été troublé dans sa solitude par ce courant d'eau, prit *Kangai* et l'avala tout entière. Désespéré d'avoir perdu *Kangai*, *Pagîraden* fit mille excuses au pénitent, et le pria, avec les plus vives instances, de la lui rendre, lui promettant de la conduire par un chemin plus éloigné de la solitude où il s'était retiré. Le pénitent lui répondit d'abord que cela était impossible, parce qu'il ne pouvait faire sortir *Kangai* par les voies ordinaires. Ne pouvant cependant résister plus long-temps aux importunités de *Pagîraden*, il s'ouvrit la cuisse et fit sortir *Kangai* par cette issue (1). *Pagîraden* conduisit la rivière sacrée jusqu'au lieu où avait été anéanti *Sagara Chakaravardi*, et arrosa de cette eau le prince et ses guerriers; la malédiction fut aussitôt levée, et leurs âmes s'élevèrent jusqu'aux mondes supérieurs (2)......

La lampe à cinq ou sept mèches (3) et les autres petites lampes sont consacrées à *Latchimi*, épouse de Vichnou, déesse de la lumière, des richesses et de la félicité. Toutes les monnaies d'or des Malabars portent l'empreinte de sa figure (4); la première de ces monnaies qu'ils reçoivent, après avoir conclu quelque marché, ils la portent à leur bouche et à leurs yeux, et lui adressent leurs adorations. Lorsqu'un homme possède des richesses considérables, ils disent que *Latchimi* le comble de ses faveurs. Toutes les lampes que les gentils allument dans leurs maisons, sont consacrées à *Latchimi*; ils invoquent cette déesse en les allumant, et lui font une adoration les mains jointes. Il y a toujours au pied de ces lampes et de celles qui servent dans les cérémonies du mariage, une petite figure de *Latchimi*. Les chrétiens, quelques-uns exceptés, se servent aussi dans leurs maisons de lampes de cette sorte. S'il tombe quelque moucheron de la lampe, les gentils pensent que c'est un signe qu'il viendra du bien à la maison; aussitôt ils prennent un peu d'eau avec leurs doigts et la répandent autour de la lumière de la lampe; puis ils font une adoration les mains jointes à l'idole de *Latchimi*...

Les Malabars observent encore plusieurs autres convenances à l'égard de *Latchimi*. Le matin, au moment de se lever, ils prennent grand soin de ne point arrêter leurs yeux sur la figure d'une femme veuve; s'il leur est arrivé d'en regarder une, même involontairement, et que dans le cours de la journée ils éprouvent quelque fâcheux accident, ils n'en cherchent pas d'autre cause que le regard qu'ils ont jeté sur cette femme. Ce préjugé est souvent dans la source de grandes divisions dans les familles; ils sont en effet persuadés que les veuves et quelques autres femmes attirent infailliblement des malheurs sur celui qui les regarde le matin en se levant (5); que certaines femmes, au contraire, ont le visage de *Latchimi*, c'est-à-dire un visage qui porte bonheur; aussi sont-ils fort empressés de les considérer. Ils n'osent pas regarder une vache à la tête, parce que, prétendent-ils, elle a tué un brahmane avec ses cornes (6); mais, comme les voies excrétoires de la vache sont, dans leur opinion, la source des bénédictions de *Latchimi*, ils ne manquent pas, en se levant, de jeter un regard pieux sur cet endroit (7). Toutes ces observations ne se font que le matin, et seraient superflues aux autres heures de la journée. Si c'est un mauvais présage que d'avoir considéré une veuve au moment du lever, c'est que *Latchimi* s'est retirée des veuves, et les a privées de ses bénédictions; or, les considérer en face le matin, c'est vouloir se rendre cette déesse défavorable pour le reste de la journée. Quoique *Latchimi*, selon eux, soit présente dans toutes les femmes mariées, elle ne leur donne pas à toutes également des marques de sa faveur. Elle paraît le matin sur le visage des unes avec un air fâcheux et courroucé, et sur le visage des autres avec un air de joie et de bienveillance:

(1) Ce pénitent se nommait *Djahnou*; suivant le *Bhâgawata*, il versa *Gangâ* par son oreille; c'est du nom de ce prince qu'elle est appelée *Djâhnouvi*. E. J.

(2) L'auteur prouve ici, en trois points, que le fait de la descente de *Gangâ* sur la terre est physiquement et moralement impossible. E. J.

(3) Ces lampes, dont on ne se sert que dans les cérémonies religieuses, sont nommées en tamoul *pandamoutti*. E. J.

(4) La plupart des monnaies du sud de l'Inde présentent sur la face, en traits confus, soit une tête de sanglier, par allusion au *vardhâvatâra*, soit Vichnou et *Lakchmi* sous un dais ou *tirouvâchi*; ces empreintes leur ont fait donner le nom de *pagodes*; on nomme *vardgen* celles qui portent la tête de sanglier. Quant au mot hindoustani *houn*, par lequel les Musulmans désignent ces mêmes pièces, c'est probablement une altération du tamoul *pon* (ou *ou fanon*); quelques dialectes, entre lesquels le karnataka, remplacent par *h* le *p* tamoul. E. J.

(5) Les Tamouls pensent que, sous les traits de ces femmes, se montre à eux *Moûdévi*, sœur de *Latchimi*; *Moûdévi* est la déesse de l'infortune; on la représente montée sur un âne. E. J.

(6) Je ne me rappelle en ce moment aucune légende qui puisse servir à expliquer cette croyance populaire. E. J.

(7) Voyez, dans la suite de ces extraits, le chapitre intitulé: *Signes dont les Malabars se marquent au front*, etc. Les Indiens prétendent qu'à l'endroit où s'est couchée une vache, *Lakchmi* est toujours présente. Le culte de la vache se rapporte à des mythes primitifs dont le caractère est si différent de celui des ridicules pratiques de l'âge actuel, qu'il est inutile de les exposer ici. E. J.

# APPENDIX.

il y a du danger à rencontrer les premières de ses regards; on ne peut attendre que du bonheur de la vue des secondes.

Les Malabars ne donnent jamais rien de ce que renferment leurs maisons, dans l'obscurité de la nuit, à moins d'avoir allumé une lampe; car ils croient que, privés de la présence et de la lumière de *Latchimi*, la chose donnée ne profiterait point. À la nuit tombante, au moment où l'on se rend des visites, s'il n'y a pas encore de lampe allumée dans la maison, les Malabars ne se congédient pas avant d'en avoir allumé une, afin que *Latchimi*, devenue présente, les congédie elle-même avec ses bénédictions (1).

Si, pendant le temps que les Malabars prennent leur repas, la lampe vient à s'éteindre, ils ne peuvent plus manger d'aucune des choses qui ont été servies, même après avoir rallumé la lampe; car ils croient que si la lampe s'éteint, c'est un signe que *Latchimi* est courroucée, et qu'elle abandonne le repas au pillage des géants et des démons (2); or, bien que ces êtres impurs n'en mangent que la substance, le reste devient tellement immonde, que les Malabars ne peuvent y toucher, à moins cependant que le dieu *Akini* ou le feu ne fût éveillé à ce moment; car alors ni les géants ni les démons n'oseraient s'en approcher.

Entre toutes les fleurs que les gentils offrent à la déesse *Latchimi*, il y en a une qui lui est spécialement consacrée, et qu'ils nomment *támarai* (3). Cette fleur est à peu près de la forme et de la couleur d'une rose, et a un parfum délicieux; elle croît sous l'eau dans les étangs. Les gentils ont une grande vénération pour cette fleur, parce qu'ils pensent qu'elle représente le visage de *Latchimi*. Les Malabars, qui ont coutume de porter des fleurs à leurs toques, soit pour s'en faire un ornement, soit pour en respirer le parfum, ne se parent jamais de cette fleur que dans les cérémonies religieuses.

L'oblation du riz *pongal* est un véritable sacrifice. Ce riz doit conserver toute sa substance, parce qu'il n'est permis d'offrir aux dieux que ce qu'il y a de meilleur; aussi n'y verse-t-on tout juste que la quantité de lait nécessaire pour le cuire, en sorte que, lorsque ce riz est cuit, il ne reste pas une seule goutte de lait dans le vase. Ces détails sont exposés plus amplement dans la suite (4).

On met du riz sous le siége des époux, parce que, considérés comme comblés ce jour-là des bénédictions des dieux, ils doivent reposer sur toutes les richesses du monde, c'est-à-dire, avoir ces richesses à leur disposition: cette prospérité les accompagnera toujours s'ils sont fidèles aux dieux. Les brahmanes bénissent les guirlandes qu'ils mettent au cou des époux; c'est au nom des dieux qu'ils font cette cérémonie, et qu'ils annoncent aux époux qu'ils seront florissants et admirés dans le monde.

Les mets servis sur les cinq feuilles de figuier sont nommés collectivement *manapongal*, c'est-à-dire, lien du mariage; ce mot est composé de *manam*, mariage, et de *pongal*, riz qui a conservé toute sa substance (5). On donne ce nom à l'oblation, parce que, de toutes les choses offertes et déposées sur les feuilles de figuier, le riz est la principale et la plus nécessaire à la vie. Tous les gentils s'accordent sur le riz *pongal*, les figues pilées, les morceaux de coco composent un sacrifice, dont les matériaux sont ce riz *pongal*, ces figues et ces morceaux de coco, la forme, la cuisson du riz sur lequel les brahmanes répandent un peu de beurre en forme de libation, avant de l'offrir aux dieux, le lieu, la feuille de figuier qui sert pour ainsi dire d'autel, la fin, l'expression de ce sentiment, que les dieux, maîtres de la vie des hommes, leur accordent toutes les choses qui servent à la soutenir, telles que le riz et les autres fruits de la terre. Une autre intention de ce sacrifice est de prier les dieux de prendre les époux sous leur protection et de les préserver de toutes les infortunes de la vie, telles que l'affliction, la pauvreté et les maladies. On exprime ordinairement cette intention par le mot composé *toukaikárkiradou* (6), qui signifie *écarter les infortunes*. Je dois croire que les PP. Jésuites, qui font célébrer le *manapongal* aux cérémonies du mariage des chrétiens, ne reconnaissent aucune puissance à tous ces dieux......

(1) Voyez, dans la suite de ces extraits, le chapitre intitulé: *Superstitions diverses*. E. J.

(2) Ces êtres impurs sont les *râkchasa* et les *pishâtcha* qui jouent dans la mythologie indienne le même rôle que les harpies dans la mythologie grecque. E. J.

(3) Incorrectement écrit dans l'original *lamoraya*. Le *támarai* est le lotus ou *kamala*; cette fleur est le siége ordinaire de *Lakchmî* et de Vichnou; je pense que son nom tamoul signifie originairement *rouge* (*támra*). E. J.

(4) Voyez, dans la suite de ces extraits, le chapitre intitulé: *Fête du pongal*, etc.

(5) Cette interprétation est passablement exacte; il faut seulement observer que *pongal* est une forme verbale. *Manam* signifie primitivement *bonne odeur*; on donne à l'époux le nom de *manavâllen*, et à l'épouse celui de *manavâtti*. E. J.

(6) Incorrectement écrit dans l'original *luccaicagi-ouradou*. Cette expression signifie littéralement *préserver des infortunes*. *Toukai* est l'altération tamoule du sanskrit *douhkha*, malheur. E. J.

# APPENDIX.

Tous les brahmanes conviennent que l'on peut donner de la malignité à ses regards, en représentant si vivement un objet à son imagination, que l'on en conçoive de l'admiration, de l'étonnement et des désirs, sans éprouver le besoin de rendre des actions de grâces aux dieux, et cela, quand bien même on n'exprimerait contre cet objet aucun sentiment de haine ou d'aversion : ainsi que l'on dise : « Cet homme est bien fait; il a d'excellentes qualités; que les dieux lui en accordent davantage! » ou quelque chose de semblable, la personne que l'on aura considérée, n'en éprouvera aucun mal; mais que l'on dise simplement : « Il est bien fait; il a de belles qualités, etc. ; » qu'on le dise avec admiration, avec étonnement ou avec désir, l'imagination jette alors une maligne influence sur la personne, quelque éloignée qu'elle soit (1). Plus l'imagination a été vive, plus cette personne en souffre. On distingue trois sortes de *mauvais regards* : la première est nommée *râdjadrichti*; c'est un mot *grantham* (2) (le *grantham* est, pour ainsi dire, le latin des brahmanes), qui signifie *regard du roi* : cette classe comprend aussi les regards de tous les grands dignitaires et de toutes personnes en charge. Si un roi considère une personne et ses belles qualités avec admiration, avec étonnement, ou avec désir, cette personne ne tarde pas à tomber malade, et se trouve en grand danger de mourir, si l'on n'a soin de faire promptement la cérémonie destinée à écarter le *mauvais regard*. En effet, disent-ils, les rois pouvant concevoir de plus hautes pensées que les autres hommes, leur regard devient beaucoup plus dangereux, s'il est accompagné d'admiration, d'étonnement ou de désir : c'est pourquoi ceux qui fréquentent les cours des rois et des princes ne manquent jamais, aussitôt qu'ils sont de retour à leur maison, de faire la cérémonie destinée à écarter le *mauvais regard*. Un brahmane m'a raconté qu'un roi dont il avait obtenu l'amitié, le pria un jour de lui présenter son fils. Comme cet enfant était plein d'esprit et de gentillesse, le roi fut charmé de ses heureuses dispositions; après avoir joué quelque temps avec lui, il avertit le père, en le reconduisant, de tirer promptement à son fils l'*œillade* qu'il lui avait jetée. Le brahmane ne manqua pas de faire les cérémonies accoutumées; mais son fils n'en fut pas moins malade pendant trois mois.

La seconde espèce de regard est nommée *sabaditti* (3), c'est-à-dire *regard d'une assemblée* : ainsi, trois ou quatre personnes dont le regard est pernicieux, suivent une procession de mariage, et considèrent les époux avec admiration, étonnement ou désir ; les époux tomberont malades, et le maléfice sera d'autant plus dangereux qu'il aura été jeté par plusieurs regards réunis; c'est pourquoi l'on a grand soin, pendant la solennité du mariage, d'écarter de temps en temps le maléfice des regards.

La troisième espèce de regard est nommée *kannouditti* (4), c'est-à-dire *regard d'un œil*; il s'agit ici de toute personne dont le regard est pernicieux. Les Malabars prétendent qu'il y a des regards qui fendent les pierres, qui font sécher en un instant des arbres verts, qui font mourir subitement un homme ou un animal (5). Si un homme qui a le regard pernicieux considère le riz que mange une autre personne, et s'écrie : « Ce riz est délicieux! que cette personne est heureuse! » il est nécessaire que cette personne, et toutes celles qui ont mangé de ce riz, se fassent aussitôt tirer l'*œillade* ; si elles négligent cette précaution, elles éprouvent d'abord des coliques, et bientôt après tombent malades. Bien plus, que cet homme, passant dans la rue, voie un peu de riz qu'auront laissé ces personnes sur les feuilles dont on se sert en forme d'assiettes ; que cet homme, sans voir ceux qui ont mangé le riz, dise avec admiration, avec étonnement ou avec désir : « Ce riz était excellent; oh ! que ces gens-là ont fait bonne chère ! qu'ils sont heureux ! » toutes ces personnes se sentiront aussitôt des douleurs d'entrailles; ces douleurs ne peuvent manquer d'avoir des suites fâcheuses, si l'on n'a soin de se purifier des *mauvais regards*. Aussi, à peine quelqu'un se sent-il indisposé pendant ou après le repas, que, sans considérer si cela vient de quelque cause naturelle, il commence

(1) Presque tous les peuples ont été atteints de cette superstition ; presque tous, par une malheureuse disposition d'esprit, ont interprété la louange par le sentiment de l'envie; on connaît le sens de la formule latine *præfiscine sit dictum* ; tous les peuples de race slave sont encore soumis à ce préjugé; les Grecs de l'intérieur de la Morée et les Arnautes de l'Albanie le partagent, et attribuent à l'ail la vertu de préserver du maléfice des regards. E. J.

(2) C'est ainsi qu'il faut restituer cette phrase inintelligible que présente le manuscrit original : « c'est un mot grand qui est comme le latin des brahmanes. » Le *grantham* est proprement un caractère particulier qui sert dans le sud de l'Inde à transcrire la langue sanskrite. E. J.

(3) Inexactement écrit dans l'original *sabadrichy*. *Sabaditti* ou *sabadichi* est l'altération tamoule du sanskrit *sabhâdrichti*. E. J.

(4) Inexactement écrit dans l'original *kanoudrichy*. On peut également écrire *kannouditti* ou *kannoudichi*. E. J.

(5) Voici ce que rapporte à ce sujet un missionnaire anglais : un champ vient-il à être ruiné par la nielle, on est assuré de voir placer dans ce champ, l'année suivante, un grand chaudron au milieu duquel est dressé un manche à balai ; ils s'imaginent que la nielle, attirée par les regards de quelque ennemi, sera détournée de leur champ par la vertu de cet appareil. D'autres voyageurs disent que l'on emploie ordinairement dans les champs et dans les jardins, pour les préserver de tout maléfice, des vases de terre blanchis avec de la chaux, et marqués de points noirs ou de figures magiques. E. J.

d'abord à murmurer et à s'irriter contre ceux qui l'ont vu prendre son repas, puis il s'empresse de faire la cérémonie destinée à tirer l'*œillade* (1).

Comme toutes les imaginations ne sont pas propres à se pénétrer de ces affections malignes, il importe de savoir ce qui y prédispose. Les uns disent que tout enfant qui, au moment de sa naissance, ouvre les yeux dans son sang, avant d'être lavé, contracte dès lors une malignité de regard ; la raison en est, prétendent-ils, que le sang dont l'enfant est souillé est une chose immonde; or, si l'on ne peut même toucher le vêtement d'une femme en couches sans contracter sa souillure, que sera-ce d'un enfant qui voit cette ordure et qui la touche des yeux? Les autres attribuent cette malignité à l'influence des deux planètes *ragou* et *kedou* (2) ; ces deux planètes demeurent chacune un an et demi dans le Taureau, et autant de temps dans les autres signes; or, le soleil passant chaque jour de soixante heures dans les douze signes, demeure cinq heures dans celui du Taureau; les trois premiers quarts d'heure de son entrée quotidienne dans le Taureau, pendant que l'une ou l'autre de ces planètes s'y trouve, ont de funestes influences; tous les enfans qui naissent dans ces trois quarts d'heure ont le regard pernicieux.

On compte cinq manières d'écarter le maléfice du *mauvais regard*. Il n'y a, parmi les gentils, que certaines personnes qui fassent cette opération; ce sont le plus souvent des femmes des pagodes. Parmi les chrétiens de Pondichéry, ce sont les femmes mariées chrétiennes; les femmes des pagodes leur rendaient autrefois aussi ce service : dans les missions malabares plus avancées dans les terres, ce sont encore les femmes des pagodes qui tirent l'*œillade* aux chrétiens. Lors donc qu'une personne se trouve indisposée, et croit avoir été affectée d'un *mauvais regard*, elle fait appeler aussitôt une personne de cette profession pour faire une des cérémonies suivantes. La première s'opère ainsi : on met du *tirountrou* au front du malade, et on lui presse les deux tempes avec le pouce et les quatre doigts de la main droite, en invoquant Brahmâ, Vichnou et Roudra; pendant toute l'opération, l'officiant bâille et imite les gestes d'une personne qui revient d'un profond sommeil. On nomme cette cérémonie *dichidiripoundiram* (3). La deuxième cérémonie est nommée *âlâti* (4), on met dans un bassin du safran, de la chaux délayée dans l'eau, des feuilles de margousier et des feuilles d'*aragou*; on passe trois fois le bassin devant le visage du malade dans lequel on veut détruire le maléfice ; puis ensuite on jette le tout dans la rue, comme pour marquer qu'il en est sorti de la personne affectée. C'est ce mode d'exorcisme que l'on préfère dans la solemnité du mariage. La troisième cérémonie se fait ainsi : on prend dans la main d'une espèce de graine nommée *dichidibagam* (5), de la graine de cotonnier, de la farine de riz, de la graine de moutarde et des feuilles de margousier; on passe trois fois la main qui contient ces différentes choses devant le visage du malade, puis on jette le tout au feu. La quatrième cérémonie se fait ainsi : on met dans un bassin un peu de riz, et au milieu de ce riz, du poivre pilé ; on fait chauffer du beurre dans une cuillère, jusqu'à ce que le feu y prenne; on le verse alors tout fumant sur le poivre : la personne affectée doit en ce moment faire une boule de ce riz assaisonné de beurre et de poivre, et avaler cette boule. La cinquième cérémonie se fait de cette manière : on met du riz cuit dans un bassin, et on le divise en plusieurs compartiments, du centre jusqu'aux bords du plat; on donne à ces compartiments des couleurs variées, blanche, jaune, rouge, etc., puis on met au milieu du bassin une lampe faite de pâte de riz, dans laquelle il y a du beurre et une mèche allumée; on passe trois fois le plat devant le visage du malade. Cette cérémonie se pratique ordinairement dans la procession du mariage (6).......

---

(1) Aussi les personnes qui ont assisté à un repas splendide, tel qu'un festin de noces, se hâtent-elles d'emporter les feuilles de bananier qui leur ont servi d'assiettes, et de les jeter furtivement dans un endroit caché. Il y a une autre espèce de maléfice dont l'auteur a omis la mention ; on le nomme *kankattou*, littéralement *lien, obstacle des yeux*; ce maléfice tombe en effet sur les yeux, et a pour effet de troubler la vue. E. J.

(2) On reconnaît facilement dans ces deux mots les nœuds ascendant et descendant *Rahou* et *Kétou* que les Indiens comptent ordinairement au nombre des planètes. E. J.

(3) Incorrectement écrit dans l'original *drichidivîbamly*. Ce mot est l'altération tamoule du sanskrit *drishtiripoundro*, dont le sens littéral est : *les trois raies consacrées qui préservent de la malignité du regard*. E. J.

(4) Le manuscrit original présente ici un mot évidemment altéré, *horady* : je crois que cette mauvaise leçon cache le mot *âlâti*; je dois d'ailleurs observer que dans la cérémonie désignée par ce mot, on emploie du camphre au lieu de safran. E. J.

(5) Incorrectement écrit dans l'original *drichedîbigam*. Ce mot est l'altération tamoule du sanskrit *drishidîpaka : Dîpaka* est le nom de la graine aromatique *ligusticum ajoaën*. E. J.

(6) L'auteur a omis une sixième cérémonie, qui est plus efficace encore que les précédentes; car on l'emploie souvent, lorsque le charme a résisté aux autres procédés : on passe trois fois un morceau d'étoffe devant les yeux de la personne affectée, et on le jette promptement avec un mouvement d'horreur; quelquefois même on déchire cette étoffe, et en même temps le maléfice qui est venu s'y attacher, puis on en jette les lambeaux de différens côtés, pour que le maléfice soit complètement anéanti. Les Indiens prétendent que le jais est un excellent spécifique contre le maléfice de l'*œillade*; aussi le

APPENDIX.

Les PP. Jésuites, qui permettent de pratiquer ces cérémonies, ne peuvent ignorer que la plupart des choses qui y sont employées, le sont dans des intentions superstitieuses. Le safran est consacré à la déesse *Ditta*, déesse de la joie et épouse de Vichnou (1). Les femmes mariées, soit gentiles, soit chrétiennes, ne manquent pas de s'en mettre chaque matin au visage, après s'être lavées; les veuves et les filles ne s'en mettent jamais, parce qu'elles ne vivent pas dans les joies du mariage. Le margousier est un arbre révéré par les gentils; il est consacré à la déesse *Máriyammai*, célèbre par le pouvoir qu'on lui attribue, de guérir la petite vérole (2). L'*aragou*, c'est-à-dire le chiendent, est consacré à la déesse *Magávidi* (3); cette déesse est adorée sous la forme de cette herbe; le culte en est très-répandu; il suffit, disent les gentils, de la toucher de la main avec vénération, pour recevoir la rémission de tous ses péchés : si une personne est sous l'influence de quelque sort, elle n'a qu'à se mettre de cette herbe sur la tête, elle en éprouvera bientôt du soulagement. Les Malabars couronnent leurs dieux de touffes d'*aragou* dans les cérémonies religieuses (4); la solennité accomplie, ils portent cette herbe à leurs yeux, et en ornent leur tête, afin d'obtenir la rémission de tous leurs péchés et de se délivrer de toutes leurs infortunes. Lorsqu'on a fait quelque songe de l'espèce de ceux qui pronostiquent des événements fâcheux, il suffit de se mettre sur la tête une feuille de cette herbe; le songe ne peut plus avoir d'effet. Lorsque les gentils font bâtir une maison, ils commencent ordinairement par pétrir une boule de fiente de vache, dans laquelle ils plantent une feuille d'*aragou*; le dieu *Pillaiyâr* se trouve dès lors sous la forme de cette boule : souvent aussi ils font un trou qu'ils remplissent d'eau, y déposent une feuille d'*aragou*, puis tournent plusieurs fois autour du trou, en ayant soin de commencer par le côté droit; le résultat est le même (5).

On a vu que la lampe placée au milieu du bassin est en l'honneur de la déesse *Latchimi*. Quant aux différentes couleurs qui distinguent les compartiments du riz contenu dans le bassin, on les obtient par les procédés les plus simples; ainsi on mêle avec le riz cuit un peu de safran et de chaux délayée pour produire le rouge; un peu de riz brûlé pour faire le noir; le blanc est du riz cuit sans aucun mélange (6). Ce sont trois femmes mariées, à défaut de femmes des pagodes, qui font la cérémonie destinée à détruire le maléfice, parce qu'elles sont bénies par *Latchimi*, avantage, disent les brahmanes, dont les filles et les veuves sont absolument privées.

Le cordon que le brahmane attache aux bras des époux est aussi une chose consacrée; il est composé de neuf fils, et ne peut en avoir davantage : on pense que ce nombre est un hommage aux neuf noms de Brahmâ (7). C'est un brahmane qui le fait; le brahmane officiant le bénit avant de l'attacher. Les trois nœuds représentent Brahmâ, Vichnou et Roudra; le brahmane, en les faisant, invoque ces noms sacrés. Les trois nœuds signifient que les époux sont étroitement unis entre eux dans l'observation des lois de ces dieux et dans l'obligation de les faire observer à leurs enfans. Le morceau de safran que le brahmane attache au cordon, est consacré à la déesse *Ditta*, et signifie que

---

nomment-ils *dichikallou*, pierre du regard. Ils sont persuadés que le seul moyen de se préserver des atteintes d'un *mauvais regard*, est de se faire tracer sur le front certains cercles ou diagrammes magiques que l'on nomme *mandala*. E. J.

(1) Le safran, nommé en tamoul *manjel* ou *koungoumapou*, est considéré comme un des plus puissants spécifiques contre les calamités de toute espèce ; aussi les *dévadichi* viennent-elles pendant les jours qui s'écoulent entre la plantation du *kâl* et la cérémonie du mariage, frotter les fiancés de safran pulvérisé, le matin et le soir, au moment où ils vont prendre le bain ; pendant la cérémonie même, on arrose les assistants d'eau ou d'eau de rose; cette aspersion se nomme *le jeu du safran*; le safran est encore employé dans les cérémonies de l'adoption; aussi *manjakoudikiradou* ( manger du safran ), signifie-t-il *adopter*; les *olai* ou feuilles de palmier écrites sont presque toujours frottées de safran. E. J.

(2) *Inde Française*, liv. xx, pl. 1. Voyez, dans la suite de ces extraits, le chapitre intitulé *Renoukadévi* et *Máriyammai*, etc. Le margousier, dans l'opinion des Tamouls, est un arbre femelle, épouse de l'*álamaram* ou figuier des Indes. E. J.

(3) Incorrectement écrit dans l'original *Mahavidy*. En sanskrit *Mahavidyâ*, un des noms les plus célèbres de la déesse *Dourgá* ou *Pârvatî*. E. J.

(4) Les Tamouls ont la coutume de couronner leurs dieux de feuilles ou de fleurs de certains arbres : ainsi la tête de Roudra est souvent ornée des fleurs du *kondaimaram*, espèce d'acacia sauvage ; de là vient qu'on le nomme *kondaichoddi*, couronné de fleurs d'accacia ; les couronnes que l'on pose sur la tête de *Dourgá* ou *Bhagavati*, sont tressées de fleurs rouges nommées *djavâpouchpa* ( roses de Chine ). E. J.

(5) On a déjà vu plus haut qu'un autre moyen de consacrer le terrain sur lequel on veut élever une maison, est d'y placer une statuette de *Pillaiyâr*, que l'on prend soin chaque jour d'arroser d'huile et d'orner de fleurs. E. J.

(6) Je pense que les couleurs de ces compartiments sont dans un certain rapport avec celles des quatre dieux *gardiens des temples*, espèce de *vasou* d'un ordre inférieur, adorés sous les noms de *vel*, blanc, *chem*, rouge, *kâr*, noir, etc. Je crois que ces dieux, dont le caractère est tutélaire, ont été autrefois empruntés par la religion populaire du sud de l'Inde au mythe bouddhique des *Tchatoumahârâdjâ*, dieux gardiens des régions de l'espace et des temples de Bouddha. Je me réserve de traiter cette question mythologique dans un mémoire spécial. E. J.

(7) Cette notion de neuf noms de Brahmâ est une transformation moderne du mythe des neuf *Brahmâdika*, produits de la substance de Brahmâ. On verra, dans d'autres passages, que Brahmâ a encore cent huit noms; il faut de plus observer qu'il a droit, comme quelques autres dieux, à posséder son *sahasranáma*, espèce de litanies composées de mille noms ou épithètes. E. J.

les époux sont destinés par cette bénédiction à continuer la propagation du genre humain et à vivre ensemble dans les joies du mariage. Le brahmane présente le bassin dans lequel est déposé le cordon ; c'est pour ainsi dire la publication des bans du mariage ; jusque-là en effet les futurs époux pouvaient se séparer ; mais une fois le cordon attaché, ils ne peuvent plus que difficilement et pour de très-graves raisons.......

La cérémonie des poignées de riz fut instituée, ainsi que presque toutes les autres cérémonies nuptiales, par Roudra, à l'occasion de son mariage avec la déesse *Kâvouri*(1) ; les autres dieux y célébrèrent cette cérémonie. Les Malabars la font dans leurs mariages, pour demander à Roudra la santé, la force et l'esprit ; les siéges de ces qualités sont les genoux, les épaules et la tête, devant lesquels on présente le riz ; toutes les prières des Malabars ne tendent qu'à obtenir des biens temporels.......

L'eau contenue dans les deux pots est proprement l'eau lustrale. Le brahmane officiant consacre cette eau en invoquant les rivières *Kangai*, *Yamounai*, *Sarasouvadi*, *Kôdavîri*, *Narmadai*, *Sindou*, *Kâveri* ; cette eau représente dès lors les sept rivières sacrées, et a la vertu de purifier et d'effacer tous les péchés. Les feuilles de manguier dont le brahmane se sert comme d'aspersoir, pour arroser de cette eau consacrée les époux, les assistans et la tente, sont un signe de la déesse *Latchimi* : les feuilles de l'arbre *mâ* sont nécessaires pour faire régulièrement cette aspersion. Les deux cocos que l'on laisse entiers sur l'orifice des pots, sont une offrande au dieu *Pillaiyâr*. Les PP. Jésuites de Pondichéry ne se contentaient pas de faire placer les cocos sur les vases, ils ordonnaient à leur catéchiste d'en casser un, et prétendaient que c'était une offrande à la Vierge, dont l'image était sur l'autel ; mais les simples oblations se font-elles en détruisant la chose offerte ? et d'ailleurs les gentils qui assistent au mariage des chrétiens connaissent-ils l'intention des Jésuites ? L'on ne peut douter que cette fracture du coco ne soit un vrai sacrifice, puisqu'elle en a toutes les conditions ; la matière est le coco, la forme est le changement opéré par le bris du coco, le ministre est le brahmane ou le catéchiste, le lieu est la pierre plate destinée à servir d'autel au sacrifice, la fin principale est l'intention de rendre *Pillaiyâr* propice au mariage, et d'obtenir de lui qu'il n'y apporte aucun obstacle. Mgr le Patriarche d'Antioche, après avoir examiné cette cérémonie, l'anathématisa et défendit aux Jésuites de la pratiquer à l'avenir. Cette condamnation n'a eu aucun effet dans les missions de l'intérieur des terres, où le sacrifice du coco se célèbre toujours. Quant aux PP. Jésuites de Pondichéry, ils ne font plus casser le coco par leur catéchiste, mais pour ne pas priver *Pillaiyâr* de tous ses droits, il slaissent les cocos entiers sur les vases (2). Les gentils de Pondichéry ne font pas autrement ; or, si les PP. disent encore que c'est une offrande à la Vierge, les gentils pourront aussi prétendre que le dieu *Pillaiyâr* y a bonne part ; car le coco, de quelque manière qu'il soit employé dans cette cérémonie, est toujours consacré à *Pillaiyâr*.

Le sacrifice du coco est encore célébré à Pondichéry dans les processions que les gentils et les chrétiens font à leur mariage : lorsque les époux chrétiens passent en palanquin devant la maison d'un de leurs amis ou de leurs parents gentils, ils s'arrêtent un moment à la porte ; le gentil vient aussitôt faire la cérémonie destinée à écarter le maléfice du *mauvais regard*, puis il casse un coco devant eux sur cette pierre plate ; tous ceux qui se trouvent présents, chrétiens ou gentils, se jettent sur le coco pour en prendre chacun un morceau.....

Le sacrifice *yâgiyam* (3) est un des plus solennels ; le feu doit être entretenu avec neuf sortes de bois consacrés aux neuf planètes (4). Les brahmanes ont grand soin d'entretenir ce sacrifice pendant la cérémonie ; aussi y répandent-ils de temps en temps un peu de beurre en forme de libation. Le dieu *Akini*, c'est-à-dire le feu, préside au sacrifice.

Le *tâli*, autrement nommé *tiroumangiliyam*, est une figure en or du dieu *Pillaiyâr*, enfilée dans un cordon composé de cent huit fils, en l'honneur des cent huit visages de Roudra (5). Ce cordon est

---

(1) Incorrectement écrit dans l'original *Renowry*, *Kenondry* et *Kenouri*. Ce mot est l'altération tamoule du sanskrit *Gabrí*, un des noms de *Dourgâ* ; voyez la feuille iv de la xxiiie livraison de l'*Inde Française*. E. J.

(2) On trouve des détails particuliers sur cette contestation dans un autre chapitre de cet ouvrage.

(3) Une autre orthographe de ce mot est *ekiyam*. L'auteur emploie constamment ce mot pour désigner le *hôma* ou sacrifice crématoire. E. J.

(4) L'auteur dit plus haut qu'il y a sept espèces de bois avec lesquels on peut allumer le feu du sacrifice ; ce passage ne contredit pas celui auquel cette note s'applique, parce que les Indiens comptent tantôt sept et tantôt neuf planètes, selon qu'ils comptent ou qu'ils omettent les deux nœuds ; comme les nombres consacrés sont dans l'Inde moderne la mesure des idées religieuses, le type auquel se conforme toute espèce de croyance, on a admis en même temps sept, neuf et douze espèces de bois sacrés ; ce dernier nombre est sans doute une application de celui des *âditya* ; j'ignore quelles sont précisément les espèces de bois comprises dans ces listes ; je dois seulement observer que la fiente de vache, séchée au soleil, est un de ces combustibles. E. J.

(5) On peut encore reconnaître ici la puissance des nombres consacrés : le nombre 108 est un des plus vénérés ; aussi en a-t-on fait de nombreuses applications ; on en trouve le type dans les 108 noms de Brahmâ, dans les 108 visages de ce dieu,

# APPENDIX.

aussi oint de safran en l'honneur de *Ditta*, déesse de la joie (1). Comme *Pillaiyâr* met partout le trouble et la paix, à sa volonté, Shiva l'a institué le lien du mariage, afin de l'engager, par cette marque de déférence, à rendre tous les mariages heureux. Mais le principal motif de cette institution, c'est que *Pillaiyâr* n'ayant point d'épouse, les dieux lui ont accordé un droit sur toutes les femmes qui se marient; c'est ce qui fait que dès le moment où l'idole de *Pillaiyâr* est attachée au cou d'une femme, elle est indissolublement unie à *Pillaiyâr* et à son mari : ainsi les *tiroumangiliyam* signifie proprement un saint lien qui unit deux personnes. Le brahmane officiant dépose le *tiroumangiliyam* dans une moitié d'un des cocos offerts en sacrifice, et le présente à toucher aux parents et amis des époux, en signe qu'ils approuvent le mariage : il le donne ensuite au mari, pour qu'il l'attache au cou de sa femme. Le brahmane applique sur le nœud du cordon un peu de *tirountrou*; cette cérémonie a pour objet de placer l'indissolubilité du mariage sous la garantie de la déesse *Latchimi* (2); le mariage est dès lors ratifié. Le *tâli*, qui en est le lien, peut avoir, ou la forme de l'idole de *Pillaiyâr*, ou deux autres formes (3). La première est celle d'une pièce d'or plate fabriquée en l'honneur du soleil; on la nomme *pottou* (4). Lorsque Vichnou épousa *Latchimi*, Shiva institua le soleil pour être le lien de leur union, afin de l'engager par cet honneur à combler tous les mariages de prospérités. L'autre forme du *tâli* est une dent de tigre; c'est celle qu'ont adoptée certaines castes qui vivent dans les bois. Voici la fable qu'on rapporte au sujet de ce *tâli*:

Quarante-huit mille pénitents s'étaient depuis long-temps retirés dans une forêt, et s'y livraient à une rude pénitence; ils s'imaginèrent que leur sainteté ne pouvait être égalée par les hommes, qu'ils étaient semblables à *Kartâ*, que ce dieu souverain s'était transformé en eux. Shiva et Vichnou, irrités de l'excès de leur orgueil, résolurent de les humilier (5). Ces pénitents étaient presque toujours séparés de leurs femmes; profitant de cette circonstance, Roudra prit la figure d'un jeune courtisan, et réussit par ses belles paroles à séduire ces femmes. En même temps, Vichnou se transforma en une agréable courtisane, et fit bientôt succomber la vertu des pénitents. Ils n'eurent pas plus tôt commis ces fautes qu'ils se livrèrent à une violente colère, désespérés d'avoir perdu en un seul moment le fruit de tous leurs travaux. Loin de rentrer en eux-mêmes, ils résolurent de se venger par des maléfices sur la personne du jeune courtisan, qu'ils jugèrent être l'auteur de leur humiliation. Ils allumèrent à cet effet un feu magique duquel ils pouvaient, par la force de leurs prières, faire sortir tout ce qu'ils voulaient. Il en sortit d'abord un tigre d'une taille prodigieuse; cet animal furieux se précipita sur le courtisan pour le dévorer; mais lui, sans s'émouvoir, le prit, l'écorcha tout vif, et se couvrit les épaules de sa peau. C'est en mémoire de cet exploit de Roudra que les pénitents et les *sannyâsi* portent toujours avec eux une peau de tigre; ils s'en servent comme de tapis pour s'asseoir et pour se coucher; ils s'imaginent mériter par cette pratique de grandes indulgences (6). On représente ordinairement Roudra couvert d'une peau de tigre jetée sur ses épaules.

dans les cent huit visages de Roudra, et ailleurs encore : il est cependant certain que la consécration de ce nombre a une origine védique; on la trouve dans la création de Brahmâ, qui se reproduit dans deux ordres de dieux, sept *râdjâ* célestes (qui sont vraisemblablement les *richi*) et cent un *vaishya* célestes, en tout cent huit manifestations de son essence ou cent huit formes. (*Vrihadâranyakôpanichad*; *srichtibrahmana*). Ce nombre sacré a été plus d'une fois, dans les temps modernes, étendu jusqu'à mille huit : cette altération n'est en rapport avec aucun texte ancien; elle n'en est pas moins reçue; ainsi on peut composer un bucher funéraire de cent huit ou de mille huit morceaux de bois. E. J.

(1) Je conserve la lecture du manuscrit, parce que l'orthographe, la signification de ce nom propre et la divinité à laquelle il appartient, me sont également inconnus. Je conjecture que *Ditta* est une manifestation de *Lakchmi*; son nom, dont la forme paraît être tamoule, est peut-être une altération de l'exclamation *Dichtyâ*, personnifiée comme *Svâhâ* et *Svadhâ*. E. J.

(2) Cette explication me paraît manquer d'exactitude; car le *tirountrou* est d'institution shaivite. Voyez, dans la suite de ces extraits, le chapitre intitulé : *Signes dont les Malabars se marquent au front avec des cendres de fiente de vache*. E. J.

(3) Les voyageurs rapportent que le *tâli* n'est souvent autre chose qu'un morceau d'or informe et sans empreinte passé dans un cordon. Le *tâli* propre aux *Parover*, c'est-à-dire à la tribu qui occupe le littoral depuis le *Marava* jusqu'au Travancor, représente le coquillage sacré; on le nomme *changoutâli*. E. J.

(4) Inexactement écrit dans l'original *patou*. Ce *tâli* est spécialement celui des brahmanes. *Pottou* désigne aussi le point jaune ou rouge que les Indiens ont coutume de figurer sur leur front à la racine du nez. E. J.

(5) Cette légende est un de ces doubles emplois dont on a déjà observé plusieurs exemples dans la mythologie de l'Inde méridionale; c'est par une aventure dont les détails sont absolument semblables, et dont l'application seule est différente, que les Pourânas vechnavites expliquent l'institution du culte du *linga* : nous trouvons, dans la suite de ces extraits, ce culte consacré par une légende qui, bien qu'elle diffère de celle des Pourânas vechnavites, paraît n'en être qu'une nouvelle édition. La légende vechnavite a plus de solennité que notre récit, et présente d'ailleurs un autre dénouement : le monstre a été abattu par le dieu; les pénitents envoient contre Roudra le feu même de leur sacrifice; Roudra reçoit ce feu dans sa main; les pénitents lancent leurs malédictions sur Roudra, Roudra les leur renvoie; les pénitents irrités réunissent alors en une seule énergie tout le feu de leurs pénitences; cette arme invincible atteint Roudra, et lui inflige un infâme châtiment. E. J.

(6) Voyez, dans la suite de ces extraits, le chapitre intitulé : *Ordre des Sannyâsi*.

Cependant les pénitents continuèrent leurs opérations magiques. Il sortit du feu un cerf dont le cri seul devait exterminer le courtisan; celui-ci le saisit intrépidement, le plaça sur le bout des doigts de sa main droite, l'éleva à la hauteur de son oreille, et le laissa crier jusqu'à ce qu'il fût fatigué. Il sortit alors du feu une barre de fer toute embrasée qui devait, de son propre mouvement, assommer le courtisan ; mais lui, ravi de trouver une aussi bonne arme, la mit à sa main gauche; c'est pourquoi l'on représente Roudra tenant une barre de fer (1) de la main gauche, et un cerf de la main droite. A la quatrième incantation, il sortit du feu des serpents monstrueux; le courtisan les saisit tous, en noua quelques-uns autour de son cou, et des autres se fit des bracelets. En ce moment, vint à lui une tête de mort qui jetait d'effroyables cris; comme elle allait sauter sur le courtisan, il s'en empara et l'attacha aux tresses de sa chevelure. On peint encore Roudra décoré de ces serpents et de ce crâne. Il sortit enfin du feu un monstre dont la tête était exiguë et le corps prodigieux : le courtisan le prit par les pattes, lui frappa la tête contre terre et l'écrasa sous ses pieds. Les pénitents ayant épuisé toute leur puissance de création, et voyant que ce jeune homme se jouait d'eux, comprirent enfin qu'ils étaient loin d'avoir acquis le plus haut degré de sainteté, et que Shiva lui-même, ou bien Roudra, les avait châtiés de leur orgueil; ils se jetèrent à ses pieds, et le prièrent de leur pardonner leur folle présomption. Shiva leur accorda sa bénédiction, et les envoya continuer leur pénitence; ce fut alors, et pour conserver la mémoire de ces prodiges, que Shiva institua la dent de tigre comme le lien du mariage (2).....

Les PP. Jésuites trouvant quelque difficulté à supprimer le *tâli* et à se conformer aux décrets de M<sup>gr</sup> le Patriarche d'Antioche, se sont avisés de faire graver une petite croix devant et derrière la figure de *Pillaiyâr* (3). Je ne puis me persuader que cette invention plaise au Saint-Siége ; car il est certain que l'idole de *Pillaiyâr* sera toujours considérée comme le sujet principal, et la croix comme l'accessoire. Les gentils ne peuvent d'ailleurs se persuader qu'une petite croix si peu apparente soit placée là pour annuler le culte de *Pillaiyâr*, si célèbre et si ancien ; aussi ne regardent-ils ce relief comme un enjolivement, et n'en croient-ils pas moins que les chrétiens ont une dévotion particulière pour le dieu *Pillaiyâr*, et en font le lien de leur mariage. Il est très-probable que les PP. Jésuites ont aussi ajouté la croix aux autres *tâli*, qui ne sont pas d'ailleurs moins condamnables que celui de *Pillaiyâr*.

Une femme mariée (on a déjà vu que ni une veuve ni une jeune fille ne peuvent représenter la fécondité de *Latchimi*) prend une des lampes pour prier *Latchimi* de combler les époux de toutes sortes de prospérités, et de leur accorder les lumières nécessaires pour conduire leur famille et pour assurer le succès de toutes leurs entreprises. Une autre femme, également mariée, prend le petit pot d'eau *kadavâri*; ces deux femmes tournent trois fois autour de l'autel en précédant les époux; celle qui tient le vase en laisse tomber l'eau goutte à goutte, afin qu'aucun maléfice ne puisse approcher ni des époux ni des assistants à la cérémonie.

La pierre ronde représente le dieu Roudra, et la pierre plate, la déesse *Kavouri*. Lorsque les époux tournent autour de l'autel, le fiancé prend chaque fois le pied de son épouse, et le fait toucher à la pierre plate : c'est un serment qu'il fait à son épouse de lui être fidèle, comme Roudra l'a été à *Kavouri* (4). Cette cérémonie terminée, l'épouse lève les yeux vers l'étoile *Aroundâdi*; son mari lui demande si elle a vu *Aroundâdi*; elle répond qu'elle l'a aperçue; c'est un serment qu'elle fait d'être aussi fidèle à son époux qu'*Aroundâdi* (5) l'a été au sien.

Les femmes des pagodes sont des filles consacrées dès leur enfance aux danses et aux jeux qui se célèbrent en l'honneur des dieux (6); elles contribuent toujours aux divertissements qui accompagnent les cérémonies du mariage. L'on a coutume, le jour des noces, d'orner l'épouse de

---

(1) Cette arme est nommée *moushala* ou *mouchala*; elle est quelquefois remplacée par le *trishoûla* ou trident. E. J.

(2) L'auteur, en cet endroit, commence une longue polémique contre les Jésuites, au sujet de leurs transactions avec les usages nationaux des Tamouls; j'ai omis cette discussion, absolument dépourvue d'intérêt. E. J.

(3) Sonnerat confirme ce fait ( tom. I, pag. 181 ). Il nous apprend que l'on conservait encore de son temps , au greffe du tribunal de Pondichéry, les pièces de l'enquête judiciaire ordonnée, à la sollicitation de quelques missionnaires, sur l'autorisation accordée par les Jésuites aux Malabars chrétiens de porter le *tâli* ordinaire. E. J.

(4) D'autres auteurs s'accordent à attribuer une autre intention à cette cérémonie. Cette pierre plate ( en sanskrit *drishad*, en tamoul *ammi*) est celle qui sert à broyer les grains et les épices dont on assaisonne les mets; en posant sur cette pierre le pied de sa femme, le mari lui rappelle ses devoirs de bonne et diligente ménagère. E. J.

(5) Incorrectement écrit dans l'original *Arandai* et *Arandâdi*. *Aroundâdi*, ou *Aroundhatî*, épouse de *Vasichtha*, l'un des *Maharchi*, doit à sa chasteté la place qu'elle occupe auprès de son époux dans la constellation de la *grande ourse*; seule entre les épouses des sept *Maharchi*, elle ne succomba point aux séductions d'*Agni*. Les six compagnes d'*Aroundhatî*, exclues de la constellation arctique, furent long-temps errantes dans les cieux ; *Aroundhatî* continua d'être au ciel une étoile compagne de celle de *Vasichtha*, et sur la terre, le plus parfait modèle de la fidélité conjugale. E. J.

(6) Voyez, dans la suite de ces extraits, le chapitre intitulé : *Dévaddchi ou femmes des pagodes*.

APPENDIX. 31

toutes sortes de joyaux; on ne manque presque jamais de lui mettre au front un bijou d'or qu'on nomme *mayilâr* (1). Ce bijou représente un paon qui tient un serpent dans son bec, et qui sert de monture au dieu *Choupiramaniyen*. Voici la fable qu'on rapporte à ce sujet.

*Chourapadoumen*, *Piragamâsouren* et *Tourougâsouren* étaient trois frères de la race des géants (2); ils avaient une sœur nommée *Achamouli*. Ces géants, après avoir fait une longue pénitence, demandèrent à Shiva, comme une récompense de leurs travaux, de ne point périr de la main des hommes, d'être victorieux dans toutes leurs guerres, et enfin de ne pouvoir être tués par celui qui a cinq visages; ils voulaient désigner ainsi Shiva lui-même. Toutes ces grâces leur furent accordées. Les géants allèrent aussitôt faire la guerre à tous les rois des sept mondes inférieurs, et, comme rien ne pouvait résister à leur puissance, ils en subjuguèrent une grande partie. Non contents de ce succès, ils portèrent la guerre jusque dans le ciel de *Dévendiren*. Les dieux qui y résidaient, assemblèrent toutes leurs forces, et leur livrèrent plusieurs fois de très-grandes batailles; cependant les géants remportaient toujours sur eux de faciles victoires, et réduisaient à la servitude tous ceux qu'ils prenaient. *Dévendiren*, craignant que les géants n'enlevassent son épouse, l'envoya dans le *poûlôgam* (3), c'est-à-dire dans le monde des hommes, accompagnée de plusieurs gardes, et lui recommanda de se cacher dans une forêt. Ayant appris que la femme de *Dévendiren* était en ce lieu, *Achamouli* s'y rendit sous prétexte de la visiter, avec l'intention de l'enlever et de l'amener à ses frères. Mais les gardes vinrent au secours de leur reine, et indignés de l'audacieuse entreprise de cette sœur des géants, lui coupèrent le nez et les bras avant de la relâcher. A la vue de leur sœur ainsi mutilée, les géants entrèrent en fureur et résolurent de mettre à feu et à sang tout le ciel de *Dévendiren*. Après la perte de plusieurs batailles, sentant leurs forces diminuer de jour en jour, et craignant déjà de succomber à la fureur des géants, les dieux adressèrent d'humbles prières à Shiva, pour lui demander du secours. Shiva, pour réparer tous ces désordres, fit naître *Choupiramaniyen*, qui a six têtes (4), et l'envoya, accompagné de plusieurs millions de dieux, faire la guerre aux géants. Les combats furent rudement soutenus de part et d'autre. *Choupiramaniyen* réussit cependant à défaire les géants : il ne restait déjà plus que *Chourapadoumen* qui lui résistât; il le coupa en deux par le milieu du corps. Il vit alors avec étonnement les deux parties de ce corps se changer, l'une en un paon, l'autre en un coq, qui s'élancèrent sur lui avec fureur. Il parvint cependant à en triompher; il fit du paon sa monture ordinaire, et plaça le coq sur son étendard. Shiva, pour perpétuer la mémoire des exploits de *Choupiramaniyen*, prescrivit de fabriquer des figures, qui le représentassent monté sur un paon;

(1) Ce mot est formé de *mayil*, altération tamoule du sanskrit *mayoûra* et de la particule honorifique *âr*. E. J.

(2) Le premier nom se lit dans l'original *Chouraptum* ou *Chouraptam*; c'est évidemment une altération de la forme tamoule de *Sourapadma*: le nom suivant se lit dans l'original *Pergamasouren*; je conjecture qu'il représente le sanskrit *Prakramâsoura*: je ne puis vérifier les noms de *Tourougâsouren* et d'*Achamouli* (peut-être *Adjamoûlî*), parce que je ne les ai pas rencontrés ailleurs. Je n'hésite pas à croire légitime la restitution du premier nom, car il est évident que nous avons ici une des versions shaivites de la légende de *Tripoura*. J'ai déjà observé que la fable rapportée par l'auteur au sujet de l'*arachou*, présentait une variante de cette légende multiforme; je dois ajouter que la première partie en est identique avec la version vechnavite donnée par le *Bhâgavata*. Les shaivites varient eux-mêmes non seulement sur les circonstances de ce fait mythologique, mais encore sur le personnage de *Tripoura* et sur celui de son vainqueur. Les uns prétendent que *Tripoura* était le nom commun de trois *asuras*, les autres reconnaissent dans *Tripoura* un *asura* à trois formes ou à trois têtes; cette dernière opinion paraît avoir été autrefois admise dans le sud de l'Inde; elle peut servir à expliquer le nom de la ville de *Tirichirâpalli*: on ne s'accorde pas mieux à reconnaître la contrée soumise au pouvoir de *Tripoura*. L'opinion généralement admise aujourd'hui lui place dans le *Tipperah*, l'*Arakan* y compris; aussi les souverains du *Pegou* ont-ils adopté le coq pour sceau royal. Le vainqueur de *Tripoura*, suivant une des versions shaivites, fut Shiva lui-même (*Pouradoich* ou *Tripouradahana*) qui consuma les trois villes par un effroyable éclat de rire; cette version a été suivie par l'auteur d'un drame sanskrit aujourd'hui perdu, le *Tripouradaha*: suivant une autre version, *Sourapadma* et les deux autres *Tripoura* furent réduits par *Soubrahmanya*, fils de Shiva. Il faut d'ailleurs observer que *Indra* est aussi surnommé *Pouranda* ou *Pourandara*, et que le mythe des montagnes ailées n'est pas sans rapport avec celui des villes volantes. E. J.

(3) Incorrectement écrit dans l'original *poulaham*. *Poûlôgam* est l'altération tamoule du sanskrit *Bhoûlôka*, monde de la terre. E. J.

(4) *Soubrahmanya* ou *Skanda* fut produit de la semence de Shiva, jetée dans le feu du sacrifice; telle est la tradition pouránique; une autre tradition a cours dans le sud de l'Inde; *Roudra*, dans un accès libidineux, se mêla aux cinq *bhoûta* ou éléments, et de cette monstrueuse union naquit *Soubrahmanya*; c'est ainsi qu'on rend compte des six têtes de ce dieu. Les mythologues du sud de l'Inde ne s'accordent pas mieux avec ceux de l'Inde supérieure sur la signification du nom de *Soubrahmanya* (en tamoul *Choupiramaniyen* ou *Choupiramaniyâr*); on connaît l'explication qu'en donnent les pandits; les Tamouls, presque tous étrangers à la connaissance de la langue sanskrite, en proposent une étymologie qui n'a d'autre mérite que d'être généralement admise; ils dérivent la forme tamoule de ce nom du mot *choupiramani* (*shoubhramani*) et l'interprètent par *semblable au diamant*. *Soubrahmanya* reçoit un culte particulier, sous le nom de *Koumâra*, dans le district de *Pajani*, situé dans les montagnes du Madouré; on possède un *Pajanimâhâtmyam* rédigé en tamoul. Il reçoit aussi des hommages pieux à *Kattegeram*, dans l'île de Ceylan, mais il n'y est considéré que comme un dieu serviteur et gardien de *Bouddhâ*; le seul pouvoir que lui accorde la croyance populaire, est de rendre la santé aux *Kchatriya*. E. J.

APPENDIX.

ce sont ces figures qu'on nomme *mayilâr*. Les femmes chrétiennes et gentiles portent ce *mayilâr* aux jours de grandes fêtes. Lorsque les gentils portent *Choupiramaniyen* en procession, ils le figurent toujours monté sur un paon, et précédé par son étendart, sur lequel est un coq.

Les PP. Jésuites ont encore voulu s'approprier le culte de *Choupiramaniyen*; ils ont, au lieu de l'idole de ce dieu, placé sur le paon l'image de la Vierge. Quelques chrétiens de Pondichéry portent cette espèce de *mayilâr;* plusieurs autres portent le *mayilâr* des gentils. Quant aux missions avancées dans les terres, il est certain que les chrétiens n'y portent jamais d'autre *mayilâr* que celui des gentils, c'est-à-dire la figure de *Choupiramaniyen* monté sur un paon.

Il est à remarquer que lorsque les chrétiens marient leurs enfants avec les enfants des gentils, ils font extérieurement toutes les cérémonies d'un véritable mariage, quoiqu'ils n'aient réellement d'autre intention que celle de faire une promesse ou des fiançailles. L'excuse qu'apportent les PP. Jésuites, c'est que les gentils ont coutume de marier réellement leurs enfants dès l'âge de deux ou trois ans, que si les chrétiens avouaient que leur religion ne leur permet pas de marier leurs enfants avant l'âge de raison, les gentils ne voudraient unir leurs fils ou leurs filles qu'à des familles gentiles, et que les chrétiens perdraient ainsi en même temps les moyens d'enrichir leurs enfants et l'espérance d'attirer d'autres familles à notre religion. Cette célébration de mariage n'en est pas moins irrégulière. Le catéchiste délégué par les PP. Jésuites fait, aux fiançailles, toutes les cérémonies qu'on a coutume d'observer dans le mariage réel des chrétiens, à cette exception près que les époux ne se rendent pas à l'église. Les gentils n'en pensent pas moins que le mariage est réellement accompli : l'époux y attache le *tâli* au cou de son épouse, ce qui est pour les gentils le signe essentiel d'un mariage immédiat. L'époux venant à mourir, son épouse, bien qu'elle n'eût que deux ou trois ans, demeurerait veuve le reste de ses jours, si elle appartenait à une caste distinguée....

Lorsqu'une veuve appartenant à une basse caste se remarie, on se contente d'assembler quelques-uns des plus proches parents; on fait presque secrètement la cérémonie du *manapongal*, et l'on attache le *tâli*, sans en répandre la nouvelle.

Voici un fait surprenant : Le 5 mars 1704, M^gr le Patriarche d'Antioche délégua M. Sabino Mariani, son auditeur, pour assister au mariage d'un chrétien nommé *Tirouvenkatam*, dont le père s'appelait *Peroumal* (ce sont deux noms de divinités). Les PP. Jésuites célèbrent une partie de la cérémonie ; ils cachèrent par exemple les trois pots *Kangai* et *kadavâri*, ainsi que les cinq petits pots remplis de grains germés : mais l'auditeur ne fut pas plus tôt sorti, qu'ils les rétablirent à leur place ordinaire, et les y laissèrent toute la journée, parce que, la nuit suivante, les chrétiens devaient encore s'assembler à la maison nuptiale pour faire une procession par les rues de la ville. Les PP. laissèrent aussi les cocos sur les deux pots, sans les casser, pour ne point laisser soupçonner qu'ils faisaient des sacrifices au dieu *Pillaiyâr*.... Au mois de septembre de l'année 1706, il se célébra à Pondichéry un singulier mariage. Le père de l'épouse, chef de sa famille, était chrétien ; sa fille était gentile et s'unissait à un gentil : le père fit célébrer toutes les cérémonies du mariage dans sa maison ; on y planta l'*arachou*, on y attacha le *mouroukou*, les brahmanes y firent les divers sacrifices de riz, de cocos et de feu, ainsi que toutes les autres cérémonies gentiles ; des chrétiens y assistèrent, et présentèrent les deux poignées de riz aux genoux, aux épaules et sur la tête des époux : or c'était le chef de la famille qui faisait les frais de la cérémonie et qui en avait ordonné tous les préparatifs (1).....

CHAPITRE XVIII.

*Superstitions relatives aux règles des femmes.*

Vivement irrités contre le dieu *Dévendiren* qui venait de couper la tête à *Locheta Brahmâ*, fils de Brahmâ (2), les dieux le bannirent de son ciel et le condamnèrent à renaître dans le monde, pour faire

---

(1) La mention de ces deux dates peut faire penser que l'auteur de ce traité le rédigeait vers l'année 1710. Il nous apprend dans un autre passage que le Gouverneur des possessions françaises dans l'Inde, au moment où il écrit, est M. le chevalier Hébert ; cette indication s'accorde avec l'autre donnée. E. J.

(2) J'ai conservé l'orthographe du manuscrit, parce qu'il me reste des doutes sur le caractère réel du personnage désigné par ce nom ; je conjecture que les mythologues modernes ont confondu deux légendes en une seule, et ont créé un nouveau personnage mythologique en réunissant sur lui deux noms propres empruntés à ces deux légendes. La première est celle que la secte de Shiva a inventée pour exprimer la dégradation religieuse de Brahmâ, celle qui raconte comment ce dieu fut privé d'une de ses cinq têtes ; elle a été reproduite sous tant de formes différentes, que si l'on additionnait les résultats de toutes ces versions, il ne resterait plus aujourd'hui une seule tête au dieu *Sarvatômoukha*; les versions les plus généralement reçues sont les suivantes : pressé d'un désir incestueux, Brahmâ devenu cerf, poursuit à travers les forêts *Saraswati* sa propre fille transformée en biche ; Roudra indigné lui fait sauter sa cinquième tête d'un seul coup d'ongle : Brahmâ n'a pu atteindre la tête, Vichnou n'a pu toucher les pieds de Shiva ; Brahmâ affirme cependant, par un serment, qu'il a atteint la tête de *Mahâdeva*;

# APPENDIX. 33

pénitence de ce meurtre. Le châtiment était terrible, et cependant *Dévendiren* ne pouvait espérer d'obtenir la complète expiation de son crime; aussi était-il livré au désespoir. Les dieux, touchés enfin de sa misère, répartirent le reste de l'expiation sur les femmes, sur la terre, sur les eaux et sur les arbres. Dès lors le péché de *Dévendiren* fut imprimé au flux mensuel des femmes; les dieux déclarèrent qu'elles seraient impures et immondes pendant tout le tems qu'elles auraient leurs règles, et que tout ce qu'elles toucheraient serait souillé comme elles. Afin de se garantir de cette souillure, on les enferme pendant trois jours, sans qu'elles puissent communiquer avec personne. S'il arrive qu'on les touche involontairement, on a grand soin d'aller aussitôt se purifier dans l'eau; manquer à cette loi religieuse serait, selon les gentils, un péché du premier ordre. Le quatrième jour, les femmes se purifient dans l'eau, changent d'habits et rentrent dans l'intérieur de la maison. Si ce sont des brahmines, on leur fait boire le *panjagaviyam* (1), qui est une potion de lait doux, de lait caillé, de beurre, d'urine de vache et de fiente de vache; si ce sont des femmes appartenant à d'autres castes, on leur présente à boire une potion composée seulement de lait doux, de lait caillé et de beurre. Ce n'est qu'alors qu'elles sont purifiées de leur souillure.

La souillure imprimée aux arbres par le péché de *Dévendiren* consiste dans leurs gommes; si l'on touche la gomme de quelque arbre que ce soit, il faut se purifier dans l'eau. Le péché de *Dévendiren* jeté sur les eaux est leur écume; dès qu'on la touche, on devient impur et on ne peut effacer cette souillure qu'en se purifiant dans l'eau. La terre porte le péché de ce dieu imprimé dans une espèce de terre jaunâtre dont les blanchisseurs font usage; comme ils sont obligés par leur métier de toucher souvent cette terre, qui leur sert à blanchir le linge (2), les brahmanes les regardent comme des hommes immondes, et ont toujours soin de laver de nouveau le linge qui sort des mains du blanchisseur.

J'ai dit que l'on enfermait pendant trois jours les femmes qui avaient leurs règles; il faut entendre cela des femmes qui appartiennent à des familles un peu nombreuses; car s'il n'y avait dans une maison que le mari et la femme, et que la femme fût ainsi enfermée, le mari n'aurait personne pour préparer ses aliments; dans ce cas, la femme demeure seulement enfermée pendant trois nuits; tous les matins, après s'être bien lavée et avoir changé de vêtements, elle fait le ménage: cela n'empêche pas d'ailleurs qu'elle n'observe la cérémonie du quatrième jour.

On fait une plus grande cérémonie la première fois qu'une jeune fille a ses règles; on la tient enfermée pendant sept jours; on envoie de petites boules de riz cuit aux parents et aux amis pour leur faire part de la puberté de sa fille (3). Le huitième jour, les parentes et les amies s'assemblent dans la maison de la jeune fille et lui offrent des présents, chacune selon ses moyens. Après que la jeune fille s'est purifiée dans l'eau, ses parents l'habillent, l'ornent de fleurs, et lui font boire le *panjagaviyam*; puis, les plus proches parentes prennent du riz des deux mains et vont, l'une après l'autre, présenter ce riz aux genoux, aux épaules et à la tête de la jeune fille, en laissant tomber de temps en temps quelques grains (4).

Les femmes et les filles chrétiennes célèbrent toutes ces cérémonies aussi bien que les gentiles. Loin de désabuser le pauvre peuple de toutes ces erreurs, les catéchistes des PP. Jésuites sont les plus empressés à l'y maintenir. Lorsqu'ils font le catéchisme dans les églises, ils enjoignent publi-

---

*Mahâdeva* lui abat une de ses têtes : Brahmâ insulte Shiva; Shiva produit son énergie sous la forme terrible de *Bhairava*, qui arrache une tête à Brahmâ, et en fait servir le crâne à recevoir le sang des dieux complices de son audace : Roudra veut venger sur Brahmâ une innocente méprise de *Parvati*; il lui arrache une tête (voyez, dans la suite de ces extraits, le chapitre intitulé : *Origine du linga*). Faut-il reconnaître dans le récit de notre auteur une nouvelle variante de ce mythe shaivite? Je pense qu'on a attaché par habitude le nom de Brahmâ à une légende qui lui est absolument étrangère, et dont on trouve le récit dans le sixième livre du *Bhâgavata*. *Indra* humilié et réduit à implorer la protection de l'*asoura Doûchita*, reçoit pour maître spirituel le fils de cet *asoura*, nommé *Vishwaroûpa*, et triomphe de ses ennemis; trahi bientôt par *Vishwaroûpa* lui-même, *Indra* lui abat d'un seul coup ses trois têtes, qui s'envolent transformées en oiseaux; il se livre ensuite à la pénitence pendant une année divine, en expiation de ce meurtre, et jette sa souillure sur la terre, sur les eaux, sur les arbres et sur les femmes. Le nom de *Locheta* ne me parait être autre chose qu'une mauvaise transcription de *Doûchita*. *Vishwaroûpa* me parait être ici un surnom d'*Agni*. E. J.

(1) Ce mot est l'altération tamoule du sanskrit *pantchagavya*, qui signifie *les cinq choses fournies par la vache*. On verra, dans la suite de ces extraits, que l'usage du *pantchagavya* est ordonné par la loi religieuse dans plusieurs autres circonstances. E. J.

(2) Voyez la feuille v de la xiii<sup>e</sup> livraison de l'*Inde Française*. Cette terre dont on trouve de grandes couches dans le Maïssour, est nommée par les Tamouls *vellâvi* ou *chavoulmannou*, terre de savon (*chavoun*). E. J.

(3) C'est ordinairement le barbier de la maison qui est chargé de porter ce singulier message. E. J.

(4) Cette cérémonie est vulgairement nommée dans le sud de l'Inde le *second mariage*; c'est en effet dès ce moment que l'époux entre en possession de ses droits conjugaux. La jeune fille se tient, pendant les sept jours de réclusion, dans un petit pavillon construit en chaume près de la maison paternelle. E. J.

APPENDIX.

quement aux femmes de ne venir ni à confesse ni aux assemblées des fidèles, tant qu'elles ont leurs règles.....

## CHAPITRE XIX.
*Première grossesse des femmes.*

Le septième mois de la première grossesse des femmes, on célèbre une cérémonie solennelle (1). On dresse, comme dans les autres occasions, une espèce de tente au milieu de la cour de la maison ; le mari envoie du bétel à tous ses parents et amis pour les convier à la fête. Aussitôt que tout le monde est assemblé sous la tente, on fait du riz *pongal;* on met ce riz sur des feuilles de figuier, on y ajoute des morceaux de figues pilées, du sucre et du beurre en forme de libation ; on présente cette offrande aux dieux ; on casse un coco en sacrifice à *Pillaiyâr;* on passe ensuite une guirlande au cou de la femme enceinte, on la pare de plusieurs joyaux et on la fait asseoir : on apporte alors devant elle un plat sur lequel il y a du riz et un autre plat où il y a du safran et de la chaux délayés dans de l'eau; toutes les femmes, l'une après l'autre, prennent ces plats et les passent trois fois devant le visage de la femme enceinte, pour la délivrer des sorts et des maléfices que de mauvais regards auraient jetés sur elle ou sur son enfant : on apporte enfin un autre plat dans lequel il y a du lait, et l'on remet aux assistantes des pièces d'or ou d'argent ; la femme enceinte se courbe, tenant les bords du plat entre ses mains, puis chacune de ses amies, l'une après l'autre, prend une de ces pièces et la lui pose entre les épaules. L'intention de cette dernière cérémonie est de souhaiter à la mère et à son enfant les bénédictions de la déesse *Latchimi*, c'est-à-dire une grande abondance de biens, et d'obtenir à l'enfant un heureux destin (2).

Les femmes chrétiennes observent toutes ces cérémonies, lorsqu'elles sont enceintes pour la première fois ; le seul point sur lequel elles diffèrent des gentiles, c'est qu'au lieu de l'idole de *Pillaiyâr,* elles placent devant elles l'image de la Vierge, en l'honneur de qui, disent-elles, se font toutes ces cérémonies.....

## CHAPITRE XX.
*Superstitions relatives à l'accouchement des femmes.*

Il y a trois règles qui regardent l'accouchement des femmes. La première concerne la souillure ; elle déclare les femmes des brahmanes immondes pendant les dix jours qui suivent leur accouchement, qu'elles aient mis au monde un fils ou une fille, les femmes des râdjas, immondes pendant onze jours, les femmes de la troisième caste, immondes pendant quinze jours, et celles des castes inférieures, immondes pendant trente-un jours (3). Cependant l'usage a prévalu que ces dernières ne demeurent immondes que pendant cinq ou sept jours. Les femmes sont, pendant tout ce temps, tellement immondes, qu'elles communiquent leur souillure à tout ce qu'elles touchent; aussi, pour éviter leur contact, les enferme-t-on soit dans une chambre particulière, soit dans quelque lieu

---

(1) L'institution de la cérémonie du septième mois de la gestation se trouve dans les plus anciens monuments de la législation indienne ; mais cette cérémonie différait absolument de celle que l'on pratique aujourd'hui dans le sud de l'Inde. Elle était précédée de trois autres cérémonies religieuses (*samskara*), dont la première, nommée *garbhâdhâna*, cérémonie de la conception, doit être célébrée, suivant *Yâdjñawalkya*, dont l'intention n'a pas été comprise par son commentateur, avant que la menstruation n'ait cessé (*ritou*) ; la seconde, nommée *poumsavana* ( sacrifice pour obtenir un enfant mâle ), doit être célébrée, suivant l'autorité de *Pâraskara*, le second ou le troisième mois de la gestation, avant les évolutions du fœtus, suivant la définition légale d'*Yâdjñawalkya;* la troisième, nommée *navalôbhana*, omise par *Yâdjñawalkya*, et que je ne connais que par un passage de *Mallinâtha*, cité par M. Stenzler, doit être célébrée, suivant l'autorité d'*Açwalâyana*, dans le quatrième mois de la conception ; la cérémonie, nommée *sîmanta* ou *sîmantônnayana* ( séparation des cheveux ), doit être célébrée, suivant *Yâdjñawalkya*, le sixième ou le huitième mois de la gestation, ce qui revient au septième mois du rituel des Tamouls : je ne pense pas que l'intention de cette dernière cérémonie ait encore été expliquée ; M. Wilson dit seulement que l'acte principal de la cérémonie consiste à rejeter des deux côtés les cheveux de la femme enceinte, de manière à tracer une ligne jusqu'au sommet de la tête ; je suis persuadé qu'on avait l'intention d'ouvrir ainsi à l'*âtman* qui venait animer l'enfant ses voies ordinaires, celles qui lui sont assignées dans plusieurs passages des *oupanichad*, dans celui de l'*aitarêyôpanichad* par exemple, où il est dit : *Séparant les cheveux des deux côtés de la ligne, l'Esprit perça cette ligne et entra dans le corps par la voie du cerveau*. Le commentateur d'*Yâdjñawalkya* déclare d'ailleurs que ces cérémonies, destinées à purifier le *champ* (la *femme*), ne doivent être observées que dans la première gestation ; il s'appuie de l'autorité d'un texte de l'ancien législateur *Dêvala*. E. J.

(2) Les épaules, et par extension les bras, sont considérés par les Indiens comme le symbole de la force et du courage ; *Mahâbahou*, aux grands bras, *Sahasrabahou*, aux mille bras, sont des épithètes et des noms des héros de leur ancienne histoire. E. J.

(3) Les Indiens ont étendu même à certains animaux la notion de l'impureté qui suit la parturition : la loi de Manou défend de boire le lait de la vache pendant les dix jours qui suivent celui où elle a vêlé : on voit que la durée de l'impureté est la même pour la vache et pour la femme du brahmane. E. J.

APPENDIX.                                           35

séparé, où l'on a soin de leur apporter tout ce qui leur est nécessaire. Les femmes chrétiennes n'observent pas moins exactement cette règle, et les personnes de leur famille évitent avec autant de soin de les toucher, que le feraient les gentils (1).....

Les brahmanes ont ajouté à cette règle le devoir d'observer la constellation sous laquelle naissent les enfants, pour savoir s'ils seront heureux ou malheureux. On ne manque donc pas d'appeler des brahmanes qui emploient toute leur science à déterminer astronomiquement le moment de la naissance de l'enfant, ainsi que la constellation dominante (2) ; car ils prétendent deviner par ce moyen le destin écrit dans la tête de l'enfant par le dieu Brahmâ ; les parents ont grand soin de conserver cette observation, afin qu'au moment de pourvoir au mariage de leurs enfants, ils puissent mettre les brahmanes à même de décider si les personnes que l'on veut unir pourront être heureuses ensemble.......

Si ces supputations avaient quelque valeur, il est évident qu'il ne dépendrait le plus souvent que de la volonté de la mère de donner le jour à des enfants heureux ou malheureux ; car si elle était prête à accoucher dans un moment auquel présiderait une constellation funeste, l'aspect du ciel changeant à chaque instant, elle n'aurait qu'à s'efforcer de retenir son fruit un demi-quart d'heure de plus, et elle mettrait au monde un roi, un général d'armée, ou quelque grand seigneur, selon le moment déterminé par l'astrologue pour une pareille naissance..... Pour en venir aux exemples, nous dirons aux brahmanes que, de deux hommes nés sous une même constellation, l'un meurt dans son lit et l'autre est noyé ; et cependant ils n'ont pas prédit le genre de mort de chacun. S'ils répondent que l'on n'a pas fait d'observations exactes au moment de leur naissance, que ces observations exactement faites, on eût trouvé assez de différences notables pour leur présager à chacun une mort différente, il faudra en conclure qu'on ne doit pas se fier à leurs observations, puisque les signes de ces différences leur échappent. Que diront-ils d'ailleurs de tant de gens dont la mort est semblable, quoiqu'ils soient nés sous des constellations différentes ? cent hommes périssent dans un naufrage, dix mille sont tués dans une bataille ; comment les astres ont-ils réglé cela ? Les brahmanes ne sachant que répondre, donneront de ces signes l'explication qui leur conviendra le mieux, quand ils verront les événements accomplis. Pour ce qui est de la peste et des autres maladies contagieuses, les personnes qui y sont dévouées par les prédictions des brahmanes, pourront y être soustraites par le hasard, pourront être éloignées du danger, sans qu'elles l'aient prévu, ou même contre leur volonté ; des occupations les retiendront constamment dans leur maison, et les préserveront ainsi du contact d'une atmosphère pestilentielle. Pour ce qui est d'être noyé ou d'être tué dans une bataille, on peut n'être pas forcé d'aller sur mer ou de porter les armes ; des accidents imprévus peuvent même mettre obstacle au dessein qu'on en aurait. Les brahmanes prétendent aussi se servir de leur art pour conjecturer ce que l'on doit attendre de chaque entreprise particulière, pour décider si un homme doit suivre une certaine affaire, s'il doit commencer un voyage un certain jour, ou bien s'il fera quelque profit dans le commerce, si l'armée d'un prince remportera la victoire sur celle d'un autre prince (3) ; ils disent que cette divination sert beaucoup à la conduite de la vie ; qu'en effet, s'ils

-----

(1) L'auteur observe que cette institution religieuse est assez semblable à celle dont il est fait mention dans le Lévitique, chap. 12 : *mulier si sumpto semine pepererit masculum, immunda erit septem diebus*, etc. Il faut ajouter, contre son opinion présumable, que ce rapport est accidentel. E. J.

(2) L'astrologie tient une grande place dans la littérature de l'Inde méridionale ; c'est sans doute à la considération dont jouissent ceux qui en possèdent les éléments, qu'il faut attribuer le zèle des brahmanes pour les études astronomiques, ou plutôt pour les fausses applications qu'ils en font ; il faut observer en effet que l'astronomie est aujourd'hui la seule science qui soit encouragée dans ces contrées, par le besoin qu'on éprouve de l'employer dans la conduite de la vie, la seule à laquelle les mœurs actuelles aient laissé quelque valeur. Les astrologues sont nommés *panjdngakârer*, et leur prétendue science *panjángam* ou la *réunion des cinq parties intégrantes* d'un thème astrologique ; ces éléments sont : 1° le *tidi* ou le jour du mois lunaire ; 2° le *odrom* ou le jour de la semaine ; 3° le *ankchétiram* ou la mansion lunaire ; 4° le *yôgam* ou la portion du grand cercle mesuré sur le plan de l'écliptique, déterminée par rapport avec la mansion lunaire ; dans l'usage astrologique, le jour heureux ou malheureux ; 5° le *karanam* ou la division du temps mesuré d'après l'aphélie de la lune. Comme l'observation de ces points est nécessaire pour dresser l'horoscope, et que du moment de la naissance dépend le sort et la fin de la vie, on nomme également *panjaigai* le thème de nativité, et le fatal registre sur lequel *Yama* inscrit les actes de la vie et l'heure de la mort.

Les anciens voyageurs rapportent que l'usage des rois du Maïssour était, lorsqu'il leur naissait un enfant, d'envoyer mettre le feu à quelques villages, comme pour éclairer le ciel, pendant que l'on y observait le moment de la naissance ; des familles entières périssaient souvent dans ces vastes incendies : aussi la naissance d'un prince était-elle la première des calamités dont devaient être affligés ses sujets. E. J.

(3) Les brahmanes ont une théorie complète sur les bons et les mauvais présages. Au nombre de ces derniers est la rencontre du chien qui secoue les oreilles, d'un âne, d'un corbeau, ou bien d'un marchand d'huile ; ce dernier préjugé est le plus difficile à expliquer : le chant de l'oiseau nommé *chágourouvi* apporte un présage de mort dans la maison sur laquelle il s'est posé ; l'apparition d'une tortue dans une maison a la même signification : il n'y a que malheurs à attendre pour celui

prévoient que les desseins d'un homme doivent avoir du succès, l'assurance qu'ils lui en donnent, le confirme dans ces desseins; que s'ils prévoient que ces desseins ne doivent au contraire lui attirer que du mal, leur avis le lui fait éviter (1).....

### CHAPITRE XXI.
#### Purification.

La deuxième règle concerne la purification de l'accouchée : elle a lieu le onzième jour pour les brahmines, le douzième pour les femmes de la tribu royale, le seizième pour les femmes de la troisième caste, et le trente-deuxième pour les autres femmes malabares, ou bien le sixième et le huitième jours, d'après l'usage rapporté ci-dessus. Ce jour-là on lave tous les meubles, on tapisse toutes les places de la maison avec de la fiente de vache; il y en a même qui jettent dehors tous les pots de terre et en achètent de neufs (2). La femme accouchée va se purifier dans l'eau et revient à la maison boire la potion dont nous avons parlé. Les femmes chrétiennes observent aussi très-soigneusement cette règle......

### CHAPITRE XXII.
#### Présentation.

La troisième règle concerne la présentation (3). Le mari a soin de prier la veille tous les parents et amis d'assister à la cérémonie : dès qu'ils sont arrivés, la femme, portant son enfant entre ses bras, vient s'asseoir auprès de son mari au milieu de l'assemblée. Les brahmanes récitent plusieurs prières sur l'enfant, afin d'implorer pour lui toutes les bénédictions des dieux et de le dévouer à leur service, selon sa condition ; puis ils font un sacrifice, dans le feu duquel ils jettent un peu de riz, et répandent un peu de beurre fondu...... Cette cérémonie se fait sous une tente ornée avec luxe que les brahmanes bénissent à cette occasion. Il n'y a guère d'ailleurs que les brahmanes, les princes et les personnes riches qui observent cette cérémonie ; les pauvres gens ne se font aucun scrupule de s'en dispenser. Il est bien vraisemblable que, dans les missions plus avancées dans l'intérieur des terres, les catéchistes font une grande partie de cette cérémonie : au moins, les femmes attendent-elles jusqu'au quarantième jour pour aller à la messe.

### CHAPITRE XXIII.
#### Imposition du nom.

Dès que la cérémonie de la présentation est terminée, on s'occupe de celle qui a pour objet de donner un nom à l'enfant. Les brahmanes examinent l'observation horoscopique faite à sa naissance (4), et choisissent un nom qui soit en rapport avec la constellation qui y a présidé : ce nom est toujours celui de quelque divinité (5) ; comme la première syllabe du nom de quelqu'une des vingt-

qui commence un voyage vers l'ouest le vendredi, vers l'est le lundi et le samedi, vers le nord le mardi et le mercredi, vers le sud le dimanche et le jeudi ; ces prohibitions religieuses, nommées *chodlam*, sont d'ailleurs adroitement éludées dans la pratique par les Tamouls ; s'ils se trouvent obligés d'entreprendre quelque voyage un jour néfaste, ils le commencent la veille eu allant passer la nuit dans la maison d'un de leurs amis située à une des extrémités de la ville. On se moque, dans un drame satirique sanskrit, le *Hâsyârnava* (l'océan de railleries), d'un brahmane ignorant qui, prié d'indiquer un jour heureux pour entreprendre un voyage, désigne comme les plus propices le jour et l'astérisme qui présagent une mort prochaine. E. J.

(1) L'auteur, qui avait exactement suivi l'ordre des *samskâra* ou cérémonies purificatoires, omet ici le *djâtakarma*, dont l'acte principal consiste à présenter au nouveau né du beurre clarifié dans une cuillère d'or, avant de couper le cordon ombilical ; cette cérémonie n'est célébrée que par les brahmanes : les individus des autres castes se contentent de faire porter à leurs amis par le blanchisseur de la maison l'heureuse nouvelle de la naissance d'un enfant. E. J.

(2) Tous les membres de la famille doivent aussi se purifier en se baignant et se frottant la tête d'huile. E. J.

(3) Il faut observer que cette cérémonie, qui n'est qu'une suite de celle de la purification, se célèbre, ainsi que le *nâmakarma*, immédiatement après que la mère a bu le *panjagavîyam*, c'est-à-dire le onzième jour après la naissance. On ne peut se méprendre sur l'intention religieuse qui a porté l'auteur à nommer inexactement cette cérémonie *présentation*. E. J.

(4) Si les brahmanes trouvent dans le thème de nativité quelque fâcheux présage, ils célèbrent une cérémonie déprécatoire qui consiste à répandre du riz en offrande vers la région méridionale, la voie des hommes après leur mort, à remplir d'eau neuf vases en l'honneur des neuf planètes, et à répandre l'eau contenue dans ces vases, à travers une passoire percée de cent trous, sur la tête de l'enfant, de son père et de sa mère. Je ne trouve que dans Sonnerat les détails de cette cérémonie particulière. E. J.

(5) Cet usage est conforme aux textes de lois : le commentateur du code d'*Yâdjñawalkya* dit que le nom imposé à l'enfant doit être dérivé soit de celui de son grand-père ou de sa grand'mère, soit de celui de la divinité qui est particulièrement adorée par la famille ; il cite, à l'appui de son opinion, un texte de l'ancien législateur *Shankha*. L'usage des Tamouls est, lorsqu'ils ont perdu un enfant, de donner à celui qui naît ensuite quelque nom effrayant, pour écarter de lui les fâcheuses influences des astres et des regards envieux. E. J.

sept constellations (qui sont autant de déesses résidant dans les douze signes célestes), se trouve toujours renfermée dans le nom propre, celui qui le porte y trouve un continuel souvenir du bonheur ou du malheur qui doit lui arriver. Cela fait, on remplit un bassin de riz, sur ce riz le brahmane officiant écrit avec un anneau le nom du mois, le nom de la planète sous l'influence de laquelle l'enfant est né, ainsi que le nom de divinité qu'on veut lui donner. On apporte ensuite une feuille de figuier, on élève dessus un petit monceau de riz; sur ce riz on place un pot d'eau dans lequel il y a quelques feuilles de manguier, et sur l'embouchure du pot, un coco entier : le brahmane officiant récite des prières sur l'eau pour la consacrer; il prend pour aspersoir les feuilles de manguier et arrose de cette eau lustrale l'enfant et tous les assistants : il pose auprès de la feuille de figuier l'idole de *Pillaiyâr*, lui sacrifie le coco placé sur le pot d'eau, et met les deux moitiés de coco sur une feuille de figuier chargée de figues, de bétel et d'arèques; il sème quelques fleurs autour de l'idole, et fait brûler de l'encens en son honneur : cette cérémonie se fait en disant plusieurs prières; les brahmanes continuent pendant tout le temps d'entretenir le sacrifice de feu qu'ils avaient commencé à la cérémonie de la présentation. Les brahmanes révèlent enfin au père le nom de l'enfant, et le père appelle trois fois, à haute voix, son enfant par le nom qui lui a été donné. Le chef de la maison présente, par politesse, du bétel à toute l'assemblée, puis fait quelques présents aux brahmanes, et chacun se retire. Il n'y a guère que les personnes riches qui fassent ces cérémonies (1).....

## CHAPITRE XXIV.

*Cérémonies qui ont lieu aux funérailles des brahmanes* (2).

Dès que commence l'agonie du malade, on amène une vache dans sa chambre; si c'est un brahmane riche, on met aux pieds de la vache des cercles d'or ou d'argent, on la couvre d'un caparaçon magnifique, on lui attache une clochette au cou, et on la pare de tout ce que l'on peut avoir de plus précieux. Le brahmane maître des cérémonies, qui assiste le mourant, lui met entre les mains la queue de la vache; le mourant témoigne de cette manière qu'il donne la vache en aumône au brahmane, pour mériter l'entière rémission de tous ses péchés, et pour obtenir un heureux passage sur la rivière *Vaitarani*, rivière de feu qu'il faut passer pour entrer dans le séjour des morts (3). On étend ensuite dans la chambre, en deux endroits différents, deux couches de fiente de vache de la longueur d'un homme à peu près; on répand sur la première de la paille de riz, et on la recouvre d'une toile blanche; on jette sur la seconde des feuilles de *tarpai* et de *toulachi* (ces plantes représentent deux divinités) (4), et on la recouvre aussi d'une toile blanche; on met près de chaque couche une lampe allumée et entretenue

(1) L'auteur interrompt ici de nouveau l'ordre des cérémonies purificatoires ; il en reprend la suite dans les premiers chapitres de la seconde partie; il a néanmoins omis la cérémonie du *nichkramana* ou de la présentation de l'enfant à la lumière du soleil et à celle de la lune, qui se célèbre le quatrième mois après la naissance, et la cérémonie de l'*annaprâshana*, qui se célèbre dans le sixième et quelquefois dans le huitième mois, lorsque l'enfant commence à manger du riz. C'est à cette époque que l'enfant est sevré : les Tamouls ont ce singulier préjugé, que l'enfant qui suce le lait de sa mère, enceinte d'un enfant d'un autre sexe, maigrit insensiblement, et a peine à reprendre vigueur après avoir été sevré. E. J.

(2) Les rites funéraires ne sont pas exactement les mêmes pour toutes les castes, à quelque secte d'ailleurs qu'appartiennent leurs membres. Quant au fait si remarquable de l'inhumation opposée à la crémation comme cérémonie religieuse, il serait intéressant de rechercher si cette opposition n'avait pas primitivement un autre caractère, si elle ne représentait pas d'abord la différence de deux civilisations. Il est probable que les indigènes de la péninsule ont connu l'inhumation des corps dès avant l'invasion brahmanique; car on trouve encore dans ces contrées un grand nombre de tombeaux entourés de cercles de pierres dressées, et désignés aujourd'hui par les Tamouls sous le nom d'*habitations des râkchasa* : il est possible que les *shoddra* qui composent en très-grande partie la secte du *linga*, aient retenu et continué les usages funéraires de leurs ancêtres. E. J.

(3) La vache peut être également donnée en aumône au brahmane officiant par le fils ou par l'héritier désigné du défunt; quant aux princes, ils donnent aux brahmanes, dans la même intention, non pas la vache, symbole de la terre, mais la terre elle-même dans une de ses parties. La vache doit être ornée de dix choses précieuses; ce sont ordinairement des objets d'un grand prix. C'est cette vache qui aide le donateur à passer la *Vaitarani*; on ne s'accorde pas sur l'étymologie du nom de cette rivière; l'opinion la plus généralement admise, est qu'il signifie *la rivière qui ne porte point de bateau* ; une autre opinion le fait dériver de *turana*, un des noms du *swarga* ; aussi quelques-uns prétendent-ils que cette rivière entoure le ciel ; il est cependant plus probable que *Vaitarani* signifie *rivière de la donation* (*vitarana*). Les Tamouls, qui suivent plus loin encore que les autres Indiens les conséquences de leurs opinions, persuadés que l'âme d'un homme souillé de péchés doit nécessairement passer dans le corps d'un des animaux les plus abjects, attachent au cou de cet homme, au moment de sa mort, le corps d'un chien, pour que son âme soit recueillie par ce corps à son passage, et ne tombe pas plus bas encore. E. J.

(4) *Tarpai* est l'altération tamoule du sanskrit *darbha*, un des noms de l'herbe sacrée plus vulgairement connue sous celui de *kousha* (*poa cynosuroïdes*) : *toulachi* est le nom du basilic (*ocymum sanctum*). L'auteur dit plus bas que le *darbha* est consacré à *Vasichtha* ; le *toulachi* est une manifestation de *Lakchmî* : voyez, dans la suite de ces extraits, le chapitre intitulé : *Latchimi transformée en basilic*. Quand le mourant n'est pas un brahmane, on se contente de placer du *darbha* aux quatre coins de son lit, et de lui nouer au doigt un brin de cette herbe, nommé *koushângourhya* ou *anneau de kousha*. E. J.

38                                      APPENDIX.

avec du beurre. Ces dispositions faites, on range les cheveux et la barbe du moribond, et dès ce moment on ne lui donne plus ni à boire ni à manger; on lui lave le corps avec de l'eau froide, on le couche sur le lit recouvert de paille de riz, la tête tournée vers quelqu'une des rivières sacrées (1), et on lui couvre le corps de la toile blanche. Pendant ce temps, le brahmane lui dit quelques mots de consolation, et s'efforce de l'encourager contre les appréhensions de la mort, en l'assurant que tous ses péchés lui ont été remis, et que, semblable à un digne *sannyâsî*, il va bientôt jouir des plaisirs des dieux. On place près du mourant l'idole dont il porte le nom, et toute la famille étant assemblée autour de lui, le brahmane récite les prières des agonisants. Lorsque le malade est sur le point d'expirer, on le lave une seconde fois avec de l'eau froide, on le couche sur le lit recouvert de *tarpai* et de *toulachi*, la tête tournée vers le même côté, et on le couvre de la toile blanche. Le brahmane lui met dans la bouche un peu d'eau du Gange, du lait doux, et une ou deux feuilles de *toulachi*; on le laisse expirer dans cet état. Aussitôt qu'il est mort, il se fait un cri effroyable dans toute la maison; les femmes se jettent sur le cadavre, elles l'embrassent, elles se meurtrissent la tête, la bouche et la poitrine avec leurs poings; elles s'arrachent les cheveux (2).

Cependant on attache le corps sur des bâtons de bambou et on l'enveloppe de la toile blanche. Quelques-uns des plus proches parents du défunt le chargent sur leurs épaules et le portent au champ des morts (3); tout le convoi suit, en mêlant à des cris plaintifs les noms des dieux.

Lorsqu'on est arrivé au champ des morts, on fait un bûcher; on y dépose le corps toujours attaché sur les bambous; le fils ou le plus proche parent, qui a eu soin d'apporter avec lui du feu pris à la maison du défunt, étend sur le corps de la fiente de vache séchée, jette le feu sur cette fiente et l'entretient avec du beurre fondu; il répand une poignée de riz sur le visage du défunt, et les proches parents en font autant : on renverse alors tout ensemble le corps et la fiente embrasée, afin d'allumer la paille et le bois du bûcher, puis l'on recouvre le cadavre d'une plus grande quantité de bois. En ce moment, le fils saisit un tison ardent, place un grand vase d'eau sur ses épaules, et tourne trois fois autour du bûcher en lui présentant le dos. A chaque fois il fait un trou dans le vase avec la pierre qui doit, dans la suite, représenter pour lui l'âme de son père. Au troisième tour, il jette en arrière contre le bûcher son vase et le tison (4). Aussitôt il s'éloigne promptement, accompagné du brahmane maître des cérémonies et de ses plus proches parents; ils marchent sans regarder derrière eux et vont à une rivière ou à un étang faire la cérémonie pour le défunt. Pendant ce temps, les autres parents ont grand soin d'attiser le feu et de faire brûler le corps jusqu'à entière consomption (5); ils se retirent ensuite et vont se laver. Le fils fait en sorte d'achever promptement la cérémonie pour venir les rejoindre; il marche seul devant eux à quelque distance. Quand il est arrivé à la porte de sa maison, il se lave les pieds et entre seul avec ses plus proches parents; les autres retournent chez eux.

Les femmes suivent aussi le convoi jusqu'au bûcher; elles se retirent dès que l'on commence à allumer le feu; elles vont toutes ensemble se laver, et retournent à la maison, se meurtrissant la bouche et la poitrine avec leurs poings, s'arrachant les cheveux et jetant des cris effroyables. Ces lamentations se prolongent plusieurs jours après la mort du défunt; elles croient apaiser ainsi *Yamarâsâ* (6), le dieu des enfers, adoucir les châtiments que leur parent peut avoir mérités, satisfaire pour ses

---

(1) Le brahmane qui meurt couché dans cette direction, est supposé mourir dans les eaux du Gange. E. J.

(2) Les femmes du voisinage viennent souvent prêter aux lamentations des femmes de la famille le secours de leurs voix; car plus on fait de bruit, plus la douleur est décente : c'est d'ailleurs un service qu'on reçoit et qu'on rend au besoin. E. J.

(3) Ces cimetières sont nommés en tamoul *mayânam* ou *machânam*; ces deux mots sont des altérations du sanskrit *shmashâna*, qui a le même sens. Chaque caste a son cimetière particulier. E. J.

(4) On voit cette cérémonie représentée sur la planche III de la IX⁰ livraison de l'*Inde Française*. Les individus des autres castes ne trouvent point le vase; mais ils doivent le casser en le jetant en arrière contre le bûcher; si le vase ne se brise pas en tombant, on peut être assuré qu'un membre de la famille mourra avant l'anniversaire de ces funérailles; aussi les Tamouls ont-ils soin de choisir le vase parmi les plus fragiles. E. J.

(5) Lorsque les parents ont complétement allumé le feu du bûcher, ils laissent à des *panichaver* ou à des parias le soin d'accélérer la combustion du cadavre. Le cimetière est pour ainsi dire le domaine des parias; car là ils lèvent un tribut sur les autres castes. On rapporte que *Harishtchandra*, un des rois de la dynastie solaire, le même probablement que *Trishankou*, bien que certaines légendes le représentent comme son fils, dégradé au rang de *tchandâla* ou paria, fut chargé de percevoir les droits du *shmashâna* et d'entretenir le feu des bûchers; depuis ce temps, on place à l'entrée des cimetières une pierre dressée qui représente *Harishtchandra*, et on dépose en terre, au pied de cette pierre consacrée, des pièces de monnaie de cuivre, un morceau de toile neuve et une poignée de riz; ces droits perçus, il est permis de brûler le corps. La forme tamoule de *Harishtchandra* est *Aritchandîren*; j'ai vu une liste de livres tamouls dressée par un brahmane chrétien, dans laquelle il était observé, au sujet du *mâhâtmyam* d'*Aritchandîren*, que ce roi était le même qu'Alexandre; c'est ainsi qu'on écrit aujourd'hui l'histoire sur la côte de Coromandel. E. J.

(6) *Yamarâsâ* est simplement le nom de *Yama* joint à son titre de roi (*râsâ*) : les variantes orthographiques sont si nombreuses dans la langue tamoule, que l'on pourrait écrire ce nom de dix manières différentes. E. J.

péchés aux dieux des mondes supérieurs, lui obtenir un ciel plus élevé, et lui ménager un plus favorable retour dans ce monde......

A la mort des rois et des princes, toutes leurs femmes se brûlent avec eux, à moins que quelques-unes d'elles n'aient des enfants; car on conserve celles-là pour avoir soin des héritiers du prince. Les femmes des autres castes se font aussi quelquefois brûler avec leurs maris (1). Les gentils sont persuadés que les mérites et les péchés des femmes appartiennent à leurs maris; si une femme se brûle avec son mari, elle suit son mari pour être heureuse ou malheureuse avec lui; si elle reste dans le monde, à sa mort elle ira rejoindre son mari; si elle y commet de grands péchés et qu'elle vienne à mourir avant son mari, elle lui laisse ses péchés et va retrouver son père. Quant à son mari, quelque vertueux qu'il soit, il ira en enfer pour les péchés de sa femme.

Lorsqu'une femme veut se brûler avec le corps de son mari, elle va en demander la permission au gouverneur du lieu; dès qu'elle l'a obtenue, on attache ensemble son corps et celui de son mari placés dans les embrassements l'un de l'autre; on les dépose ainsi réunis sur le bûcher. Après qu'on y a mis le feu, on appelle la femme trois fois, et elle répond à cet appel si elle n'est pas encore morte. Lorsque le mari est mort depuis un certain temps, et que sa femme veut se brûler, elle ne prend aucun signe de deuil; elle ne détache ni son *tâli* ni ses joyaux; elle mange du bétel pendant les trois jours que les autres veuves passent dans l'abstinence. Dès qu'elle a obtenu du gouverneur l'autorisation de se brûler, on fait creuser une fosse dans laquelle on allume un brasier ardent; tous les parents et les amis étant assemblés, elle tourne trois fois autour de la fosse en invoquant les dieux, puis elle se précipite dans le feu (2).

### CHAPITRE XXV.
*Purification des brahmanes.*

Avant que le corps ne soit déposé sur le bûcher, le fils ou le principal parent déchire un morceau de l'habit du défunt; aussitôt qu'il a renversé le vase plein d'eau et jeté le tison, il va précipitamment à une rivière ou à un étang faire les cérémonies suivantes: il choisit sur le bord un lieu commode et y répand un peu d'eau pour le purifier; il pose au milieu de l'eau la pierre qui représente l'âme de son père (3); il prend dans sa main droite un peu d'eau avec quelques grains de *gengili*, et laisse couler doucement cette eau le long du pouce sur la pierre (4); il trempe dans l'étang le morceau d'étoffe enlevé à l'habit de son père et en exprime l'eau sur la pierre; puis il fait un sacrifice de riz *pongal*, et après avoir fait une boule de riz, y répand du beurre en forme de libation et l'offre aux dieux; il jette ensuite cette boule de riz aux corbeaux. Il vient à la même place neuf jours de suite, une fois chaque jour, répéter cette cérémonie. Aussitôt après leur retour à la maison, le fils du défunt et ses plus proches parents répandent dans la chambre mortuaire deux ou trois poignées de riz germé et placent sur ce riz une terrine d'eau; ils attachent aux chevrons de la chambre un fil qui vient descendre droit au milieu de la terrine; ils se persuadent que l'âme du défunt est dans ce lieu, et

---

(1) C'est encore ici un de ces lieux communs qu'on ne peut éviter dans un ouvrage destiné à faire connaître les mœurs de l'Inde; le sujet a été traité si souvent et presque toujours si mal, qu'il n'y a plus rien à en dire, si ce n'est à exposer exactement les faits; mais ce n'est pas dans une note, c'est dans un gros volume seulement qu'il est possible de le faire; car il faudrait y résumer les nombreux traités publiés par les Indiens eux-mêmes depuis vingt dernières années, au sujet de la controverse suscitée sur ce point par le célèbre Ram mohun Roy. Je dois seulement observer que les exemples de *shoûdrî* se brûlant avec le corps leurs maris, sont extrêmement rares dans le sud de l'Inde, tandis qu'ils le sont beaucoup moins dans le Bengale; ce fait me paraît concourir, avec d'autres circonstances, à prouver que cet usage a été apporté dans l'Inde méridionale par les tribus guerrières et pontificales parties de l'Inde supérieure, auxquelles les indigènes de ces contrées ne se sont jamais aussi complètement mêlés que ceux des autres parties de l'Inde. E. J.

(2) Les femmes dont les époux appartiennent à une des sectes qui ont adopté l'usage funéraire de la sépulture, se font ensevelir vivantes avec le corps de leurs époux dans une fosse étroite qu'on recouvre de terre: ce genre de suicide, assez fréquent au Bengale, est à peine connu dans le sud de l'Inde, parce que l'on n'y enterre que les *shoûdra* shaivites et les *sannyâsî*, que les *sannyâsî* n'ont plus de femmes, et que celles des *shoûdra* ne les suivent pas au tombeau. E. J.

(3) L'expression de l'auteur n'est pas parfaitement exacte; cette pierre est seulement le siège de l'âme du défunt; c'est, pour ainsi dire, l'autel du sacrifice *kavya*. C'est une tablette de pierre polie, purifiée par des libations d'eau et d'huile, sur laquelle l'âme vient se poser pour recueillir l'essence des aliments qui lui sont offerts; on croit que ces aliments ont perdu toute leur substance après le sacrifice; c'est pourquoi on les jette aux corbeaux comme des restes impurs. On augmente d'une chaque jour le nombre de ces boules de riz jusqu'au dixième jour, ou l'on en offre dix au nouveau *pitri*. Il y a une singulière similitude entre ces cérémonies et celles que les Chinois adressent à la tablette des ancêtres; il serait intéressant de déterminer si ce rapport est fortuit, ou s'il se lie à un ensemble de faits qui rende probables d'anciennes communications entre les deux peuples. E. J.

(4) La partie de la main sur laquelle coule cette eau, comprise entre le pouce et l'index, est consacrée aux mânes des ancêtres ou *pitri*; on la nomme *pitrya* ou *pitritîrtha*. E. J.

qu'elle accompagne le fils toutes les fois qu'il va faire ses cérémonies (1). Pendant les dix jours qui suivent, au moment de chaque repas, ils mettent auprès de la terrine un peu de riz sur une feuille de figuier, et posent à côté une lampe allumée et entretenue avec du beurre. Le dixième jour, le fils place près de la terrine deux autres pierres, dont l'une représente *Yamatarmaráyen* (2), le roi des enfers, et l'autre Roudra, le dieu destructeur; il fait un festin à ces dieux; après leur avoir donné le temps de se repaître de la bonne odeur des mets présentés, il envoie porter le reste aux corbeaux : il jette ensuite les trois pierres dans l'étang, en appelant à haute voix ses ancêtres par leurs noms; puis ses plus proches parents qui l'ont accompagné, l'embrassent successivement; après s'être purifiés par un bain, ils s'en retournent tous à la maison.

Le onzième jour, ils jettent dehors tous les pots de terre qui se trouvent dans la maison du défunt; ils tapissent toutes les places de fiente de vache; ils arrosent toutes les murailles de la maison avec de l'urine de vache. Tous les parents étant assemblés à la maison du défunt, on pose au milieu de la chambre où il est mort une feuille de figuier couverte de riz; sur ce riz on place un pot d'eau, et sur l'embouchure du vase un coco; on met à côté de la feuille de figuier une boule de safran et une idole de *Pillaiyár*; puis on offre à ce dieu le coco en sacrifice. Le brahmane récite des prières sur l'eau contenue dans le pot, en invoquant les rivières sacrées; il arrose d'abord le fils, ensuite toutes les personnes de la maison, et enfin tous les vases de cuivre, ainsi que les autres meubles. Cette aspersion faite, on apporte cinq petits vases dans lesquels sont les cinq substances qui composent le *panjagaviyam*; le brahmane en fait le mélange et le donne à boire au fils ou au principal parent du défunt. Quoique celui-ci puisse se croire entièrement purifié par cette potion et par les autres cérémonies (3), aucun brahmane étranger n'ose cependant encore entrer dans la maison, qu'il n'ait donné à manger à seize brahmanes, en forme d'aumône, pour le repos de l'âme du défunt; aussi le fils ne manque-t-il pas de les inviter immédiatement après sa purification. Le douzième jour est donc consacré à régaler les brahmanes; ce jour-là aussi, le fils du défunt fait, selon ses moyens, un honnête présent au brahmane officiant (4). S'il manque à cet usage, il est assuré d'être, après sa mort, transformé en démon, et de venir sans cesse tourmenter ceux de sa maison. S'il avait d'ailleurs omis quelques-unes des autres cérémonies, l'âme du défunt ne sortirait pas de ce monde (5). Le treizième jour, les parents du défunt déposent le deuil; tous les brahmanes viennent les visiter et leur apporter des présents. Le trentième jour, le fils, le brahmane officiant et les plus proches parents se rendent de grand matin à une rivière ou à un étang; là, le visage tourné vers l'orient et les mains jointes, le brahmane dit quelques prières pour leur purification; puis ils se lavent le corps : la prière récitée vers l'orient est pour les vivants. Le fils met ensuite le genou gauche en terre (c'est la manière de prier pour les morts); il prend dans les deux mains de l'eau et des grains de *gengili* (6) et les répand en dehors le bout des pouces (les répandre en dedans, ce serait faire une oblation en faveur des vivants); il répète cent huit fois cette cérémonie, et à chaque fois le brahmane récite quelque prière. Il fait ensuite un sacrifice de riz *pongal*, forme trente boules de ce riz (7), et les pose dans un bassin; il répand un peu d'eau en témoignant l'intention de laver le corps et les pieds du brahmane; il saupoudre alors chaque boule de riz d'un peu de sandal et plante dans chacune une fleur blanche, les

---

(1) Je n'ai encore lu que dans ce traité les détails de cette singulière cérémonie, qui paraît appartenir au rituel des brahmanes du *Drâvida*. E. J.

(2) Inexactement écrit dans l'original *Jematuraja*. Ce mot est composé de deux noms du roi de la région des morts; le premier est connu; le second représente le sanscrit *Dharmarâdjá*; c'est le nom de *Yama*, quand il préside au *shrâddha* (cérémonies funéraires). E. J.

(3) Il est certain que la durée légale de l'impureté est de dix jours. J'ai observé précédemment que dans les usages religieux de l'Inde, les cérémonies qui accompagnent la vie et la mort sont constamment en rapport avec celles qui président à la naissance; ici se présente une confirmation remarquable de cette opinion : Manou (liv. v, shl. 62) compare l'impureté qui suit les funérailles à celle qui suit la naissance, et remarque que le terme en est le même; or la durée de cette dernière impureté est de dix jours; elle est en effet mesurée sur la durée de la gestation, qui est de dix mois lunaires; ce rapport ne peut être mis en doute, puisque, dans le cas où le fœtus ne vient pas à terme, la mère n'est impure qu'un nombre de jours égal à celui des mois de la gestation. E. J.

(4) Ce présent, auquel il est toujours permis d'ajouter, est ordinairement de la valeur de trente-deux *houn* ou pagodes d'or. E. J.

(5) L'auteur a omis la cérémonie du *vrichôtsarga* ou de la mise en liberté d'un taureau; il existe un traité spécial sur ce sujet, composé par le célèbre jurisconsulte *Raghounandana*, et intitulé *Vrichôtsargatattva*. E. J.

(6) C'est le nom tamoul de la graine du sésame oriental (en sanskrit *tila*); on en extrait une huile nommée *nollennai* ou *excellente huile*; le *tila* accompagne constamment le *darbha* dans les cérémonies funéraires des Indiens. E. J.

(7) Le nombre de ces boulettes de riz est égal à celui des jours qui se sont écoulés depuis les funérailles, c'est-à-dire à trente jours ou à un mois lunaire; il est remarquable que la chronologie lunaire, remplacée dans les usages civils par la chronologie solaire, ait été conservée dans les usages religieux. E. J.

APPENDIX. 41

encense, puis ajoute à chaque boule une feuille de *toulachi*, deux grains de *gengili*, un peu de gingembre vert et quelques fruits. On répand autour du plat quelques feuilles de *tarpaï*, on les couvre d'une toile blanche, et on pose dessus une guirlande, un pot d'eau et quelques feuilles de bétel ; tout étant ainsi disposé, le fils du défunt prend les boules de riz et les pose l'une après l'autre sur la toile, dans le même ordre où il les avait mises sur le plat ; il prend alors de la main droite une lampe à plusieurs mèches, et tenant dans sa main gauche une clochette, il fait passer trois fois la lampe autour de cette clochette pendant qu'il la sonne ; ensuite il tourne sept fois autour des feuilles de *tarpaï* en disant quelques prières : il pose une pièce d'argent sur la table, et met le genou droit en terre ( c'est la manière de prier pour les vivants ) ; il rend grâces aux dieux de leur assistance et les prie de se rendre favorables à ses prières ; il jette enfin toutes ces boules de riz dans l'eau. Cette cérémonie faite, il lave les pieds au brahmane officiant et boit l'eau qui a servi à cette ablution (1) ; il lui met du sandal au front et lui passe la guirlande au cou ; s'il est riche, il lui fait quelques présents : le brahmane officiant emporte d'ailleurs le vase de cuivre, la pièce d'argent et la toile blanche. Cette cérémonie du trentième jour se fait tous les mois jusqu'à l'anniversaire (2).

CHAPITRE XXVI.

*Anniversaire.*

Le jour de l'anniversaire, on tapisse de fiente de vache toutes les places de la maison du défunt, et on en purifie les murailles avec de l'urine de vache ; les plus proches parents se rasent la tête, le menton et toutes les parties du corps, et vont se baigner dans une rivière ou dans un étang. Dès qu'ils sont de retour, ils préparent une tente, au milieu de laquelle ils placent une table, et sur cette table ils posent une niche. Le brahmane officiant, accompagné de treize autres brahmanes, entre dans la partie de la maison où se conserve l'idole domestique (3) ; car, dans chaque maison de brahmane, il y a une idole, soit celle de Vichnou, soit celle de Roudra ou de tout autre dieu, idole devant laquelle le maître de la maison fait ordinairement ses prières : il invite l'idole à venir au lieu qu'on a préparé pour lui offrir un sacrifice, et où se sont réunis les brahmanes pour implorer son assistance : il prend alors l'idole entre ses mains ; une partie des brahmanes assistants marche devant lui et les autres le suivent : ils vont dans cet ordre déposer l'idole dans la niche élevée sur la table. Au moment où ils entrent sous la tente, on sonne une clochette, et tous les brahmanes crient : *Hara ! Hara ! Hara ! Shiva ! Shiva ! Shiva ! Mahâdéva ! Mahâdéva ! Mahâdéva* (4) *!* ce sont du moins les trois acclamations que l'on fait en l'honneur de l'idole du dieu Shiva ( ces trois noms signifient *miséricordieux, éclatant, souverain* ) : si l'idole domestique est celle du dieu Vichnou, ou de quelqu'autre dieu, les acclamations sont différentes. Ensuite, si la famille est riche, on place deux coussins au nord de la table et deux autres au sud ; ils sont destinés à quatre brahmanes chargés de représenter les quatre dieux qui gouvernent les quatre principales régions du monde. Vers le sud et derrière ces brahmanes, on dispose sept autres coussins pour autant de brahmanes qui doivent représenter les ancêtres du défunt ; on place enfin deux autres coussins à la porte pour deux brahmanes qui représentent les deux portiers du ciel *chey* et *vichey* (5) ; on pose sur chaque coussin une toile blanche qui doit servir à couvrir la tête de chaque brahmane, et à côté une lampe allumée, entretenue avec du beurre ; on place deux autres lampes près de la niche, du côté de l'orient.

Avant de commencer le sacrifice, l'officiant et les treize brahmanes se lavent les pieds et les mains ;

(1) Cet usage, auquel nous ne pouvons songer sans éprouver un sentiment de répugnance et de dégoût, est pour les Indiens le signe du respect le plus dévoué ; boire l'eau dans laquelle un brahmane a trempé ses *pieds*, c'est le reconnaître pour son *gourou*, pour celui dont les *pieds* doivent guider les nôtres ( *âtchârya* ). E. J.

(2) Ce serait sans doute ici le lieu d'exposer la théorie religieuse du *shrâddha* ; mais il serait impossible de la renfermer dans l'étendue que comportent les notes de cet ouvrage ; je me contenterai d'observer que les cérémonies funéraires mensuelles sont du genre de celles qu'on nomme *nityanaimittika*, c'est-à-dire *périodiques et déterminées par une cause*. E. J.

(3) On nomme *kouladévatâ* la divinité à laquelle la famille adresse journellement un culte particulier ; l'image de cette divinité a ordinairement sa place sur une planche élevée à quelques pieds de terre, ou dans une niche triangulaire pratiquée dans la muraille. E. J.

(4) *Hara* ( en tamoul *aren* ) signifie littéralement *qui prend, qui enlève* ; les commentateurs indiens qui éprouvent moins d'embarras encore que les nôtres pour donner une explication ingénieuse des mots dont ils ignorent la véritable signification, sous-entendent ici *les péchés*. *Shiva* signifie *prospère* et vraisemblablement *bienfaisant* ; voyez sur l'origine probable de ce mot les observations de M. E. Burnouf ( *Comment. sur le Yaçna*, p. 478 ). E. J.

(5) J'ai substitué conjecturalement cette leçon à celle du manuscrit original, qui est certainement inexacte, *gé* et *bigé*. *Chey* et *Vichey* représentent dans la langue tamoule *Djaya* et *Vidjaya*, qui sont en effet les deux portiers de *Vichnou*, et par extension, du ciel de ce Dieu. On voit que toute cette cérémonie est allégorique, et représente l'entrée de l'âme dans le *swarga*. E. J.

APPENDIX.

chacun d'eux se couvre la tête de la toile blanche, et s'assied sur son coussin ou sur la terre ; chacun prend trois fois de suite un peu d'eau dans le creux de la main et se la jette dans la bouche, sans y porter la main, et après s'être lavé la bouche avec cette eau, l'avale en disant quelques prières ; puis ils se mettent au front de la terre *kapichándanam* (1), ou du *tirounirou*, chacun selon son usage. Le brahmane officiant fait un sacrifice de feu, dans lequel il répand du beurre et quelques grains de riz ; il adresse en même temps plusieurs prières aux dieux représentés par les brahmanes, et à *Akini*, dieu du feu, pour les prier d'y assister. On pose alors devant l'idole du riz *pongal*, des petits pains cuits au beurre et quelques légumes bien assaisonnés ; dans ce dernier plat, il ne doit entrer ni brinzelles, ni carottes, ni raves, ni citrouilles, ni ail, ni ognons. Le brahmane officiant récite quelques prières sur cette offrande, et prenant pour aspersoir une tige de *toulachi*, il arrose par trois fois d'eau lustrale toutes les choses offertes en sacrifice à l'idole ; il répand aussi un peu d'eau devant l'idole, en disant des prières dont le sens est que tous ces biens lui appartiennent, qu'on les lui offre en sacrifice. Cela fait, on emporte tous les mets ; on couvre l'idole d'un linge, ou bien on ferme la porte de sa niche. Chaque brahmane, assis sur son coussin, la main gauche appuyée sur la tête, et tenant de la main droite un chapelet composé de cent huit grains, dit quelques prières secrètes pendant près d'un quart d'heure ; ils se lèvent tous ensuite et découvrent l'idole ; l'officiant la prend, et, assisté des brahmanes, va la réinstaller dans sa place ordinaire. Ils retournent tous encore à leurs places, se recouvrent la tête de la toile blanche, et demeurent ainsi en prières pendant un quart d'heure. Après ce temps, le fils du défunt rend grâces aux brahmanes de toutes les cérémonies qu'ils ont faites et des prières qu'ils ont récitées pour le salut de l'âme de son père ; il fait aussitôt rapporter tous les mets offerts en sacrifice et les répartit aux brahmanes selon leur désir. Tandis que les brahmanes prennent ce repas et que les plus proches parents les servent, le fils du défunt forme trois boules de riz cuit apprêté avec du miel, du lait, du beurre, du cumin et du gingembre, afin de représenter son père, son grand-père et son aïeul ; il trace sur chaque boule, avec du sandal, les traits d'une figure humaine, puis il pose les trois boules l'une sur l'autre, celle qui représente son grand-père sous celle qui représente son aïeul, et celle qui représente son père sous les deux autres, prenant d'ailleurs bien garde que, dans ce déplacement, elles ne viennent à tomber ou à se rompre (2) ; car si cela arrivait, les brahmanes devraient quitter le repas, jeter les mets dehors et en préparer de nouveaux ; il plante ensuite dans ces trois boules superposées une feuille de *tarpai*, puis il recouvre les boules d'une toile blanche ; l'officiant, qui s'est assis auprès de lui, récite des prières, tenant son chapelet de la main droite, la main gauche appuyée sur la tête. Dès que les brahmanes ont cessé de manger, on fait venir des danseuses et des joueurs d'instruments pour divertir l'assemblée ; car l'âme du défunt doit être parvenue au ciel (3) ; on va enfin en procession jeter les trois boules dans une rivière ou dans un étang.

Il faut remarquer que bien que toutes ces cérémonies soient propres aux brahmanes, les autres castes ne laissent pas de les imiter, les unes plus, les autres moins : seulement dans la maison d'un brahmane, on sert un repas aux brahmanes assistants ; mais les autres castes se contentent de donner aux brahmanes les matériaux du sacrifice en nature, parce que les brahmanes ne mangent jamais de ce qui a été apprêté par des individus appartenant à d'autres castes. Toutes les sectes

(1) Voyez, dans la suite de ces extraits, le chapitre intitulé : *Ourtapoundiram*.

(2) Les textes de lois nomment *pávana* le *shráddha* adressé à trois ancêtres en même temps. Les trois boules de riz représentent les trois ancêtres, ainsi que le système du *trailókya* ou des trois mondes ; car, suivant Manou, nos pères sont les *Vasou*, nos grands pères les *Roudra*, et nos ayeux les *Aditya* ; la cérémonie de l'implantation du brin de *darbha* dans les trois boules, représente dans le rituel de l'Inde méridionale le *sapindama* de l'Inde supérieure, ou la cérémonie qui consiste à réunir les trois boules en une seule ; cette cérémonie, qu'on pourrait nommer la *communion des ancêtres*, figure la continuité dans le passé et la perpétuité dans l'avenir de la famille qui offre le *shráddha*. Quant à l'usage de tracer avec du sandal les traits d'une figure humaine sur chacune des boules, c'est une puérilité dont il ne faut sans doute pas chercher l'origine en dehors de l'Inde méridionale. Les Indiens croient que si ces boules viennent à se rompre, c'est que les *Asoura*, trompant la surveillance des *Déva* et en particulier des *Lôkapála*, les mettent eux-mêmes en pièces ; c'est leur présence qui affecte d'impureté tout le festin servi aux brahmanes. E. J.

(3) Il importe d'observer que cette durée, la plus longue qu'on puisse supposer, admise comme durée fixe et générale de la migration des âmes, est le plus souvent fictive : les Indiens, en effet, pensent que les âmes des hommes suivant la révolution annuelle du soleil, touchent au *swarga* le jour où le soleil atteint le point le plus élevé de son *outtaráyana* ou de sa course septentrionale ; aussi un grand bonheur est-il, suivant eux, de mourir pendant les mois de l'*outtaráyana*, c'est-à-dire de s'élever directement vers le *swarga* ; ceux qui au contraire meurent le premier jour du *dakchináyana* ou de la course méridionale du soleil, sont entraînés vers les régions inférieures soumises à *Yama*, et n'atteignent le *swarga* qu'après la révolution annuelle, ou précisément le jour de l'anniversaire : il ne s'agit d'ailleurs ici que des âmes qui ont mérité de jouir du *swarga*. C'est pour une veuve un devoir sacré de célébrer chaque année l'anniversaire de la mort de son époux ; elle donne à cette occasion un repas, et souvent des pièces d'étoffe à quatre ou cinq brahmanes. E. J.

brûlent les corps morts, à l'exception des *Sannyâsî* (1), des *Pandâram* et des sectateurs du *linga*. Comme les Malabars chrétiens suivent presque tous les usages funéraires de ces derniers, nous les ferons connaître dans le chapitre suivant (2).

## CHAPITRE XXVII.
### *Cérémonies qui ont lieu aux funérailles des Malabars chrétiens.*

Les sectateurs du *linga* distinguent deux sortes de cérémonies : les unes regardent le corps, et les autres l'âme. Pour ce qui est des premières, on lave le corps du défunt, on lui met du bétel dans la bouche, une guirlande de fleurs au cou, et des cendres au front et sur les autres parties du corps; on le pare de ses plus beaux habits, puis on l'étend sur une natte, et on pose près de sa tête une lampe allumée. La mastication du bétel est un usage de bienséance parmi les Indiens; ils ont toujours du bétel dans la bouche, lorsqu'ils vont visiter quelque personne considérable : or, le corps qui doit encore paraître avec honneur et en bonne compagnie, ne peut être dispensé des usages de bienséance. Le front est enduit de cendres, afin que le corps porte jusqu'au tombeau les marques de la sanctification de l'âme; le corps est paré des plus beaux habits et orné d'une guirlande de fleurs dans l'intention de faire honneur à l'âme, et de le conduire lui-même avec plus de pompe à sa dernière fin, qui est la terre; car ils ne reconnaissent point de résurrection des corps. La lampe allumée est consacrée à la déesse *Latchimi*, pour la prier de rendre à ce corps les dernières assistances, et pour empêcher que les démons ne s'en emparent; ils croient en effet que les démons ont quelque pouvoir sur les corps morts (3).

Voici les cérémonies qui regardent l'âme : on lui prépare une espèce de trône semblable à ceux des cieux; car ils prétendent que les âmes reçues dans les cieux sont portées sur des trônes. Ce trône est orné en dehors d'étoffes précieuses, de miroirs, de morceaux de concombres, de feuilles de bétel, de galettes de riz, et, aux quatre angles, de figures sculptées. Afin d'exalter plus encore l'état glorieux dans lequel va entrer l'âme, on fait retentir l'air du son des trompettes, des hautbois, des tambours, et du cliquetis des vases de cuivre. Tel est l'ordre de la marche : on voit d'abord paraître le corps placé dans un palanquin et précédé de plusieurs lampes allumées, s'il fait nuit; puis ensuite viennent le trône et les assistants. Le convoi est accompagné de joueurs d'instruments et de fusiliers, qui de temps en temps font des décharges et tirent des feux d'artifice. A mesure que le convoi s'avance vers le champ des morts, les blanchisseurs étendent au milieu du chemin des pièces de toile blanche (4), sur lesquelles passe le cortège. Lorsqu'on est arrivé au lieu de la sépulture, on dépose le corps dans la terre. Quant aux *pandâram*, ils creusent une niche dans un des côtés de la fosse, y placent le corps assis et les mains jointes, mettent une lampe près de lui, ferment la niche avec quelques planches, et comblent la fosse de terre (5).

Dès que les parents sont de retour à la maison du défunt, ils se lavent le corps dans la cour, parce qu'ils se regardent comme souillés et immondes, ayant touché un corps mort et ayant assisté à ses funérailles. Les gentils sont persuadés que s'ils ne se lavaient pas, ils commettraient un grand péché, dont la peine est de renaître, après cette vie, dans la classe des parias. Ils changent ensuite d'habits; s'ils sont pauvres, c'est l'usage que les blanchisseurs de la maison leur prêtent les vêtements que d'autres personnes avaient donné à blanchir; personne d'ailleurs ne le trouve mauvais.

---

(1) On trouvera dans le chapitre intitulé : *Ordre des sannyâsî*, des détails particuliers sur les usages funéraires des *sannyâsî*. E. J.

(2) On peut comparer les détails donnés par l'auteur dans ce chapitre, avec ceux que présente sur le même sujet le chapitre intitulé : *Secte du linga*. E. J.

(3) On a déjà vu plus haut que *Latchimi* ( ou *Ilatchoumi* ) a le pouvoir d'écarter les démons et les esprits impurs ; ce pouvoir lui appartient comme à la déesse de la lumière. Dans ce dernier caractère, elle est l'épouse de *Vichnou*, considéré comme la lumière qui *pénètre* et qui remplit l'espace, c'est-à-dire comme le chef des *Vasou*. Il faut observer que *Vasou* signifie un *rayon de lumière*; les huit *Vasou* sont huit rayons qui illuminent les huit régions célestes ou *brillantes* (*harît*) ; or les *Vasou* sont aussi nommés les *Vichnou* ou les clartés; *Vichnou* ou *Vasou*, comme le précesseur des dieux gardiens, a donné son nom à ces huit dieux, comme *Roudra* aux dix divinités de l'ordre intermédiaire. *Vichnou*, dans ce système, protége, comme *Indra* dans le système actuel, la région de l'espace située à l'est ; ce rapprochement ajoute une dernière preuve à cette opinion, qu'à une certaine époque de l'antiquité indienne *Vichnou* ayant été élevé par des sectaires hérétiques au rang de *Paramâtmâ* ou d'essence suprême, sa place restée vide dans l'ordre des *Vasou*, fut accordée pour ainsi dire en dédommagement à *Indra*, dépossédé de sa haute position. E. J.

(4) Ces toiles sont nommées en tamoul *pâvâdai*; c'est une des charges des blanchisseurs de les entretenir, de les laver et d'en couvrir les chemins lorsqu'il doit y passer une procession ou un convoi. E. J.

(5) L'usage est aussi de jeter de la terre à la bouche du mort ; cet usage a donné naissance à l'expression proverbiale *vâyile manpôdougiradou* « recevoir de la terre dans la bouche », c'est-à-dire être mort, être perdu. E. J.

# APPENDIX.

Ils purifient avec de la fiente de vache les différentes places de la maison, et font des aspersions d'urine de vache sur les murs et sur les portes; ils pensent que, s'ils omettaient cette cérémonie, leur négligence leur attirerait des infortunes de toute espèce. Leur croyance est que si l'âme est parfaite et pure de tout péché, elle va droit dans le *satiyalógam* (1); que si elle est entachée de péché, elle va droit en enfer; que si cependant elle a quelques bonnes œuvres, elle passe quelque temps dans un des mondes supérieurs, pour y jouir des plaisirs mérités par ses bonnes actions, descend ensuite dans les enfers pour y recevoir les châtiments dus à ses péchés, puis après cette expiation, revient dans le monde animer soit un corps d'homme ou d'animal, soit la forme d'un objet matériel. L'âme n'entre cependant dans aucun des mondes supérieurs avant que les parents n'aient accompli les cérémonies funéraires (2).

Le trente-deuxième jour qui suit la mort, on élève un tombeau sur la place où le corps a été enterré; on l'entoure de marche-pieds; on place aux quatre angles quatre lampes en forme de boules, pétries de riz et de beurre, dans lesquelles il y a du beurre et des mèches allumées; l'on arrange sur les marche-pieds plusieurs petites lampes de la même forme, aussi pétries de riz et de beurre, dans lesquelles il y a également du beurre et des mèches allumées. On élève sur tout cet appareil une tente ornée avec soin. Les quatre boules représentent *Indiren*, *Varounen*, *Kouberen* et *Chemen*, qui sont les dieux de l'est, de l'ouest, du nord et du sud : on prie ces dieux de se rendre propices à l'âme du défunt. Les autres boules représentent les âmes des ancêtres que l'on suppose assister à la cérémonie (3). Ces préparatifs terminés, tous les parents et amis s'assemblent à la maison du défunt ; on pose sur le trône quelques feuilles de figuier couvertes de riz *pongal*, et un plat fait de pâte de riz et de beurre, sur lequel est un coco cassé par le milieu. Tous les parents et amis sortent de la maison et accompagnent le trône, autour duquel sont rangées plusieurs personnes chargées de l'éventer et de l'émoucher avec des serviettes (4), ou de l'éclairer avec des lampes ; les joueurs d'instruments, les fusiliers et les artificiers ouvrent la marche. Lorsqu'on est arrivé à la tente, le fils du défunt ou un des principaux parents prend le plat posé sur le trône, le porte sur sa tête et le place sur le tombeau. Après que les brahmanes ont fait quelques prières, on distribue à tous les assistants les boules pétries de farine et de beurre (5).

Le riz *pongal* posé sur les feuilles de figuier est un sacrifice au dieu Shiva. La lampe allumée est en l'honneur de Shiva, qu'ils croient être présent à la cérémonie ; on le prie d'accompagner l'âme dans sa marche triomphale et de l'introduire dans les cieux. Les deux moitiés de coco sont un sacrifice offert au dieu *Pillaiyár*, avant le départ du convoi, dans l'intention de le prier de ne mettre aucun obstacle à la félicité de l'âme. Le soin qu'on prend d'encenser et d'émoucher le trône est une marque d'honneur adressée au dieu que l'on croit être présent; c'est l'usage général dans toutes les processions des dieux. La distribution des boules de farine et des morceaux du plat est une aumône que l'on fait des offrandes en faveur de l'âme du défunt; car, en cuisant ces boules et ce plat, on a eu l'intention de les offrir en sacrifice aux dieux; le beurre brûlé dans les boules et dans le plat est d'ailleurs un véritable holocauste.

Les PP. Jésuites ont fait toutes ces cérémonies aux funérailles d'un Malabar nommé André, courtier de la Compagnie royale de France à Pondichéry (6); ils les font également pour tous les chrétiens dont les familles peuvent supporter cette dépense. Les Malabars ont une si haute idée de ces cérémonies, qu'ils ne les omettent que rarement; ceux qui sont pauvres empruntent de tous côtés pour en payer les frais. Les PP. Jésuites observent d'ailleurs quelques cérémonies de l'église catholique; ainsi, ils suivent processionnellement le trône en chantant; mais ils ne vont point chercher

---

(1) Ce ciel est le plus élevé; son nom signifie *monde de l'excellence* ou de *la perfection*; l'âme qui a atteint ce ciel, n'est de nouveau absorbée dans la matière qu'à l'époque du *mahápralaya* ou de la *destruction générale des mondes*. E. J.

(2) On ne doit attacher aucune importance à ce que dit notre auteur sur la psychologie; il faut, pour s'élever à la hauteur des conceptions philosophiques des Indiens, un esprit moins prévenu et plus élevé que le sien. Les Tamouls eux-mêmes sont presque tous étrangers aux études métaphysiques, et avouent même qu'il est impossible de faire passer les livres philosophiques de la langue sanskrite dans la langue tamoule. E. J.

(3) Les quatre *dikpâla* assistent probablement à la cérémonie comme protecteurs des *pitri*; un texte de *Manou* dit en effet qu'aux *Déva* est confié le soin de défendre les *pitri* leurs pères contre les entreprises des *Asoura*. E. J.

(4) On se sert quelquefois aussi de véritables émouchoirs formés des plus longs poils d'une certaine espèce de cerf nommé *kavari* : cet animal est du moins ainsi désigné par les indigènes; mais il se peut qu'il n'appartienne réellement pas plus à cette espèce que le *yak* ( *bos grunniens* ), que les Indiens rangent aussi dans l'espèce des cerfs, et dont la queue fournit les grands chasse-mouches du nord de l'Inde. E. J.

(5) Je crois que cette cérémonie est celle que les Tamouls nomment *môkchuvilakou*, littéralement ( *cérémonie des* ) *lampes allumées pour la libération spirituelle* ; elle doit ce nom au grand nombre de lampes qu'on y allume, et aux aumônes qu'on y fait pour obtenir que ses ancêtres jouissent de la béatitude éternelle. E. J.

(6) On trouvera des détails sur ce fait particulier dans un autre chapitre de l'ouvrage.

le corps jusque dans la maison, ils l'attendent dans la rue, et, sans le présenter à l'église, le font porter directement au cimetière.

Les Malabars, pour éviter les souillures légales, n'enterrent jamais les morts dans l'intérieur des villes; encore moins les exposeraient-ils dans les pagodes. Les PP. Jésuites ont cependant obtenu de Messieurs de la Compagnie un terrain situé à l'extrémité de la ville, et l'ont converti en un cimetière pour les Malabars chrétiens. Quant aux parias, les considérant comme immondes de leur nature, ils ont placé leur cimetière en dehors de la ville. Les PP. Jésuites n'enterrent jamais les Malabars dans leur église, et n'y font jamais entrer les morts.

Nous avons nommé cimetière le lieu où sont enterrés les Malabars; ce n'est pas ainsi qu'on le nomme communément; lorsque les dames vont s'y promener, et que les femmes de la bourgeoisie françaises ou portugaises vont y faire des parties de plaisir, elles disent qu'elles vont au *jardin* du P. Dolu : c'est en effet un très-beau jardin en forme de terrasse, planté de toutes sortes d'arbres fruitiers, et riche en simples et en fleurs curieuses; ce jardin est enclos d'une haie; le lieu des sépultures est près de la porte, et n'est point séparé du reste du jardin.

## CHAPITRE XXVIII.

### *Deuil des brahmanes et des Malabars.*

Les brahmanes employés à des affaires séculières, comme au négoce, aux ambassades ou à d'autres offices, se laissent ordinairement croître la barbe et se couvrent la tête d'une toque. Ils ne se rasent le menton qu'à la mort de leurs plus proches parents; ils se rasent aussi, à cette occasion, la tête et toutes les parties du corps, excepté la place du *koudoumbi* (1). Les brahmanes qui exercent le sacerdoce et les fonctions religieuses se coupent de temps en temps la barbe, les cheveux et tous les poils du corps, le *koudoumbi* excepté, parce que, si pendant la célébration du sacrifice il tombait un poil de leur corps, ce poil, qu'ils regardent comme une chose morte, rendrait le sacrifice impur; ils ont d'ailleurs toujours la tête nue.....

Tous les Malabars, à l'exception de quelques-uns qui portent illégalement une espèce de *koudoumbi*, se laissent croître les cheveux et la barbe; ils ne se les coupent que lorsqu'ils prennent le deuil de leurs plus proches parents. Comme c'est pour eux une espèce de luxe que d'avoir la tête couverte d'une toque de toile blanche ou enveloppée de quelques bandes d'étoffe, ils se tiennent alors la tête nue, et ne reprennent leur toque qu'après trois jours de deuil (2) : ils ne mangent point de bétel pendant tout ce temps. Le moment venu de déposer le deuil, les parents et les amis s'assemblent dans la maison de celui qui le porte; la personne la plus honorable de l'assemblée lui présente du bétel ainsi qu'à toute la compagnie, et chacun lui dit quelques mots de consolation. Les Malabars chrétiens observent également toutes ces cérémonies.

Quoique les brahmanes exerçant le sacerdoce aient coutume de se raser souvent la tête, le menton et toutes les parties du corps, ils ne laissent pas de se les raser exprès en signe de deuil à la mort de leurs plus proches parents; ils n'en mangent point de bétel jusqu'au douzième jour, et ne sortent de leurs maisons que pour faire les cérémonies rapportées ci-dessus : personne ne vient non plus les visiter.

## CHAPITRE XXIX.

### *Souillures contractées par l'attouchement des morts.*

Les brahmanes ont grand soin de visiter les Malabars au moment de leur mort, les parias seuls exceptés, parce qu'ils ne peuvent entrer en rapports avec eux; ils font plusieurs cérémonies pendant le temps que dure l'agonie; mais aussitôt qu'ils aperçoivent que le malade va expirer, ils se retirent. Ils ne peuvent ni entrer dans la maison d'un mort, ni toucher des cadavres, si ce n'est ceux de leurs plus proches parents, auxquels ils sont obligés de rendre les derniers devoirs. Les brahmanes font de plus grandes cérémonies pour une fille ou pour sœur vierges que pour une fille ou pour une sœur mariées. Ils peuvent assister au convoi des autres brahmanes qui ne sont pas leurs parents, pourvu qu'ils se tiennent éloignés et qu'ils ne touchent rien de ce qui sert aux funérailles.

(1) On a vu dans le chapitre précédent que les brahmanes renouvelaient ce signe de deuil le jour de l'anniversaire des funérailles. E. J.

(2) Cet usage n'est en rien conforme aux préceptes religieux du *mânavadharmashâstra*, qui fixe la durée du deuil ou de l'impureté qui suit la mort d'un parent, à dix jours pour un brahmane, à douze jours pour un kchatriya, à quinze jours pour un *vaishya*, et à un mois pour un *shoûdra*. E. J.

# APPENDIX.

On a vu dans un chapitre précédent comment ils se purifient le dixième et le onzième jours; ils commettraient un crime du premier ordre, s'ils entraient dans la pagode lorsqu'ils sont impurs; car elle deviendrait impure comme eux, ainsi que tout ce qu'elle contiendrait, et l'on ne pourrait y faire aucune cérémonie, qu'elle n'eût été d'abord purifiée avec soin (1).

Les brahmanes ne peuvent toucher ni des cadavres, ni des ossements, ni du bois qui aurait servi à un bûcher, ni les tombeaux des morts (2); aussi brûlent-ils toujours les corps dans un champ en dehors de la ville. La souillure qu'ils contractent par l'attouchement des morts se communique à toutes les choses qu'ils touchent; ces choses la communiquent à toutes celles avec lesquelles elles sont en contact, et ainsi de suite à l'infini : ainsi, qu'un grain de riz ait été souillé par une chose impure, tout le monceau de riz devient impur. C'est pour cette raison qu'on jette dehors tous les pots de terre qui se trouvent dans la maison du brahmane défunt, et que l'on purifie avec grand soin la maison et tout ce qu'elle contient.

Si un brahmane se trouvait seul à célébrer quelques cérémonies dans la pagode, et que pendant ce temps son père ou sa mère, ou quelqu'autre de ses plus proches parents vînt à mourir, il ne pourrait sortir de la pagode; s'il faisait seulement un pas en dehors, il deviendrait impur, et ne pourrait rentrer dans la pagode pendant les onze jours que dure la souillure (3). Si plusieurs brahmanes se trouvaient avec lui dans la pagode à faire la cérémonie, il pourrait remettre à d'autres les fonctions de son ministère, et aller rendre les derniers devoirs à ses parents.

## CHAPITRE XXX.

*Du métier de joueur d'instruments, et de ses devoirs.*

Le métier de joueur d'instruments est un privilége; il n'y a que deux castes, la caste des *panichaver* et la caste des *ambatter* (4), qui puissent jouer des instruments dans les pagodes; aussi ces deux castes sont-elles obligées de se trouver à toutes les cérémonies publiques des gentils. Les PP. Jésuites du Madouré et des autres missions voisines permettent aux chrétiens de ces deux castes de jouer dans les pagodes, et à toutes les cérémonies. Les blanchisseurs gentils sont obligés par le devoir de leur caste, de fournir des toiles blanches pour orner les idoles que l'on porte en procession; les pagodes étant construites et décorées aux dépens du public, les charpentiers, les cuivriers, les serruriers, les maçons et plusieurs autres corps de métiers doivent y mettre la main. Les chrétiens qui sont de ces castes fournissent aussi des toiles et vont eux-mêmes orner les pagodes; les charpentiers et les autres ouvriers chrétiens vont pareillement y travailler chacun dans son métier; ils font ce service dans toutes les pagodes, lorsqu'ils y sont appelés. Les PP. Jésuites permettent tous ces abus et disent, pour s'excuser, que c'est simplement une obéissance civile que ces peuples doivent à leurs princes (5); que s'ils refusaient de rendre ces services aux pagodes, on les châtierait rudement; que si on leur défendait ces sortes de travaux, aucun individu de ces castes ne consentirait à se faire

---

(1) L'auteur rapproche les préceptes de la religion brahmanique sur l'attouchement de la matière morte, de ce qui est dit dans le xxi<sup>e</sup> chapitre du Lévitique, sur les souillures que l'on contracte par l'attouchement des morts. Ce n'est pas le seul rapprochement que l'auteur ait essayé d'établir entre les coutumes religieuses des Indiens et celles des Juifs; j'ai supprimé toutes les réflexions de ce genre, parce qu'elles sont toutes sans valeur et dépourvues de l'appareil d'érudition qui pourrait les faire excuser. E. J.

(2) Ce fait est si vulgairement connu, qu'il est inutile d'appuyer le témoignage de notre auteur de l'autorité des textes; je me contenterai de renvoyer à l'ouvrage intitulé : *Mœurs et Institutions des peuples de l'Inde*, les personnes qui désireraient de plus amples détails. E. J.

(3) L'impureté, dans ce cas, est préventive, puisqu'elle atteint le brahmane à la porte du temple, avant même qu'il ait aperçu le corps de la personne morte; elle s'attache pour ainsi dire à son intention. E. J.

(4) Voyez la feuille vi de la xx<sup>e</sup> livraison de l'*Inde Française*. La caste des *ambatter* ou *ammatter*, car le mot s'écrit de ces deux manières, est celle des barbiers (*Inde Française*, xiii<sup>e</sup> livraison, pl. iv). La caste des *panichaver* est, comme l'indique leur nom, celle des *serviteurs* publics ou des serviteurs des *vellâjer*, les chefs de la race des *shoûdra* dans le sud de l'Inde; *panichaven* ou *panicheymagen*, signifie littéralement *celui dont le service consiste à rendre les derniers devoirs aux morts*, c'est-à-dire à brûler les cadavres (*chavam*), ou à creuser des fosses (*chey* pour *cheyam*). Les serviteurs de la commune sont généralement nommés *koudimagen*; cette classe comprend, outre les deux castes désignées ici, celle des *vannar* ou blanchisseurs. Quant aux *virakoudiyân* ou serviteurs communaux chargés de sonner du *changou*, ils ne forment pas une caste particulière; ils remplissent seulement un emploi spécial. E. J.

(5) Les Jésuites avaient certainement sur ce point des notions plus exactes que notre auteur : les castes se doivent l'une à l'autre des services qu'elles ne peuvent refuser sous aucun prétexte; celui qui les refuse renonce aux devoirs et par cela même aux droits de sa caste; il s'exclut de sa caste, il se met en dehors de la société indienne, car pour un Indien qui sort de sa caste, il n'y a plus de place dans cette société; il est mort civilement, il tombe dans la condition des parias ou des animaux. E. J.

chrétien, que ceux qui le sont déjà se verraient obligés d'abandonner la religion; que d'ailleurs ils peuvent intérieurement adresser leurs louanges au vrai Dieu.

Il est cependant évident que jouer des instruments aux cérémonies des pagodes et aux processions publiques, orner les idoles, restaurer leurs figures et leurs temples, c'est une affaire de religion, et que l'obéissance en pareil cas n'est pas purement civile, mais bien religieuse : elle ne peut donc être tolérée; il est odieux que ces chrétiens, pour s'accommoder aux usages du pays, puissent rendre un culte extérieur aux idoles, pourvu qu'intérieurement ils adressent leurs louanges et leurs service à Dieu.....

Les PP. Jésuites de Pondichéry, pour s'excuser d'appeler les gentils aux offices divins et aux autres cérémonies de l'Eglise, disent qu'un concile de Goa permet cet usage. Un concile tenu à Valladolid en 1322 le condamne. Ce concile, présidé par un légat du Saint-Siége, défendit la célébration de certaines veilles, parce qu'il s'y commettait des abus : un de ceux qui y sont spécialement désignés, c'est que l'on faisait entrer dans les églises des Maures infidèles avec leurs instruments, pour joindre leurs profanes concerts à la psalmodie ecclésiastique. N'est-il pas inconvenant en effet que des gentils viennent à nos saints offices jouer des airs composés en l'honneur des idoles? On a vu plusieurs fois ces musiciens, immédiatement au sortir de l'église des PP. Jésuites de Pondichéry, entrer dans leur pagode, qui n'est au plus qu'à cinquante pas, pour y jouer les airs mêmes qu'ils venaient de jouer à l'église.

Les PP. Jésuites firent en 1700, à Pondichéry, une grande solemnité à la fête de l'Assomption de la Vierge. Les gentils y assistèrent avec leurs tambours, leurs trompettes, leurs hautbois et les autres instruments du pays (1); ils jouèrent pendant la messe et les autres offices, et immédiatement au sortir de l'église, allèrent à leurs pagodes jouer les mêmes airs. On fit une procession avec l'image de la Vierge; elle dura depuis neuf heures du soir jusqu'à près de minuit. L'image de la Vierge était dans une niche portée sur un brancard, à la manière des gentils; au lieu des rayons dont il est d'usage d'entourer la tête de nos saints, les Jésuites avaient mis sur l'image de la Vierge un *tirouwâchi* (arc de splendeur) (2); or, les gentils ornent la tête de leurs dieux du *tirouwâchi* en l'honneur de la lune, et en mémoire de la grâce que lui fit autrefois Shiva de la retirer des ténèbres, où elle était tombée par suite de la malédiction que lui avait donnée son père. A côté de l'image de la Vierge, se tenaient plusieurs personnes, portant des parasols que les PP. avaient empruntés aux pagodes (3); les gentils les déploient aussi dans les processions de leurs dieux. A chaque côté de l'image, une personne marchait une serviette à la main, pour avoir soin de chasser les mouches : c'est une coutume des gentils. Dans cette procession, on ne dit aucune prière, on ne chanta aucun cantique; et bien qu'il y eût plusieurs Jésuites à leur maison de Pondichéry, le P. Dolu assista seul à la procession. Tout le monde allait et venait, faisant grand bruit, comme c'est la coutume des gentils dans leurs mariages. Les PP. Capucins et M. le Procureur des missions étrangères se récrièrent fortement contre cette procession d'un nouveau genre. Quelle joie en effet n'ont pas les gentils de voir que les Jésuites imitent leurs cérémonies et en embellissent les nôtres, que l'on emprunte les tambours, les trompettes, les hautbois, les parasols de leurs pagodes, et que l'on joue en l'honneur de la Vierge les airs et les cantiques qu'ils adressent à leurs divinités? Il n'est cependant personne, selon le P. Dolu (dans sa lettre au P. Gobien), qui ne doive être très-content de la pompe de cette procession. Les Jésuites, bien loin de reconnaître leur tort, écrivirent à Rome que M. le Procureur des missions étrangères avait parlé contre le culte de la Vierge : le respectable missionnaire a bientôt fait tomber cette injurieuse calomnie (4).

(1) Voyez sur ces instruments la feuille VI de la XX<sup>e</sup> et la feuille V de la XXI<sup>e</sup> livraisons de l'*Inde Française*.
(2) Le *tirowâchi* est un cintre supporté par deux colomnes, et formant une espèce de dais au-dessus de la tête des divinités; *tirowâchi* paraît signifier *la sainte demeure* : le mot *tirou*, répondant à toutes les acceptions des mots sanskrits *Shrî* et *Lakchmi*, peut néanmoins faire allusion à l'intercession de la déesse de ce nom, dont les prières firent rendre à son frère *Tchandra* une partie de sa clarté : c'est évidemment par cette légende que notre auteur explique la consécration du *tirowâchi*; mais il est encore difficile, après son explication, de comprendre le rapport de ce meuble religieux avec l'histoire de *Tchandra*. E. J.
(3) Le nom de ces parasols est *tchhattra* en sanskrit et *koudai* en tamoul. E. J.
(4) Ce dernier paragraphe commence dans le manuscrit original le XXXI<sup>e</sup> chapitre; j'ai omis dans ces extraits la plus grande partie de ce chapitre intitulé : *De quelques faits particuliers et intéressants*, ainsi que le suivant, dont le titre est : *Tribunal de justice des PP. Jésuites*, parce que ces deux chapitres, exclusivement consacrés à la polémique religieuse, n'ont aucune connexion avec ce qui le précède ou ce qui le suit, et interrompent un ordre d'exposition qui pourrait sans doute être plus régulier, mais qui n'en est pas moins utile pour faciliter l'intelligence de l'ensemble des faits; ces deux chapitres d'ailleurs ont déjà été publiés dans le *Nouveau journal asiatique*. Je dois observer que les faits qui y sont rapportés ont aussi été exposés d'après d'autres témoignages, dans les *Mémoires sur les missions de l'Orient* du P. Norbert, résumé complet, trop complet peut-être, des contestations dont il est fait mention dans l'introduction de ces extraits; les personnes qui désireraient des renseignements plus spéciaux sur cette querelle religieuse, ne peuvent mieux faire que de consulter l'ouvrage du P. Norbert. (Besançon et Lucques, 2 vol. in-4°). E. J.

# APPENDIX.
## SECONDE PARTIE.

### CHAPITRE I.
#### *Castes des Malabars.*

C'est une croyance admise par tous les Malabars gentils, que le dieu Brahmâ fit sortir les brahmanes de sa bouche, tira les *kchatiriyer* de ses bras, les *vaichiyer* de ses cuisses et de ses reins, et les *choûtirer* de ses pieds (1). Pour ce qui est de la première de ces tribus, les brahmanes, bien que de leur propre aveu ils soient tous originairement d'une même caste, se sont divisés en plusieurs branches, selon les pays qu'ils habitent et selon les diverses sectes auxquelles ils appartiennent : ces distinctions sont nombreuses et se reconnaissent aux usages des repas ; c'est ce qui fait qu'il ne leur arrive presque jamais de manger les uns chez les autres. La seconde caste, celle des *kchatiriyer*, comprend tous les individus issus de races royales. La troisième caste, celle des *vaichiyer*, se compose de tous les marchands ; elle se subdivise aussi en plusieurs classes. La quatrième classe est celle des *choûtirer* (2) ; elle comprend généralement tous les autres Malabars, entre lesquels les laboureurs tiennent le premier rang, comme les plus utiles à l'existence de l'homme. Au dernier rang sont les parias et les cordonniers. Les Malabars sont donc divisés en castes ou tribus ; personne ne peut se marier hors de sa caste ; celui qui transgresse cette loi est déclaré déchu de sa caste et de son héritage (3). Dans la suite des temps, *Chojarâsâ* (4), prince puissant et qui a, dit-on, fait construire la plupart des anciennes pagodes, établit toutes les distinctions connues aujourd'hui dans la caste des *choûtirer* ; il régla la noblesse et le rang de chacun, selon le genre et l'utilité de sa profession (5). Ceux qui s'étaient à ce point écartés de leur première loi, qu'ils avaient osé tuer des vaches et manger de leur chair, il les appela du nom de *paraiyer* ou paria ; il déclara qu'ils formaient une caste vile, infâme, immonde, et qu'aucun individu des autres castes ne pouvait les toucher sans participer à leur souillure. Ce

---

(1) Cette notion mythologique est répandue dans toutes les parties de l'Inde, parce qu'elle est de toutes les traditions religieuses, celle que les brahmanes ont eu le plus d'intérêt à propager ; aussi la trouve-t-on déjà dans les compositions religieuses et épiques de la moyenne antiquité indienne, ainsi que dans les plus célèbres recueils de lois, particulièrement dans la seconde édition de la *Mânavasamhitâ* ( L. 1 , *shl.* 31 ). Cette notion est cependant contredite par les divers systèmes cosmogoniques des Indiens, par celui même qui est exposé dans le premier livre du code de *Manou* : la création des êtres y est en effet attribuée aux dix *Pradjâpati* ou demiurges nés d'un *Manou* primitif ( *Svâyambhouva* ), que l'on a considéré à tort comme le premier des *Manou* qui doivent se succéder dans le *kalpa* actuel ( cette dernière erreur peut d'ailleurs être réfutée par un texte du même ouvrage, L. 1 , *shl.* 36 ) : la mention des quatre races que l'on trouve dans le *shl.* 31 est donc une anticipation du récit de la création contenu dans les *shl.* 36-41 , peut-être même une interpolation déjà ancienne. Je dois observer sur le même passage, que *Manou* procède de *Virâdj* , qui est certainement le même que *Hiranyagarbha* ( car son nom signifie *brillant* , *resplendissant* ); *Manou Svâyambhouva* est donc un être cosmogonique, tandis que les autres *Manou* ne sont que des personnages mythologiques ; le *Manou* primitif produisant les dix *Pradjâpati* ou demiurges, me paraît répondre dans l'ordre des assimilations philosophiques, au *manas* universel agissant, c'est-à-dire créant au moyen des dix sens d'action et de réception. Quant au mythe de la création immédiate des quatre races par Brahmâ, c'est un abus de ces figures pancosmiques dans lesquelles les Indiens trouvent la raison de toutes choses. Il est vrai que les brahmanes sont, dès les plus anciens temps, nommés *agradja*, et qu'on interprète ce mot par la tradition qui fait sortir les brahmanes de la tête de Brahmâ ; mais ce mot n'est en réalité qu'un titre honorifique signifiant *les premiers nés* , *les anciens* , *les vénérables* ( *seniores* ). E. J.

(2) Les plus récentes découvertes ont acquis une grande probabilité à l'opinion que le nom de *shoûdra* a été d'abord appliqué à une ou à plusieurs des races qui occupaient le sol de l'Inde au moment de l'invasion brahmanique ; entre toutes les recherches sur l'origine des populations indiennes, celles de M. Lassen ( *De Pentapotamiâ Indicâ* ) ont le plus contribué à établir ce fait. J'essaierai de démontrer ailleurs que *shoûdra* est une altération ancienne de *kchoudra*, petit ( *minores gentes* ), et que cette signification a été traduite en tamoul par les mots *poulaiyer* et *pommanouver* , désignation commune des basses castes. E. J.

(3) Le *varnasankara* ou la confusion des races par l'union illégitime de personnes appartenant à des races différentes, est un des plus grands crimes qui puisse être commis ; les fruits de pareilles unions sont impurs et mis en dehors de la société indienne, immédiatement au-dessous de la race des *shoûdra* ; ces êtres sont plus ou moins impurs en proportion du plus ou moins de distance qui sépare les races auxquelles appartiennent leurs parents. Cette exclusion légale est, de toutes les mesures préservatives de la conquête, celle qui a le plus contribué à maintenir pendant tant de siècles l'ordre social constitué après l'occupation du sol de l'Inde par les races pontificales et guerrières. E. J.

(4) *Chôjen* en tamoul, *Tchôla* en sanskrit, est le nom d'une dynastie à laquelle les Tamouls rapportent leurs plus anciennes traditions historiques ; on suppose vulgairement que le premier roi de cette famille se nommait *Chôjen* , et a laissé son nom à la dynastie dont il est le chef, ainsi qu'à la contrée sur laquelle il a régné, *Chôja* ou *Tchôlamandalam* ( Coromandel ). E. J.

(5) C'est là une tradition purement tamoule, et qui, sans mériter une entière confiance, est du moins plus probable que celle qui attribue la division des *choûtirer* en plusieurs corps de métiers au célèbre roi *Shâliodhana* ou *Châliodganen*, le personnage le plus incertain de l'histoire indienne, bien qu'il soit encore le point de départ de toute recherche pour quelques personnes qui n'hésitent pas à appliquer la chronologie la plus minutieusement exacte à des temps et à des faits où l'on a peine encore à distinguer la mythologie de l'histoire. E. J.

n'est point d'ailleurs qu'avant *Chojarâsâ* ceux qui mangeaient de la vache ne fussent déjà regardés comme impurs; mais ils ne portaient pas encore le nom de *paraïyer* (1); ils étaient restés jusqu'alors confondus avec les autres dans la caste des *choûtirer*. C'est de ce moment que commença l'aversion des Malabars pour les parias; c'est dès lors que les individus des autres castes ne voulurent plus ni les toucher, ni entretenir de rapports avec eux, de peur de participer à leurs péchés.

Si un paria était assez hardi pour toucher par mépris un Malabar, ou pour entrer dans l'intérieur de sa maison, et que cette action fût dénoncée au prince, le paria serait rudement châtié (2); le Malabar, dans tous les cas, ne manquerait pas de se baigner, de laver ses habits et de purifier sa maison avec de la fiente de vache. Les cordonniers sont, dans l'opinion des gentils, de plus grands pécheurs que les parias eux-mêmes, parce que, non contens de manger de la chair de vache, ils travaillent encore le cuir de vache, ce qui les rend plus immondes (3).

Quoi qu'il en soit du préjugé des Malabars, s'il se trouve quelque paria lettré qui s'abstienne de manger de la vache et de boire de tout ce qui peut enivrer, qui se signale d'ailleurs par l'austérité de sa pénitence, ils ne laissent pas de le regarder comme un homme plein de vertu et de piété. Le paria *Vallouwen* (4); qui vivait du temps de *Chojarâsâ*, après la distinction des castes, se concilia, par ces pratiques, l'estime et la vénération de tous les Malabars, à ce point même qu'ils se prosternaient devant lui, lui baisaient les pieds, et se faisaient honneur d'entrer dans sa maison et de manger avec lui. S'il se trouvait encore quelque paria descendu de *Vallouwen*, les Malabars n'auraient certainement aucune aversion pour lui; ils le feraient asseoir auprès d'eux, et converseraient avec lui sans répugnance; mais ils n'auraient sans doute pas pour lui la même estime que pour *Vallouwen*, dont ils admiraient les grandes vertus; ils s'abstiendraient de manger avec lui et d'entrer dans sa maison. Les Malabars avouent que *Vallouwen* et ceux qui lui ressemblent sont des hommes d'une grande sainteté; mais ils considèrent les parias comme immondes et perdus, tant qu'ils persévèrent dans l'infâme péché de tuer des vaches et de manger leur chair (5). Telle est la force de leur préjugé religieux sur ce point, qu'un des principaux Malabars chrétiens de Pondichéry, désirant marier son fils avec une fille de sa caste, qui était gentile, éprouva un refus de la part du père de cette fille,

---

(1) *Paraïyer* est la forme correcte du mot que nous prononçons vulgairement *paria*. Il est difficile de croire qu'à ce nom fût attaché dans l'origine le sens injurieux qu'il emporte aujourd'hui; c'était sans doute un nom de tribu, je ne dis pas un nom de caste; car ce dernier mot représente mal la condition primitive des races indigènes de l'Inde méridionale. Il est d'ailleurs probable que la dégradation de la tribu des *paraïyer* est antérieure à l'invasion brahmanique; car on ne peut comprendre dans quel intérêt les brahmanes auraient établi une aussi insultante distinction entre des tribus qui auraient eu les mêmes droits à être reçues dans l'ordre des *shoûdra*. Je pense que le nom des *paraïyer* est dérivé du mot tamoul *pari*, rapine; ils avaient peut-être reçu ce nom parce que leur tribu (qui n'était probablement qu'une division de la race montagnarde des *Veder*) exerçait avec de faibles moyens et avec peu de succès un métier qui avait acquis à la tribu plus forte et plus habile des *Kaller* un grand pouvoir et même une grande considération; les *paraïyer* avaient subi les conséquences de leur hostilité contre une civilisation plus puissante que la leur, et avaient été réduits à une humiliante servitude par la vengeance des *vedâlajer*. Tout ceci n'est qu'une conjecture, mais une conjecture que je considère comme moins éloignée de la réalité que le récit positif emprunté par notre auteur aux traditions historiques des Tamouls. E. J.

(2) La condition des parias est sans doute misérable; elle l'est cependant beaucoup moins qu'on ne le croit communément. Le paria est un homme libre, pourvu qu'il ne veuille pas se mêler à la civilisation indienne; on ne le poursuit pas comme un ennemi, on l'évite comme un être dégradé. Cette exécration générale n'est d'ailleurs pas importune au paria, parce que né avec elle, il la considère comme la compagne nécessaire de sa vie; il ne croit pas qu'il lui soit donné de vivre autrement; il ne voudrait peut-être pas vivre autrement; car il ne comprend pas l'abstinence religieuse du brahmane. Dans les états gouvernés par des chefs musulmans, des paria sont quelquefois été élevés à de hautes dignités militaires, et ont eu des brahmanes sous leurs ordres: ils leur infligeaient des corrections corporelles comme aux autres soldats; les brahmanes, dès longtemps préparés à la discipline militaire par la discipline religieuse, supportaient les coups avec résignation, mais allaient aussitôt après se purifier par une ablution de la souillure que leur avait imprimée la main d'un paria. E. J.

(3) Tous les métiers qui préparent ou qui emploient des peaux sont déclarés impurs; on donne aux gens qui les exercent le nom commun de *tcharmâra*. Souillés par le contact habituel d'une matière morte, ces individus sont rejetés par l'horreur qu'ils inspirent, dans les derniers rangs de la société, et confondus avec les *tchandâla* ou les parias. Le mépris public leur associe ceux qui jouent des divers instruments recouverts de peau aux extrémités. (Voyez la feuille v de la xxi⁸ livraison de l'*Inde Française*). E. J.

(4) *Vallouwen*, dont on fait précéder le nom du mot *tirou*, l'équivalent tamoul de *shri*, est la gloire de la littérature tamoule; il a composé en distiques en *chentamij* ou haut tamoul, une collection d'apophthegmes moraux intitulée *Koural*. On trouve quelques extraits du *Koural* dans les *Essais historiques sur l'Inde* de M. de la Flotte; ces extraits, dit l'auteur, sont empruntés à un manuscrit déposé à la Bibliothèque du Roi, qui présente une traduction française du poème placée en regard du texte. M. Ellis avait consacré de longues études à une édition du *Koural*; mais l'impression du texte ni la traduction n'étaient achevés, lorsqu'il fut surpris par une mort prématurée. On avait annoncé une traduction du même ouvrage par M. Rich. Clarke; mais cette annonce paraît avoir été retirée. La sœur de *Vallouwen*, *Aovaiyâr*, s'est aussi illustrée par la composition de poésies morales en haut style. E. J.

(5) Voyez, dans la suite de ces extraits, le chapitre intitulé : *Signes dont les Malabars se marquent au front*, etc.

parce qu'on l'accusait de manger de la vache et de prendre ses repas avec les Européens. L'affaire fit beaucoup de bruit; le chrétien fut enfin obligé de se justifier devant les PP. Jésuites, et de prouver qu'il n'avait jamais mangé de vache et ne s'était jamais assis à la table des Européens (1)......

Les parias étant considérés comme immondes, les Malabars, s'ils les touchaient, ou seulement leurs habits, croiraient participer à leurs péchés, et iraient aussitôt se purifier de cette souillure par une ablution. C'est pour cette raison que les PP. Jésuites ne font entrer dans leur église que les Malabars, et obligent les parias à se tenir en dehors pendant tous les offices divins. Si ces pauvres gens demandent la communion, on la leur donne par la fenêtre, ou on la leur porte hors de l'église. Les PP. de Pondichéry ont du moins long-temps observé cet usage; les PP. du Madouré et des autres missions malabares l'observent encore très-exactement. Cette distinction ne tend qu'à entretenir l'orgueil des Malabars et à détruire en eux tous les principes de la charité; car si un Malabar a naturellement tant de mépris pour un pária, qu'il ne veuille pas même le toucher du bout des doigts, pour le secourir dans ses besoins, de peur de se souiller, que sera-ce, si les PP. Jésuites les entretiennent dans ce préjugé?.... Quoique les parias paraissent souffrir patiemment cette distinction dans la vie civile, ils ne sont pas également disposés à la subir dans la vie religieuse (2); ils ont adressé de nombreuses plaintes aux PP. de Pondichéry, et se sont même abstenus quelque temps de venir à l'église, lorsqu'on les en a exclus pour la première fois. Lorsqu'on voulut introduire cet usage à San Thomé, tous les parias se révoltèrent et s'enfuirent de leurs habitations; on fut obligé, pour les ramener, de leur faire la promesse de les admettre indistinctement dans l'église avec les Malabars; aussi ne sépare-t-on les parias des Malabars ni à San Thomé ni à Madras...... Que les PP. Jésuites ne disent pas que les princes défendent sous de grandes peines aux parias, même chrétiens, de se trouver avec les Malabars dans la même église, que des lois expresses ont été faites à ce sujet; ce n'est qu'un mensonge inventé par les PP., pour excuser leur condescendance; il est certain qu'il n'y a aucune loi particulière qui détermine des châtiments pour ce genre de fautes; mais, comme les princes gentils se font honneur de veiller à l'exécution des lois établis par les dieux, lois qui n'obligent que sous peine de péché, ils font châtier ceux qui les transgressent, lorsqu'on les leur dénonce; c'est d'ailleurs ce qui arrive très-rarement; on pourrait à peine en citer deux exemples. Les Malabars savent fort bien d'ailleurs se venger eux-mêmes de ces offenses; car si un pária, même chrétien, entre dans la maison d'un Malabar également chrétien, il est assuré de voir toute la famille se jeter sur lui et l'accabler de coups. Il faut donc avouer franchement que si les Malabars chrétiens et les PP. consentaient à ce que les parias se trouvassent avec eux dans la même église, les princes n'y apporteraient aucune difficulté. On ne peut d'ailleurs alléguer une pareille excuse à Pondichéry, puisque les Français gouvernent cette ville, et que bien loin de défendre aux parias de se rencontrer avec les Malabars dans la même église, ils ont plus d'une fois blâmé la distinction conservée par les PP. entre leurs néophytes..... Le moyen terme que les PP. de Pondichéry ont adopté pour calmer le ressentiment des parias, a été de faire ajouter à l'église des Malabars un appentis d'où ils entendent la messe et reçoivent la communion.

CHAPITRE II.

*Institution du sacerdoce des brahmanes.*

C'est, on l'a déjà observé, la croyance des brahmanes et des Malabars, que le dieu Brahmâ fit sortir les brahmanes de sa bouche, les institua comme ses successeurs et les héritiers de son sacerdoce, et accorda à eux seuls le droit de porter le cordon *yakyopavidam* et le *koudoumbi*, en observant certaines cérémonies prescrites par la loi. Quand il naît un enfant mâle dans la caste des brahmanes, on célèbre la cérémonie religieuse du *yâtakarmam* le jour même de la naissance de l'enfant; l'intention de cette cérémonie est de le déclarer né brahmane. Le onzième jour, on célèbre d'autres sacrifices et on lui donne un nom, qui est toujours celui de quelque dieu; cette cérémonie s'appelle *nâmakarmam*. Cent cinq jours après la naissance a lieu le *choûlâkarmam* (3), qui consiste

---

(1) L'auteur cite ici quelques passages d'un ouvrage du P. J. de Britto sur la religion et les mœurs des Indiens; j'ai supprimé ces extraits qui ne présentaient aucun fait nouveau. L'ouvrage du P. J. de Britto a d'ailleurs été intégralement publié à Lisbonne il y a quelques années. E. J.

(2) Il est cependant certain que les parias ne peuvent pénétrer dans aucun temple, pas même dans celui de leur divinité protectrice, *Mâriyammai*; on expose à la porte du temple la partie qu'il leur est permis d'adorer de cette divinité, qui semble néanmoins avoir été créée pour eux comme une compensation : voyez la feuille 1 de la xxi° livr. de l'*Inde Française*. E. J.

(3) En sanskrit *tchoûdâkarman* ou *tchoûlâkarman*. Ce passage présente quelques difficultés. Le *tchoûlâkârya* est proprement la cérémonie de la tonsure. L'acte de percer les oreilles pour les préparer à recevoir des anneaux ou des pendants est simplement accessoire; cet acte ne paraît même avoir un caractère religieux que dans un seul cas, lorsqu'à la naissance d'un troisième fils, on perce les oreilles des trois enfants, afin d'écarter les influences de l'envie qui menacent l'un d'eux d'une mort

APPENDIX.

à percer les oreilles de l'enfant, et à faire des sacrifices pour le préserver de toutes les mauvaises influences des planètes. A sept ans on le fait *brahmatchârî*(1). A douze ans on lui confère le sacerdoce et on le marie. Ainsi les brahmanes prennent deux ordres pour arriver à la plénitude de leur sacerdoce ; ce sacerdoce, exclusivement réservé à la tribu brahmanique, se transmet de père en fils.....

### CHAPITRE III.
*Cordon yakiyopavidam.*

Les brahmanes seuls peuvent préparer le triple cordon *yakiyopavidam*, et ils ne peuvent le faire que suivant certaines règles. Ils passent cent huit fois le fil de chaque cordon autour de la main, en l'honneur des cent huit visages de Brahmâ ; c'est la mesure qu'il doit avoir pour être mis en sautoir sur l'épaule ; ce fil doit être tressé de manière que chaque cordon soit formé de neuf brins : les trois cordons, réunis par un nœud, constituent le triple cordon *yakiyopavidam* (2).

Les trois cordons dont est formé cet insigne représentent les trois grandes lois que *Kartâ* (3) ou l'être souverain révéla à Brahmâ, et que Brahmâ transmit aux brahmanes. Ces lois sont nommées *iroukouvédam, yachourvédam* et *sâmavédam*. Il y en a une quatrième d'une moindre importance, nommée *adarvavédam* (4), et aussi révélée à Brahmâ par *Kartâ*; elle enseigne des sortiléges, des maléfices, des incantations magiques, et les moyens de se préserver de leur influence. *Kartâ* investit donc Brahmâ du cordon pour le consacrer au soin de maintenir ces lois, et Brahmâ consacra de même les brahmanes. Cet insigne porte un nœud qui réunit les trois cordons, et qui représente le dieu Brahmâ ; aussi nomme-t-on ce nœud *brahmamoudi*, nœud de Brahmâ. Lorsque l'on ordonne le *brahmatchârî*, on lui donne un triple cordon ; il en reçoit un second en même temps que l'ordre de *grihastha* (5) ; ces deux cordons sont des onctions qui le consacrent au ministère de *brahmatchârî* et à celui de *grihastha*.

Les *kchatiriyer* portent aussi un cordon, mais il ne les investit d'aucune fonction sacerdotale. Ils ne peuvent en effet ni être reçus *brahmatchârî*, ni enseigner la loi de Brahmâ, ni présider aux sacrifices institués par la loi religieuse ; les prières récitées dans la cérémonie de l'investiture ne sont d'ailleurs pas les mêmes pour les uns et pour les autres. Le cordon du *kchatiriyen* est l'insigne de la dignité royale et de la destination au trône ; car il peut seul prétendre légalement à la royauté. Le cordon produit donc un double effet dans la personne des *kchatiriyer* : il leur confère d'abord l'onction royale, et ensuite le droit d'apprendre les lois, pour gouverner avec sagesse et rendre à tous une exacte justice. Ce sont les brahmanes qui doivent leur enseigner ces lois ; les autres castes ne sont pas même admises à en entendre la lecture. Aujourd'hui que la race des *kchatiriyer* est presque éteinte, les rois appartiennent à quelqu'une des autres castes, et ne portent point le cordon (6).

prochaine ; cet acte se nomme *karnavédha*. Le *tchoûlâkârya*, suivant *Manou*, doit être célébré dans la première ou dans la troisième année ; la *Mitâkcharî* ne fixe point l'époque de cette cérémonie ; le mot *yathâkoulam* dont son texte indique seulement que les circonstances et peut-être l'époque de cet acte religieux ne sont pas les mêmes pour toutes les castes. Il faut d'ailleurs observer que, suivant notre auteur lui-même (chapitre vi), l'on rase la tête et l'on perce les oreilles des *kchatirya* à l'âge de trois ans ; or cette assertion est difficile à concilier avec celle qu'il émet ici, à moins que l'initiation puérile dans laquelle on confère à l'enfant le *bâlopavîta* ou le *cordon sacré des enfants*. E. J.

(1) Voyez, dans la suite de ces extraits, le chapitre intitulé : *Ordre des brahmatchârî*.

(2) En sanskrit *yâgyôpavîta*, *yadjñôpavîta*, ou simplement *oupavîta*, en tamoul *poûnal* ou *poûnanoûl* ( littéralement l'*ornement* ), le cordon du sacrifice, l'insigne de cette double naissance des trois premières castes. Le cordon des brahmanes doit être de coton (*karpâsa*), celui des *kchatriya* de filaments de *shana* ( espèce de chanvre ), et celui des *vaîshya* de laine ( *méchalôma* ). Manou dit que le cordon doit être triple (*trivrît*) ; l'ancien législateur *Dévala*, cité par un des commentateurs de *Manou*, s'exprime avec une précision qui n'est pas sans obscurité : « *Fais l'yadjñôpavîta ; que les cordons soient neuf fils* », c'est-à-dire sans doute que chaque cordon soit composé de neuf fils. L'*oupavîta* est disposé dans la direction consacrée de gauche à droite ; il l'est en sens contraire pendant les cérémonies du *shrâddha* ; il ne doit avoir qu'un seul nœud (*granthi*) nommé *brahmagranthi*. E. J.

(3) *Kartâ* est l'être suprême ou le *Paramâtmâ*. *Kartâ*, qu'on écrit aussi *karten*, paraît être dérivé du sanskrit *kartri* ( qui agit, qui fait) ; il signifie en tamoul *maître*, *seigneur*. Le pluriel de ce mot, employé dans un sens honorifique ( *kartâkel* ), est devenu le titre des rois du Madouré ; *kirandarkartâkel* ou *les maîtres du grantham* ( sanskrit ), est un nom d'honneur qui, dans l'Inde méridionale, a la même valeur que le mot *pandita* dans l'Inde supérieure. E. J.

(4) On peut consulter sur la question de l'authenticité de ce quatrième *véda*, les savantes observations de M. F. Windischman ( *Sancara sive de theologumenis* etc., p. 52). La division de la parole sacrée en quatre collections n'a été reconnue que dans les temps modernes : l'*atharvan* est, il est vrai, une composition d'une haute antiquité, mais cette composition est postérieure, sous sa forme actuelle du moins, aux trois premiers *véda* ; cette différence d'âge peut seule reconnue seulement à ce signe, que l'*atharvan* seul contient un plus grand nombre d'*oupanichad* ou de résumés philosophiques que les trois autres *véda* ensemble ; or les *oupanichad* sont généralement d'un style plus moderne que les hymnes védiques. E. J.

(5) Voyez, dans la suite de ces extraits, le chapitre intitulé : *Ordre des brahmanes*.

(6) Généralement admise dans le sud de l'Inde, où elle semble être confirmée par l'état actuel de la population, vivement

# APPENDIX.

Les individus de la caste *vaichiyen* jouissaient aussi du privilége de porter le cordon, comme insigne de leur dignité de ministres d'état; car ils avaient seuls le droit de contracter et de négocier au nom et dans les intérêts de l'état. Ils étaient obligés, si le roi avait quelque guerre à soutenir, de lui faire des avances gratuites d'argent; si l'un d'eux mourait sans enfants, toute sa fortune était dévolue au roi (1). De tous les profits qu'ils faisaient, ils devaient offrir une partie au roi et donner une autre partie aux pauvres; ils gardaient le reste pour eux et pour leur famille. Ils ne prenaient le cordon qu'à la solemnité de leur mariage, et ils le prenaient avec quelques cérémonies particulières; mais, dès ce moment, ils ne le quittaient plus. La caste des *vaichiyer* devenant de jour en jour moins nombreuse, et ne pouvant plus suffire au service de l'état, les autres castes, non moins avides d'argent, commencèrent à entrer aux affaires. La caste des *vaichiyer* s'éteignit insensiblement. Il est vrai que les *kômoutti* et les *chetti* (2), qui font aujourd'hui le commerce parmi les Malabars, prétendent être issus de cette caste; mais leur prétention est depuis long-temps contestée; bien que cette question d'origine n'ait pas encore été décidée, ils n'en portent pas moins le cordon. Les charpentiers, les ouvriers en fer et en cuivre, les orfèvres, les tisserands et les peintres le portent également, ils ont tous des motifs particuliers de rapporter leur origine à Brahmâ (3). Les hommes instruits soutiennent que c'est un grand abus, la cause en est, disent-ils, que ces peuples ne sont pas gouvernés par des rois issus de la race royale, et que les brahmanes ayant pris le droit de conférer le cordon, et y trouvant d'ailleurs du profit, loin de s'opposer à cet abus, sont les premiers à l'autoriser. Au reste, aucune des castes nommées plus haut n'observe les devoirs imposés aux *vaichiyer* (4). Bien que ces prétendus *vaichiyer* portent le cordon dès le moment de leur mariage, ils n'ont d'ailleurs aucun titre religieux, aucun caractère sacerdotal, ils ne peuvent même pas assister à la lecture des lois religieuses; le cordon n'est donc pour eux qu'une marque de dignité. Les autres castes prennent aussi le cordon dans la solemnité du mariage; mais elles cessent de le porter immédiatement après. On avoue d'ailleurs que c'est encore un abus produit par l'excessive condescendance des brahmanes. Il résulte des détails qui viennent d'être donnés, qu'on peut considérer le cordon sous trois points de vue différents: pour les brahmanes, il est le signe du caractère sacerdotal dont ils sont revêtus; pour les rois, il est le signe de la dignité royale; pour les *vaichiyer*, il est le signe de la condition de ministre d'état. Il faut d'ailleurs observer que, dans tous les cas, les trois cordons représentent les trois grandes lois, et le nœud, Brahmâ, qui est, pour ainsi dire, le lien commun de ces lois.

Le brahmane peut perdre le cordon de trois manières : ou par accident, ou avec intention, ou par violence. S'il le perd avec intention, comme en le rompant par dépit ou par colère, il tombe par le fait même dans l'indignité du crime; il est dès ce moment regardé comme un homme qui a abandonné la loi des dieux et leur culte, et ne peut plus, suivant leur discipline, remplir aucune fonction de son ministère. Si le brahmane perd le cordon par violence, comme en se battant avec un autre brahmane, il tombe par le fait même dans l'indignité produite par le défaut de réputation, parce qu'il est dès lors atteint d'infamie publique; il lui est interdit de remplir aucune des fonctions qui lui sont attribuées par la loi. Si le brahmane perd le cordon par accident, s'il le rompt, par exemple, en se baignant ou en dormant, il peut en prendre un autre, sans observer aucune cérémonie. Mais,

---

contestée dans l'Inde supérieure, où des tribus entières de *kchatriya* se sont conservées sans mélange; la tradition relative à l'extinction totale de la race guerrière paraît avoir été répandue avec complaisance par les brahmanes, qui ont rapporté à ce fait la légende de *Parashourâma*, bien qu'elle ne soit pas réellement applicable aux *kchatriya* soumis à la civilisation brahmanique. Le premier avènement des *shoûdra* à la royauté est une des époques remarquables dont il est fait mention dans les *pourânas*; la première famille de *shoûdra* qui ait régné, est, suivant cette autorité, celle des *Maûrya*, dont le chef fut Tchandragoupta; les livres bouddhiques prétendent néanmoins que les *Maûrya* appartenaient à la race des *kchatriya*, et descendaient de la tribu royale des *Shâkya*. E. J.

(1) Ce n'est que dans les anciens monuments de la littérature des brahmanes, et surtout dans ceux de la littérature bouddhique, que l'on voit les *vaïshya* entourés d'immenses richesses et d'une grande considération; Bouddha s'incarne plusieurs fois, dans ses *djâtaka*, en *sârthavâha*, chef de marchands, et en *vaniṭshrêchthî* ou prévôt des marchands. E. J.

(2) Les *kômoutti* et les *chetti* sont réellement des *choûtirer*. Les *kômoutti* appartenaient autrefois, de même que les *chetti*, avec lesquels ils étaient alors confondus, à la division des *choûtirer*, connue sous le nom de main gauche; ils sont passés, par une espèce d'adoption, dans la division de la main droite. *Chetti*, originairement altéré du sanskrit *shrêchthî* (chef ou syndic des marchands), signifie simplement aujourd'hui *marchand*; aussi dit-on *vellâṇchetti*, marchands de la caste des *vellâjer*. E. J.

(3) Les parias eux-mêmes ont revêtu du triple cordon le dieu protecteur de leur caste, né paria : voyez la feuille r de la xxi<sup>e</sup> livraison de l'*Inde Française*. E. J.

(4) Les vaniteuses prétentions des castes inférieures au sujet du cordon sont pour les brahmanes un inépuisable sujet de railleries; le mépris que leur inspirent les ridicules efforts des autres castes pour se rapprocher d'eux, se produit en phrases proverbiales, presque toutes assez désobligeantes, telles que celles-ci : « Le cordon est vraiment un beau harnois pour un âne »; « qu'une corneille se lave trois fois par jour, elle ne deviendra jamais un héron »; « cette vache est noire, essayez de la laver dans le lait pour la blanchir »; « autant vaut prendre la queue d'un chien et la frotter d'huile pour la redresser », etc. E. J.

pour se réhabiliter dans les deux premiers cas, il doit prendre un nouveau cordon avec toutes les cérémonies de l'investiture.

## CHAPITRE IV.

### *Koudoumbi.*

Brahmâ, après avoir revêtu les brahmanes du cordon, pour les désigner comme les dépositaires des lois, institua le *koudoumbi*, pour leur conférer la plénitude du sacerdoce : ainsi, le cordon exprime le caractère de docteurs, et le *koudoumbi* le caractère de sacrificateurs (1). *Kartâ* consacra lui-même Brahmâ par la cérémonie du *koudoumbi*, lorsqu'il l'institua pontife suprême.

Le *koudoumbi* est une touffe de cheveux que les brahmanes laissent à la partie postérieure de leur tête, qui est d'ailleurs entièrement rasée (2). Lorsqu'à l'ordination du *brahmatchârî* on lui confère le *koudoumbi*, on le consacre par une onction ; lorsqu'on fait passer le *brahmatchârî* dans l'ordre sacerdotal, on consacre son *koudoumbi* par une nouvelle onction ; les paroles que le brahmane officiant prononce à chacune de ces onctions en expriment distinctement l'intention. Les membres de la tribu royale portent aussi le *koudoumbi* ; ils le prennent à trois ans, au moment où on leur perce les oreilles. Les *vaichiyer* et les *choûtirer* se laissent ordinairement croître les cheveux, et les portent roulés sur un coin de la tête. Il y en a cependant quelques-uns qui portent le *koudoumbi* ; c'est un abus qu'ils commettent sans trouver d'opposition ; ils ne célèbrent d'ailleurs aucune cérémonie à cette occasion.

Il y a cette différence entre le *koudoumbi* des brahmanes et celui des *kchatiryer*, que le *koudoumbi* des brahmanes se confère en deux degrés, et imprime au *brahmatchârî* et au *grihastha* deux caractères distincts, qui les obligent à l'observation de deux règles différentes de l'ordre brahmanique, tandis que le *koudoumbi* des princes se confère en une seule cérémonie, à l'âge de trois ans, et exprime uniquement le devoir qui leur est imposé, d'être les protecteurs de la religion (3). Une autre différence, c'est que les cérémonies par lesquelles on confère le *koudoumbi* ne sont pas les mêmes pour les *kchatiryer* que pour les brahmanes ; ainsi, dans le premier cas, le brahmane officiant n'enveloppe pas le manche du rasoir de brins de *tarpai*; ce n'est pas ce brahmane qui marque la place du *koudoumbi* ; les brahmanes ne répandent pas sur le *koudoumbi* du riz mêlé de safran (4) ; on ne célèbre pas la cérémonie des cinq *koudoumbi* ; de plus, le *brahmatchârî* et le *grihastha* ne peuvent jamais renoncer à leur *koudoumbi*, tandis que les rois y ont souvent renoncé, et ont laissé croître leurs cheveux.

Le brahmane peut perdre le *koudoumbi* comme le cordon, de trois manières : ou par accident, ou avec intention, ou par violence. Il peut le perdre par accident dans le cas par exemple où la maladie fait tomber les cheveux qui formaient le *koudoumbi* ; il n'encourt alors aucun reproche. Il peut perdre le *koudoumbi* avec intention, comme lorsque, par mépris, par colère ou par dépit, il se le coupe ou se l'arrache ; il tombe par le fait même dans l'indignité du crime ; il ne peut plus, dès ce moment, remplir aucune fonction de son ministère ; lorsque les cheveux du *koudoumbi* ont crû de nouveau, il doit se relever de son indignité, en célébrant de nouveau les cérémonies de cette consécration spéciale. Le brahmane peut encore perdre le *koudoumbi* par violence, comme lorsqu'il lui est arraché dans une rixe ou dans quelque circonstance semblable ; il encourt par le fait même l'indignité produite par le défaut de réputation, parce qu'il est dès lors atteint d'infamie publique ; il est obligé, pour se relever de cette indignité, de se soumettre à une pénitence qui consiste à faire quelques aumônes, à jeûner pendant quelques jours, et à réciter certaines prières en présence d'un brahmane officiant qui représente Brahmâ, et de dix-neuf autres brahmanes.

---

(1) J'ai des motifs de croire que ces distinctions sont dues uniquement à l'imagination de notre auteur ; le caractère de *védavid* n'est pas distinct dans le brahmane de celui de *yadji*. Je pense qu'il y a dans ce chapitre et dans le suivant quelques explications trop subtiles. L'auteur a été évidemment dominé dans ses recherches par des idées religieuses qui ne sont pas celles de l'Inde : ainsi il attribue aux brahmanes un caractère sacerdotal ; leurs rapports présents avec les tribus de l'Inde méridionale peuvent certainement suggérer cette idée ; mais des recherches un peu plus avancées que celles qu'a faites notre auteur l'eussent convaincu que tel n'est pas le caractère réel et primitif des brahmanes, qu'il leur est au contraire défendu par les lois religieuses d'offrir le sacrifice pour les *shoûdra*, et qu'en l'offrant pour les deux autres races qui jouissent du bonheur d'une double naissance, ils accomplissent seulement un acte de protection envers des races qui leur sont inférieures en mérite et en puissance. E. J.

(2) J'ai conservé la prononciation vulgaire de ce mot, qui s'écrit régulièrement *koudoumi* ; c'est le *tchoûdâ* ou *tchoûlâ* sanskrit. E. J.

(3) Le rapport établi entre le *koudoumbi* et les devoirs du *kchatriya*, me parait être un de ceux qui ne reposent que sur l'autorité de notre auteur. E. J.

(4) Au sacre des rois de la côte de Malabar, on répand sur leur tête du froment mêlé de poudre d'or. E. J.

## APPENDIX.

### CHAPITRE V.

#### *Ordre des brahmatchârî.*

Quelques jours avant l'ordination du *brahmatchârî*, on prépare une tente dans la cour de la maison, avec le plus d'élégance possible; la veille du jour de la cérémonie, on envoie convier les brahmanes. Le jour même de l'ordination, dès le matin, on purifie toutes les places de la maison avec de la fiente de vache délayée dans de l'eau, et on arrose toutes les murailles avec de l'urine de vache, pour effacer toutes les souillures légales. Les brahmanes, avant de se rendre à la cérémonie, se lavent le corps et prennent des cendres ou des terres blanche et jaune, chacun selon son usage. Tous les brahmanes étant assemblés ( les autres Malabars ne peuvent même pas assister à cette cérémonie), on étend au milieu de la tente deux couches de riz, sur lesquelles on place deux pots remplis d'eau et de feuilles de manguier; le brahmane officiant récite des oraisons sur cette eau, en invoquant les rivières sacrées; elle représente dès lors ces divinités, et a la vertu d'effacer les péchés; le brahmane prend pour aspersoir des feuilles de manguier, et arrose de cette eau le *brahmatchârî* et tous les assistants. Ces feuilles de manguier, comme on l'a déjà observé, représentent la déesse *Latchimi* (1). Le brahmane officiant, tout en récitant des oraisons, enveloppe le manche d'un rasoir de brins de *tarpai* (cette herbe est consacrée à *Vachichten*, fils de Brahmâ, le maître des neuf planètes) (2); il coupe ensuite quelques mèches de cheveux sur le devant, sur le derrière, aux deux côtés et sur le sommet de la tête du *brahmatchârî*, en récitant à chaque fois des prières. Il remet alors le rasoir au barbier, qui rase la tête de l'enfant, en laissant cinq touffes ou *koudoumbi* aux cinq places marquées par le brahmane. Le premier de ces *koudoumbi* représente le *yâtakarmam*, le second le *nâmakarmam*, deux signes de sa consécration au culte des dieux ; le troisième, le *choûlakarmam*, présage d'une heureuse fortune; le quatrième est le signe de sa destination à l'étude des lois; le cinquième doit exprimer le nouveau caractère dont il va être revêtu (3). Cela fait, l'enfant va se laver la tête et le corps, pour se purifier de la souillure qui lui a été imprimée par la main du barbier, et pour éviter de rendre la cérémonie impure, en laissant tomber quelques poils sur les objets qui y servent. Il revient ensuite s'asseoir à la même place sous la tente. On allume alors un feu avec neuf espèces de bois consacrés aux neuf planètes ; ce feu est un sacrifice qui leur est offert, pour les prier d'accorder à l'enfant l'intelligence de la philosophie et la connaissance des choses futures. Le brahmane officiant qui représente Brahmâ distribue ces diverses espèces de bois à neuf autres brahmanes chargés du soin d'entretenir le feu (4) ; le brahmane officiant y jette de temps en temps un peu de beurre et quelques grains de riz, les offrant en sacrifice avec les formules de prières ordinaires. Il faut observer que le feu doit être entretenu, nuit et jour, par des brahmanes, pendant tout le temps de la consécration....

Il y a quelques brahmanes qui entretiennent aussi un feu perpétuel; ils allument ce feu dans la cérémonie où ils reçoivent le titre de docteurs de la loi (5) ; un petit nombre seulement peut prétendre à cet honneur, à cause des grandes dépenses dont il est l'occasion. Lorsqu'un brahmane désire se faire recevoir docteur, il choisit en pleine campagne un emplacement commode, pour dresser une tente spacieuse qui puisse contenir tous les assistants; il prie ensuite cent brahmanes des plus savants de venir l'examiner. Si les brahmanes pensent qu'il a fait preuve d'une capacité suffisante, ils l'autorisent à célébrer la cérémonie de son inauguration : il choisit vingt-cinq ou trente de ces brah-

---

(1) Voyez, dans la première partie de ces extraits, le chapitre xvii, p. 20.

(2) Ce passage présente une notion qui ne paraît pas être d'une parfaite exactitude. *Vasichtha* n'a aucun titre connu au nom de *maître des planètes*; les dénominations de *grahanâyaka*, *grahapati*, *grahârâdja* sont au contraire accordées, soit au soleil, soit à la planète de Saturne. Je ne me rappelle d'ailleurs aucun texte qui fasse mention du *kousha* comme d'une herbe consacrée à *Vasichtha* : les Tamouls auraient-ils joué sur les mots, et consacré le *kousha* à ce vénérable *richi*, parce qu'il était l'*âtchârya* et le *pourôhita* des princes de la race de *Kousha*? E. J.

(3) Cette explication me paraît encore douteuse ; le mysticisme qu'on y remarque n'est pas celui des brahmanes. S'il fallait expliquer la cérémonie des cinq *koudoumbi*, j'aimerais mieux y voir ( et cette conjecture serait justifiée par la signification de la pratique religieuse du *pañtchâgni* ou des cinq feux ), un symbole des quatre *Vasou* et d'*Aditya* assistant à la consécration du *brahmatchârî*. E. J.

(4) Voyez, dans la première partie de ces extraits, le chapitre xvii, p. 28.

(5) Je ne sais quelle est la dignité brahmanique que l'auteur veut désigner par ces mots ; ce n'est sans doute pas celle de *gourou* ou d'*âtchârya*, puisqu'elle est conférée soit par le droit de la naissance, soit par l'élection ; les *vaidika* et les *smârta* sont ainsi nommés à cause de leurs études spéciales, et ces noms sont moins des titres que les désignations de sectes particulières de brahmanes. La circonstance du feu accompagnant au bûcher celui qui l'a entretenu pendant sa vie, paraît désigner des brahmanes *sâgnika* ; mais tous les *grihastha* devant entretenir trois feux, sont par cela même nommés *sâgnika*, et cependant les cérémonies rapportées ici ne sont certainement pas celles de la consécration des *grihastha*. E. J.

manes et les prie d'officier; ils préparent tous ensemble un bûcher composé des espèces de bois consacrés aux neuf planètes; ils allument du feu vierge, en frottant l'un contre l'autre deux morceaux d'*arachou*, et, avec ce feu, embrasent la pile de bois (1). On commande alors à un potier d'apporter un chevreau sans taches : pour rendre le potier capable d'être admis à cette cérémonie et d'entendre lire les formules sacrées, les brahmanes récitent sur lui des oraisons qui ont la vertu de le transformer. Ils répètent ensuite pendant trois jours à haute voix des prières aux oreilles du chevreau; puis le potier lui bouche toutes les issues par lesquelles il peut respirer, et le fait mourir en lui serrant violemment les testicules (2). Pendant ce temps, les brahmanes adressent des prières à Brahmâ, déclarant que, s'ils privent cet animal de la vie, c'est seulement pour se conformer à la loi religieuse, et qu'ils ne sont dès-lors coupables d'aucun meurtre. Le potier ouvre le ventre du chevreau et lui arrache le foie; les brahmanes le lavent d'abord dans du lait doux, puis ensuite dans du beurre, l'exposent quelque temps au soleil, et le rôtissent devant le feu du sacrifice; le brahmane reçu docteur le coupe par petits morceaux, le mêle dans un vase avec du beurre, et se servant d'une feuille de manguier comme d'une cuillère, répand une partie de ce mélange dans le feu du sacrifice; ce qui en reste dans le vase, on le pétrit avec de la farine de froment, et on en forme une espèce de pain, qu'on partage entre les brahmanes officiants; chacun mange le morceau qu'il a reçu. Cette cérémonie terminée, le nouveau docteur donne aux brahmanes, pendant trois jours, des festins splendides, bien que les trois jours précédents il les ait déjà magnifiquement traités; le troisième jour, les assistants, quelquefois au nombre de plus de mille brahmanes, se retirent tous chez eux. Le nouveau docteur prend du feu du bûcher et l'emporte avec soin dans sa maison; il est dès-lors obligé de l'entretenir constamment, en y jetant trois fois par jour, savoir : le matin, à midi et le soir, des diverses espèces de bois consacrés aux neuf planètes (3); il peut, aux autres heures de la journée, l'entretenir avec tout autre combustible. Il doit conserver ce feu pendant toute sa vie. Si ce feu venait par malheur à s'éteindre, il serait nécessaire de recommencer toutes les cérémonies décrites plus haut, le sacrifice du chevreau excepté. Ces brahmanes docteurs ne mangent jamais chez les autres brahmanes (4); après leur mort, on brûle leurs restes avec le feu qu'ils ont entretenu pendant leur vie.

Revenons à l'ordination du *brahmatchârî*. Le feu étant allumé, on célèbre la cérémonie de l'imposition du cordon *yakiyopavidam*. Le brahmane officiant, après avoir récité des oraisons sur le cordon, pour le consacrer, fait approcher l'enfant, lui fait lever à la hauteur de son épaule gauche la main gauche, les doigts étendus, lui fait abaisser à la hauteur de sa hanche droite, la main droite, les doigts également étendus, lui passe le cordon aux deux pouces des mains, puis le lui met en travers sur le corps (5). Ce brahmane attache au cordon un morceau de peau de cerf qui ne doit en être séparé qu'au moment où le *brahmatchârî* est investi du sacerdoce; cette peau signifie, suivant eux, que l'enfant est le disciple de Brahmâ. Cela fait, le barbier coupe quatre des *koudoumbi* et laisse seulement celui qui se trouve sur la partie postérieure de la tête. L'enfant va aussitôt se laver la tête et le corps, et revient prendre sa place; le brahmane officiant et les autres répandent sur son *koudoumbi* chacun une poignée de riz mêlé de safran, en récitant des prières : le safran et le riz sont offerts en sacrifice aux dieux. Ce n'est que dès ce moment que le *brahmatchârî* a le caractère nécessaire pour étudier les lois divines et pour observer la règle de Brahmâ. L'effusion de riz que le brahmane représentant Brahmâ et les brahmanes assistants font sur le *koudoumbi* du *brahmatchârî* est réellement une onction; cette cérémonie en effet signifie l'obéissance dévouée qu'il doit prêter à la loi religieuse, et la fidélité absolue qu'il doit lui garder. Une autre onction est l'imposition du cordon sur les mains étendues, l'une élevée et l'autre abaissée : le cordon et les deux mains repré-

---

(1) Le feu *âhavaniya* ou feu des sacrifices doit être allumé par la friction non interrompue de deux morceaux de bois, l'un de *shami* (espèce d'acacia), l'autre d'*ashoattha*; on attribue à la sève du *shami* la propriété d'être ignescente; la mythologie explique cette croyance populaire par une légende dans laquelle la décence est peu respectée. E. J.

(2) Le potier bouche avec de l'argile toutes les issues par lesquelles peut s'échapper le souffle vital, afin que l'animal meure pour ainsi dire plein de sa vie, et qu'ainsi le sacrifice offert soit *entier*; car cette condition est un des principaux mérites de tout sacrifice. Quelquefois on tue le bouc en lui écrasant les testicules à coups de bâton. E. J.

(3) Ces trois heures sont celles des *sandhyâ* légaux; c'est à ces heures que les brahmanes, quelle que soit leur secte, célèbrent les cérémonies domestiques en l'honneur des dieux. E. J.

(4) L'auteur aurait dû indiquer le motif de cette réserve particulière aux brahmanes désignés par lui sous le nom de *docteurs de la loi*; je crois que ce motif est le devoir religieux de ne manger d'autres aliments que ceux qui ont été préparés au moyen du feu consacré entretenu soit par eux-mêmes, soit par des brahmanes du même ordre. E. J.

(5) La théorie de cette cérémonie se trouve dans la *Mânavasamhitâ*; le brahmatchârî, suivant cette autorité, se nomme *oupavîtî* au moment où il étend la main droite; *prâtchînâvîtî* au moment où il étend la main gauche, et *nivîtî* lorsque le cordon a été passé à son cou. E. J.

APPENDIX.

sentent les trois *véda*, dont le dépôt est confié aux brahmanes : on met enfin le cordon en sautoir sur le corps du *brahmatchârî*, pour signifier sa parfaite soumission au joug de ces lois (1).

La cérémonie du *koudoumbi* étant terminée, le brahmane officiant récite des prières et ceint les reins de l'enfant d'un petit cordon nommé *arainam*, tressé avec des brins de l'herbe *manji* (2), qui est consacrée à Brahmâ ; il lui met sur les parties un morceau de toile dont un bout est fixé par devant dans le cordon *arainam*, et l'autre, passé entre les cuisses, est fixé par derrière dans le même cordon ; c'est un signe de la chasteté inviolable que le *brahmatchârî* doit observer jusqu'à son mariage. Le brahmane officiant lui met ensuite à la main droite un bâton, au bout duquel est attaché, en manière de banderole, un morceau de toile semblable au premier, autre symbole du devoir de chasteté ; ce bâton, nommé *tandam*, est consacré par les prières que le brahmane récite avant de le donner à l'enfant. Il lui met encore à la main gauche un petit pot rempli d'eau, nommé *kamandalam* ; il consacre d'abord le vase, puis l'eau qui y est contenue (3). Ce brahmane et neuf autres brahmanes vont prendre ensemble l'habit de *brahmatchârî*, le consacrent par des prières, et en revêtent l'enfant. Le brahmane officiant l'instruit de toutes les cérémonies que doit faire, deux fois le jour, le *brahmatchârî*, savoir, le matin et le soir, et lui fait répéter toutes les prières qui doivent accompagner ces cérémonies. Cette instruction se répète pendant quatre jours, en présence des mêmes brahmanes. Le feu dont on a parlé plus haut doit être entretenu aussi long-temps jour et nuit. Le père du nouveau *brahmatchârî* donne enfin un repas aux brahmanes. Le *brahmatchârî*, au milieu du repas, vient, un plat à la main, leur demander l'aumône (4). Dès ce moment, il s'appelle *brahmatchârî*, c'est-à-dire observateur de la règle de Brahmâ.... La consécration du *brahmatchârî* et celle du *grihastha* durent chacune quatre jours ; ce temps est nécessaire pour qu'ils soient parfaitement instruits de leurs devoirs religieux.

CHAPITRE VI.

*Règle et vêtement des brahmatchârî.*

L'habit du *brahmatchârî* n'est autre chose qu'une toile de cinq coudées de longueur, qui lui ceint les reins et qui retombe jusqu'aux genoux. Le *brahmatchârî* se couvre encore les épaules d'une toile de cinq coudées de longueur, qui n'est point attachée, et dont les bouts viennent pendre par devant ; mais cette pièce de toile ne fait point partie du vêtement sacré ; elle sert seulement à garantir celui qui la porte de l'excès de la chaleur ou du froid.

Le *brahmatchârî* est obligé, sous peine de grand péché, de se conformer à la règle suivante, que Brahmâ lui-même a prescrite : il ne peut ni présider ni assister à aucune des cérémonies religieuses qui ont un caractère public ; il doit s'occuper exclusivement de l'étude des lois religieuses ; il doit demander l'aumône, et ne peut manger d'aucune chose qui ait été apprêtée dans l'intérieur d'une maison ; il doit coucher sur la terre, et ne faire usage ni de coussins ni de tapis ; il ne peut manger de bétel, ce qui est pour les Indiens une grande privation ; il ne peut s'oindre le corps d'aucune substance odoriférante, telle que le sandal, etc. ; il ne peut se laver la tête avec de l'huile, ce qui est encore une grande privation ; car rien ne contribue plus que cet usage à entretenir leur santé (5) ; il ne peut se faire couper la barbe ; il ne peut enfin avoir commerce avec aucune femme.

(1) Si ces explications sont généralement admises par les brahmanes de l'Inde méridionale, ce qui me paraît fort douteux, il est du moins constant qu'elles ne s'accordent pas avec l'esprit du brahmanisme primitif. La signification religieuse du triple cordon a été exposée avec une grande justesse de vues par M. le baron d'Eckstein dans sa savante analyse de l'*attaréyôpanichad*. E. J.

(2) J'ai conservé dans ces deux mots l'orthographe du manuscrit original ; je suis néanmoins persuadé qu'il faut lire le premier *araïnâl*. On a coutume de ceindre les reins des enfants, le jour même de leur naissance, de petits cordons de fils d'or ou d'argent ; on nomme ces ceintures *araïnâl*, lorsqu'elles sont portées par des enfants mâles, et *araïpattikai* lorsqu'elles le sont par des enfants de l'autre sexe ; *araï* signifie *milieu du corps, taille, ceinture*. Plus tard les enfants mâles des trois races *dwija* échangent la ceinture puérile contre la ceinture virile, qui est de fibres de *moũñja* ou *manjî* pour les brahmanes ; de fibres de *mođrvâ* pour les *kchatrîya*, et de *shana* ou de chanvre pour les *vaishya*. Quant au morceau de toile fixé à la ceinture, on doit en mesurer exactement la largeur d'une mamelle à l'autre de l'enfant. E. J.

(3) On trouvera des détails précis sur le *tandam* et *kamandalam* dans le chapitre intitulé : *Ordre des sannyâsî*. E. J.

(4) Cet usage n'est pas entièrement conforme à l'autorité de *Manou* ; le *brahmatchârî*, suivant ce législateur, doit recevoir les premières aumônes des femmes de sa famille. Les *kchatrîya* et les *vaishya*, dans l'âge qui répond proportionnellement à celui du *brahmatchârî*, doivent aussi demander l'aumône ; mais les trois classes ne la sollicitent pas avec la même formule ; le brahmane annonce d'abord son droit, en disant : « à moi donnez l'aumône » *bhavati bhikchâm dêhi* ; le *kchatrîya* s'efface et dit : donnez-moi l'aumône » *bhikchâm bhavati dêhi* ; le *vaishya* plus humble dit seulement : « donnez l'aumône à moi » *bhikchâm dêhi bhavati* : ( *Mânavasamhitâ*, L. II, shl. 49, comment. *Mitâkshard*, P. 1, p. 4 v°). E. J.

(5) L'huile pénétrant les pores et se répandant sur la surface de la peau, s'oppose à l'action immédiate d'une atmosphère brûlante ou à l'impression des vents pestilentiels ; c'est peut-être à cette propriété que l'huile doit un de ses plus anciens noms, celui de *vâtaghna* ou *vâtamghna* ( littéralement *qui tue le vent* ). E. J.

APPENDIX.

Voici les cérémonies qu'il est obligé de pratiquer chaque jour : il se lève de grand matin, se rend au bord de l'étang le plus proche, et s'y lave les parties en l'honneur du *linga*, en récitant plusieurs prières; il entre ensuite dans l'étang, et se lave la tête et le corps; puis il remonte sur le bord de l'étang, et répand un peu d'eau sur sa tête et autour de sa tête, pour écarter tous les mauvais esprits; il prend par trois fois un peu d'eau dans ses deux mains étendues et serrées l'une contre l'autre, puis la verse lentement en l'honneur du soleil; il prend trois fois de suite un peu d'eau dans le creux de sa main droite, s'en jette une goutte dans la bouche et l'avale; il se saisit le nez avec les doigts, retient son haleine pendant quelque temps, puis fait un signe avec la main, d'un œil à l'autre, d'une épaule à l'autre, d'un genou à l'autre, de la tête au ventre, et enfin de l'une à l'autre épaule, en sens inverse, tout comme on fait un signe de croix (1). Toutes ces cérémonies sont accompagnées de prières spéciales.

## CHAPITRE VII.

*Ordre des brahmanes.*

A l'âge de douze ans, le *brahmatchârî* célèbre la solemnité de son mariage, et entre dans l'ordre des brahmanes *grihastha*. Les préparatifs sont les mêmes pour cette cérémonie que pour l'ordination du *brahmatchârî*; on y convie tous les brahmanes. Avant toutes choses, on fait un sacrifice au dieu Brahmâ, pour lui demander la rémission des fautes que le *brahmatchârî* peut avoir commises contre la règle qui lui était imposée : ce sacrifice consiste dans une libation de beurre que le brahmane officiant répand dans le feu dont il a été parlé au sujet de l'ordination du *brahmatchârî*; il accompagne cet acte religieux de prières destinées à obtenir la rémission de ces péchés. Le brahmane officiant détache alors la ceinture de *manji* et le linge qui couvre les parties du *brahmatchârî*; il sépare la peau de cerf du cordon, puis il ôte au *brahmatchârî* son ancien vêtement. On apporte l'habit de brahmane; le brahmane officiant et les autres brahmanes le touchent tous ensemble et le consacrent par la récitation de plusieurs oraisons; ils le teignent de safran en plusieurs endroits, et en revêtent ensuite le *brahmatchârî*. Le brahmane officiant lui confère une seconde fois le cordon, avec les mêmes cérémonies qu'à la première investiture, mais avec des formules de prières différentes; il renouvelle aussi la cérémonie du *koudoumbi* (2), en récitant des prières différentes de celles qui ont été prononcées sur le *brahmatchârî*; il célèbre ensuite les cérémonies ordinaires du mariage. Dès ce moment, le *brahmatchârî* s'appelle *grihastha*; ce titre désigne un homme en possession d'offrir des sacrifices à Brahmâ et aux autres dieux (3).... La consécration des brahmanes est accompagnée de plusieurs sacrifices dont les matériaux sont des fruits, du riz, et du beurre répandu en forme de libations. Ces sacrifices diffèrent de ceux où toutes les offrandes sont présentées et consacrées en une seule fois; elles le sont ici par parties et successivement; aussi des brahmanes doivent-ils veiller, pendant tout le temps que dure cette cérémonie, à offrir régulièrement les sacrifices et à entretenir le feu dont il a déjà été fait mention.

## CHAPITRE VIII.

*Règle et vêtement des brahmanes.*

L'habit du brahmane consiste en une toile de neuf à dix coudées de longueur, dont il se ceint les reins; des deux bouts croisés par devant, il passe l'un entre ses cuisses et le fixe par derrière entre la toile et la peau; il fixe l'autre par devant de la même manière. La loi défend, sous de très-grandes

---

(1) L'intention de cette cérémonie est de recueillir le *prâna* ou le souffle vital, et de le faire circuler dans toutes les parties du corps. E. J.

(2) Le *tchoûdâkarma* ou cérémonie de la tonsure brahmanique se célèbre : 1° le cent cinquième jour de la naissance suivant notre auteur, dans le cours des trois premières années suivant les textes de lois; 2° la septième année, à l'ordination de *brahmatchârî*; 3° la douzième année, à l'ordination de *grihastha* : cette cérémonie se renouvelle une dernière fois sous le nom de *késhânta*, la seizième année depuis la naissance du brahmane, c'est-à-dire à l'âge où est déclaré déchu des droits de sa race le brahmane qui n'a pas encore accompli les cérémonies de l'*oupanayana* ou initiation. E. J.

(3) Cette traduction, ainsi que quelques autres, est fort inexacte : *grihastha* signifie littéralement *maître de maison*, chef de famille; le *grihastha* a d'ailleurs, comme le dit notre auteur, le caractère nécessaire pour offrir le sacrifice; il est le *maître des sacrifices* de sa propre famille, ainsi que de celles des *kshatriya* et des *vaishya* qui, le priant de sacrifier en leur nom, deviennent pour ainsi dire ses clients. J'observerai au sujet de *grihastha*, que *griha* (*maison*) paraît avoir eu dans le nord et dans l'ouest de l'Inde, le sens de *ville*; ainsi la capitale du *Magadha*, dans les temps anciens, était *Râdjagriha* ou *Râdjagraha* (la ville royale); c'est ce mot qui, sous la forme de *gerh*, termine les noms d'un si grand nombre de villes du *Râdjasthâna* et d'autres provinces de l'Inde dans lesquelles a prévalu la domination de la race guerrière. E. J.

peines, à toute personne qui n'est ni brahmane ni *brahmatchârî*, de porter les vêtements de ces deux ordres, parce qu'ils sont des insignes spéciaux et consacrés; aussi aucun Malabar, quelle que soit sa caste, ne porte-t-il des vêtements de cette forme. Les *brahmatchârî* et les brahmanes n'envoient jamais leurs vêtements sacrés aux blanchisseurs, de peur de les profaner; ils les lavent eux-mêmes dans l'eau pure, sans aucun mélange de savon (1) ou d'autre substance détersive; aussi ces vêtements prennent-ils une teinte jaunâtre qui ne compromet point d'ailleurs leur sainteté. Quelques brahmanes recouvrent l'habit de l'ordre d'un surtout de toile; ce surtout peut être envoyé sans scrupule aux blanchisseurs, parce qu'il n'est pas considéré comme insigne brahmanique; ceux qui ne portent point ce surtout se couvrent les épaules d'une grande pièce de toile non fixée, qui n'appartient pas d'ailleurs au vêtement sacré. Un brahmane ne peut exercer aucune fonction de son ministère sans être revêtu de l'habit de l'ordre.

Le brahmane doit pratiquer chaque jour la règle suivante : il se lève de grand matin, pour faire les mêmes cérémonies que celles auxquelles est obligé le *brahmatchârî*; il retourne ensuite à sa maison, lave deux ou trois idoles, les place sur une pièce de soie étendue par terre, les pare des fleurs qui leur sont consacrées (car toutes les fleurs ne sont pas propres à toutes les idoles), et leur met du *tirountrou* ou des terres jaune et blanche, suivant ses habitudes religieuses : toutes ces cérémonies sont accompagnées de prières. Vient alors l'heure du repas; après avoir dîné, il se lave les pieds, les mains et la bouche, puis dit quelques prières; s'il est pauvre, il va demander l'aumône dans les maisons qu'il est habitué de visiter ; car chaque brahmane a quelques familles qui le secourent, ou, si l'on veut, quelques disciples auxquels il annonce les fêtes religieuses, le temps propice pour le mariage ou pour toute autre affaire, et enfin les bons et les mauvais présages. Vers quatre heures, il fait les mêmes cérémonies que le matin, récite ensuite quelques prières (2), répète en lui-même les *véda* ou les enseigne à ses élèves. A l'heure du souper, il fait les mêmes cérémonies qu'à midi (3); après avoir pris son repas, il prie quelque temps et va se coucher.

Les brahmanes ne peuvent boire aucune liqueur enivrante ; ils ne peuvent manger ni raves ni ognons, ni ail (4); la chair des animaux leur est aussi défendue. Cette prohibition s'étend même aux œufs, parce qu'ils contiennent des germes de vie. Ils s'abstiennent de la chair des animaux, parce qu'ils croient à la transmigration des âmes; ils ne mangent ni ail ni ognons parce qu'ils regardent ces légumes comme des divinités (5). Quant au vin, à l'eau-de-vie et aux autres liqueurs, ils s'en privent par abstinence ; peut-être aussi parce que ces liqueurs ont été préparées dans les chaudières de gens qui ne sont pas de leur caste.....

Il y a dans l'Inde plusieurs milliers de brahmanes ; tous ne sont pas attachés aux pagodes publiques (6), mais tous remplissent les fonctions sacerdotales dans les pagodes de Brahmâ, c'est-à-dire dans leurs propres maisons; car ce dieu n'a plus d'autre temple. Les brahmanes sont considérés non seulement comme les prêtres de Brahmâ, mais encore comme Brahmâ lui-même, c'est-à-dire

---

(1) Voyez, dans la première partie de ces extraits, le chapitre intitulé : *Superstitions relatives aux règles des femmes.*

(2) Cette récitation, nommée *djapa*, se fait à voix basse et comme en murmurant. Les formules précatoires usitées dans les trois *savana* sont le célèbre monosyllabe *ôm*, les trois grandes *exclamations* ou *oyâhriti*, et l'invocation *gâyatrî*, nommée dans les textes religieux *la mère du brahmane*. Le monosyllabe *ôm*, dont la signification réelle, aujourd'hui ignorée des brahmanes, a été si ingénieusement retrouvée par M. F. Windischmann, résume pour ainsi dire l'histoire de l'Inde et celle de la religion brahmanique. C'est d'abord l'expression simple et sublime en même temps d'un sentiment d'admiration religieuse, la forme primitive de l'adoration ; c'est plus tard un mot mystérieux dans les éléments duquel les philosophes indiens trouvent le symbole des grands principes cosmogoniques et psychologiques; puis dans le moyen âge de l'Inde, c'est un mot consacré, qui n'est plus compris, qu'on n'essaie plus de comprendre, mais qu'on répète sans cesse , parce qu'il doit donner le salut. J'ai vu récemment les armoiries d'un officier général anglais qui a long-temps servi dans l'Inde ; la couronne de ces armoiries est surmontée de deux épées croisées, entre lesquelles est tracé le mot *ôm* : c'est encore l'Inde, l'Inde moderne placée sous l'épée de la conquête ; *ôm*, c'est toute l'Inde. E. J.

(3) Ces cérémonies doivent être célébrées aux trois *sandhyâ* ou heures de la méditation, c'est-à-dire aux deux crépuscules et à l'heure de midi : ce sont les trois *savana* ou sacrifices journaliers dont parle *Manou*, L. VI, shl. 24. E. J.

(4) A la liste de ces légumes défendus, il faut ajouter la *beringelha* ou brinzelle ( *solanum melongena* ), nommée en tamoul *katirikây*. E. J.

(5) L'auteur fait en cet endroit un de ces rapprochements qui se présentent d'abord à tous les esprits, parce qu'ils sont plus spécieux que solides ; il rappelle que l'Égypte rendait un culte aux plantes ici désignées, et conjecture que les brahmanes ont emprunté ce culte aux hiérophantes ; une opinion semblable a été récemment produite, mais avec beaucoup plus de réserve, dans un savant ouvrage sur la religion et les mœurs de l'Inde ancienne. Je crois que ce rapprochement et quelques autres de ce genre prouvent moins qu'on ne le pense, et souvent même prouvent tout autre chose que ce que l'on avait intention de prouver. E. J.

(6) La division la plus générale des brahmanes dans les diverses parties de l'Inde, est celle qui les distingue en *vaîdya* ( occupés de l'étude des *véda* ) et en *ladkika* ( occupés d'affaires mondaines). E. J.

APPENDIX.   59

comme des dieux (1); toutes leurs paroles sont pour les Malabars autant d'ordres... Les brahmanes ne mangent jamais en présence des Malabars; s'ils apprenaient même que ceux-ci eussent jeté les yeux sur leurs vases, ils les briseraient aussitôt pour éviter l'influence du *mauvais regard* (2). Les brahmanes ne permettent pas que les Malabars préparent leurs repas, ni même qu'ils entrent dans leurs maisons devenues les pagodes de Brahmâ; s'ils mangeaient des choses apprêtées par les Malabars, ils deviendraient impurs; les Malabars, au contraire, tiennent à l'honneur de manger des choses apprêtées par la main des brahmanes.

## CHAPITRE IX.
### *Irrégularités.*

Qu'un individu né dans la caste brahmanique soit boiteux ou bossu, qu'il ait les yeux chassieux ou voilés par une taie, qu'il soit mutilé d'un bras, d'une jambe, d'une oreille, de quelques doigts des pieds ou des mains, qu'il soit camus, qu'il ait les narines obstruées, qu'il soit affecté de la gale, de la gratelle, qu'il ait la peau couverte de taches blanchâtres, ou qu'il souffre de quelque hernie, aucun de ces défauts corporels ne l'empêche de recevoir les ordres de *brahmatchârî* et de *grihastha*; mais aussi long-temps qu'il en est affecté, il demeure inhabile à exercer les fonctions de son ordre dans toutes les cérémonies publiques de la religion; il peut seulement célébrer les cérémonies et les sacrifices que les brahmanes ont coutume de faire dans l'intérieur de leurs maisons.

Ils reconnaissent une irrégularité qui provient d'une inclination naturelle à la violence. S'il arrive qu'un brahmane en tue un autre sans préméditation, tous les brahmanes s'assemblent et le condamnent à de rudes pénitences, comme de se baigner dans toutes les rivières sacrées et de leur offrir des sacrifices; ils lui indiquent même les prières et les aumônes qu'il doit faire : jusqu'à ce que le coupable ait été complétement purifié par cette expiation, qui dure une ou deux années, il est incapable d'exercer son ministère dans les pagodes. Mais si un brahmane en tue un autre de dessein prémédité, tous les brahmanes s'assemblent et tiennent conseil pour en faire justice; ils lui coupent d'abord le *koudoumbi* et lui enlèvent le cordon, ce qui est une véritable dégradation. Ils le placent ensuite sur un âne, le visage tourné vers la queue de l'animal, et le chassent de leurs terres (3).

## CHAPITRE X.
### *Jésuites brahmatchârî et brahmanes.*

Tout homme qui porte l'habit de brahmane, le cordon *yakiyopavidam* et le *koudoumbi*, doit être considéré comme appartenant à l'ordre de Brahmâ, comme Brahmâ lui-même : or les PP. Jésuites qui font mission parmi les Malabars portent l'habit de brahmane, le cordon *yakiyopavidam* et le *koudoumbi*. Nous avons déjà dit que le cordon *yakiyopavidam* et le *koudoumbi* sont consacrés dans l'ordre de Brahmâ, que l'habit est le signe extérieur de cet ordre ; que les brahmanes ont le titre de Brahmâ et sont traités comme des dieux. On peut voir à ce sujet J. de Britto (*Da vida di Bruhma*, chap. I)... Cette adoption des insignes brahmaniques par les PP. Jésuites est une chose vue et sue de tout le monde, qui ne souffre aucun doute. Dès que les PP. Jésuites sont venus travailler à la conversion des Malabars, plusieurs d'entr'eux se sont travestis en brahmanes; ils se mettaient au front des cendres de fiente de vache et du *tirountrou;* ils portaient l'habit, le cordon et le *koudoumbi* des brahmanes, et se conformaient aux usages et coutumes de cette caste (4) : plusieurs vivent encore de cette manière. Le P. Roberto di Nobili (5) était travesti en *brahmatchârî;* il en portait l'habit, le cordon

---

(1) Le nom des brahmanes (*brahmâ*) n'est pas différent de celui de Brahmâ lui-même. Un de leurs titres honorifiques est celui de *déva* ou dieu ; ce mot entre quelquefois dans la composition des noms des *kchatriya*, lorsque la première partie de ces noms désigne quelque divinité ; mais il indique alors le culte particulier que ces *kchatriya* rendent aux dieux dont ils empruntent le nom ; ainsi *Nârâyanadéva* etc. E. J.

(2) Voyez, dans la première partie de ces extraits, le chapitre intitulé : *Explication des cérémonies du mariage des Malabars gentils.*

(3) Il est fait souvent mention dans les livres sanskrits de cette inclination naturelle à la violence, sous le nom de *himsâ*. Quant au châtiment infligé au brahmane meurtrier d'un brahmane, voyez, dans la suite de ces extraits, le chapitre intitulé : *Origine du linga*. E. J.

(4) Voyez, dans la suite de ces extraits, les chapitres intitulés : *Ordre des sannyâsi : Signes dont les Malabars se marquent au front* etc.

(5) Le P. Roberto di Nobili ou de Nobilibus, l'un des membres les plus distingués de son ordre, peut être considéré comme le fondateur de la mission du Malabar ; il s'est illustré par la composition d'un poème sanskrit qui est aujourd'hui cité dans le Malabar comme texte de langue, et dont une traduction, publiée sous le faux titre d'*Ezourvedam*, a entraîné Voltaire dans une singulière méprise littéraire. E. J.

et le *koudoumbi*; il avait pris le *kamandalam* et le *tandam*. Nous avons encore entre les mains une estampe qui représente ce père revêtu de tous les insignes de l'ordre des *brahmatchârî*.....

## CHAPITRE XI.

*Ordre des vânaprastha.*

L'ordre des *vânaprastha*, c'est-à-dire de ceux qui *mènent une vie solitaire dans les bois*, est le troisième de ceux qui ont été institués par Brahmâ; les brahmanes seuls peuvent entrer dans cet ordre; ils ne doivent s'y engager qu'à l'âge de cinquante ans environ, à un âge où ils se sentent capables d'observer la continence. Le brahmane qui désire embrasser ce genre de vie se retire dans quelque désert éloigné, et emmène sa femme avec lui, pour qu'elle le soulage dans ses travaux; mais il ne peut avoir avec elle aucun rapport conjugal. Il ne quitte point son habit de brahmane; il fait toutes les cérémonies que les brahmanes ont coutume de faire dans leur intérieur, et consacre le reste du temps à la contemplation; il ne vit que de racines et de fruits. S'il se trouve absolument dépourvu de ces aliments, il doit se contenter de feuillage, et ne peut, sous aucun prétexte, prendre la liberté d'entrer dans les villes, ni d'y envoyer sa femme chercher les choses nécessaires à la vie. La règle de l'ordre veut que le *vânaprastha* mène ce genre de vie pendant vingt-deux années, c'est-à-dire, jusqu'à l'âge de soixante-douze ans; il doit, pendant tout ce temps, donner des preuves de son détachement du monde et se préparer à la vie de *sannyâsî* (1). Mais tel est aujourd'hui le relâchement de la discipline, que la plupart de ceux qui veulent devenir *sannyâsî*, au lieu de se retirer dans les déserts, demeurent tranquillement dans leurs maisons, et se contentent de n'avoir aucun commerce avec leurs femmes; de plus, ils n'observent pas la règle quant au nombre des années d'épreuve; il y en a même qui, maltraités par leur famille, vont immédiatement se présenter au *gourou* des *sannyâsî*, pour le supplier de les recevoir dans son ordre (2).

## CHAPITRE XII.

*Ordre des sannyâsî.*

Après avoir passé vingt-deux ans dans la retraite, suivant l'ancienne discipline, le *vânaprastha* rentre dans la ville qu'il habitait, remet sa femme entre les mains de ses parents, et va aussitôt déclarer au *gourou* des *sannyâsî* (3) que son intention est de se faire recevoir au nombre de ses disciples. Le *gourou* fait assembler les brahmanes; après leur avoir fait une touchante allocution sur l'excellence de l'ordre des *sannyâsî*, et après avoir exhorté le *vânaprastha* à une grande persévérance, l'avertissant qu'il va, par son vœu, se déclarer exclu de tout héritage et de tout droit de famille, déchu de toute espérance d'y rentrer sous quelque prétexte que ce soit (4), il obtient le consentement des brahmanes à la séparation du *vânaprastha* et de sa famille, ainsi que leur promesse de prendre soin de sa femme et de ses enfants. Le *gourou* et les brahmanes récitent des prières et font un sacrifice de feu; le *gourou* coupe le *koudoumbi* du *vânaprastha*, lui enlève le cordon et lui donne un *karounipam* (5); il le dépouille ensuite de son habit de brahmane, et lui donne pour tout vêtement une pièce de toile couleur de feuille morte, sur laquelle il récite des formules de consécration avant de l'en revêtir. Ce vêtement ne peut être envoyé au blanchisseur; le *sannyâsî* est obligé de le laver lui-même, parce qu'il est considéré comme sacré. Le *gourou* met ensuite à la main gauche du *sannyâsî*

---

(1) La durée de la pénitence du *vânaprastha* n'est pas déterminée avec autant de précision dans la *Mânavasamhitâ*; ce traité dit seulement que le brahmane doit y consacrer la troisième partie de sa vie; ce qui ne paraît pas d'ailleurs devoir s'entendre du tiers d'une certaine durée d'existence. La condition de *vânaprastha* est un état de transition entre celle de *grihastha* et celle de *sannyâsî*. E. J.

(2) Il est à peine douteux que la discipline brahmanique n'ait été infirmée en cette circonstance par une cause extérieure; les brahmanes, dont la plupart ne se distinguent plus aujourd'hui des autres races que par les traits de leur figure et par leur habillement, ont dû chercher dans les pratiques vulgaires de l'ascétisme une supériorité que ne leur donnait plus la science, et à laquelle semblait aspirer le zèle religieux des *shoûdra*, tous attachés à des congrégations particulières de *bhakta* ou dévots, tous renouvelant avec une persévérance courageuse, mais comme par instinct et sans élévation d'idées, les prodiges de pénitence accomplis par de saints brahmanes dans les âges antérieurs. Les brahmanes ne voulant perdre aucun de leurs avantages, se sont dégagés des liens de l'ancienne discipline, et ont couru à la pénitence avec un zèle qui aurait pu être mieux dirigé; aussi la condition de *sannyâsî* n'est-elle plus aujourd'hui une partie nécessaire de la vie du brahmane, mais plutôt la pratique spontanée d'une pénitence à laquelle les brahmanes seuls sont admis. E. J.

(3) Voyez, dans la suite de ces extraits, le chapitre intitulé : *Gourou ou directeur de conscience*.

(4) Cette abnégation est exprimée par le titre même de *sannyâsî*, qui signifie littéralement : *ayant fait abandon de toutes choses*. E. J.

(5) Je transcris exactement ce mot, dont le sens m'est d'ailleurs inconnu, à moins qu'on ne doive lire *karounigam* pour *karnikâ*, pendant d'oreille; cette conjecture me paraît néanmoins peu probable. E. J.

## APPENDIX.

le vase nommé *kamandalam* (1), en lui recommandant de le porter toujours avec lui, et d'y conserver toujours de l'eau; il consacre d'abord le *kamandalam*, puis ensuite l'eau qui y est contenue et qui représente les sept rivières sacrées. Toutes les fois que le *sannyâsî* renouvelle l'eau de son *kamandalam*, il récite les prières qui y rendent ces rivières présentes. C'est de cette eau qu'il doit boire, sans la verser dans un autre vase; c'est avec cette eau qu'il doit se laver les parties, avant de célébrer aucune cérémonie religieuse; c'est de cette eau qu'il doit arroser toutes les choses reçues en aumône, pour les purifier de toute souillure. Le *gourou* lui met enfin à la main droite le bâton nommé *tandam*, qui doit avoir sept nœuds représentant les sept grands *sannyâsî* (2) qui, après avoir fait une longue pénitence dans le monde, furent enlevés vivants au ciel *satiyalôgam*; ces saints personnages sont considérés comme présents dans les sept nœuds du *tandam*. Le *sannyâsî* arrose tous les matins son *tandam* avec de l'eau contenue dans le *kamandalam*, et lui fait ensuite une pieuse adoration. Le *tandam* et le *kamandalam* sont, pour ainsi dire, les armes du dieu Brahmâ; ni son *tandam* ni ceux qu'il a donnés aux sept grands *sannyâsî*, ne portent les sept nœuds; ce n'est que depuis l'exaltation de ces *sannyâsî* que les sept nœuds ont été institués. Le *gourou* consacre le *tandam*, avant de le remettre au récipiendaire; celui-ci doit toujours avoir ce bâton à la main; lorsqu'il se repose, il l'attache à son habit; il n'est ni démons ni maléfices qui puissent l'approcher, tant qu'il est armé de ce bâton (3). Les *sannyâsî* portent toujours avec eux une peau de cerf ou une peau de tigre. Ces peaux, suivant eux, sont très-pures, et ne peuvent contracter aucune souillure; aussi s'en servent-ils comme d'un tapis pour s'asseoir, pour se reposer et pour dormir. Les *sannyâsî* ne préparent point leurs repas; ils vont sans cesse de ville en ville, demandant l'aumône, ne la demandant que dans les maisons des brahmanes; s'il ne se trouve point de maisons de brahmanes sur leur chemin, ils vivent de racines et de feuillage. Dès qu'un *sannyâsî* entre dans la maison d'un brahmane, toute la famille se prosterne devant lui comme devant une divinité. Les *sannyâsî* ne fréquentent pas les pagodes, n'assistent jamais aux cérémonies publiques, et n'offrent aucun sacrifice; leur unique soin est la contemplation et la pénitence (4). Ils se laissent ordinairement croître les ongles, mais ils se font, une fois au moins tous les mois, couper la barbe et les cheveux; ils ont grand soin, pendant cette opération, d'étendre devant eux une feuille de figuier pour recevoir les poils qui tombent, de peur que ces poils ne soient profanés en touchant la terre; ils vont aussitôt les jeter dans l'eau, et s'y baignent eux-mêmes, pour se purifier de la souillure contractée par l'attouchement du barbier. Ils ne mâchent jamais de bétel, ne s'oignent jamais d'huile comme les autres brahmanes, et ne se frottent jamais les membres avec de la poudre de sandal; ils se lavent le corps trois fois par jour, c'est-à-dire le matin, vers midi et le soir, de la manière suivante : ils se rendent à une rivière ou à un étang, y puisent de l'eau avec leur *kamandalam*, et, après avoir consacré cette eau, en versent dans leur bouche et en répandent sur leur tête; ils entrent alors dans la rivière ou dans l'étang, s'enveloppent de leurs vêtements, agitent un peu l'eau avec leur *tandam*, et plongent plusieurs fois, tenant toujours leur bâton à la main; sortis du bain, ils se couvrent tout le corps de cendres de fiente de vache.

Lorsqu'un *sannyâsî* meurt, on se contente de placer son corps sur des cordes attachées à des bambous et de le porter ainsi à la sépulture sans autre cérémonie; on le dépose dans la fosse, assis, les mains jointes, les jambes pliées et attachées avec la toile dont il se couvrait; on remplit la fosse de sel jusqu'au cou du *sannyâsî*, puis on casse des cocos sur sa tête, jusqu'à ce que le crâne soit

---

(1) Le *kamandalam* ou *kamandalou* est un vase de cuivre de forme ronde, auquel est adapté un long bec; on le nomme aussi en tamoul *chembou*, cuivre. La contrepartie de cette expression est le sanskrit *brahmavarddhana*, qui signifie *cuivre*, parce que le *kamandalou* est la principale *richesse du brahmane*. E. J.

(2) L'auteur veut sans doute désigner par cette dénomination les sept *maharchi* ou grands *richi*; il y a peut-être ici une allusion à quelque tradition mythologique de l'Inde méridionale. E. J.

(3) Le *danda*, devenu l'inséparable compagnon de leur vie, a fait donner aux *sannyâsî* le nom de *dandî* ou *porte-bâtons*; le nom de *sannyâsî* appartenait en propre aux *dvidja* des temps anciens, et il conviendrait peut-être de le leur conserver, en réservant le nom de *dandî* aux individus de basse caste qui ont usurpé le *danda* et le *kamandalou*. Le *danda* est en même temps une arme et un bâton de commandement; il est le signe extérieur du pouvoir réuni au droit; dans la mythologie il appartient également à Brahmâ et à *Yama*; dans l'ordre des choses humaines, c'est en même temps l'insigne du brahmane et celui du *kôchthapâla* ou chef de police. Les *sannyâsî* du sud vivent aujourd'hui en communauté dans des *matha*, de même que les *shoûdra* des sectes du *linga* et du *tiroundmam*. E. J.

(4) Le *sannyâsî* ayant, suivant la belle expression de *Manou*, retiré dans son esprit les trois feux consacrés, ne vit plus que pour la méditation et la pénitence intérieure; il rappelle pour ainsi dire du monde externe toutes ses affections, toute sa vie matérielle; il la resserre en lui-même, il la comprime, il l'éteint; car il travaille à se *délivrer*; il rapproche dans une union extatique son âme de l'âme universelle, il entre en *brahma* et *brahma* entre en lui; aussi au moment même où il revêt l'habit de pénitent, le *sannyâsî* s'écrie-t-il : *aham brahma*; l'être universel, c'est moi! E. J.

brisé ; on distribue ces cocos à tous les assistants (1). Personne ne peut pleurer la mort du *sannyâsî* ; on ne se purifie point au retour de ses funérailles ; ce serait faire injure à la sainteté de son caractère. Les *sannyâsî* ne renaissent point après leur mort ; ils vont aussitôt jouir d'une gloire éternelle dans le *satiyalógam*, le ciel de la perfection.

Il est évident que le *kamandalam*, le *tandam* et l'habit de brahmane *sannyâsî* sont les insignes d'un ordre particulier ; personne ne peut porter ces insignes s'il n'est réellement *sannyâsî* ; il y a, parmi les Malabars, un grand nombre de gens de toute caste qui se disent pénitents, et qui portent des vêtements jaunes (2) ; mais ces vêtements sont différents de ceux des *sannyâsî* ; ces gens ne portent d'ailleurs ni le *kamandalam* ni le *tandam*, ne prennent pas le même titre que les *sannyâsî*, et n'observent aucune de leurs règles. Si un brahmane *sannyâsî* rejetait le vêtement de son ordre par mépris, ou bien s'il cessait de porter quelques-uns des autres insignes de cet ordre, il serait considéré par les brahmanes et par les *sannyâsî* comme un homme qui a abjuré sa religion ; il serait inutile, alors même qu'il ne serait pas impossible, de prétendre que ces insignes n'ont pas été institués par la loi religieuse ; il suffit en effet qu'ils le soient par un usage depuis assez long-temps reçu, pour qu'on considère comme apostats les *sannyâsî* qui ont déposé ces insignes.

Les PP. Jésuites missionnaires, observant que les brahmanes les plus respectés étaient les *sannyâsî*, et désirant entourer leurs personnes de plus de considération, ont feint de passer de l'ordre des brahmanes dans celui des *sannyâsî*, ont revêtu l'habit de *sannyâsî* et porté le *kamandalam* et le *tandam*. Ils se lavent le corps régulièrement trois fois par jour, le matin, à midi et le soir, et se frottent chaque fois de cendres de fiente de vache ; ils se lavent encore et se frottent de ces cendres au moment de dire la messe ; ils se lavent avec l'eau contenue dans leur *kamandalam*, les parties honteuses, à certaines heures du jour ; ils n'entrent jamais dans les maisons ni même dans le quartier des parias (3), quel que soit le devoir religieux qui les y appelle ; ils n'assistent jamais à d'autres funérailles que celles des brahmanes *sannyâsî*, ils ne s'asseyent et ne se couchent que sur des peaux de tigre (4). Ce ne sont pas les seules restrictions que leur impose cette qualité de brahmanes *sannyâsî* ; ils ne prennent jamais leurs repas en présence d'individus des trois dernières castes, moins encore avec eux ; ils ne mangent ostensiblement de la chair d'aucun animal ; ils évitent même de toucher les vases dans lesquels on a cuit de la viande ou du poisson. Le P. J. de Britto assure en effet que, dans l'opinion des Malabars, il n'est pas de plus grand péché pour un *sannyâsî*, que celui de manger des choses qui ont eu vie. Lorsque les PP. *sannyâsî* célèbrent la messe, ils étendent sur le marche-pied de l'autel une grande peau de tigre (5) ; mais ils ne placent point de croix sur cet autel, décoré seulement de l'image de la vierge. Ils portent même plus loin leur sollicitude ; si le linge et les ornements sacerdotaux des nouveaux missionnaires sont marqués de quelque croix, ils la font aussitôt disparaître (6).....

Tous les Malabars savent qu'un brahmane est un prêtre de Brahmâ, et qu'un brahmane qui passe dans l'ordre des brahmanes pénitents prend le nom de *sannyâsî*. Les brahmanes gentils croient

---

(1) L'usage d'ensevelir les corps des saints pénitents est un des plus anciens de l'Inde ; on le trouve indiqué dans plusieurs traités de jurisprudence, entr'autres dans la *Mitâkchará* ( P. 1. f. 41 v°), et dans un passage du code de l'ancien législateur *Shâonaka*, qui a été cité par M. Stenzler ( *Raghowamsha* ) ; les deux derniers vers de ce passage doivent être traduits ainsi : « Que l'on dépose dans la fosse le corps du pénitent ( *bhikchou* ) en prononçant *ôm* ! ablution, sépulture, toutes les cérémonies, « qu'on les accomplisse en répétant *ôm* ! » Quant à l'usage de briser la tête du mort à coups de noix de coco, il appartient évidemment en propre au sud de l'Inde ; il a peut-être été institué dans l'intention d'ouvrir à l'*âtman* qui abandonne le corps, les voies supérieures par lesquelles il s'y est introduit. E. J.

(2) L'auteur désigne ainsi les *pondâram* ou *andi*, qui portent aussi des vêtements de couleur d'ocre. Je pense que cette couleur a été choisie par les instituteurs religieux de l'Inde comme celle qui, par son éclat, approche le plus de la couleur de l'or, le symbole d'une parfaite pureté. E. J.

(3) Ces faubourgs, toujours situés à une distance respectueuse des villes, sont nommés en tamoul *paraitchéri* ; on trouve souvent de grands tas d'os disposés aux environs de ces habitations, pour avertir le brahmane ou le *shoûdra* de se détourner et de ne pas fouler plus long-temps un sol impur. E. J.

(4) On lit dans la notice sur le célèbre P. Beschi ( *Vîramahâmouni* ) rédigée par M. Babington d'après des documents originaux : « Pour se conformer aux mœurs indiennes, il renonça à l'usage de la nourriture animale, et chargea des brahmanes « de préparer ses repas. Il adopta le vêtement de pénitent, et s'entoura dans ses visites pastorales de l'éclat et du faste qui « accompagnent ordinairement le voyage d'un *gourou* indien. » E. J.

(5) On a déjà observé que les peaux de cerf et de tigre sont aussi pures que les peaux d'autres animaux sont immondes ; on explique vulgairement cette exception par la légende qui représente Roudra triomphant du cerf et du tigre lancés contre lui par les pénitents dont il avait séduit les femmes. E. J.

(6) L'auteur mêle ici à des réflexions prolixes deux citations textuelles de l'ouvrage du P. J. de Britto, déjà cité plus haut ; ces réflexions sont terminées par cette phrase : « Il est certain que les brahmanes et les Malabars entendent par brahmane *sannyâsî romain* tout autre chose que *religioso letrado de Roma*. » E. J.

que les PP. brahmanes sont de la même caste qu'eux; sinon, ils ne leur permettraient pas d'entrer dans leurs maisons; ils croient encore que les PP. brahmanes *sannyâsî* sont des prêtres de Brahmâ passés dans l'ordre des pénitents de Brahmâ; sinon, ils ne leur accorderaient pas le titre de *sannyâsî*, et ne voudraient entretenir aucun rapport avec eux. Ils pensent que la religion de Brahmâ est florissante à Rome, que les brahmanes de Rome exercent comme eux le sacerdoce de Brahmâ. Aussi les PP. pratiquent-ils les mêmes cérémonies que les *sannyâsî*, pour mieux leur persuader qu'ils appartiennent au même ordre qu'eux, et que s'ils diffèrent avec eux sur quelques points, la cause en est qu'ils ont conservé plus fidèlement l'ancienne discipline. Ils font encore beaucoup d'équivoques, pour ne pas avouer que Rome est située en Europe (1), et qu'eux-mêmes sont Européens; car si ce fait venait à la connaissance des brahmanes, tout serait perdu. Le P. Martin, Jésuite, le dit expressément dans sa lettre au P. de Villette (30 janvier 1699) (2)....

Lorsque les PP. *sannyâsî* font un voyage à quelques lieues de leur *madam* (3), ils montent en palanquin ou à cheval; quand ils vont se promener à peu de distance, ils portent des pantoufles ou des socques et les laissent à la porte de leur *madam*, lorsqu'ils y rentrent. A l'exception de quelques visites qu'ils rendent à des personnes de haute caste, ils se tiennent toujours dans ce *madam* et ne font de mission que par l'entremise de leurs catéchistes, qui leur amènent des gens à convertir; ils agissent ainsi, disent-ils, par un sentiment de dignité, et avec l'intention de faire concevoir une haute idée de notre religion. Que le peuple en effet vienne vénérer les *sannyâsî* dans leur *madam* et les supplier de l'instruire des vérités qu'ils possèdent, les *sannyâsî* (et par suite leur religion) n'en sont-ils pas plus honorés, que s'ils allaient prêcher en public et compromettre au milieu de la foule leur caractère et leur dignité de *sannyâsî*?

### CHAPITRE XIII.
#### *Gourou ou directeur de conscience.*

Le *gourou* est le directeur et le père spirituel (4). C'est encore Brahmâ qui a institué cette autorité religieuse. Le *vânaprastha* ou le brahmane qui veut se faire recevoir *sannyâsî* choisit un *sannyâsî* entre tous, pour recevoir de ses mains l'habit de l'ordre; il le reconnaît pour cet acte même pour son *gourou*. Il y a d'ailleurs un *gourou* général des *sannyâsî* qui est le chef suprême de l'ordre; mais, soit relâchement de l'ancienne discipline, soit quelqu'autre motif, les *sannyâsî* ne le consultent point, si ce n'est ceux qui se trouvent auprès de lui et qui le reconnaissent pour leur *gourou* particulier. Il ne paraît pas d'ailleurs qu'il s'occupe de donner des ordres, de faire des admonitions, ni de visiter les membres de l'ordre; il réside constamment dans le même lieu. Cette dignité est conférée à celui des *sannyâsî* réputé le plus savant et le plus vertueux; les *sannyâsî* célèbrent de grandes cérémonies à l'installation de leur général, et lui accordent beaucoup de respect (5).

(1) Cette difficulté ne devait être que très-légère pour ceux à qui la lecture des Pourânas et des *grands poèmes* avait appris qu'un district du *Râdjasthâna* porte le nom sanskrit de *Roumâ*. Ils devaient craindre néanmoins que ces citations classiques ne rappelassent à la mémoire des brahmanes un passage du *vârtika* de *Koumârila*, dans lequel le *Râmaka* (probablement le *grec*) est compris au nombre des langues des *mletchtchha* ou barbares. E. J.

(2) J'ai omis les termes mêmes de cette lettre rapportés par notre auteur, ce passage ne présentant aucun intérêt. E. J.

(3) On trouvera dans le chapitre suivant des renseignements particuliers sur le *madam*. E. J.

(4) Sonnerat prétend que le mot *âtchârya* n'est pas un synonyme exact de *gourou*, que les *âtchârya* sont les chefs religieux des sectateurs de Vichnou, et que les *gourou* au contraire sont les directeurs spirituels des shaivites. Cette distinction ne me paraît pas exister en réalité : *Manou*, cette autorité si respectée, reconnaît, il est vrai, une différence entre ces deux titres, dont le premier appartient, suivant lui, à l'instituteur religieux qui dirige les cérémonies de l'initiation, et le second au père qui accomplit toutes les cérémonies purificatoires antérieures à l'*oupanayana;* mais il est évident que ces définitions, étrangères à la question présente, se rapportent à un état antérieur des institutions brahmaniques. Pour apprécier la distinction de Sonnerat, il suffit de se rappeler que le titre d'*âtchârya* est devenu presque inséparable du nom de *Shankara*, le célèbre fondateur de la secte shaivite des *smârta*, et que *Râmânoudja*, connu par son zèle pour le vichnavisme, donna le nom de *gourou* en même temps que celui d'*âtchârya* aux chefs des *matha* ou sièges spirituels qu'il institua. Les *pântchâla* ou les cinq classes d'artisans, et en particulier les *tatcher*, ont essayé plus d'une fois de s'arroger le titre honorable d'*âchâri* (*âtchârya*); mais l'énergique opposition des brahmanes et la sévérité des princes les ont jusqu'à ce moment empêchés d'accomplir cet acte d'usurpation. E. J.

(5) L'assertion de l'auteur me paraît manquer d'exactitude ou peut-être seulement de précision dans l'expression. Il est invraisemblable que les *sannyâsî* de toutes les parties de l'Inde se soient jamais assemblés pour procéder à l'élection d'un *gourou* suprême de l'ordre; une pareille convocation eût été impossible ou illusoire; il n'est fait d'ailleurs mention dans aucun texte ancien et connu d'une pareille dignité. Il est probable qu'elle n'était conférée que par les *sannyâsî* du *Dravida* et des autres parties méridionales de l'Inde, et que l'autorité de celui qui en était revêtu ne s'étendait pas au-delà de ces provinces, séparées de l'Inde supérieure par la différence des mœurs et des dialectes. L'institution de cette dignité ecclésiastique doit sans doute avoir été préparée par les habitudes de vie régulière que les *sannyâsî* avaient prises dans leurs *matha* ou conventicules; la hiérarchie a été une nécessité de la discipline. E. J.

# APPENDIX.

Les brahmanes sont tous également revêtus du caractère sacerdotal, et ne forment qu'une seule caste; mais ils se partagent en plusieurs sectes, suivant le culte particulier qu'ils adressent à tel ou tel dieu; il y a des sectes de cet ordre dans lesquelles chacun prend pour *gourou* son propre père, et, à défaut de père, son plus proche parent (1); il y en a d'autres, celle par exemple des brahmanes qui portent le *tiroundâmam*, qui ne reconnaissent d'autre *gourou* qu'un chef général de la secte. Cette dignité est héréditaire dans sa famille; il fait des admonitions, donne des ordres, informe sur la conduite de ses disciples, leur adresse des censures, et leur impose des pénitences; les brahmanes et les Malabars qui portent le *tiroundâmam* lui doivent obéissance. Les Malabars qui portent le *linga* ont dans chaque ville un *gourou* particulier; cette dignité est conférée à ceux qui se distinguent le plus par leur science et par leur piété (2). Les autres Malabars reconnaissent pour *gourou* les brahmanes qu'ils ont priés de venir leur annoncer les fêtes, les instants propices pour célébrer le mariage, les jours bons et mauvais, ainsi que d'autres observations astrologiques. Les *gourou*, à quelque caste qu'ils appartiennent, sont considérés comme des êtres divins; on ajoute une foi entière à tout ce qu'ils disent.

Les *gourou* des *sannyâsî*, des sectateurs du *tiroundâmam* et des sectateurs du *linga* ne s'occupent que des choses spirituelles; ils étudient sans cesse les lois religieuses, pour mieux diriger leurs disciples (3). Les *gourou* qui ne sont point brahmanes n'ont cependant le droit ni de lire ni d'entendre lire les *véda*; il leur est seulement permis de lire les livres qui en contiennent la substance; ils y ajoutent leurs propres réflexions. Ni les brahmanes ni les individus des autres castes ne peuvent exercer l'autorité de *gourou* sans avoir été élus; les brahmanes qui n'ont point le titre de *gourou*, peuvent bien assembler le peuple et l'instruire des lois religieuses, mais il n'appartient qu'au *gourou* de diriger les consciences (4). Leurs disciples doivent venir leur confier les inquiétudes qui les sollicitent, les consulter sur leurs dissensions et leurs afflictions domestiques, leur faire connaître leurs songes, leurs visions, les augures extraordinaires et les prodiges. Les *gourou* les consolent et leur donnent des avis pour régler leur conduite en toute circonstance. Quant aux habitudes vicieuses et aux crimes, tels que l'adultère, le vol, le libertinage, les disciples ne les déclarent point au *gourou*; car ils ont à leur disposition beaucoup d'autres moyens d'effacer tous ces péchés : ces moyens sont les onctions corporelles avec les cendres de fiente de vache ou avec des terres jaune et blanche, les purifications religieuses, le *routiratcham*, etc.; or comme, dans leur opinion, ils ne commettent pas autant de péchés qu'ils emploient de soins à s'en purifier, ils prétendent qu'après tout les dieux leur sont encore redevables (5).

Les *gourou* des sectateurs du *tiroundâmam* et du *linga* jouissent de bénéfices considérables; ils demeurent ordinairement hors des villes, dans des couvents qu'on appelle *madam* (6), où ils célèbrent les cérémonies religieuses en particulier; aussi n'assistent-ils jamais aux cérémonies des pagodes publiques. Rien n'est plus élégant que ces *madam*; presque tous ont pour couverture de grandes pierres de taille couchées en travers sur les murailles; les colonnes de ces couvents sont aussi de pierre de taille, souvent d'un seul morceau, et couvertes de figures de divinités et d'animaux sculptées avec soin. On donne l'hospitalité dans ces *madam*, pour deux ou trois jours, à tous les voyageurs; chaque caste y a son quartier séparé. Tous les *gourou* ne sont pas brahmanes; les basses

---

(1) Cet usage est conforme au précepte légal de *Manou*; les brahmanes qui l'observent, sont probablement ceux qui ont conservé avec le plus de soin la pureté de leur race et le dépôt de leurs antiques traditions. C'est un éloge qu'on ne peut au contraire accorder aux brahmanes *shrîvaîchnava*, qui se signent du *tiroundâmam*. E. J.

(2) Voyez, dans la suite de ces extraits, le chapitre intitulé : *Secte du linga*.

(3) On doit à plusieurs *gourou* de ces sectes, et en particulier aux réformateurs du shaïvisme et du vichnavisme *Shankarâtchârya* et *Râmânoudja*, un grand nombre de traités philosophiques et religieux. E. J.

(4) Il est permis en fait à un brahmane de renoncer au patronage religieux de son *gourou* et de se charger lui-même de sa propre direction et de celle des autres; mais c'est en principe une rébellion qui doit, comme toutes les autres, être justifiée par le succès : celui que son courage et ses forces abandonnent dans une pareille entreprise, ne trouve plus un seul *gourou* qui consente à le recevoir au nombre de ses disciples. E. J.

(5) C'est là le véritable caractère de la religion indienne des temps modernes; c'est cette dévotion qui, confiante en l'intelligence supérieure du *gourou*, s'attache avec obstination aux pratiques extérieures dont elle ne saisit pas l'esprit, et qui, demandant le prix de son zèle, prétend obtenir tout des dieux, parce qu'elle ne leur refuse rien. E. J.

(6) En sanskrit *matha* ; on pourrait traduire ce mot par *couvent*. Les plus anciens et les plus célèbres sont ceux des shaïvites ; nous savons avec certitude qu'au commencement du septième siècle de notre ère, les sectateurs du *linga* vivaient déjà en communauté dans les parties méridionales et occidentales de l'Inde. Ce ne sont certainement pas les *âshrama* de l'antiquité brahmanique qui ont fourni le modèle des *matha* actuels; ce sont bien plutôt les couvents bouddhiques avec leur hiérarchie et leurs règles monastiques : l'époque à laquelle les *ârâma* ou lieux d'assemblée religieuse des bouddhistes furent transformés en véritables monastères, paraît être celle de la réforme que *Yashathêra* introduisit dans le célèbre *ârâma* de *Mahâvana* à *Vaîshâli*. E. J.

castes peuvent prétendre à cette dignité, sans avoir d'ailleurs un caractère sacerdotal; il est facile de juger que cette direction des esprits est souvent dépourvue d'élévation et d'intelligence (1)....

## CHAPITRE XIV.
### Origine du linga.

Un jour que la déesse *Párvati* considérait fixement Brahmâ et Roudra son époux, elle les trouva si parfaitement semblables l'un à l'autre, qu'elle se méprit ensuite en accordant à Brahmâ ce qu'elle ne devait qu'à son mari. Roudra, naturellement porté à la jalousie, ne put souffrir l'infidélité de sa femme; il tourna toute sa rage contre Brahmâ et lui arracha une tête. Il en fut cruellement puni, car cette tête sauta à sa main, et la mordit avec une telle tenacité, qu'il ne put, malgré ses efforts, et bien qu'il fût exaspéré par la douleur, faire lâcher prise à cette tête (2). Vivement affligé, Roudra consulta les dieux sur ce qu'il avait à faire pour se délivrer de cette fâcheuse compagnie; ils lui répondirent que s'il faisait pénitence de son crime, et qu'il allât de porte en porte demander l'aumône, il trouverait peut-être quelque sainte personne dont les mérites auraient le pouvoir de détacher cette tête de ses doigts. Roudra suivit leur conseil et se fit pénitent; tout le riz qu'on lui donnait en aumône, il le recevait sur la tête de Brahmâ, qui lui servait pour ainsi dire de plat. Il passa plusieurs années dans cette misérable condition, toujours poursuivi par la morsure de cette tête. Enfin, la déesse *Latchimi* se transforma en femme; comme un jour elle donnait l'aumône à Roudra, la tête se sépara de la main (3). Joyeux d'être enfin délivré d'une si cruelle douleur, Roudra voulut s'en dédommager par quelques jouissances matérielles; il savait que, dans la forêt voisine, se trouvaient plusieurs femmes de pénitents; il se mit tout nu, et alla leur demander l'aumône, pour trouver l'occasion de les séduire. Mais ces femmes, défendues par leur chasteté, étaient hors de surprise; il voulut du moins se donner le plaisir de les voir aussi toutes nues; il fit donc, par enchantement, tomber à terre tous leurs vêtements. Lorsque les pénitents furent de retour et qu'ils virent leurs femmes en cet état, ils jugèrent bien que ce mauvais tour avait été joué par le pénitent inconnu; ils jetèrent aussitôt sur lui une imprécation magique qui lui arracha et fit tomber à terre ses parties sexuelles. Le pénitent, pour se venger de cet affront, changea toutes les plantes de la terre en autant de parties viriles. Les dieux ne purent souffrir la vue de ces horreurs, et prièrent Roudra de faire cesser l'effet de ces maléfices. Il répondit qu'il y consentait pourvu qu'on lui préparât une nature de femme qui fût propre à recevoir ses parties tombées à terre. Vichnou se transforma aussitôt en nature de femme, et la jonction des deux sexes s'étant faite, toutes les parties viriles disparurent de la surface de la terre (4). Roudra se révéla en ce moment; les pénitents lui firent de grandes adorations; il leur ordonna, ainsi qu'à tous ceux qui voudraient obtenir la rémission de leurs péchés, de pratiquer certaines cérémonies en l'honneur de ce mélange des deux sexes ou *linga*. On en fabriqua des figures par dévotion; pour mieux exprimer la vénération que leur inspirait cette image, hommes et femmes la portèrent attachée soit au bras, soit à la tête, soit au cou, et lui offrirent chaque jour leurs adorations : c'est ce que font encore les Malabars; il n'est point de culte plus répandu que celui du *linga*....

Il n'y a, parmi les Malabars, que certaines personnes qui se dévouent particulièrement au culte du *linga*, bien que tous les Malabars l'adorent également comme une réunion de Brahmâ, de Roudra

---

(1) Personne n'a mieux réussi que le célèbre P. Beschi à flétrir l'ignorance et la stupidité de ces *gourou*; son conte du *gourou Paramârtam* est un modèle de spirituelle raillerie, une composition à laquelle il faudrait changer peu de chose pour en faire une excellente comédie. E. J.

(2) Je pense que l'inventeur de cette légende, en montrant la tête de Brahmâ attachée par une morsure obstinée à la main de Roudra, a voulu représenter une des peines imposées au brahmane qui tue un autre brahmane; le meurtrier doit en effet visiter tous les lieux consacrés ou *tîrtha*, en portant d'une main le crâne de celui qu'il a tué, et en demandant l'aumône pour soutenir son existence. E. J.

(3) J'ai déjà observé plus haut que cette version est une des nombreuses variantes de la légende relative à la dégradation de Brahmâ. La *Relation* manuscrite déjà citée la reproduit avec une légère modification; Roudra ne se dépouille de ses vêtements que pour accomplir la pénitence par laquelle il doit expier son crime. La légende la plus généralement admise ne diffère que par le résultat, de celle que notre auteur a rapportée précédemment au sujet des quarante-huit mille pénitents ( p. 29 ); c'est la légende adoptée par les Pourânas vechnavites. La tradition des shaivites attribue l'institution du culte du *linga* à l'*asoura Bâna*, fils de *Mahâbali*, qui chaque jour pétrissait avec de la terre mille *linga*, et après les avoir adorés, les jetait dans le Gange; ce fut par cet acte de dévotion qu'il mérita la protection que lui accorda Shiva, en le secourant dans sa lutte malheureuse contre *Krichna*. E. J.

(4) Une autre version plus généralement répandue rapporte que les parties de Shiva ayant touché la terre, l'embrasèrent rapidement, et que déjà les mondes étaient menacés d'un incendie universel, lorsque Vichnou et Brahmâ se dévouèrent au salut des êtres. E. J.

et de Vichnou ; ces personnes seules le portent au cou , au front, ou au bras. Le *linga* est ordinairement taillé en pierre ; ceux qui le portent, l'enchâssent dans des reliquaires d'argent ou d'autre matière , selon leurs moyens ; ils ne manquent pas de faire chaque jour plusieurs cérémonies en son honneur, comme nous le verrons dans le chapitre suivant. Il y a de fort grands *linga* dans les pagodes de Roudra (1) ; celui qui se trouve dans la principale pagode de Pondichéry est de cette espèce ; les brahmanes disent que cette figure a plus de mille ans d'antiquité. On en trouve aussi de pareils dressés dans les campagnes , et qui n'ont point de pagodes. C'est en l'honneur du *linga* que les brahmanes se lavent les parties honteuses à certaines heures du jour ; il y a dans l'intérieur des terres des provinces où les femmes se prosternent devant la nature des brahmanes, qui font à ce sujet de grandes infamies. Les chefs des *pandâram* ou pénitents de Shiva jouissent seuls du droit de distribuer le *linga* ; ils le vendent au prix de sept ou huit sols de notre monnaie ; ils instruisent les acheteurs en particulier de la profonde vénération qu'ils doivent avoir pour le *linga*, de la manière dont ils doivent le porter, et des cérémonies qu'ils doivent accomplir en son honneur (2). Telle est la vertu du *linga* que les corps de ceux qui l'ont porté pendant leur vie ne sont pas brûlés comme les autres cadavres ; on se contente de les enterrer, par égard pour la consécration qu'ils ont reçue du *linga*.

Il y a, dans la secte de Vichnou , certaines personnes qui composent une congrégation particulière ; lorsqu'elles veulent s'assembler pour célébrer leurs cérémonies, elles se donnent secrètement un rendez-vous dans la maison de l'une d'entr'elles. Le *gourou* qui préside l'assemblée fait des offrandes de riz et sacrifie des animaux à Vichnou ; les assistants prennent ensuite leur part des choses sacrifiées. Ils mangent tous ensemble, sans se faire une difficulté de la différence de caste des conviés. De plus , brahmanes et gens des autres castes, hommes et femmes, le *gourou* même, tous boivent dans une même tasse. Après s'être bien remplis de bonne chère et avoir bu de l'eau-de-vie en grande quantité , ils éteignent les lampes , se mêlent tous ensemble , et passent la nuit dans une continuelle impureté. Les libertés qu'ils prennent dans cette orgie ne leur donnent point d'ailleurs le privilège d'en faire autant partout ailleurs ; il est même défendu de parler hors de l'assemblée à une femme avec laquelle on reconnaît avoir passé la nuit (3).

Il y a un autre sacrifice que l'on célèbre en l'honneur du *linga*, et que l'on nomme *chatipoûchai* (4). Lorsqu'un brahmane veut faire ce sacrifice, il fait venir une femme dans le lieu le plus secret d'une pagode , la fait s'étendre par terre toute nue , lui met du *tirounirou* sur les parties sexuelles, fait brûler de l'encens dans un vase de terre, et, après avoir passé ce vase tout autour de la femme, en récitant des oraisons, lui encense les parties honteuses : il n'a d'ailleurs avec elle aucun commerce charnel.....

L'amour de l'impureté est si profondément imprimé dans le cœur des Malabars, qu'ils tiennent à grand honneur de porter au cou une figure qui représente la conjonction des parties génératrices des deux sexes, et de tracer sur leur front le symbole des parties de la femme , en mémoire d'une des impudiques aventures de leur dieu Vichnou. Ils prennent même grand soin d'inspirer aux jeunes gens toutes ces idées impures ; dès qu'une fille a eu ses premières règles , ils en donnent avis au public, qui ne manque pas de se trouver à la fête qu'on célèbre à cette occasion..... Veut-on parler des processions de leurs dieux , on n'y entend que bruits et clameurs, on n'y voit que trouble et confusion ; ceux qui sont les plus graves en font un rendez-vous, un but de promenade, et s'y

(1) Plusieurs de ces *linga* colossaux ont été divinisés sous des noms distincts , presque tous terminés par les mots *îsha*, *îshvara* et *nâtha*, qui désignent expressément Shiva ; il suffit de citer les *linga* *Aoimouktésha*, *Garoudésha*, *Djyêchthésha*, *Vyâghrésha*, *Shaîlésha*, *Ratnésha*, *Omkârêshvara*, *Dharmésha*, *Amritésha*, *Tripichtapa*, *T'rilôtchana* etc. Chacun de ces *linga* a son temple particulier et sa légende (*mâhâtmya*) ; quelques-uns affectent des formes étranges, tels que ceux dont le sommet s'entrouve et laisse apparaître la figure de Roudra, ou aux deux côtés desquels se dressent des éléphants blancs. E. J.

(2) Ce n'est pas le seul commerce que fassent les *pandâram* ; ils vendent encore de la cendre de bouse de vache ; ils en échangent également contre des aumônes en substances alimentaires. E. J.

(3) Ces assemblées secrètes se retrouvent dans presque toutes les parties de l'orient ; quelques personnes ont voulu expliquer ce fait par des causes historiques ; mais il semble plus naturel d'y reconnaître une tendance commune de l'esprit de libertinage. Les assemblées de ce genre se forment dans l'Inde sous l'influence d'un mysticisme tantôt ingénieux, tantôt brutal, qui exalte également l'esprit et la chair, et dont les résultats les plus certains sont la folie et la débauche. On ne possède encore que peu de renseignements sur les assemblées secrètes des sectaires de Vichnou ; on en a recueilli au contraire de très-étendus sur le *shaktipoûdjâ* des shaivites ; au reste , les rites mystiques des deux sectes ne paraissent différer qu'en un seul point ; le culte de *Krichna* et *Râdhâ*, non moins libidineux que celui de Shiva et de *Pârvatî*, n'a rien de terrible ni de féroce , et ne demande pas de victimes humaines. E. J.

(4) Inexactement écrit dans l'original *lattipoutchay*. En sanskrit *shaktipoûdjâ* ou *culte de l'énergie génératrice* ; cette expression est prise ici dans son sens général , et n'est pas applicable à ces honteuses orgies décrites dans les *tantra* shaivites , souvent souillées par des meurtres sanctifiés , et défendues sous peine de mort par les édits des princes indiens. E. J.

# APPENDIX.

entretiennent de leur négoce ou des nouvelles du temps ; on les voit, en d'autres occasions, courir après des vaches, se prosterner devant elles, recueillir leur urine pour s'en arroser la tête, et leur fiente pour s'en frotter le front (1).....

## CHAPITRE XV.
### Secte du linga.

Le *linga* était déjà en grande vénération, mais les cérémonies qu'on devait faire en son honneur n'étaient pas encore déterminées par une règle; chacun suivait les inspirations de son zèle religieux : Roudra, pour exalter le culte du *linga*, se transforma en un brahmane nommé *Agastiyen* (2); ce brahmane fit une règle qui reçut le nom de *chaivam*; quelques-uns des plus austères pénitents l'embrassèrent, et se signalèrent par leur dévotion au *linga*; un grand nombre d'individus de la caste des *choûtirer* suivit bientôt ce premier exemple. Ils n'étaient d'ailleurs obligés ni de se faire pénitents, ni même de renoncer à la condition qu'ils occupaient dans le monde; le seul devoir que leur imposât la règle, était de faire bâtir des pagodes en l'honneur du *linga*, de faire des sacrifices et de célébrer certaines cérémonies en l'honneur de ce symbole, d'en conserver des représentations dans leurs maisons, et d'en porter constamment la figure attachée à quelque partie du corps ; car cet usage existait dès ce temps. Quelques siècles après, voyant le succès qu'obtenait parmi les hommes le culte du *linga*, Roudra conçut le dessein d'établir une règle dont l'observation fût plus étroite et le caractère plus religieux. Le roi *Soûlidéven* (3), un de ceux qui avaient le plus de foi en Roudra, se trouvait un jour dans une pagode de ce dieu, occupé à l'adorer sous la forme du *linga*; cette idole s'ouvrit tout-à-coup par le milieu, et Roudra en sortit transformé en homme (4) ; son extérieur était celui d'un pénitent; il était vêtu d'un habit d'étoffe jaunâtre, portait un bâton à la main, et avait un sac passé au bras ; son corps était entièrement blanchi de *tirountrou;* à son cou était suspendue la figure du *linga*. Cette apparition causa un grand étonnement au roi, qui considéra le pénitent avec une attentive curiosité; cédant au désir de savoir en présence de qui il se trouvait, il demanda au pénitent quel était son nom. Le pénitent répondit qu'il était descendu du ciel, et que son nom était *Allamabrabou* (5). Le prince lui demanda ce qu'il venait faire en ce monde ; *Allamabrabou* répondit que les dieux n'étant pas satisfaits des honneurs rendus au *linga*, il avait reçu d'eux la mission d'ajouter à la solennité de ce culte. Le roi le pria aussitôt de vouloir bien être son *gourou*, et de le recevoir pour le premier de ses disciples; il se prosterna en même temps à ses pieds et les baisa. *Allamabrabou* lui donnna l'*áchírvádam* (6), le fit relever et lui exposa les principaux points de la règle qu'il se proposait d'établir. La première partie de ses instructions concernait la manière de porter le *linga*; on devait le porter soit au cou, soit au bras, soit au front; ceux qui le porteraient ainsi obtiendraient la rémission de tous leurs péchés, et iraient après leur mort dans le ciel de Shiva. On devait, pour prendre le *linga*, s'adresser au *gourou*, qui avait seul le droit de le conférer et de distribuer les indulgences de Shiva. Le *gourou* devait, avant de conférer le *linga*, le consacrer par une onction de

---

(1) L'auteur rappelle, dans cette rapide énonciation, des faits qu'on trouve exposés avec plus de détails dans quelques autres chapitres, et particulièrement dans ceux qui sont intitulés : *Tirounámam*; *Fête du pongal* etc. ; *Superstitions relatives aux règles des femmes*; *Signes dont les Malabars se marquent au front* etc.

(2) *Agastiyen*, en sanskrit *Agastya*, est un personnage mythologique qui appartient évidemment au sud de l'Inde. On peut conjecturer qu'une partie de sa légende est postérieure aux traditions mythologiques relatives à *Vasishtha*, puisqu'on a dû le confondre dans une seconde naissance avec ce pénitent, pour lui faire trouver place dans l'ordre des *maharchi*. C'est à *Agastya* que les Tamouls attribuent tous les traités de sciences naturelles et de grammaire tamoule qui ne portent point de nom d'auteur : il passe pour avoir enrichi et perfectionné le *chentamij* ou l'ancien tamoul. On prétend qu'il se montre quelquefois sous une forme humaine dans les parties les plus inaccessibles des montagnes de *Koûdalam*. E. J.

(3) Je n'ai trouvé ce nom et celui d'*Allamabrabou* dans aucun des ouvrages que j'ai consultés ; la légende à laquelle ils appartiennent ne m'est également connue que par ce qu'en rapporte notre auteur. J'ai substitué la leçon *Soûlidéven* (ou *Choûlidéven*) à l'orthographe évidemment fautive du manuscrit, *Sinlidever*; je crois cette restitution exacte, parce que *Shoûli* est un des surnoms de Shiva, et que *Soûlidéven* signifie ; *dont le Dieu est Shiva*. On peut lire dans le savant mémoire de M. Wilson sur les sectes indiennes ( *Asiatic Researches*, T. XVII) des extraits du *Básavapourána* relatifs à l'origine du culte du *linga*. La légende d'*Allamabrabou* est probablement locale, ou du moins particulière à certaines provinces de l'Inde méridionale. E. J.

(4) C'est probablement par allusion à cette légende ou à d'autres du même genre, que Shiva a reçu le nom de *Mahâlingôdhhaoa* ( qui tire son origine du grand linga. E. J.

(5) J'ai transcrit exactement ce mot tel qu'il se lit dans le manuscrit original. Je suis persuadé qu'il faut écrire *Allamaprabhou*; la première partie de ce nom me parait être une altération régulière du sanskrit *aryaman*; la seconde indiquerait plutôt un vechnavite qu'un sectateur de Shiva ; car *prabhou* n'est pas moins significatif que *nátha* son synonyme. E. J.

(6) En sanskrit *áshîh* ou *áshîrvâda*, bénédiction. Les Tamouls qui se plaisent, comme je l'ai déjà observé, à expliquer par des analyses invraisemblables les mots sanskrits ayant une signification religieuse, donnent du mot *áchîrvâdam* une étymologie non seulement inexacte, mais contraire aux lois grammaticales de la langue sanskrite : voyez cette étymologie dans la troisième partie de ces extraits. E. J.

beurre, de lait doux, de lait caillé, d'urine et de fiente de vache (1), et, après l'avoir essuyé avec un linge destiné à cet usage, l'enduire de *tirountrou*, l'orner de certaines fleurs et des feuilles d'un arbrisseau nommé *villapatiri*, consacré à Roudra (2), puis l'encenser et le renfermer dans un reliquaire d'argent, si l'on n'aimait mieux le porter entouré du linge sacré; car on le porte au cou de ces deux manières. Il était enfin recommandé au *gourou* d'attacher le *linga* au cou, à la tête ou au bras des enfants, dès qu'ils auraient atteint l'âge de raison. La seconde partie des instructions concernait les cérémonies que l'on devait, après avoir reçu le *linga*, pratiquer en son honneur trois fois par jour, pendant toute la vie, cérémonies que le *gourou* était chargé d'enseigner aux enfans. Elles devaient consister à prendre le *linga* de la main gauche, à l'asperger d'un peu d'eau avec la main droite, puis, après l'avoir essuyé avec le linge sacré, à le frotter de *tirountrou*, à l'orner de fleurs et de feuilles de *villapatiri*, à l'encenser, à lui offrir une poignée de riz, et à la manger en disant : « Seigneur, ce sont là nos biens, je vous les offre. » Après avoir essuyé le *linga* avec le linge sacré, on devait le replacer à son cou, à sa tête ou à son bras. *Allamabrabou* assura le roi que tous ceux qui pratiqueraient ces cérémonies en l'honneur du *linga* jouiraient d'une éternelle félicité, et que le gage en serait, dès cette vie même, le titre de *satchiyakārer* (3), c'est-à-dire de personnes destinées à être réunies à la gloire de Shiva. La troisième partie des instructions était relative aux précautions que devaient prendre les personnes qui avaient reçu le *linga*. On devait avoir grand soin de ne pas le laisser tomber à terre en faisant les cérémonies journalières; car le *linga*, en ce cas, était souillé; on ne pouvait plus le porter, ni même en prendre un autre (4) : cette profanation avait un tel caractère de gravité, que celui qui s'en était rendu coupable devait se considérer comme un homme perdu. Il était encore défendu aux femmes de porter le *linga* et de faire les cérémonies journalières en son honneur pendant le temps de leurs règles; la profanation commise par la violation de cette défense les condamnait à une éternelle malédiction. On devait enfin prendre grand soin de ne pas laisser souiller le *linga* par le contact d'un paria ou d'un étranger; car c'était un plus grand malheur encore que de le laisser tomber à terre.

Rempli d'admiration par les trésors d'indulgences que les dieux voulaient bien accorder aux hommes, *Soûlidéven* supplia *Allamabrabou* de lui conférer le *linga* suivant cette nouvelle règle. *Allamabrabou* lui en donna un en effet avec le nouveau cérémonial, et lui enseigna toutes les prières qu'il fallait réciter à chacune des cérémonies religieuses célébrées en l'honneur du *linga*. Le roi désirant donner à ce culte l'appui de son autorité, ordonna à tous ses sujets de se faire instruire dans la nouvelle doctrine, de reconnaître *Allamabrabou* pour leur *gourou*, et de recevoir de ses mains le signe du *linga*. Tout le peuple s'empressa de suivre l'exemple du roi : la plupart, sans abandonner la position qu'ils occupaient dans la vie séculière, reçurent le *linga* et le portèrent au cou, au bras, ou à la tête (5); d'autres, avec l'intention de se dévouer entièrement au culte du *linga*, formèrent entr'eux une association particulière; ces gens, sortis de toutes les classes de la caste des *choûttirer*, reçurent les noms de *chaivamadam* et de *pandāram* (observant la règle de Shiva) (6). Le *gourou* leur

(1) Ce mélange est, comme on l'a remarqué plus haut, nommé *panjogaviyam* : voyez la note 2 de la page 33. E. J.

(2) Je ne puis décider si cette orthographe est exacte; je ne trouve le mot *villapatiri* dans aucun des dictionnaires tamouls qui sont à ma disposition. Le mot sanskrit *villa* est le nom de l'*assafœtida*; mais ce n'est pas d'une plante qu'il s'agit ici. Si on lisait *véllapatiri*, ce mot pourrait signifier *dont les feuilles sont tremblantes*. E. J.

(3) Je ne trouve pas dans la partie du mémoire de M. Wilson *sur les sectes indiennes*, consacrée au culte du *linga*, que les *djangama* ou les autres *lingavat* prennent ce titre : il signifie simplement les *compagnons*, les *intimes*; mais on ne peut douter qu'il n'ait, comme le pense notre auteur, une signification religieuse. E. J.

(4) Ce précepte des *lingavat* a suggéré aux compilateurs des Pourâna une de ces ridicules légendes qui ne seraient pas trop déplacées dans le *Pañchatantra* ou dans le *Vétâlapantchavimshatt*. *Râvana* s'était emparé d'un immense *linga*, qui pouvait lui assurer la victoire sur les dieux, mais qui devait perdre son efficacité dès qu'il aurait touché la terre. *Varouna*, le dieu des eaux, s'introduisit dans le corps de *Râvana*, comme il transportait ce *linga*, et s'efforça de sortir par les voies qui lui sont habituelles; *Râvana* pressé par ces efforts, remit aussitôt son précieux fardeau entre les mains d'un brahmane qui passait : ce brahmane, qui n'était autre qu'*Indra*, laissant fléchir ses mains sous un tel poids, feignit de ne pouvoir retenir le *linga*, qui tomba et s'enfonça en terre. De l'eau que répandit *Râvana* en cet endroit, se forma, dit le *Padmapourâna*, la célèbre rivière *Karmanasha*, ainsi nommée, parce que son eau a le pouvoir de détruire le fruit des bonnes œuvres. E. J.

(5) Quelques *lingavat*, qui reçoivent dans l'Inde méridionale le nom de *Iari*, portent constamment le *linga* à la main, ou le tiennent des deux mains élevé au-dessus de leur tête : la vénération que commande aux gens du peuple ce dernier acte de piété les engage à y participer, en se chargeant du soin de porter la nourriture à la bouche de ces pénitents, dont les mains sont employées à une œuvre plus digne. E. J.

(6) Cette interprétation, qui ne s'applique qu'au premier mot, le traduit d'une manière passablement exacte. Quant au mot *pandâram* (vulgairement prononcé *pandaron*), il signifie primitivement, s'il faut en croire les Tamouls, *seigneur*, *maître*; il m'est évident que ce sens est simplement d'application. Je suis persuadé que *pandâram* est une altération tamoule du sanskrit *pindâra*, religieux mendiant, dérivé de *pinda*. Ce n'est pas le seul exemple d'altérations organiques et radicales dans les mots sanskrits qui ont été adoptés par la langue tamoule. E. J.

APPENDIX.  69

conféra le *linga*, les revêtit d'une toile jaunâtre de cinq coudées de longueur, exactement semblable à celle qu'il portait lui-même, leur passa au bras un sac de même étoffe, leur mit un bâton à la main, et jeta comme en aumône quelques poignées de riz dans leur sac, afin de les avertir qu'ils avaient renoncé à tous les biens de ce monde, et que leur condition était désormais de demander l'aumône en imitation de la vie pénitente que Roudra avait menée pendant plusieurs années (1). Il donna encore à chacun d'eux une paire de pendants d'oreilles nommés *tiroumanikadouken*, c'est-à-dire *joyau d'un corps saint* (2); ce joyau est un grain de *routirâtcham* passé dans un anneau de cuivre rouge. Il leur fit aussi un devoir de se blanchir entièrement le corps de *tirounîrou*. Il leur recommanda surtout de témoigner une grande dévotion pour le *linga* et de pratiquer exactement toutes les cérémonies prescrites. Il leur demanda ensuite si leur désir était de mener une vie errante et célibataire, ou bien de retourner dans leur pays et de se marier. Les uns prirent le parti de parcourir la contrée en demandant l'aumône (3); les autres, retirés dans leur pays, s'y marièrent, et ne vécurent également que d'aumônes mendiées. Toutes les aumônes mises en commun, on en faisait un partage égal, et on distribuait à chacun sa part, après l'avoir purifiée en y répandant du *tirounîrou* : chaque jour, avant les trois repas du matin, de midi et du soir, ils pratiquaient les cérémonies du *linga*, se baignaient, et s'enduisaient tout le corps de *tirounîrou* : ils marchaient tous nu-pieds, excepté le *gourou* et quelques-uns de ses serviteurs, qui portaient des sandales de bois; ils avaient la tête rase et découverte; leur menton était aussi rasé : quelques-uns, ceux surtout qui menaient une vie errante, portaient sur leur tête des chapelets de *routirâtcham* (4). Ceux qui ne sortaient pas de leur pays demeuraient tous ensemble dans quelques maisons situées à peu de distance du *madam* habité par leur *gourou*; à ce *madam* ou couvent étaient attachés une pagode consacrée au *linga*, et un revenu considérable destiné à secourir les *pandâram* dans leurs besoins pressants, ainsi qu'à subvenir aux frais de l'hospitalité qu'ils donnaient à tous les voyageurs, de quelque secte et de quelque caste qu'ils fussent. Ils avaient pour leur *gourou* une extrême vénération et une obéissance empressée; ils devaient seuls lui rendre tous les services qu'il pouvait désirer, le porter même en palanquin, lorsqu'il faisait ses visites; ils le consultaient sur toutes les afflictions qu'ils éprouvaient, et considéraient chacune de ses paroles comme une loi : lorsqu'un *pandâram* de ses disciples avait commis quelque faute, il le rappelait auprès de lui, quelqu'éloigné qu'il fût, et lui faisait infliger le châtiment dû à ses œuvres. Les *pandâram* sont, aujourd'hui encore, soumis à la même règle; ils n'observent d'ailleurs aucun jeûne et ne se livrent à aucune austérité; ils consacrent leur journée entière à se purifier par le bain, à laver leurs vêtements, à entretenir les jardins dépendants des pagodes (5), et à sonner du *changou* pour annoncer certaines fêtes. Ils n'assistent d'ailleurs à aucune cérémonie publique, et n'entrent jamais dans les pagodes des villes pour y offrir soit des prières, soit des sacrifices; la pagode de leur *madam* est la seule qu'ils fréquentent. Lorsqu'un de leurs *gourou* meurt, les *pandâram* et les autres Malabars appartenant à la secte du *linga* s'assemblent au *madam* du défunt; on place son *linga* entre ses mains, puis on les ferme l'une sur l'autre, et on les pose sur sa poitrine; on replie ensuite ses jambes sous lui, de manière que la partie supérieure du corps soit appuyée sur les talons. On place le corps ainsi accroupi dans un palanquin, et on le porte au lieu de la sépulture; là on le dépose dans une niche ouverte dans un des côtés de la fosse; on met une lampe allumée auprès du corps, et on ferme la niche soit avec des planches, soit avec des branches d'arbres; on remplit alors la fosse de terre, et on élève, sur la place même, un tombeau où veille toujours une lampe allumée (6). On célèbre ensuite un sacrifice de congratulation, que l'on a grand soin de répéter chaque

(1) Il est difficile de décider s'il est ici question de la pénitence par laquelle Roudra expia son attentat contre Brahmâ, ou s'il est fait allusion à la pénitence à l'occasion de laquelle il consacra le *vibhoûti* ou *tirounîrou*. E. J.

(2) Je ne puis découvrir quel mot a fourni à l'auteur les éléments d'une aussi fausse interprétation : ce mot composé signifie simplement *pendant d'oreille formé d'un saint joyau*. Voyez, dans la suite de ces extraits, le chapitre intitulé : *Routirâtcham ou chapelet des Malabars gentils*. E. J.

(3) Les *pandâram* errants ou retirés dans les forêts sont distingués par le titre particulier de *tavachi*, ou pénitents (*tapasvî*.) E. J.

(4) Les brahmanes mendiants ou *bhikchou* de la secte de Shiva portent également des couronnes de grains de *roudrâkcha*; un de ces brahmanes est représenté sur la vi.e planche de la 1re livraison de l'*Inde Française*. Quant au *roudrâkcha*, voyez, dans la suite de ces extraits, le chapitre intitulé : *Routirâtcham ou chapelet des Malabars gentils*. E. J.

(5) La culture des fleurs est l'emploi ordinaire d'un grand nombre de pénitents de toutes les sectes, et en particulier de *pandâram* et de *sâtadêver*. Lorsque les Indiens se rendent à quelque temple dans une intention religieuse, et qu'ils ne peuvent y faire de riches offrandes, ils achètent aux pénitents qui se tiennent aux abords du temple des corbeilles de fleurs, et les font répandre en présence de l'idole par le brahmane officiant. Aussi le *garbhagriha* est-il ordinairement jonché de fleurs fanées, et inondé d'eau mêlée d'huile. E. J.

(6) J'ai observé plus haut qu'il était permis de considérer l'usage religieux de l'inhumation comme appartenant originairement à la race indigène des *shoûdra*; je dois ajouter ici que, si quelques faits donnent une grande vraisemblance à cette

18

année au jour anniversaire. Si le *gourou* était marié et qu'il laisse des enfans mâles, ils succèdent à ses honneurs dans l'ordre de primogéniture; s'il meurt sans laisser d'enfants mâles, tous les membres de la secte du *linga* s'assemblent pour choisir, dans le nombre des *pandâram*, une personne qui soit digne d'être élevée à cette dignité (1).

## CHAPITRE XVI.

### *Pénitents tader, paramânji et digambara.*

La secte des pénitents nommés *tader* (2) a été fondée par le dieu Vichnou; elle est, comme celle des *pandâram* sectaires, composée de *choûtirer* de toutes les conditions. Ceux qui veulent se livrer à ce genre de dévotion s'adressent à un *gourou* de la secte; il les admet, s'il le juge à propos, au nombre de ses disciples, leur applique, avec un fer rouge, la marque du *changou* sur le devant de l'épaule gauche (3), et leur passe au cou un chapelet de bois de *toulachi* (4), nommé *toulachimani*. Les *gourou* de cette secte demeurent dans des *madam* richement dotés, et y donnent l'hospitalité à tous les voyageurs; ils sont servis par quelques-uns de leurs disciples, qui demeurent, avec leurs familles, dans des maisons voisines du *madam*. Les *tader* ne vivent que d'aumônes; lorsqu'ils vont les mendier, ils portent un petit tambour qu'ils battent devant les portes des maisons, et un panier dans lequel ils reçoivent tout ce qu'on leur donne; de retour au *madam*, ils font entr'eux le partage de toutes ces aumônes; d'autres, ajoutant le célibat à leur pénitence, vont toute leur vie demander l'aumône de contrée en contrée. Ils ont tous une extrême vénération pour leurs *gourou*, et obéissent avec empressement aux ordres qu'ils reçoivent d'eux; ils ne se distinguent point d'ailleurs par un vêtement particulier du reste des Malabars (5).

Les pénitents nommés *paramânji* (6) sont ceux qui se livrent à la pénitence la plus rigoureuse; cette secte est composée de gens appartenants à toutes les classes de la caste des *choûtirer*. Leurs *gourou* ou supérieurs font constamment leur résidence dans des *madam* enrichis par des donations pieuses, et donnent l'hospitalité à tous les voyageurs. On n'est admis dans cette secte qu'à la condition d'abandonner sa femme, sa famille, ses possessions en son pays, et de renoncer absolument à toutes les choses de ce monde : quelques-uns demeurent auprès de leur *gourou*; d'autres se retirent dans les forêts pour ne plus en sortir; d'autres encore mènent une vie toujours errante et marchent

conjecture, d'autres faits dont on peut tirer des inductions plus précises encore prêtent autorité à cette opinion, que les *shoûdra* sectaires, toujours empressés de suivre les exemples des *sannyâsi*, ont poussé leur zèle d'imitation jusqu'à adopter les usages funéraires de ces pieux pénitents. E. J.

(1) On trouve des renseignemens particuliers sur cette autorité religieuse dans le chapitre intitulé : *Gourou; directeur de conscience*.

(2) Les *tader* sont les *bhakta vaïchnava* de la caste des *shoûdra*; il ne faut pas les confondre ni avec les brahmanes *shrîvaïchnava* ni avec les *djâtadêva*. L'origine de leur nom est incertaine. Leur emploi religieux est de chanter les *mâhâtmya* vechnavites composés en tamoul, en s'accompagnant du *chilambou*, grand anneau de cuivre creux et résonnant sous le choc des cailloux, ou de plaques de cuivre qui, frappées par des baguettes, rendent un son strident. Une haine profonde divise les *tader* et les *pandâram*; un sectaire de Vichnou se détourne pour ne pas apercevoir un temple de Shiva; un sectaire shaivite, s'il entend prononcer trois fois de suite le nom de Vichnou, va immédiatement se purifier par une ablution; il arrive quelquefois que deux partis de *tader* et de *pandâram*, se rencontrant dans un chemin, se livrent une sanglante bataille, et que les vainqueurs se livrent à d'affreux excès sur les vaincus. E. J.

(3) L'usage est de recevoir l'empreinte du *changou* sur une épaule, et celle du *chakaram* sur l'autre; cet usage est d'ailleurs condamné par les textes religieux, dont les plus importants ont été recueillis par M. Wilson dans son mémoire *sur les sectes indiennes*: il ne s'en est pas moins conservé dans le Dekan et dans quelques parties de l'Inde occidentale, particulièrement à *Doâraka* et à *Kâtsir* dans le *Sindh*. Quoi qu'il en soit de cette pratique religieuse, la marque est aussi un supplice dans l'Inde; on imprime avec un fer chaud sur le front du brahmane adultère la figure du *pudendum muliebre*, ou celle d'un homme dont la tête est abattue, si l'adultère a été commis avec une femme de la caste des *tchandâla*; une autre marque infamante est, dans l'Inde méridionale, le *chounangen* ou *marque de chien*, qui s'applique également avec un fer brûlant. E. J.

(4) Voyez, dans la suite de ces extraits, les chapitres intitulés : *Pendants d'oreilles vénérés par les Malabars; Latchimi transformée en basilic*. Les grains de ces chapelets sont taillés dans la partie ligneuse de la tige du *toulasî* : *toulachimani* signifie un chapelet composé de pareils grains. Les *vaïchnava* portent aussi des chapelets formés de graines de lotus. E. J.

(5) Il est permis de croire que cette assertion n'est pas exacte; car on sait par le témoignage des voyageurs que les *tader*, ceux du moins qui mènent une vie errante, se couvrent d'une même grande toile jaune, et portent une toque de même couleur; leurs chefs prennent, comme insigne de leur dignité, un bonnet d'étoffe rouge, brodé, et d'une forme presque semblable à celle du bonnet phrygien. E. J.

(6) Incorrectement écrit dans l'original *paramanghi*; ce mot pourrait tout au plus représenter le sanskrit *paramângî*, dont le sens n'est pas applicable en cet endroit. Je pense qu'il faut lire *paramânji* ou *paramânjen*, forme tamoule de *paramahamsa*, pénitent contemplatif. Je ne sais d'ailleurs s'il est parfaitement exact de ranger dans la secte des *paramahamsa* ces pénitents vagabonds, vulgairement connus sous le nom de *fakir*, qui n'appartiennent réellement à aucune secte, et qui n'ont d'autre caractère distinctif que leur stupide folie. E. J.

ordinairement par troupes. Ils font consister tout leur mérite religieux dans une rude pénitence, négligeant toutes les cérémonies publiques, quelles qu'elles soient. Quelques-uns tiennent constamment les bras élevés et tendus sans se permettre de les laisser fléchir, de manière que des ankyloses se forment aux jointures de ces membres après quelques années, et les raidissent pour toujours (1); d'autres, se croisant les bras, appuient leurs mains sur leurs épaules; d'autres tiennent les poings toujours fermés, laissent croître leurs ongles d'une telle longueur qu'ils se contournent en forme de vis et leur enveloppent toute la main; d'autres restent constamment debout, sans se permettre ni de s'asseoir ni de se coucher, et dorment suspendus à quelques branches d'arbres; d'autres appuient leur estomac sur une corde tendue, et conservent cette position pendant plusieurs heures; d'autres se tiennent trois jours entiers suspendus sur un pied, appuyant l'autre sur leur ventre; d'autres font vœu de ne prendre chaque jour pour nourriture qu'une certaine mesure de lait; d'autres ne se nourrissent, pendant trois mois, que de feuilles d'arbres sèches; d'autres observent toute leur vie un régime qui consiste à manger le premier jour trois petites boules de riz cuit, formées de trente-deux poignées de grains de riz, le jour suivant, trois petites boules de la valeur de trente-une poignées, et ainsi de suite dans une progression décroissante jusqu'au trentième jour, après lequel ils recommencent le cours de leur sobre régime (2); d'autres portent toujours à leur cou une plaque de fer ronde ou carrée d'un demi-pouce d'épaisseur et de deux ou trois pieds de largeur (3); d'autres se laissent croître les cheveux sans les laver ni les peigner, et y entretiennent par leur négligence affectée une grande quantité de vermine (4); d'autres se tiennent quatre ou cinq heures par jour appuyés sur leur tête, les pieds en l'air; d'autres enfin s'attachent aux testicules des masses de fer d'un poids considérable. J'omets plusieurs autres actes de pénitence du même genre (5).

Les pénitents nommés *digambara* (6) ne forment pas une association particulière. Ils ne pratiquent aucune cérémonie religieuse; ils passent toute leur vie à voyager, ne vivant que d'aumônes; ils vont tout nus, sans en éprouver aucune honte. Ils ne se livrent pas à une pénitence moins austère que les autres sectes; ils se laissent croître les cheveux, et ne les peignent ni ne les lavent; ils ne se font jamais couper les ongles, aussi croissent-ils à quelques-uns d'une telle longueur qu'ils se contournent en spirales. Ils ne couchent jamais que sur la terre nue, mangent sans scrupule tout ce qu'on leur présente, de quelque main qu'ils le reçoivent (7); ils ne gardent rien d'ailleurs pour le lendemain, ce qui les expose souvent, dans leurs voyages, à souffrir les angoisses de la faim. Le peuple a également une extrême vénération pour cette espèce de pénitents.

(1) La planche IV de la XXI<sup>e</sup> livraison de l'*Inde Française* (portrait d'*Arnigvitchi*) est le meilleur commentaire de ce texte.

(2) On trouve dans les ouvrages de jurisprudence indienne, qui traitent spécialement du *prâyashtchitta*, dans le *Prâyashtchittaviveka* de *Shoûlapâni*, par exemple, une théorie complète sur le jeûne, considéré comme œuvre de pénitence. L'acte expiatoire dont parle notre auteur est nommé *tchandrâyana*, et ne doit pas être confondu avec le *richitchandrâyana* et le *shishoutchandrâyana* ou *djâtitchoudrâyana* qui en sont des modifications. Au reste, cet acte ne s'accomplit pas dans toutes les parties de l'Inde suivant les mêmes règles et avec les mêmes circonstances : *Shoûlapâni* évalue la quantité de nourriture à prendre chaque jour, en boules de riz cuit de la grosseur d'un œuf; il ajoute qu'une seule de ces boules ou *pinda* est permise au pénitent le premier jour de la lune, que ce nombre s'accroît d'une boule chaque jour, jusqu'à celui de la pleine lune, consacré à un jeûne absolu, et après lequel le nombre des *pinda* décroît journellement avec la lune, de manière qu'au dernier jour de la lunaison le pénitent soit réduit à une seule boule de riz. C'est par cette pénitence que s'expie particulièrement le meurtre d'un individu appartenant à une caste inférieure à celle du meurtrier. E. J.

(3) Un de ces pénitents, nommé *Perirayapa*, est représenté sur la planche II de la XX<sup>e</sup> livraison de l'*Inde Française*.

(4) Voyez, dans la suite de ces extraits, le chapitre intitulé : *Le chadai et le chondiramâna*.

(5) Il est difficile qu'une énumération de ce genre soit complète, parce que la superstition indienne est ingénieuse à varier les tortures qu'elle s'impose; je dois cependant observer que l'auteur a omis dans ce long catalogue deux espèces de tortures très-vulgaires; l'une consiste à se passer un mors dans les joues et à travers la langue; l'autre à se faire porter sur un siége garni de clous acérés; les gens du peuple achètent à haut prix ces clous tout sanglants, et les conservent précieusement. E. J.

(6) En tamoul *tigambaren*; leur nom signifie *qui n'a d'autre vêtement que les plages célestes*; c'est un euphémisme qui exprime l'état de nudité dans lequel vivent ces pénitents. Les *digambara* forment la première secte des *djaïna* et la plus ancienne, puisqu'elle rapporte immédiatement son origine à *Mahâdeva* et à *Pârshwanâtha*; la seconde secte est celle des *svétâmbara*, c'est-à-dire de ceux *qui portent des vêtements blancs*; c'est à *Simhapoura*, dans le Kachmir, que fut prêchée pour la première fois la doctrine des *svétâmbara*, à une époque incertaine, mais antérieure au commencement du septième siècle de notre ère. E. J.

(7) Les *djaïna*, de même que les bouddhistes, ne reconnaissent pas la distinction des castes. Les brahmanes considèrent les *djaïna* comme des *kchatriya*, et admettent dans la tribu royale ceux qui se convertissent à la croyance brahmanique : cette opinion qui était sans doute exacte dans les temps anciens, et qui ne nous permet pas de douter que la réforme religieuse n'ait été dirigée par les *kchatriya*, est aujourd'hui en contradiction avec les faits; car la secte des *djaïna*, ouverte à toutes les castes indifféremment, est une de celles qui sont le plus mêlées. E. J.

# APPENDIX.

## CHAPITRE XVII.

### *Dévadâchi ou femmes des pagodes.*

Ce sont ordinairement les tisserands qui consacrent leurs filles au service des pagodes : les parents ne leur demandent point leur consentement, et n'attendent même pas qu'elles soient en âge de le donner; car ils les destinent au service des dieux dès leur naissance. Ils ont grand soin de les y préparer en les exerçant continuellement à la danse, au chant et aux jeux mimiques : un maître est spécialement chargé de faire l'éducation des jeunes filles destinées au service des pagodes; c'est lui qui doit les diriger plus tard dans les cérémonies, lorsqu'elles sont devenues *dévadâchi*, c'est-à-dire *servantes des dieux* (1). Elles ont à peine atteint l'âge de neuf ou dix ans que les pères vont convier les membres des autres castes à assister à la consécration de leurs filles. On les conduit solennellement à la pagode; avant d'y entrer, elles donnent des preuves publiques de leur habileté dans les arts de la danse, du chant et du jeu mimique; on leur offre des présents proportionnés à leur mérite et à l'estime qu'on en fait. Elles entrent dans la pagode, où elles se prosternent devant les dieux; les brahmanes présents à la consécration les font relever : le père offre alors sa fille aux dieux en disant : « Seigneurs, voici ma fille que je vous offre! daignez la recevoir à votre service. » Le brahmane officiant met dans la main de la jeune fille un peu de *tirounîrou* et quelques gouttes de l'eau qui a servi à laver l'idole; elle délaie le tout ensemble et s'en frotte le front pour exprimer qu'elle se consacre d'elle-même et avec joie au service des dieux. Cette cérémonie suppose que la consécration se fait à une des pagodes de Shiva; en effet, si c'est à une pagode de Vichnou, la jeune fille se signe du *tirounâmam*, et boit un peu d'eau dans laquelle on trempé quelques feuilles d'une espèce de basilic nommé *toulachi*. Que ce soit d'ailleurs dans l'une ou dans l'autre pagode, le brahmane officiant délaie dans un bassin de cuivre un peu de sandal avec de l'eau qui a servi au bain de l'idole, et en jette avec les doigts quelques gouttes sur la jeune fille pour compléter sa consécration; il lui passe ensuite au cou une guirlande qui a été portée par l'idole, pour lui témoigner qu'elle est agréable aux dieux, et qu'elle est placée sous leur protection; il lui dit enfin qu'elle est dès ce moment *dévadâchi*, et l'exhorte à remplir avec empressement ses devoirs envers les dieux. La nouvelle *dévadâchi* se prosterne alors devant l'idole; le brahmane officiant la fait relever, et ordonne à ses parents de la conduire dans une maison particulière qui est près de la pagode; les parents y présentent du bétel aux conviés et offrent un repas à toutes les *dévadâchi* (2). Les jeunes filles ainsi consacrées au culte ne peuvent jamais se marier; elles ne peuvent non plus retourner dans leurs familles ni en hériter; elles font profession de se livrer sans réserve à tout le monde; les Malabars sont persuadés qu'il y a un mérite religieux à prendre du plaisir avec les servantes des dieux. Elles n'ont point de supérieure; chacune fait son ménage séparément et à sa convenance. Elles tirent leur subsistance des revenus de la pagode; mais ce n'est pas ce qui contribue à entretenir leur luxe; la générosité de ceux qui achètent leurs faveurs est pour elles une source plus abondante de richesses. Celles qui font ainsi fortune ont grand soin de s'habiller élégamment, de se parer de pendants d'oreilles, de colliers et d'anneaux d'or, de couvrir leurs bras et leurs pieds de cercles d'argent. Le devoir des *dévadâchi* est de se rendre trois fois par jour à la pagode, le matin, vers midi et le soir, c'est-à-dire aux instants où se célèbrent les cérémonies religieuses; là elles dansent, chantent et exécutent des jeux pour le divertissement des dieux : elles remplissent les mêmes fonctions aux processions et aux cérémonies du mariage (3).....

---

(1) Ce sont les *balhadeiras* ou danseuses des anciens voyageurs. Les tisserands sont obligés de consacrer à cet honnête métier leur cinquième fille ou la plus jeune de leurs filles, s'ils en ont moins de cinq; c'est un honneur que recherchent quelquefois des individus appartenant à d'autres corps de métiers. E, J.

(2) Les voyageurs assurent que la lubricité grossière et l'infâme effronterie des prostituées européennes sont inconnues aux *balhadeiras*; elles conservent, disent-ils, au milieu du désordre de leur vie, une certaine retenue qui ajoute à leurs charmes. Ils ajoutent néanmoins qu'elles excitent leurs sens par l'usage des parfums et des guirlandes de fleurs de *mougari*, aux émanations desquelles on attribue une puissante vertu aphrodisiaque. E. J.

(3) On a vu précédemment qu'elles remplissaient plusieurs fonctions dans les cérémonies du mariage; elles y représentent pour ainsi dire l'intervention de *Lakchmi*; ce sont elles qui répandent sur les époux et sur les assistants le safran, consacré à cette déesse. Les *dévadâsi* sont les *opsaras* de la terre; la prospérité et le plaisir les accompagnent; elles répandent la joie parmi les hommes, comme les *opsaras* parmi les dieux. Les danses des *dévadâsi* sont caractérisées par une mimique très-ingénieuse et très-expressive; quelques-unes sont de petits romans par gestes; d'autres sont plus que voluptueuses; elles pourraient cependant ne paraître que ridicules à ceux qui ignorent la signification du mot sanskrit *viparîta*. E. J.

# APPENDIX.

## CHAPITRE XVIII.
### *Description des pagodes.*

Les pagodes sont divisées en trois parties distinctes : la première est la nef; la seconde le sanctuaire (1); la troisième une cellule qu'ils regardent comme le siége de la divinité. Cette cellule occupe le milieu du sanctuaire, et ne reçoit qu'un faible jour par une petite porte ouverte dans un des côtés, et par une étroite fenêtre d'ailleurs grillée, percée sur le devant; aussi est-il impossible d'y voir en plein jour, à moins d'y entretenir de la lumière : c'est là qu'est placée l'idole. La seule personne qui puisse y pénétrer, y faire les cérémonies et offrir les sacrifices, est un brahmane remplissant les fonctions de grand-prêtre; les autres brahmanes peuvent seulement déposer à la porte les objets nécessaires à l'accomplissement du sacrifice. Après avoir reçu ces objets, le brahmane officiant tend une toile dans l'intérieur de la cellule, pour boucher les jours de la porte et de la fenêtre; car personne ne doit le voir offrir le sacrifice; puis il allume plusieurs lampes et les entretient d'abord avec du beurre, ensuite avec du miel. Il fait alors des offrandes de riz et de fruits; il a seul le droit de manger des choses offertes en sacrifice à l'idole (c'est ordinairement un *linga* si la pagode est consacrée à Roudra). En face de la fenêtre grillée, s'élève un mât qui perce la voûte de la pagode, et la dépasse d'une grande hauteur; on y attache, les jours de grandes solemnités, un pavillon qui a souvent soixante-dix coudées de longueur, et au milieu duquel est peint un bœuf; au pied du mât est aussi un bœuf sculpté en bois ou en pierre; on sait que cet animal est la monture du dieu Roudra (2). Les brahmanes ont seuls le droit d'entrer dans le sanctuaire pendant le temps de la célébration du sacrifice; les autres Malabars se tiennent dans la nef, sans excepter les *dévadâchi* et les musiciens qui font retentir la pagode de leurs chants et des sons de leurs instruments. A côté de la cellule est un puits qui fournit de l'eau pour laver l'idole et les vases du sacrifice, qui sont tous de cuivre. Le sanctuaire est entouré de quatre ou cinq rangs de colonnes de pierre d'une seule pièce, bien qu'elles aient souvent dix-huit ou même vingt coudées de hauteur; elles sont toutes artistement travaillées et décorées d'ornements taillés en relief; on compte jusqu'à soixante colonnes de cette dimension dans certaines pagodes. L'édifice est couvert de grandes pierres posées sur ces colonnes et sur les murs latéraux dans le sens de sa largeur : les murs sont aussi construits en grandes pierres de taille polies avec soin et ornées de sculptures, dans lesquelles sont entremêlées des représentations d'hommes et d'animaux; la cellule est également couverte de bas-reliefs. Les règles de l'architecture sont d'ailleurs exactement observées dans toutes les parties de ces édifices (3). Les pagodes de Roudra ont leur entrée à l'orient et celles de Vichnou à l'occident. Chaque pagode est située au milieu d'une vaste enceinte formée par un grand mur de pierres de taille : quelques pagodes ont deux ou même trois enceintes, dans l'intervalle desquelles demeurent les brahmanes desservants. De chacun des quatre côtés de l'enceinte extérieure, s'élève une porte en forme de tour carrée et presque pyramidale, d'une prodigieuse hauteur (4); les pilastres de ces portes sont construits en pierre de taille jusqu'à la hauteur de huit ou dix coudées, et très-délicatement travaillés en bas-relief; la partie supérieure des portes, bâtie en briques et en ciment, est revêtue, jusqu'au couronnement, d'un grand nombre d'idoles. Ce que ces portes présentent de plus remarquable, c'est que leur cadre (et il y en a de vingt-cinq et trente pieds de hauteur) est formé d'une seule pierre, polie, taillée et sculptée avec un art admirable : quelques portes, formées de quatre pierres, font aussi un très-bel effet; on en voit dont la pierre supérieure, chargée de riches ornements, forme en même temps

---

(1) Le nom sanskrit du sanctuaire est *garbhagriha*, et celui de la nef ou vestibule, *sabhâ*. Les petits temples ou *mandapa* n'ont point cette forme; ils ne présentent qu'une profonde niche abritée par deux murs latéraux et par un toit ordinairement décoré avec goût. E. J.

(2) Pour ce qui est du bœuf de Shiva, voyez les renseignements contenus dans le chapitre suivant.

(3) L'architecture (*sthâpatyavêda* ou *vastovidyâ*) est une importante partie de l'art indien; elle est celle qui paraît avoir été cultivée dès les plus anciens temps avec le plus de succès. Les règles en ont été recueillies dans les *shilpashâstra*, et particulièrement dans le *tchatushchachtikalânirnaya* de *Vatsâyana*, dont il ne paraît malheureusement s'être conservé que des fragments. On trouve des renseignements d'un haut intérêt sur la théorie indienne de l'architecture dans l'*Essay on the architecture of the Hindus*, composé en anglais par le savant brahmane *Ram Raz*, et publié sous les auspices de la Société Asiatique de la Grande-Bretagne. E. J.

(4) Ces portes, dont l'effet est assez semblable à celui de nos arcs triomphaux, sont nommées *gôpoura* ou *kôbouram* : l'origine de ce mot est incertaine; on peut cependant supposer, avec vraisemblance, qu'il signifie littéralement *ce qui remplit les régions de l'espace*; les portes des villes, des temples et même des maisons, dans l'Inde, sont en effet toujours ouvertes vers un des points cardinaux, le plus souvent vers l'est. Les Indiens, qui sont toujours satisfaits de l'interprétation étymologique la plus facile à trouver, pourvu qu'elle soit en même temps la plus bizarre, traduisent simplement *gôpoura* par *ville des vaches*, et observent, à l'appui de leur étymologie, que ces grandes portes sont souvent surmontées aux quatre coins de taureaux accroupis. E. J.

## APPENDIX.

le dessus de la porte et le dessus des deux fausses fenêtres figurées aux deux côtés. Il y a, dans l'intérieur de l'enceinte, plusieurs grandes galeries ou amphithéâtres formés de larges dalles posées sur des colonnes de pierre qui sont, dans toute leur hauteur, polies et admirablement sculptées. A une trentaine de pas environ de la pagode, se trouve ordinairement un grand étang carré, entièrement revêtu de pierres de taille; on y descend de quatre côtés par des degrés, pour s'y purifier, avant d'entrer dans la pagode; autour de l'étang règne une belle galerie semblable à celles qu'on vient de décrire (1).

Les Malabars gentils ont un grand respect pour toutes ces pagodes (2). Il y en a une à *Tiroupadi*, consacrée au dieu Vichnou, à laquelle les gentils se rendent en pélerinage des provinces les plus éloignées: arrivés à cette pagode, après y avoir présenté leurs vœux, ils se font couper les cheveux et les offrent en sacrifice, puis ils se font imprimer, avec des fers chauds, sur le devant des épaules, les signes du *changou* et du *chakaram*. Il arrive quelquefois que des femmes, après avoir perdu leurs maris, se rendent en pélerinage à cette pagode; elles se considèrent dès lors comme de saintes personnes; elles ne boivent plus d'aucune liqueur enivrante; elles ne mangent plus ni poisson ni viande; elles évitent avec la plus scrupuleuse précaution le contact des choses impures. Quelquefois aussi, une femme accompagne son mari dans une visite pieuse à la pagode de *Tiroupadi*; cette femme se trouve subitement arrêtée par un obstacle invisible, et ne peut plus ni avancer, ni même changer de position; les brahmanes saisissent cette occasion d'avoir une belle femme à leur discrétion, et s'empressent de déclarer au mari que *Peroumal* (c'est un des noms de Vichnou) retient cette femme pour en faire son épouse, et qu'elle doit, dès ce moment, se séparer de son premier époux; ils lui donnent quelque argent pour l'aider à contracter un autre mariage, et le renvoient sans autre explication. La femme ainsi retenue se nomme dès lors *Peroumarpenjâdi*, c'est-à-dire femme de *Peroumal* (3); elle demeure constamment dans la pagode, où elle vit d'aumônes; lorsqu'elle devient vieille, et qu'elle ne peut plus satisfaire à la lubricité des brahmanes, on lui met à la main un bâton et un petit pot de cuivre, et on l'envoie demander l'aumône le reste de ses jours dans les villes de la contrée. Il n'y a d'ailleurs dans cet usage, suivant les Malabars, rien que de très-honorable pour le mari et pour la femme. Il y a des brahmanes mendiants de la secte de Vichnou qui demandent l'aumône en courant, sans s'arrêter devant aucune maison; ils portent un petit pot de cuivre à la main, et crient de toute leur voix: «*Peroumal! Peroumal!* époux des belles femmes!» Dès qu'on entend ce cri, on sort promptement, pour se trouver au passage du brahmane mendiant et lui donner l'aumône (4).

### CHAPITRE XIX.

*Signes dont les Malabars se marquent au front avec des cendres de fiente de vache* (5).

L'usage des cendres de fiente de vache n'a, suivant les PP. Jésuites, rien que de très-louable; car ce n'est qu'une extension d'une des cérémonies consacrées par l'église; aussi ont-ils soin d'en bénir tous les dimanches avec les mêmes cérémonies que le jour des Cendres, et d'en distribuer de petites boules aux chrétiens, qui s'en signent chaque jour le front et certaines parties du corps. S'ils préfèrent les cendres de bouse à toute autre, c'est seulement parce qu'on peut en former une espèce

---

(1) On ne peut prendre une idée exacte de l'imposant effet d'ensemble et de la magnificence de détails de ces temples, que dans les ouvrages luxueux de Daniel, de Valentia, de Raffles, de Tod et de Grindlay. La pagode de *Vilnour* est représentée sur la planche III de la IVᵉ livraison de l'*Inde Française*. E. J.

(2) Il y a dans la partie méridionale de l'Inde, et généralement dans la presqu'île, un grand nombre de lieux consacrés; les temples qui jouissent de la plus grande réputation de sainteté sont ceux de *Tiroupadi*, de *Vilnour*, de *Chidambaram*, de *Tiroundimalai* et de *Kânjivaram*; c'est de ce dernier que les Tamouls reçoivent chaque année leur calendrier civil et religieux. Leur célébrité n'égale cependant pas celle du temple de *Djagannâtha* (vulgairement prononcé *Jagrenat*), consacré à Vichnou ligniforme; les personnes les plus étrangères aux recherches sur la religion indienne ont entendu parler de la monstrueuse statue de *Djagannâtha*, et cependant on n'en a encore publié en Europe aucune représentation exacte; M. Marcel ayant eu la complaisance de m'en communiquer une que les missionnaires anglais ont insérée dans un pamphlet écrit en *ourya* contre le culte de cette idole, je l'ai fait reproduire à la suite de ces extraits, pour compléter la galerie mythologique de l'*Inde Française*. E. J.

(3) Écrit dans l'original *Peroumalpenchadi*; ce qui est contraire aux lois orthographiques de la langue tamoule. *Peroumal*, le nom vulgaire de Vichnou parmi les Tamouls, signifie littéralement *grand*; le suffixe *mal* qui le termine me paraît être une forme tamoule du suffixe sanskrit *mat*. On peut présumer que les vechnavites de l'Inde méridionale ont donné ce titre à Vichnou pour soutenir plus honorablement leur concurrence religieuse avec les shaivites, qui attribuent à Shiva et à *Dourgâ* toutes les épithètes dans la composition desquelles entre le mot *mahat*, grand. E. J.

(4) Quelques dévots mendiants de la caste des *shoddra*, dans le Madouré, demandent l'aumône aux voyageurs en roulant à leur côté sur les pieds et sur les mains avec une rapidité qui égale celle d'une roue rapidement lancée. E. J.

(5) L'ordre naturel des idées était si fréquemment interverti dans la rédaction primitive de ce chapitre, que j'ai été obligé d'en changer presque toute la disposition. E. J.

# APPENDIX.

de pâte qui s'applique plus facilement au front, et parce que la bouse, séchée au soleil, est le combustible le plus commun des Malabars (1).....

On sait que les Malabars gentils considèrent la vache comme une divinité. Voici une des fables qu'ils rapportent à ce sujet. Lorsque les dieux, réunis aux géants, employaient tous leurs efforts à agiter la mer de lait pour en extraire la liqueur d'immortalité, *Latchimi*, déesse des richesses et de l'abondance, se transforma en vache, et apparut sous cette forme au milieu de la mer de lait ; le dieu souverain la nomma *Kâmaténou*, c'est-à-dire *vache qui produit toutes choses* (2), et la donna au dieu *Dévendiren*, pour nourrir les myriades de divinités qui habitent son ciel; cette vache se reproduit, dit-on, dans les autres cieux, et suffit seule à fournir des aliments à un nombre infini de dieux et de déesses. Toutes les vaches du monde que nous habitons sont autant de manifestations de *Kâmaténou*; si elles ne produisent pas la même abondance de biens, c'est que les hommes se rendent indignes, par leurs péchés, d'une si précieuse faveur; on prétend cependant que de saints pénitents ont possédé des vaches dont le lait se transformait en mille manières, et prenait tous les goûts que l'on pouvait désirer; telle était celle du pénitent *Chamadakini*, dont il est fait mention dans le chapitre relatif au *chakaram* (3). S'il était nécessaire de fournir d'autres preuves, il suffirait de remarquer qu'à la fête du *pongal*, les Malabars observent un jeûne en l'honneur de la vache, lui offrent un sacrifice, et lui font une adoration les mains jointes et élevées au-dessus de la tête, en l'invoquant par le nom de *souvâmi*; ce jour-là, on assemble dans un quartier toutes les vaches de la ville; les Malabars gentils se réunissent, et après avoir tourné plusieurs fois autour d'elles, se prosternent tous ensemble pour les adorer, et pour les prier de combler leurs familles de toutes sortes de biens (4)....

Les gentils considèrent encore la vache comme le séjour des dieux; ils croient qu'il y a quatorze mondes, dont sept supérieurs et sept inférieurs; que les quatorze mondes sont représentés par les membres de la vache; que ses quatre pieds, sa queue, ses parties génitales et ses voies excrétoires figurent les sept mondes inférieurs; que ses deux oreilles, ses deux cornes, sa bouche, l'excroissance qui est entre ses cornes, et la bosse qui est entre ses épaules, figurent les sept mondes supérieurs; que ses ongles sont les rivières, et ses mamelles les sept mers, savoir : la mer salée, la mer de sucre, la mer de miel, la mer de beurre, la mer de lait caillé, la mer de lait doux, et la mer d'eau douce : comme tous les mondes représentés par ces membres sont peuplés de divinités, les Malabars considèrent naturellement la vache comme le séjour des dieux (5). Telle est d'ailleurs la vénération des brahmanes pour la vache, que, lorsque l'un d'eux est sur le point d'expirer, le brahmane maître des cérémonies lui met entre les mains la queue d'une vache, pour obtenir qu'il passe plus heureusement la rivière *Vattaram*, rivière de feu qui entoure le séjour des morts (6).... L'usage des cendres de bouse a donc été institué pour honorer la vache en sa double qualité de déesse de l'abondance et d'habitacle des divinités ; ces cendres sont le signe extérieur du culte de la vache.

Depuis plusieurs siècles, les hommes violaient, avec une audace toujours croissante, les lois divines et les préceptes des sages : *Kartâ* ne pouvant souffrir plus long-tems leur impiété, détruisit par un embrasement universel les quatorze mondes, et les formes matérielles de Brahmâ, de Vichnou et de Roudra, retirant en lui-même son esprit. Quelques siècles après, il créa de nouveau Shiva. Emu de compassion à la vue de l'univers consumé, Shiva conçut le dessein d'apaiser le feu de la colère de *Kartâ*; il prit donc de la cendre dans les ruines des mondes, s'en blanchit tout le corps avec l'intention d'effacer, par sa pénitence, les péchés des hommes, et passa plusieurs siècles dans les plus rudes austérités. *Kartâ* se laissa enfin toucher par ses larmes; cédant à ses instantes prières, il anima encore de son esprit les formes matérielles de Roudra, de Vichnou et de Brahmâ,

---

(1) On a déjà observé plus haut que la bouse de vache est une des sept ou neuf espèces de *bois* consacrés aux planètes. E. J.

(2) *Kâmadhénou* signifie littéralement *vache qui accorde les objets des désirs; kâmadâ* et *kâmadouh* ont le même sens. Dans les traditions religieuses de tous les peuples de race arienne, la vache est le symbole de la terre ; ce symbole a été traduit dans l'Inde, pendant le moyen âge, en nombreuses légendes, dont quelques-unes ont été recueillies dans les Pourâna ; les plus récentes, qui ne sont pas les plus ingénieuses, sont restées dans le fonds commun des traditions populaires. E. J.

(3) Voyez, dans la suite de ces extraits, le chapitre intitulé : *Le chakaram incarné détruit par Vichnou*.

(4) Voyez, dans la suite de ces extraits, le chapitre intitulé : *Fête du pongal* etc.

(5) J'ai déjà observé que les Indiens avaient fait un abus fréquent des figures pancosmiques ; les plus anciennes de ces créations ont un indéfinissable caractère de grandeur et de magnificence ; tel est, par exemple, dans le *Vrihadâranyaka*, le mythe du cheval de l'*ashvamédha*. Les créations modernes de ce genre, imitations maladroites, se distinguent au contraire par un esprit puéril d'assimilation, qui ne tient compte que des nombres nécessaires, et n'explique rien, même dans l'ordre des idées indiennes ; telle est celle que l'auteur nous fait connaître dans ce passage : il est particulièrement difficile de trouver un rapport exact entre les huit *ongles* (probablement les sabots bifurqués) de la vache et les sept rivières sacrées. E. J.

(6) L'auteur ne manque pas ici de rappeler le culte adressé par les Égyptiens au bœuf Apis ; il accumule ensuite des citations de Kircher ( *Chine illustrée* ) et de Bartoli ( *Asie orientale* ) ; j'ai supprimé ce fatras d'érudition facile. E. J.

et créa quatorze nouveaux mondes (1). Shiva voulut alors laisser aux hommes un signe qui leur rendît toujours présentes les vengeances de *Kartá*; il prit de la bouse de vache, la réduisit en cendres, et s'en couvrit toutes les parties du corps; puis il ordonna aux hommes de se signer avec cette cendre le front, les bras et le corps en l'honneur de la vache, et en union de sa pénitence. Il leur annonça que toutes les fois qu'ils feraient cette onction dans une intention religieuse, ils obtiendraient la rémission de leurs péchés. Les plus austères pénitents, dont le nombre est assez considérable, animés du désir d'imiter en toutes choses la pénitence de Shiva, se blanchissent tout le corps de cette cendre (2). Les autres Malabars, qui ne se livrent pas à une aussi rigoureuse pénitence, s'en frottent seulement le front, la poitrine, l'estomac, les genoux, les coudes, les poignets et les reins. C'est cette cendre qu'on nomme *tirountrou*. Les gentils sont persuadés qu'elle possède la vertu d'effacer tous les péchés; c'est pour cette raison qu'ils lui ont donné le nom de *tirountrou*, qui signifie *cendres saintes*.

On applique le *tirountrou* d'abord au front; il importe peu que cette onction présente la forme de trois lignes ou celle d'une large bande; la forme la plus ordinaire est cependant celle des trois lignes, parce que la cendre s'applique avec trois doigts qui laissent chacun leur trace (3). On dit en se signant le front : *netichadachiven*, c'est-à-dire, « que Shiva réside dans ma tête (4); » on applique ensuite le même signe sur la poitrine, en disant : *manmagesouwaren*, c'est-à-dire, « que l'amour de Shiva soit dans mon cœur (dans ma poitrine) (5); » on applique de nouveau ce signe sur les bras, en disant : *párouvadísouvaren*, c'est-à-dire, « que Shiva donne la force à mes bras (6); » puis on applique encore le même signe à d'autres parties du corps, en invoquant à chaque onction Shiva sous un de ses attributs.

Un Malabar gentil a perdu sa caste, soit parce qu'il s'est dégradé au rang de paria, soit parce qu'il a mangé de la vache; il éprouve le désir de se réhabiliter; les individus de sa caste s'assemblent, accueillent sa demande, et lui font boire une potion composée de beurre, de lait doux, de lait caillé, d'urine et de fiente de vache; tous ses péchés sont dès ce moment effacés, et il rentre dans sa caste (7). Les gentils ne prennent jamais leurs repas avant de s'être signés avec des cendres de bouse pour se purifier de leurs péchés; s'ils omettaient cette cérémonie, ils croiraient avoir commis un grand péché. Ils ne manquent pas non plus, tous les matins, de purifier l'intérieur de leurs maisons, leurs cours et le devant de leurs portes, en les arrosant avec de la fiente de vache délayée dans de l'eau.

Les brahmanes, il est vrai, récitent quelquefois des formules de prières sur cette cendre, avant de la distribuer aux Malabars gentils; mais ce n'est certainement pas à cause de cette consécration qu'elle est considérée comme sanctifiée; car celle qui se vend au marché, et dont les gentils achètent le plus souvent, n'est point bénie par les Brahmanes; voire même ceux qui n'ont pas le moyen d'acheter de la cendre au marché, se servent de celle de leur foyer, quoiqu'elle provienne de bouse de vaches et de bouse de bœufs mêlées; il est vrai que celle-ci est moins pure et moins efficace. Quant à celle qui se distribue soit au marché, soit à la pagode, et qui est, suivant les Malabars, la cendre de première qualité, elle ne doit provenir ni de bouse de vaches pleines, ni de bouse de bœufs; car les cendres de bouse de bœufs n'ont aucune efficacité, et celles de bouse de vaches pleines ont beau-

---

(1) Il s'agit ici d'un *mahâpralaya* ou destruction générale des êtres; au reste comme ces absorptions universelles sont périodiques, elles sont indépendantes des mouvements passionnés de *Kartá*. La pénitence de Shiva sur les ruines des mondes est une de ces grandes et terribles scènes dans lesquelles se complaît l'imagination des shaivites, toujours disposée à se placer en dehors des limites du monde réel. E. J.

(2) Des témoignages sur l'authenticité desquels il ne peut s'élever aucun doute nous apprennent que cet usage religieux existait déjà dans l'Inde dès avant le cinquième siècle de notre ère. C'est ce signe extérieur de pénitence qui a fait donner aux shaivites par *Hêmatchandra*, dans son *Mahâvîratcharitra*, l'épithète de *pándouranga*, à la couleur pâle; je ne puis croire d'ailleurs avec M. Wilson, à qui j'emprunte ce fait, que *pándouranga* soit la forme originale de *pandâram*. E. J.

(3) Le nom même de ce signe, *tripoundra* (la triple onction) ne laisse aucun doute sur sa forme normale; on le trace avec le pouce passé entre le doigt du milieu et le doigt annulaire. La cendre de bouse ou *vibhoûti* est, suivant le *Káshikhando*, le liniment qu'on doit employer de préférence; les *smârta* la remplacent fréquemment par de la pâte de sandal pulvérisé. E. J.

(4) En sanskrit *môurddhnichat shiva: netí* signifie *front* en tamoul. La traduction que donne notre auteur de cette invocation n'est inexacte que dans la forme.

(5) Dans l'original, *marmagesouwaren*; je ne puis comprendre cette invocation qu'en lisant, comme je l'ai fait, *manmagesouwaren* (puissant maître de l'âme) et en supposant un composé analogue au mot *manmatha*. E. J.

(6) Le sens de cette invocation ne peut être douteux; je ne sais dans quelle partie de ce composé notre auteur a découvert les éléments de son interprétation. E. J.

(7) Les rapports symboliques qui existent entre la vache et la race ou la famille, dans le système des opinions indiennes, sont encore mal définis; ils existent néanmoins, et ont même laissé leur trace dans la langue sanskrite, ce qui témoigne de leur haute antiquité; *gôtra*, famille, est en effet dérivé de *gô*, vache. E. J.

coup moins de vertu. La fiente propre à faire la véritable cendre de bouse est celle des génisses ou des vaches qui ne portent pas ; encore faut-il la recevoir dans les mains au moment où elle sort des voies excrétoires de la vache, prenant soin de ne point la laisser tomber à terre : ce n'est pas que celle qui tombe à terre ne soit encore propre à purifier des péchés, mais elle est beaucoup moins pure (1).

Les Malabars n'attribuent pas à l'urine de vache de moins précieuses qualités ; aussi, lorsqu'une vache lâche son urine, la reçoivent-ils dévotement dans leurs mains et s'en arrosent-ils la tête comme d'une eau lustrale (2)....

Les chrétiens ne manquent pas d'acheter, comme les gentils, de la cendre de bouse au marché, et d'en apporter le dimanche à l'église pour la faire bénir. Les PP. Jésuites la bénissent, et en distribuent à tous les assistants, leur recommandant de s'en frotter le front et certaines parties du corps, trois fois chaque jour, savoir : le matin, vers midi et le soir, et de renouveler cette onction toutes les fois qu'ils se rendent à l'église. Les PP. Jésuites *sannyâsî* prêchant d'exemple, ont grand soin de se frotter de cette cendre au moment de célébrer la messe, et aux heures de la journée indiquées plus haut (3).....

Le P. Martin, Jésuite, dans une lettre au P. Valette, s'exprime avec plus de subtilité que d'exactitude, lorsqu'il prétend que la principale cause du mépris que les Malabars conçoivent pour les Français ou Européens, est l'usage où sont ceux-ci de se nourrir de la chair des animaux. Le fait est cependant bien constaté, et ne peut souffrir une pareille équivoque. Ne sait-on pas que les Malabars mangent de la chair de poule, de porc, de mouton et de plusieurs autres animaux? Ce n'est point parce que les Européens mangent de la chair que les Malabars les considèrent comme infâmes, mais bien parce qu'ils mangent de la chair de vache..... Il y a, pour les Malabars, une immense différence entre la vache et le bœuf ; il est défendu, sous peine de mort, de tuer une vache ; la même peine n'est pas applicable à celui qui tue un bœuf ; ce meurtre est sans doute un grand péché, mais il ne peut être comparé à celui que l'on commet en tuant une vache : on se sert de bœufs pour transporter les fardeaux ; il est défendu par la loi d'en charger la vache. On nourrit ordinairement un bœuf dans toutes les pagodes consacrées au dieu Roudra, parce que le bœuf est sa monture et le compagnon de ses exploits. Ce bœuf sort et rentre à sa volonté, sans que personne s'y oppose ; car les Malabars l'entourent d'un grand respect, en considération de son maître. Dans chaque pagode de Roudra se trouve d'ailleurs, à l'entrée du sanctuaire, un bœuf taillé en pierre, que l'on prend soin de laver et de parer de fleurs (4).

CHAPITRE XX.

*Tirounâmam.*

Tous les Malabars gentils adorent la vache, tous cependant ne se signent pas avec sa fiente réduite en cendres ; il y en a un grand nombre qui s'impriment une marque sur le front avec une terre blanche que l'on recueille dans un lieu nommé *Tiroupadi*; ce lieu est situé au pied d'une montagne sur laquelle s'élève une célèbre pagode de Vichnou (5). Les sectateurs du *tirounâmam* tracent cette marque particulière sur leur front et sur certaines parties de leur corps, en l'honneur de Vichnou transformé en femme. Voici la fable qu'on rapporte à ce sujet.

Un géant nommé *Paramesouren* (6) fit une grande pénitence en l'honneur de Shiva ; ce dieu en fut si

(1) On mêle quelquefois au *tirounîrou* des débris de fleurs de *toulasî*: aussi un des noms tamouls du basilic est-il *tirounîrroupatchai*. E. J.

(2) L'auteur introduit ici dans son texte un passage de l'ouvrage du P. J. de Britto déjà cité plus haut ; ce passage, relatif au culte de la vache, n'ajoute rien aux renseignements que nous possédons depuis long-temps sur ce sujet. E. J.

(3) Voyez le chapitre intitulé : *Ordre des sannyâsî*. Les heures désignées ici sont celles des trois *sandhyâ* légaux ; c'est à ces heures que les brahmanes célèbrent leurs cérémonies domestiques, et que les *shaûdra* sectaires renouvellent leurs *tilaka* ou onctions distinctives. E. J.

(4) Le bœuf *Nandî* se voit déjà sur le revers de médailles bactriennes d'une très-haute époque, qui portent d'un côté une légende grecque, avec le nom d'un roi d'ailleurs inconnu, *Mokadphises*. Le trident ansé que présentent ces médailles est sans doute aussi un symbole shaivite ; car aujourd'hui encore on marque le *trishoûla* avec un fer chaud sur la cuisse des taureaux consacrés à Shiva. On voit quelquefois des *djanguma* accompagner processionnellement un de ces animaux couvert de housses, paré de chapelets de coquillages, et demander ou plutôt extorquer des aumônes sur leur passage. On trouve à l'entrée de presque tous les temples de Shiva un petit pavillon carré, soutenu par des colonnes, et nommé *nandyâvarta*, qui protége la représentation sculptée du bœuf *Nandî* en repos. E. J.

(5) Le nom de *Tiroupadi* est un de ceux de Vichnou ; il signifie littéralement *épouse de Lakchmî*. Le célèbre temple de ce nom est situé à l'extrémité septentrionale du Carnatic. E. J.

(6) C'est ainsi que j'ai conjecturalement corrigé la leçon du manuscrit (*Pastmasouren*), qui est évidemment fautive : n'ayant encore rencontré cette légende dans aucun texte original, je me suis autorisé pour cette restitution de la leçon *Par-*

content qu'il s'engagea à lui accorder ce qu'il demanderait. Le géant le pria de lui accorder cette grâce, que toute chose sur laquelle il porterait la main fût aussitôt réduite en cendres. Shiva eut à peine consenti à cette demande, que le géant voulut éprouver sur le dieu lui-même son nouveau pouvoir, mais Shiva, dont la prescience ne pouvait être surprise, disparut subitement (1). Effrayé des ravages que ce géant faisait dans le monde, où il portait partout l'incendie, Vichnou conçut le dessein de le détruire. Il se transforma donc en femme et prit le nom de *Mógini* (2); cette femme se présenta un jour devant *Paramesouren*, qui, séduit par sa beauté, ne put s'empêcher de lui témoigner la vive passion qu'elle lui avait inspirée. *Mógini*, dont cette passion secondait les desseins secrets, lui répondit qu'elle consentait à satisfaire ses désirs, mais qu'elle ne pouvait souffrir que, couvert de crasse comme il l'était, il la touchât avant de s'être baigné; le géant observa qu'il lui était impossible de se baigner dans le seul ruisseau qui se trouvât en cet endroit, et qui était presque desséché; mais elle lui répondit qu'il pouvait prendre de l'eau dans le creux de ses mains et la répandre sur son corps. Le géant, ne concevant aucune défiance, suivit le conseil de *Mógini* et puisa de l'eau dans le ruisseau; mais il n'eut pas plus tôt porté sa main sur sa tête pour la laver, qu'il fut réduit en cendres. Shiva, qui avait été également troublé par la vue de *Mógini*, se précipita sur elle en ce moment, et, l'embrassant avec passion, engendra d'elle un fils qui reçut le nom d'*Arigarapoutiren*(3), et devint le dieu protecteur d'une des régions célestes, ainsi que d'une des parties du *magámerouparouvadam*. Lorsque Vichnou eut dépouillé les formes séduisantes qu'il avait revêtues, et qu'il eut repris sa divine majesté, il se montra dans l'assemblée des dieux; il portait au front un signe tracé avec la terre blanchâtre qu'on recueille aux environs de *Tiroupadi*, et partagé au milieu par une ligne rouge : la figure tracée avec la terre blanchâtre représentait la nature d'une femme, et la ligne rouge le flux menstruel; la réunion de ces symboles signifiait la fécondité du dieu dans son incarnation en femme (4). Vichnou déclara que ceux qui porteraient ce signe au front en son honneur, et en mémoire des mystères qu'il avait accomplis dans son incarnation, seraient assurés d'obtenir la rémission de tous leurs péchés. Ce double signe, tracé en blanc et en rouge, est nommé *tirounâmam*, c'est-à-dire *terre sainte* (5).....

Les Malabars chrétiens qui appartiennent à cette secte ne se font aucun scrupule de porter ce signe au front; car les PP. Jésuites les y autorisent; ils ne prennent même leurs repas et ne vont à l'église qu'après s'être purifiés et avoir signé leur front du *tirounâmam*. Quant au point rouge, quelques Malabars le portent en même temps que le *tirounîrou*. Bien que les sectateurs du *tirounâmam* ne se frottent de cendres ni le front ni aucune autre partie du corps, ils n'en font pas moins usage d'urine et de fiente de vache.

CHAPITRE XXI.

*Oúrtapoundiram.*

L'*oúrtapoundiram* (6) est une ligne qui, de la naissance du nez, monte jusqu'au haut du front; elle est tracée avec une terre jaunâtre. Les sectateurs de Vichnou appliquent ce signe sur leur front et sur

---

*mesouren* qui se trouve, ainsi que la légende, dans la *Relation* manuscrite déjà citée, et de la leçon *Paramethouren* donnée par l'ouvrage intitulé : *Essais historiques sur l'Inde*, dont le récit s'accorde d'ailleurs avec celui que notre auteur fait de cette aventure. *Paramesouren* est la forme tamoule de *Paraméshvara*, l'un des noms de Shiva. E. J.

(1) La version suivie par l'auteur de la *Relation* manuscrite dit que Shiva eut à peine le temps de se cacher dans un noyau de fruit de la grosseur d'une noisette, et que Vichnou, averti de sa fâcheuse aventure, vint le délivrer de son étroite prison, en se présentant au géant sous les formes séduisantes de *Mógini*. E. J.

(2) En sanskrit *Móhiní* ou *celle qui produit l'illusion*; c'est le nom que prend Vichnou toutes les fois qu'il se revêt des formes gracieuses d'une femme pour séduire et perdre les ennemis des dieux. C'est *Móhiní* qui enivre les *Asoura* de la vue de ses charmes, pendant que les *Déva* épuisent la coupe d'*amrita*; c'est *Móhiní* qui anéantit *Paraméshvara* par sa propre main. E. J.

(3) La seconde partie de ce récit est évidemment empruntée à une autre légende, dans laquelle figure également *Móhiní*, celle du partage de l'*amrita* ou liqueur d'immortalité : la confusion de ces deux légendes paraît d'ailleurs être vulgairement admise dans l'Inde méridionale. Voyez la feuille 111 de la xxi° livraison de l'*Inde Française*. *Arigarapoutiren* est la forme tamoule de *Hariharapoutra*; quant au caractère de *Lôkapála* qui lui est ici attribué, je pense qu'il les doit à une tradition mythologique exclusivement propre à l'Inde méridionale. E. J.

(4) Suivant une autre interprétation prise dans le même ordre d'idées, les raies blanches représentent la liqueur séminale ou symboliquement Vichnou, et la raie rouge le sang utérin ou symboliquement *Lakchmí*. E. J.

(5) Cette dénomination ne s'applique qu'aux raies blanches tracées avec l'espèce de craie nommée *námam*; la raie du milieu, tracée avec du safran mêlé de chaux de coquillages pulvérisée est nommée *tirouchounnam*, c'est-à-dire *chaux sainte*. E. J.

(6) En sanskrit *oúrddhvapoundra*; ce mot signifie littéralement *ligne ascendante*. Ce signe est souvent accompagné des deux raies blanches du *tirounâmam*; il a, dans cette circonstance, le même sens symbolique que le *tirouchounnam*. E. J.

APPENDIX.                                79

d'autres parties de leur corps, en l'honneur de Vichnou, et comme symbole du mystère qui se passa entre lui et quelques femmes. Voici la fable qu'on rapporte à ce sujet. Un jour que *Kirichnen* (Vichnou incarné) se divertissait au bord d'une rivière, les femmes de la contrée, qui avaient entendu parler de lui comme d'un être merveilleux, prirent le prétexte de s'aller baigner, pour avoir le plaisir de le voir. Quand elles furent arrivées au bord de la rivière, *Kirichnen* sut si bien les charmer qu'il obtint d'elles tout ce qu'il voulut. Il les engagea ensuite à prendre le bain dans la rivière; après s'y être encore diverti avec elles, il eut l'effronterie de cacher tous leurs vêtements; de manière qu'elles furent obligées de sortir du bain dans une complète nudité (1). Toutes ces femmes avaient répandu dans l'eau le safran, le sandal et les autres parfums dont elles étaient couvertes; ces parfums se changèrent une matière terreuse et jaunâtre qui se précipita au fond de la rivière. Vichnou commanda à la rivière de se retirer à quelque distance; cette déesse obéit aussitôt, et découvrit, en se retirant, une grande couche de terre jaunâtre : cette terre fut nommée *kôpichandanam* (2), ce qui signifie une terre composée de toutes sortes de parfums. *Kirichnen* traça une ligne sur son front avec cette terre jaune, et déclara que tous ceux qui se signeraient de cette ligne en son honneur, et en mémoire de son aventure, seraient assurés de recevoir la rémission de leurs péchés.

Cette ligne paraît toute noire au front des brahmanes qui la portent, parce qu'ils la teignent avec du charbon broyé et mélangé de beurre fondu; ils font chaque jour la cérémonie de cette onction, après avoir offert un sacrifice de feu aux planètes (3). Il y en a qui ajoutent le point rouge au bas de la ligne, en mémoire du mystère dont il est parlé dans le chapitre précédent (4).

Les gentils et les chrétiens de cette secte ne se mettent jamais à table avant de s'être purifiés et de s'être imprimé au front l'*oûrtapoundiram*; les chrétiens ne manquent pas non plus de se revêtir de ce signe lorsqu'ils vont à l'église; mais les uns et les autres ne se mettent jamais au front de cendres de fiente de vache.... Les sectateurs de l'*oûrtapoundiram* n'oseraient paraître sans ce signe dans les pagodes, aux cérémonies publiques, ni même se visiter entr'eux. Les PP. Jésuites autorisent les Malabars chrétiens à observer cette pratique.

CHAPITRE XXII.

*Fêtes du pongal, des nouvelles lunes et des dédicaces.*

Les brahmanes astrologues reconnaissent douze signes célestes; chaque signe est composé de plusieurs étoiles, qui tracent soit la forme d'un bélier, soit celle d'un taureau, soit les autres symboles du zodiaque (5) : ce n'est pas qu'ils croient que ces formes sont réellement un bélier et un taureau, mais il leur semble que les lignes des signes célestes représentent ces animaux d'une manière

---

(1) Cette légende, l'un des lieux communs sur lesquels se sont le plus souvent exercés les poètes vechnavites, est ici mal présentée; quelques circonstances sont même légèrement inexactes. Les *gôpi* ou femmes des pasteurs de *Vradja* durent seulement laisser tomber les feuillages dont elles avaient couvert leur nudité en sortant du bain, obligées d'élever leurs mains au-dessus de leurs têtes en signe d'adoration; car ce n'était qu'à cette condition qu'elles devaient recouvrer leurs vêtements dérobés par *Krichna*. Une autre légende raconte qu'ayant appris la mort de *Krichna*, les *gôpi*, saisies de douleur, se jetèrent dans un lac près de *Dodrakâ*, et que les parfums dont elles étaient couvertes formèrent au fond de ce lac la matière jaunâtre avec laquelle on trace le signe de l'*oûrtapoundiram*. E. J.

(2) Inexactement écrit dans l'original *capichandana*. En sanskrit *gôpîtchandana* ( sandal des bergères). Cette matière est, suivant Wilson, une espèce de magnésie ou de terre calcaire; la meilleure, et dès lors la seule qui passe dans le commerce, est tirée de *Vradja* ou de *Dodrakâ*, les deux scènes des légendes rapportées plus haut; les Indiens n'ont jamais conçu le plus léger doute sur le fait de cette provenance. On trouve dans les *grands poèmes* de fréquentes allusions à la première légende; il est dit d'un roi de *Shoûrasêna*, dans le *Raghouvansha*, que lorsqu'il se baigne avec ses femmes dans la *Yamounâ*, les eaux noires de ce fleuve, blanchies par le sandal qui s'y détrempe, prennent dès la ville de *Mathoura* la couleur qu'elles reçoivent ordinairement à l'endroit où elles se confondent avec les eaux blanchâtres du Gange. Il est d'ailleurs permis, à défaut de *gôpîtchandana*, de tracer l'*oûrddhvopoundra* avec du sandal pulvérisé ou avec du safran. E. J.

(3) Quelques shaivites se signent le front d'une petite raie noire ou plus souvent d'un point de la même couleur placé sur la seconde bande du *tripoundra*; ils marquent ce point ou cette larme au-dessous du *pottou*, avec des charbons retirés du feu du sacrifice, ou bien, suivant Sonnerat, avec le résidu des toiles enduites de beurre, qu'on brûle en offrande sur la montagne de *Tiroundâlmalai*. E. J.

(4) Je crains que l'auteur n'ait confondu ici le *tirouchounnam* avec le *pottou*, qui ne paraît pas avoir de signification religieuse; le *pottou* est d'ailleurs tracé comme l'autre signe, avec du safran rougi par un mélange de chaux pulvérisée; les shaivites le placent sur la seconde raie du *tripoundra*, et les vechnavites au-dessus du point de réunion des deux lignes qui forment le *tiroundmam*. E. J.

(5) Quelque soin que j'aie pris d'en modifier la rédaction, il est resté beaucoup de confusion et d'incohérence dans l'exposition astronomique de l'auteur; il est facile de juger que ses études l'avaient laissé complètement étranger à la connaissance de l'astronomie. Les signes zodiacaux ont été empruntés par les Indiens, comme presque tous les autres indices astronomiques à la science des Grecs. Ellis a démontré dans son mémoire *sur le zodiaque indien* que le système grec forme et fonds, est passé presque tout entier dans les plus anciens traités de l'astronomie indienne. E. J.

plus ou moins précise. Ils prétendent que dans chaque signe successivement passe un dieu revêtu d'une forme humaine, et nommé *Sangaradéven* (1), qui est le maître de cette maison céleste et qui la gouverne; il a d'ailleurs son principal siége dans le signe *makaram*; c'est là que se manifeste le plus sa puissance. Ils disent encore qu'il y a vingt-sept étoiles, réparties dans les douze signes, qui les accompagnent sans cesse; ce sont autant de déesses qui sont toutes les épouses du dieu *Chandiren*, ou la lune (2). Le premier jour du septième mois, auquel préside *Makaram* ou le capricorne (3), jour où le dieu *Choûriyen*, c'est-à-dire le soleil, entre dans ce signe, les Malabars célèbrent la fête du *pongal*. *Sangaradéven*, suivant eux, change tous les ans de monture; l'animal qu'il choisit annonce la mortalité qui doit frapper les animaux de la même espèce. Il y a encore d'autres observations du même genre qui se rapportent aux habits dont se revêt *Sangaradéven* et aux onctions qu'il s'applique sur le corps (4): en l'année 1708, par exemple, le premier jour du septième mois commence un mardi; *Sangaradéven* a pris pour monture un lion, ce qui présage que les autres animaux n'auront rien à craindre du lion : il est habillé d'une peau, ce qui signifie que les toiles seront à bon marché : il a le corps oint de sandal; c'est un mauvais signe pour les femmes mariées : il a au cou une guirlande de fleurs de grenade; c'est un signe fâcheux pour les rois (5): il a le visage tourné vers le nord-ouest, signe d'affliction pour ceux qui se trouvent de ce côté : il a les yeux levés au ciel, présage de mortalité pour les oiseaux. Comme le signe *makaram* est le chef des autres, et que la présence de *Sangaradéven* dans ce signe annonce les événements importants, les Malabars ont fixé au premier jour de *taimâcham* la célébration de leur plus grande fête (6).

Les Malabars ont aussi une fête des *changou* : ces *changou* sont de grandes coquilles contournées en forme de vis; le dieu Vichnou en porte toujours une à la main comme son arme ordinaire; c'est au bruit de ce *changou* qu'il mit en fuite tous les géants, et qu'il renversa des armées entières d'ennemis (7). Cette fête commence le premier jour du sixième mois, qui répond à notre mois de dé-

(1) Il m'est difficile de déterminer même l'orthographe exacte et la signification de ce nom propre; le dieu auquel il appartient a une origine obscure; je puis néanmoins conjecturer qu'il est inconnu à l'astronomie indienne proprement dite, et qu'il doit son origine à l'école pouranique, qui a converti presque tous les faits de l'astronomie en personnages mythologiques. La forme sanskrite de ce nom est probablement *Sangara* ou *Sangaradéva*, dieu du malheur; *Shankara*, l'un des noms de Shiva, me paraît être ici hors de question. E. J.

(2) L'auteur s'exprime d'une manière peu exacte en nommant étoiles les astérismes lunaires ou *nakchatra*; les traités astronomiques en comptent vingt-huit, et les Pourâna vingt-sept seulement; cette dernière opinion est celle qui est vulgairement admise : la mythologie a transformé les *nakchatra* en vingt-sept déesses, filles de *Daksha*, et épouses de *Tchandra*, dont les plus célèbres sont *Rôhinî* et *Krittikâ*. E. J.

(3) Ce mois, nommé *tai* en tamoul, est le même que celui qui est nommé *padcha* en sanskrit; il est le premier de l'année religieuse, parce qu'il est le premier de l'*outtarâyana* ou de la course septentrionale du soleil; l'année astronomique commence trois mois plus tard avec le mois *tchaitra*, et l'année poétique avec le mois *achâdha* (juillet), qui ouvre le *dakchinâyana*. Le *makara* ou *akthéra* (αἰγοκερώς) est copié du capricorne grec, et représenté sous la forme d'un monstre, dont la protome est celle d'un antelope, et les parties postérieures celles d'un poisson; le mot *makara*, avant d'être appliqué à cet être fictif, désignait un monstre marin que l'on croit être le requin, mais dont nous ne possédons d'ailleurs aucune description exacte. E. J.

(4) Il reste une grande incertitude sur les données d'après lesquelles sont déterminées ces diverses circonstances; Sonnerat prétend que le sort les révèle aux brahmanes; quelques faits tendent cependant à faire croire que leur détermination dépend (toujours astrologiquement) du jour hebdomadaire du *sankrânti*, ou peut-être de l'astérisme lunaire, ce qui expliquerait la mention d'ailleurs sans objet que fait notre auteur de ces *nakchatra*; il faut d'ailleurs observer que dans l'usage astrologique, à chaque *nakchatra* sont spécialement affectés un quadrupède, un oiseau et une plante; les circonstances astrologiques de l'apparition annuelle de *Sangaradéven* dans le signe *makaram* seraient dans ce cas déterminées périodiquement. E. J.

(5) Les rapports de ces divers objets aux pronostics qu'on en tire sont faciles à trouver, à l'exception de celui qui doit exister entre les fleurs de grenade et la fortune des rois; quant aux signes tracés avec de la poudre de sandal, ils portent malheur aux femmes, parce que le sandal entre dans la composition de leurs collyres. E J.

(6) Je crois qu'il faut accorder à cette observation beaucoup plus d'importance que l'auteur n'y en attache lui-même; le *makarasankrânti* ou l'entrée du soleil dans le signe du capricorne est l'occasion et non pas la cause de cette solennité religieuse. Le *pongal*, sous sa forme et sous son nom actuels, une cérémonie propre à l'Inde méridionale, et dont l'institution est attribuée aux anciens poètes inspirés, nommés *changatâr* ou *membres de l'assemblée*; mais je suis persuadé qu'elle n'est qu'une transformation d'un des actes religieux les plus solennels des temps anciens, le sacrifice adressé aux dieux pour obtenir d'eux la *nourriture* (*anna*, qui signifie par extension *riz bouilli*); on offrait de la *nourriture* aux dieux, afin que les dieux accordassent de la *nourriture* aux hommes, en fécondant la terre par des pluies abondantes; car la réciprocité était le principe de tous les sacrifices dans les temps védiques. On ne peut méconnaître une intention pareille dans une cérémonie où des sacrifices sont offerts successivement à *Soûrya* et à *Indra*, où les champs et les bestiaux, les deux plus grandes richesses d'une civilisation primitive, sont consacrés par des aspersions lustrales, dans une cérémonie enfin qui ouvre l'année religieuse, et qui doit la bénir toute entière par une inépuisable abondance. E. J.

(7) *Changou* est l'altération tamoule du sanskrit *shankha*, conque; c'est le nom générique des grands coquillages; mais il s'applique plus particulièrement à ceux que leur forme rend propres, lorsqu'on les a percés, à étendre et à porter la voix; tous les héros de l'antiquité indienne ont leur conque de guerre dont les sons terribles jettent l'épouvante dans l'âme des en-

cembre, et elle se continue jusqu'au premier du septième mois, qui répond à notre mois de janvier. Les *pandáram* vont tous les jours, à trois ou quatre heures du matin, sonnant de leurs *changou* par les rues de la ville, pour avertir tout le peuple de se préparer à la fête du *pongal*, qui doit arriver le premier jour du mois suivant : dès que les brahmanes entendent le son des *changou*, ils se lèvent et se mettent en prières. Quelques jours avant le *pongal*, les Malabars font une grande provision de pots neufs, car, la veille de cette fête, on doit jeter dehors tous les vieux pots : ils ont aussi soin de blanchir le devant de leurs maisons (1)......

C'est immédiatement après la fête des *changou*, c'est-à-dire le premier jour du septième mois, que les Malabars célèbrent la fête du *pongal*; on a déja observé qu'ils en avaient fixé la célébration à ce jour, parceque c'est celui où le dieu *Choûriyen* entre dans le signe *makaram*, qui ouvre l'année religieuse. Cette solemnité du *pongal* dure deux jours et est suivi d'une octave (2); le premier jour est consacré au soleil et le second à la vache (3); pendant ces deux jours, il est défendu de travailler, et l'on est obligé d'observer un jeûne très-rigoureux. Voici comment se passe le premier jour. Les Malabars vont de grand matin se laver le corps, et font, chacun selon ses moyens, des aumônes aux brahmanes; ils croient gagner ainsi de grandes indulgences pour la rémission de leurs péchés. Vers une heure après midi, ils tapissent de fiente de vache les places de leurs maisons et leurs cours, et arrosent d'urine de vache les murs intérieurs. Ils font un feu au milieu de la cour, et placent à peu de distance l'idole de *Pillaiyár*; ils mettent sur ce feu trois ou cinq pots dans lesquels il y a du riz avec une quantité suffisante de lait pour qu'elle soit entièrement absorbée par le riz, et que le riz se trouve cuit, lorsqu'il ne reste plus une seule goutte de lait ; c'est ce riz qu'on appelle *pongal* (4); les Malabars ont coutume de retirer l'eau du riz cuit et de la boire; mais quand ils veulent faire un sacrifice de riz, comme ce jour-là, ils n'en retirent rien, afin que le sacrifice soit de choses entières et possédant toute leur substance. Toute la famille s'assemble autour de ces vases, et lorsque le lait commence à élever son bouillon, chacun crie trois fois *pongal*, ce qui est une action de grâces au soleil; car l'ébullition de ce lait signifie que le soleil bénit la famille et lui promet grande prospérité. Dès que le riz est cuit, ils en mettent un peu sur des feuilles de figuier qui sont rangées en forme d'assiettes devant toute la famille; ils y ajoutent du beurre en forme de libation, des morceaux de figues pilées, du sucre et un coco cassé en sacrifice; ils élèvent cette offrande sur leurs mains et la présentent au soleil (5); puis ils répandent de l'eau lustrale tout autour de la famille, afin que rien d'impur n'approche d'elle ni du festin. Après avoir fait un grand salut au soleil, les mains jointes et élevées au-dessus de la tête, en s'écriant *Sowámi* (c'est-à-dire *Dieu* ou *Seigneur*) (6), chacun mange ce qui est sur sa feuille, et en donne un peu à manger aux vaches. Si le lait avait manqué de bouillir, ou si quelqu'un des pots s'était cassé pendant que le riz *pongal* s'y cuisait, toute la famille serait livrée à une affliction profonde, et se répandrait en lamentations, car ils croient qu'un tel événement est pour eux le présage de quelque grand malheur (7).

Comme les personnes riches ne manquent pas de cuire ce jour-là une assez grande quantité de riz, elles en envoient à leurs amis. Les chrétiens auxquels les gentils en présentent aussi quelquefois,

nemis. Ces conques ont souvent des noms propres ; celle de *Krichna* est nommée dans les poèmes *pántchadjanya*. Je n'ai trouvé dans mes lectures aucune autre mention de la fête des *changou*. E. J.

(1) C'est une cérémonie purificatoire qu'on accomplit avec l'intention de ne pas charger l'année qui commence des souillures de l'année qui vient de s'écouler, car de quelques précautions qu'ils s'entourent, les Indiens ne peuvent croire que leurs vases et leurs maisons restent une année entière exempts de souillure. E. J.

(2) Cette prétendue octave n'est autre chose que le temps accordé par l'usage pour visiter ses parents ou ses amis, leur demander des nouvelles de leur *pongal*, et les féliciter à l'occasion de leur bon ou de leur mauvais succès dans cette importante affaire. Huit jours après le *peroumpongal*, se célèbre la fête du *mayilâr* ou fête du *paon*, qui attire une foule considérable à *Pajani*, où se trouve un célèbre temple de *Koumâra*; on y envoie des offrandes de toutes les parties de l'Inde. E. J.

(3) C'est une erreur; la solemnité du second jour est, il est vrai, nommée *pongal des vaches*; mais ce jour est réellement consacré à Indra, en l'honneur de qui l'on fait bouillir le riz ; l'adoration des vaches est une cérémonie complémentaire. E. J.

(4) Ce mot dérive du verbe *pongiradou* ou *pongougiradou*, qui signifie *bouillir*; il entre souvent en composition, comme dans les mots *taipongal*, riz cuit du mois *tai*; *peroumpongal*, le grand *pongal*, nom spécial de la cérémonie du premier jour, *manapongal*, riz cuit des cérémonies nuptiales : j'observerai, au sujet de ce dernier mot, que sa première partie représente, non pas *manam*, mais *manbi*, maison ; ce qui ne laisse aucun doute sur ce point, c'est que *manavâtti*, femme mariée, s'écrit aussi *manaiyâtti*, forme évidemment dérivée de *manai*. E. J.

(5) On a dit précédemment, p. 16, pour quel motif on n'offre plus en sacrifice au soleil que des substances molles et fondantes. E. J.

(6) *Sowámi* est une altération tamoule du sanskrit *swâmin*, maître, seigneur; c'est un des titres ordinaires des divinités dans l'Inde méridionale. E. J.

(7) Ces accidents sont peu fréquents, parce que dans cette circonstance, comme dans toutes celles où ils attendent des présages, les Indiens ne laissent rien à la fortune de ce qu'ils peuvent lui enlever par la prudence. E. J.

APPENDIX.

ne se font aucun scrupule d'en manger. Quant aux gentils, ils ont soin de garder de ce riz, le plus long-temps qu'ils peuvent, pour en goûter chaque jour; plus long-temps le riz se conserve, plus c'est un heureux présage; mais s'il vient à se gâter avant qu'ils l'aient entièrement consommé, c'est encore, dans leur opinion, le signe de quelque fâcheux événement qui leur doit arriver (1).

Les Malabars jeûnent le jour suivant; ils se lèvent de grand matin pour se laver le corps; ils font des aumônes aux brahmanes; ils tapissent de fiente de vache les places de leurs maisons et leurs cours; ils arrosent les murailles intérieures de la maison et les portes avec de l'urine de vache; ils font un feu au milieu de la cour, et placent à peu de distance l'idole de *Pillaiyâr ;* ils mettent sur ce feu trois ou cinq pots dans lesquels il y a du riz et une quantité de lait suffisante pour faire cuire le riz *pongal*. Toute la famille s'assemble autour de ces vasess; tous crient trois fois *pongal* au moment où le lait commence à élever son bouillon. Lorsque le riz est cuit, ils en mettent un peu sur des feuilles de figuier, y ajoutent du beurre en forme de libation, des morceaux de figues pilées, du sucre, et le blanc d'un coco qu'ils offrent en sacrifice à *Pillaiyâr ;* ils encensent ensuite cette offrande, et chacun prenant sa feuille, la présente du côté où sont les vaches; ils font une aspersion d'eau lustrale autour de la famille, et, après avoir adressé aux vaches un grand salut (les mains jointes et élevées au-dessus de la tête), en disant : *Souvâmi*, chacun mange ce qui est sur sa feuille, et a soin d'en donner un peu aux vaches (2).

Lorsqu'ils ont cessé de manger, ils font sortir les vaches et les arrosent de leur eau lustrale; en faisant un grand cliquetis de vaisseaux de cuivre, et en criant *pongal!* Quelque temps après, on assemble toutes les vaches dans un quartier de la ville ; les Malabars gentils s'y rendent en grand nombre, et, après avoir tourné autour de ces vaches, se prosternent devant elles pour les adorer, et les prier de combler leur famille de toutes sortes de prospérités et de biens : ils les ornent enfin de rameaux et de fleurs, et les font courir par les rues à grand bruit de toutes sortes d'instruments (3).

Pour terminer les fêtes du *pongal*, les Malabars s'assemblent et font une procession de leurs dieux; ils les portent hors de la ville et les font reposer sous une tente qu'ils ont eu soin d'orner de fleurs et de rameaux; pendant toute la marche, on n'entend que le bruit des tambours, des trompettes, des hautbois et les clameurs de tout le peuple qui suit le triomphe de ses dieux; les femmes des pagodes viennent danser, chanter et faire mille gentillesses devant eux pour les divertir. On offre en sacrifice à ces dieux, des figues, des cocos, des petits pains faits de farine, de beurre et de sucre, et l'on en distribue aux principaux assistants; on donne ensuite aux divinités le plaisir de la chasse ; on lâche un lièvre et un chien sauvage; les gens du peuple courent après eux avec une incroyable ardeur; ils manquent rarement de les attraper (4). On ramène enfin les dieux à leurs pagodes, et les Malabars se retirent dans leurs maisons.

Il y a encore ce jour-là une cérémonie que les filles célèbrent sur le soir, bien qu'elles aient déjà assisté à celle du *pongal :* cette cérémonie leur est propre; aussi n'est-elle pratiquée que par elles : elles placent tous les jours aux deux côtés de la porte de leur maison, en offrande à la déesse *Tattanginâtchiyâr* (5), une boule de fiente de vache entourée de fleurs de citrouilles ; chaque soir elles

(1) Les Indiens n'éprouvent aucune répugnance à manger du riz cuit depuis plusieurs jours; ils le réduisent ordinairement en masses compactes, après l'avoir retiré du vase dans lequel il a bouilli, et le jettent dans un autre vase rempli d'eau fraîche, où ils le laissent tremper pendant plusieurs heures : lorsqu'ils se disposent à faire un voyage, ils enveloppent du riz ainsi préparé dans une toile blanche, et remplissent de beurre fondu un petit vase de terre cuite (*neygouti*); munis de ces provisions, ils ne s'inquiètent plus ni de la longueur ni des difficultés de la route. E. J.

(2) Ce second jour est nommé *mâdoupongal* ou *pongal des vaches*. Le matin les laboureurs vont répandre de l'eau sur leurs champs en criant *pongal! pongal!* le soir on asperge les vaches d'eau de safran avec des rameaux de manguier, en criant également *pongal!* tout retentit de cette joyeuse exclamation aussi long-temps que dure cette fête agricole. L'offrande de riz est faite à *Indra* comme au dieu de la pluie, *qui produit la nourriture*, pour obtenir la fécondation de la terre et des bestiaux. E. J.

(3) Voyez la pl. III de la XIII° livraison de *l'Inde Française*. Quelques mythologues modernes de l'Inde considèrent cette cérémonie comme une commémoration du prodige opéré par *Krichna* lorsqu'il souleva la montagne de *Gôvardhana* pour protéger les pasteurs de *Gôkoula*; il faut avouer que le rapport est peu apparent et difficile à comprendre; il ne consiste peut-être que dans le nom d'*Indrapoûdjâ*, sous lequel est connue cette cérémonie; mais ce nom me paraît plutôt se rapporter à un ancien rite religieux, que faire allusion au sacrifice interrompu par la volonté de *Krichna*. E. J.

(4) Les voyageurs assurent que les animaux poursuivis dans cette chasse peuvent être choisis entre tous les quadrupèdes, depuis le tigre jusqu'au rat. On tire des augures de la direction dans laquelle ils s'élancent au moment où on les lâche. Le dieu qui est supposé conduire la chasse, est figuré monté sur un cheval, et porté par quatre hommes dont les brusques mouvements imitent les secousses du galop. E. J.

(5) Le nom de cette déesse, ainsi que la cérémonie à laquelle elle préside, ne me sont connus que par ce passage; je n'ai trouvé le mot *tattanguinatchyar* ( telle est l'orthographe du manuscrit ) dans aucun des dictionnaires tamouls qui sont à ma disposition; il ne peut y avoir de doute sur la dernière partie du mot, qui est évidemment *nâtchiyâr*, forme honorifique de *nâtchi*, dame ; je n'ai pas les moyens de restituer d'une manière aussi certaine la première partie de ce nom propre; on peut conjecturer qu'elle représente le mot *tadâga*, étang, et que l'ensemble du composé signifie *la dame de l'étang*. Quoi qu'il

ramassent soigneusement ces boules et ces fleurs pour les faire servir à cuire le riz *pongal* du soleil et de la vache. Après le retour des dieux dans leurs pagodes, ces filles ramassent dans des paniers les fleurs dont on a orné les cornes des vaches; elles y ajoutent un peu de riz, et ce qui leur est resté des boules et des fleurs offertes à la déesse *Tattanginâtchiyâr;* puis elles vont en troupes porter leurs paniers sur le bord d'un étang. Dès qu'elles y sont arrivées, elles mettent toutes leurs paniers les uns sur les autres, et, après avoir tourné plusieurs fois à l'entour en battant des mains, elles jettent dans l'eau de l'étang tout ce qu'ils contiennent, et s'arrosent les unes les autres avec cette eau. Cette offrande de boules de fiente, de fleurs et de riz, est présentée à la déesse *Tattanginâtchiyâr* pour la prier de purifier les filles de tous leurs malheurs et de toutes leurs disgrâces de l'année précédente, et de leur donner une heureuse année, c'est-à-dire un bon mari. L'aspersion par laquelle elles terminent la cérémonie signifie qu'elles sont purifiées de ces infortunes.

Pendant toute l'octave du *pongal*, les Malabars se visitent les uns les autres, et se disent en s'abordant : *pâl pongiyô* (1), c'est-à-dire, *le lait a-t-il bouilli?* Ils se répondent mutuellement : *le lait a bouilli*, et se font des compliments sur cet heureux événement.

Dans certaines localités, les Malabars chrétiens ont transporté le *pongal* du soleil au jour des *trois Rois* (2); ils font les mêmes cérémonies que les gentils, si ce n'est qu'ils n'exposent point l'idole de *Pillaiyâr*, et qu'ils n'élèvent pas les feuilles de figuier en l'honneur du soleil. Dans d'autres endroits, ils font ce *pongal* le jour même de l'entrée du soleil dans le capricorne, sans doute pour ne pas scandaliser les gentils, ou bien peut-être pour se faire reconnaître bons chrétiens. Partout les Malabars chrétiens font le *pongal* de la vache le même jour que les gentils, et en observent presque toutes les cérémonies; ils jeûnent et se lavent le corps; ils tapissent les places de leurs maisons et leurs cours avec de la fiente de vache; ils font le riz *pongal* de la même manière; lorsque le lait commence à élever son bouillon, toute la famille qui se tient autour des vases crie trois fois *pongal!* on met un peu de riz *pongal* sur les feuilles de figuier; on y ajoute du beurre, des morceaux de figues pilées et du sucre; on casse le coco et on en met le blanc sur les feuilles de figuier, et on mange enfin le riz ainsi préparé. Lorsque les Malabars chrétiens font sortir leurs vaches avec celles des gentils, ils les ornent de fleurs et de rameaux; ils les arrosent d'eau bénite, s'ils en ont, ou, au besoin, d'eau lustrale, en criant également *pongal!* Les chrétiens se visitent aussi pendant l'octave; lorsqu'ils se présentent chez leurs parents ou amis gentils, ils ne manquent pas de leur demander : *pâl pongiyô*.....

Les Malabars célèbrent le *pongal* pour remercier les dieux des biens de la terre qu'ils croient avoir reçus d'eux (3). Pendant les jours du *pongal*, ils prennent leurs repas dans leurs cours; personne ne mange sous son toit; mais ces deux jours de fête passés, on est libre de manger dans sa maison...

Les Malabars font une autre cérémonie à chaque nouvelle lune : comme c'est alors la conjonction du soleil avec la lune sous un même degré du zodiaque, ils pensent que ces dieux amis se visitent et mettent leurs cours en grande réjouissance; c'est, suivant eux, un jour de très-grande indulgence, surtout pour les morts; les veuves prient pour leurs maris, et les fils pour leurs pères et mères défunts; de plus, ils jeûnent et distribuent des aumônes à cette intention (4). On célèbre plusieurs sacrifices dans la pagode, et à la nuit, vers dix heures, on fait une procession des dieux par les rues de la ville. Quoi qu'il en soit de la solemnité de cette fête, on ne laisse pas de vaquer à ses travaux comme les autres jours.

---

en soit de la signification de ce nom, nous ne possédons aucun renseignement sur le personnage mythologique auquel il appartient; il en est malheureusement ainsi de presque toutes les divinités locales dont la superstition a peuplé l'Inde méridionale, et dont le culte est ou terrible et sanglant comme celui de *Bhadrakâlî*, ou ridicule et répugnant comme celui de *Tounibidoungi*, la déesse des guenilles, à qui l'on fait des offrandes de vieux chiffons. E. J.

(1) Incorrectement écrit dans l'original *pongûieho*. La formule *pongiyô* est régulièrement formée de l'infinitif *pongi* et de la particule interrogative *ô;* cette formation est un des idiotismes de la langue tamoule. E. J.

(2) La solemnité de ce jour était autrefois à Pondichéry, pour les Tamouls chrétiens, l'occasion d'une mascarade pieuse assez semblable à nos mystères du moyen âge; on trouve les détails de cette singulière cérémonie dans les Relations des anciens missionnaires. E. J.

(3) Cette intention est suffisamment indiquée par la nature des offrandes, par le caractère des dieux auxquels sont spécialement consacrés les deux jours de la cérémonie et par la bénédiction des champs, qui devait en être dans l'origine une des principales circonstances. E. J.

(4) Le *darsha* ou sacrifice de la nouvelle lune est un des plus anciens et des plus solemnels; il est offert aux *pitri* ou ancêtres, de même que celui de la pleine lune ou *padrnamâsa* est offert aux *déva*. Ces deux sacrifices étaient, dans les anciens temps, les deux actes les plus importants de la vie religieuse du brahmane. Le mot *darsha* qui désigne la néoménie même est remarquable, parce qu'il signifie primitivement *regard*, et qu'il suppose une observation attentive de l'apparition de la lune; la néoménie était d'ailleurs personnifiée dans l'ancien système mythologique sous le nom de *Kouhoû;* ce nom même est presque tombé en oubli. E. J.

Les Malabars célèbrent aussi tous les ans par une fête solennelle la dédicace de leurs pagodes; ils la purifient ce jour-là avec beaucoup de soin; ils en illuminent les tours avec une grande quantité de lampes depuis le haut jusqu'en bas ; la pagode même est étincelante de feux (1) : ils offrent plusieurs sacrifices et font une procession publique de leurs dieux ; l'air retentit au loin du son des instruments.

CHAPITRE XXIII.

*Purifications des Malabars.*

Les Malabars pratiquent quatre espèces de purifications : la première consiste à prendre le bain et à laver ses vêtements ; la seconde à s'asperger d'eau lustrale ; la troisième à verser sur sa tête de l'urine de vache ; la quatrième, à arroser les murs de sa maison avec de l'eau dans laquelle a été délayée de la fiente de vache.

On ne peut s'empêcher de s'étonner que les PP. Jésuites en mission dans le Madouré aient exposé à Grégoire XIII que les brahmanes et les Malabars, gentils ou chrétiens, n'ont d'autre intention, en faisant de si fréquentes ablutions, que d'entretenir la santé et la propreté du corps. Est-ce donc seulement pour entretenir la santé et la propreté du corps qu'ils se lavent si régulièrement trois fois par jour, au moment de prendre leur repas? n'est-ce pas plutôt pour se purifier des souillures qu'ils peuvent avoir contractées par le contact de choses immondes? Est-ce donc par amour de la propreté que les Malabars, et surtout les brahmanes, lavent si souvent toute leur vaisselle de terre cuite, et que les brahmanes en particulier ne laissent souiller les vases dans lesquels ils préparent leurs aliments, par les regards d'aucune personne étrangère à leur famille (2)? Est-ce pour entretenir la santé et la propreté du corps que les Malabars gentils et chrétiens se baignent et lavent leurs habits au retour des funérailles, ou bien après avoir touché soit un mort, soit ses vêtements (3)? Est-ce seulement par zèle pour la propreté que les filles et les femmes se baignent un certain nombre de jours après leurs règles? Ne sait-on pas que, dans l'opinion des Malabars gentils, le flux menstruel des femmes est une participation au péché de *Dévendiren*, et que les femmes doivent s'en purifier en se baignant et en buvant le *panjagaviyam* (4)? Est-ce seulement en vue de la propreté que les brahmanes gentils et les PP. Jésuites *sannyâsi* se lavent les parties honteuses avec l'eau contenue dans le petit vase nommé *kamandalam*? Ignore-t-on que cette cérémonie a été instituée en l'honneur du *linga*(5)? Est-ce pour entretenir la santé et la propreté du corps que les Malabars gentils et chrétiens prennent le bain avant de se signer avec des cendres ou avec des terres blanche et jaune? Ne sont-ils pas persuadés, au contraire, que cette ablution les dispose à recevoir ces diverses onctions (6)? Est-ce aussi pour entretenir la santé et la propreté du corps que les Malabars gentils et chrétiens vont se baigner les jours de jeûne, et qu'immédiatement après ces bains, ils tracent sur leur front le signe de leur secte? Est-ce seulement pour entretenir la santé et la propreté du corps que les Jésuites brahmanes *sannyâsi* se lavent le corps au moment de célébrer la messe? N'est-ce pas plutôt pour imiter les brahmanes qui, toujours troublés par la crainte de l'impureté, n'entrent dans leurs pagodes et n'offrent de sacrifices qu'après s'être purifiés par le bain? Est-ce par amour de la propreté que ceux des Malabars gentils qui portent aux oreilles des grains de *routirâtcham*, se lavent si fréquemment la tête? N'est-ce pas plutôt afin que l'eau qui a coulé sur ces grains, se répandant sur tous leurs membres, les purifie de tous péchés (7)?

Est-il permis de dire que l'eau lustrale employée dans les cérémonies du mariage et de l'ordination des brahmanes n'est pas une eau consacrée? N'est-ce pas un fait prouvé par les prières qu'on récite sur cette eau et par la croyance où sont les Malabars, qu'elle représente les sept rivières sacrées (8)? Ne

---

(1) Cette solennité religieuse se nomme en tamoul *tiroundl* ou le *saint jour*; l'époque de sa célébration n'est pas la même dans tous les temples, parce qu'elle est déterminée par celle de l'inauguration de chacun de ces temples. Elle dure ordinairement dix jours et appelle un grand concours de peuple ; le dernier jour se célèbre le *rathayâtrá* ou la procession du char; les jours précédents on promène triomphalement le dieu auquel est consacré le temple, monté sur quelque animal fantastique ou couché dans un palanquin ; le dixième jour on le place sur un char colossal ( *têr*) auquel s'attèle pour ainsi dire la population entière. C'est de cette solennité qu'a tiré son nom le célèbre temple de *Tirounâlmalai*. E. J.

(2) Voyez, dans la seconde partie de ces extraits, le chapitre intitulé : *Règle et vêtement des brahmanes*.

(3) Voyez, dans la première partie de ces extraits, le chapitre intitulé : *Purification des brahmanes*.

(4) Voyez, dans la première partie de ces extraits, le chapitre intitulé : *Superstitions relatives aux règles des femmes*.

(5) Voyez, dans la seconde partie de ces extraits, le chapitre intitulé : *Ordre des sannyâsi*.

(6) Voyez ci-dessus les chapitres intitulés : *Tiroundmam*; *Oârtapoundiram*.

(7) Voyez, dans la seconde partie de ces extraits, les chapitres intitulés : *Secte du linga*; *Routirâtcham ou chapelet des Malabars gentils*.

(8) Voyez, dans la première partie de ces extraits, le chapitre intitulé : *Explication des cérémonies du mariage des Malabars gentils*.

suffit-il pas de savoir que les Malabars gentils rendent un culte à la vache, comme à une divinité, pour comprendre ce qu'il y a de superstitieux à répandre de l'urine de vache sur sa tête, ou à en arroser les murailles d'une maison souillée par la mort (1)? Personne n'ignore que la rémission des péchés est la fin réelle qu'on se propose en faisant ces aspersions.

## CHAPITRE XXIV.
### *Routirátcham ou chapelet des Malabars gentils.*

Shiva s'étant revêtu des habits d'un pénitent, prit le nom de *Tetchanamoúrti* (2) et passa un long espace de temps dans le célibat et dans les austérités. Un jour, les dieux lui demandèrent ce qu'il fallait que les hommes fissent pour acquérir la sainteté : il leur répondit qu'il était difficile aux hommes de devenir saints, étant aussi occupés qu'ils l'étaient des plaisirs et des richesses du monde, et aussi insouciants de la pénitence. Sur ces paroles, il se laissa ravir en extase, comme pour témoigner des plaisirs ineffables que l'on éprouve dans les austérités. Lorsqu'il se fut réveillé, il sentit une si vive joie de son ravissement, qu'il lui tomba des yeux trente-deux larmes, qui furent aussitôt changées en trente-deux arbres fort élevés et tout chargés de fruits (3). Shiva dit alors que, si les hommes ne pouvaient être d'aussi grands pénitents que lui, il leur était du moins permis de prendre des fruits de ces arbres, d'en faire des chapelets, et de les porter au cou en union de sa pénitence et en mémoire de son extase, que ce devait être pour eux un infaillible moyen d'obtenir le salut, quelques péchés qu'ils eussent commis. Les Malabars gentils rapportent plusieurs histoires au sujet de personnes qui ont été sauvées, parce qu'elles sont mortes le *routirátcham* au cou : en voici une des plus remarquables.

Shiva, lorsqu'il habitait le royaume de *Pourouchotamam* (4), alors gouverné par le roi *Salangen*, raconta un jour cette histoire à *Nandigesouren*. (5). Il y avait, lui dit-il, autrefois dans ce royaume, un brahmane nommé *Soupatripam*, qui avait une extrême dévotion pour le *routirátcham* ; il avait fait vœu de ne donner l'aumône qu'à ceux qui portaient ce signe de salut. Il vint un jour un pénitent nommé *Yógángam* lui demander l'aumône: mais le brahmane lui dit que, puisqu'il n'avait pas le *routirátcham*, il ne devait rien attendre de lui. « Quoique je ne porte pas le *routirátcham* sur ma personne, répartit le pénitent, j'en ai la dévotion profondément imprimée dans l'âme ; comme je suis d'ailleurs un pénitent qui me livre depuis long-temps à de grandes austérités, il n'est pas nécessaire que je porte le *routirátcham* pour acquérir la sainteté ; je puis, dès cette heure même, aller au ciel qu'il me plaira de choisir. » Le brahmane n'en refusa pas moins de lui donner l'aumône, et, ennuyé enfin de ses importunités, le mit hors de chez lui. « Quoi! lui dit le pénitent, vous osez me toucher, moi qui imite de si près la pénitence de Shiva, moi, qui n'ai ni femme, ni enfants, ni maisons, ni biens sur la terre ; vous qui, au contraire, prenez vos plaisirs, qui avez femme et enfants, qui avez une bonne maison, qui buvez et mangez quand il vous plaît ! Il faut que le roi me rende justice de l'affront que vous me faites. » L'un et l'autre s'en allèrent donc présenter leurs plaintes au roi. Le prince les écouta fort attentivement ; l'un disait que celui qui portait le *routirátcham* était plus saint que qui que ce fût ; l'autre assurait que l'état de pénitent était le plus parfait, alors même qu'on ne portait pas le *routirátcham*. Le roi, juge de débat, pria le pénitent, puisqu'il était assez parfait pour entrer dans tous les cieux à sa volonté, d'aller en ce moment même lui chercher une fleur de l'arbre *párichádam* (6) ou *kapagaviroukcham* qui se trouve dans le ciel de *Dévendiren*. Le pénitent disparut aussitôt, et monta au ciel de *Dévendiren* : ce dieu s'empressa de lui donner la fleur qu'il deman-

---

(1) Voyez, dans la première partie de ces extraits, le chapitre intitulé : *Anniversaire*.

(2) Je pense que la forme régulière de ce nom est *Tédjanamoúrti*. *Tetchanamoúrti* est. dans la mythologie populaire de l'Inde méridionale, un des quatre gardiens de la montagne *Mahámérou*. E. J.

(3) L'arbre qui produit les fruits dont le noyau a reçu le nom de *routirátcham* est le *kondairam*, espèce d'acacia sauvage assez rare dans l'Inde proprement dite, mais très-commun sur la côte de Malaka. Sonnerat prétend néanmoins qu'il ne croît que dans les parties septentrionales de l'Inde ; je pense qu'une fausse étymologie peut rendre compte de cette erreur ; il est permis par l'usage orthographique de supprimer la consonne *r* initiale de quelques mots sanskrits reçus dans la langue tamoule ; aussi dit-on également *routirátcham* et *outirátcham* ; Sonnerat, qui n'a paru avoir connu que cederniér mot, en a confondu les premières syllabes avec *outaram*, dont le sens est en effet *nord* ou *septentrional*. E. J.

(4) Je n'ai pas hésité à restituer ainsi le nom de cette contrée, qui, dans l'original, est altéré en *Poutchauttran*. Le roi *Salangen* m'est d'ailleurs inconnu, ainsi que les autres personnages dont les noms paraissent dans cette légende. E. J.

(5) La forme sanskrite de ce mot est *Nandikéshvara* ou *Nandi* ; c'est le nom d'un des serviteurs de Shiva, que l'on confond souvent avec le taureau qui sert de monture à ce dieu. E. J.

(6) Il n'est pas exact de confondre le *páridjáta* avec le *kalpavrikcha* ; ce sont deux des cinq arbres d'abondance qui sortirent de l'océan agité par les dieux, en même temps que *Kámadhénou*, le cheval et l'éléphant ; les trois autres sont le *mandara*, le *tchandana* et le *haritchandana*. E. J.

dait; le pénitent ne tarda pas à venir la présenter au roi. « Sans doute, dit le roi, un tel homme ne peut être que très-parfait; et je doute fort, s'adressant au brahmane, que vous puissiez en faire autant. » Le brahmane répondit au roi que le pénitent avait fait peu de chose, que pour lui, il ne daignait pas aller dans le ciel de *Dévendiren*, mais qu'il voulait y envoyer son chat. Le brahmane se mit donc en prières et conjura Shiva, par la foi qu'il avait dans son *routirâtcham*, de faire donner à ce chat la fleur qu'il désirait. Il mit un *routirâtcham* au cou de son chat, et l'envoya à *Dévendiren* : ce dieu reçut le chat avec toutes les marques d'honneur et de respect possibles, le prit entre ses bras, et lui fit mille caresses (1).

L'épouse de *Dévendiren*, fort étonnée de ce gracieux accueil, lui demanda pourquoi il faisait plus d'honneur à un chat qu'à un pénitent. *Dévendiren*, pour satisfaire la curiosité de sa femme, lui raconta l'histoire suivante. « Un jour, comme je me trouvais avec Shiva, *Yamatarmarâyen* (2), gouverneur des enfers, accompagné de son secrétaire, vint se plaindre à Shiva de l'affront que lui avaient fait ses serviteurs. Il y avait, dit *Yamatarmarâyen*, un brahmane nommé *Samitram* (3) qui n'avait, pendant toute sa vie, commis que de mauvaises actions; à sa mort, après avoir examiné ses comptes, je voulais l'envoyer dans les enfers et l'y faire châtier selon ses mérites; mais vos gens, seigneur, sont venus sur ces entrefaites; ils ont maltraité mes serviteurs et ont enlevé *Samitram* dans votre ciel. Shiva appela aussitôt ses serviteurs. « Pourquoi, leur dit-il, avez-vous enlevé *Samitram* dans mon ciel, puisqu'il était un grand pécheur? — Seigneur, lui répondirent-ils, la fille d'un roi géant ayant un jour voulu se baigner dans un étang, avait laissé à terre son *routirâtcham*; un corbeau vint et l'enleva, croyant que ce fussent des grains bons à manger; mais ne pouvant enfin réussir à les broyer, il laissa tomber le chapelet sur le cadavre de *Samitram*, qui était mort depuis quatre jours. » Shiva entra alors en colère contre *Yamatarmarâyen*, lui reprochant que lui et ses serviteurs eussent osé s'opposer au salut d'un homme qui avait porté le *routirâtcham*. « Mais quoi! seigneur, reprit *Yamatarmarâyen*, le *routirâtcham* touchant seulement un homme mort depuis quatre jours a-t-il encore la vertu de le sauver, lorsqu'il a mérité l'enfer par toute sa vie? » — L'eau de *Kangai* a bien la vertu de sanctifier les cendres des morts, dit Shiva, et de leur donner le salut en effaçant tous leurs péchés. Pourquoi un *routirâtcham* n'aurait-il pas la même efficacité (4)? Voyez donc, ajouta *Dévendiren*, quelle vénération nous devons avoir pour le *routirâtcham* et pour tous ceux qui le portent. »

*Dévendiren* fit ensuite faire un trône de fleurs pour le chat, lui mit dans la patte une branche toute garnie de fleurs, le plaça dans le trône et le congédia. Le chat revint devant le roi dans cet équipage; le prince, tout émerveillé de l'honneur que *Dévendiren* avait fait au chat, en considération du *routirâtcham*, reconnut bientôt que la cause du brahmane était la meilleure. Le pénitent vit bien aussi qu'il n'avait pas le degré de perfection qu'il s'imaginait avoir atteint; aussi prit-il la résolution de porter toute sa vie le *routirâtcham*.

Le mot *routirâtcham* signifie œil de Roudra (5). Le chapelet de *routirâtcham* est ordinairement composé de cent huit grains : ceux qui le portent sont obligés de le dire trois fois le jour au moment de prendre des cendres. Ils récitent sur chaque grain une prière de deux ou trois mots; il n'y a que le *gourou* qui enseigne ces paroles sacrées, et, en les leur enseignant, il leur défend de les répéter à personne (6). Il y a des grains de *routirâtcham* de différentes espèces; les uns n'ont une seule face, et

---

(1) Je n'ai lu cette curieuse légende dans aucun autre ouvrage; il faudrait sans doute, pour la retrouver sous sa forme originale, parcourir les nombreux *oupapourâna* shaivites ou bien la collection tamoule intitulée *Periyapourânam* (le grand Pourâna) qui contient une foule de légendes du même genre. Il suffirait, pour constater la date récente de ces ouvrages, d'observer que leur forme littéraire n'est pas celle des ouvrages religieux du moyen âge indien, mais une imitation de celle des ouvrages narratifs; chaque légende n'est, pour ainsi dire, que l'occasion d'une légende nouvelle, de même que dans l'*Hitôpadêsha* ou dans le *Pañtchatantra*, chaque fable prépare une autre fable; la forme pouranique a des proportions moins précises, mais plus larges. E. J.

(2) Incorrectement écrit dans l'original *Emattarmaraya*. La formation du mot *Yamatarmardyen* a été expliquée dans une des notes précédentes (1re partie, p. 40). E. J.

(3) J'ai conservé l'orthographe du manuscrit bien qu'elle soit fautive, parce que j'ignore s'il faut lire *Soumitiram* ou *Samontiram*; la lecture de ce nom propre n'est d'ailleurs sans importance. E. J.

(4) Cette phrase est remarquable, parce qu'elle est à l'usage de tous les sectaires indiens, et que c'est cette forme d'argumentation qu'ils s'opposent réciproquement quand ils n'en trouvent plus de meilleure. E. J.

(5) *Routirâtcham*, en sanskrit *roudrâkcha*, signifie œil de Roudra. Quelques shaivites prétendent que Roudra est présent dans ce noyau depuis le jour où il s'y réfugia pour éviter le contact destructeur du géant *Paramasouren*. Ce noyau est très-dur et présente, comme le noyau de la pêche, un grand nombre d'aspérités et de stries, dans lesquelles les *pandâram* parviennent à démêler et à voir très-distinctement le tableau complet des incarnations, des exploits et des amours de Shiva. E. J.

(6) J'ai déjà observé, au sujet du nombre *cent huit*, qu'il est consacré dès les plus anciens temps; s'il pouvait rester quelques doutes sur l'origine védique de cette consécration, il suffirait, pour les dissiper, d'observer que le nombre *cent huit* se retrouve dans le bouddhisme avec la même destination; ainsi, pour ne citer qu'un exemple, le chapelet bouddhique de cérémonie ou de *cour*, en Chine, compte *cent huit* grains, de même que le *roudrâkcha*. Quant au *mantra* qu'on récite sur ce

représentent Roudra sous la figure de *Paramesouren*, ou plutôt représentent l'union intime qui s'opéra entre *Pârvatî* ou *Dourgâ* et *Paramesouren*, lorsque, jalouse des honneurs que l'on rendait à son mari, *Pârvatî* obtint d'être unie à lui par le côté (1); d'autres grains, qui ont trois faces, représentent Roudra sous la forme d'*Akini*, qui a trois visages; d'autres grains ont quatre faces, et représentent Brahmâ, qui a quatre visages; c'est une grâce que Roudra lui a accordée d'être ainsi représenté dans le *routirâtcham*; d'autres grains ont cinq faces, et représentent Roudra avec cinq visages; d'autres enfin sont à six faces, et représentent le fils de Shiva, nommé *Choupiramaniyen*, qui a six visages. Tous les *routirâtcham* qui ont plusieurs faces, possèdent la vertu de sauver infailliblement ceux qui les portent. Il faut encore distinguer deux sortes de chapelets; les uns sont entièrement composés de *routirâtcham*, et ceux-là sont d'un prix plus élevé; les autres n'ont qu'un seul grain de *routirâtcham*, et se complètent par des grains de bois dans lesquels on taille autant de faces qu'il s'en trouve sur le premier grain placé en tête du chapelet; le chapelet ne s'en appelle pas moins *routirâtcham*; il a été institué en faveur de ceux qui ne peuvent trouver ou qui n'ont pas le moyen d'acheter des noyaux de *routirâtcham* (2).

Le véritable *routirâtcham* est estimé si sacré, qu'un paria et une femme qui a ses règles ne peuvent ni le porter ni le toucher, non plus qu'une personne qui, après avoir été en contact avec un cadavre ne s'est pas encore purifiée (3) ....

Il y a encore une espèce de chapelet qu'on nomme *patirâtcham* (4), dont l'institution n'est mentionné dans aucun des livres des gentils; aussi avouent-ils que ce *patirâtcham* n'a point la vertu d'effacer les péchés: il s'en trouve bien quelques-uns qui le portent, mais ce sont des gens de vile condition; tous les gentils qui sont de caste un peu honorable n'en font aucun cas, et croiraient se déshonorer s'ils le portaient. Il est composé de fruits d'un autre arbre.

Les Jésuites auraient grand tort de dire que le *routirâtcham* des chrétiens du Madouré et des autres contrées malabares n'est pas semblable à celui des gentils. Les chrétiens, qui sont aussi jaloux de leur caste que les gentils, voudraient-ils porter un chapelet que tout le monde méprise, qui les déshonorerait, en les faisant passer pour issus de basse caste? Il y a quelque temps qu'un chrétien de Pondichéry emprunta le *routirâtcham* d'un gentil pour s'en faire honneur à la solennité de son mariage. Les PP., qui ont vu un *routirâtcham* au cou de ce chrétien, n'en ont point été scandalisés.

## CHAPITRE XXV.

### Pendants d'oreilles des Malabars.

Il y a trois espèces de pendants d'oreilles qui sont en grande vénération parmi les Malabars, savoir : le *routirâtchakadouken*, le *changou* et le *chakaram*. Le *routirâtchakadouken* est un anneau de cuivre ou d'autre métal, dans lequel est passé un grain de *routirâtcham* (5). Les Malabars portent ordinairement aux oreilles deux de ces anneaux appariés; lorsqu'ils se lavent la tête, ils laissent découler sur leurs membres l'eau qui a été sanctifiée par les grains de *routirâtcham*; ils sont persuadés que leur purification est alors parfaite, et que leurs péchés sont complètement effacés. Le *changou* est un dieu manifesté sous l'apparence d'une coquille contournée en spirale; cette coquille sortit de la mer de lait, lorsque Shiva la fit agiter par les dieux et les géants réunis pour en tirer la liqueur d'immortalité. Shiva donna le *changou* à Vichnou, pour en faire son arme favorite et sa conque de bataille. Une telle vertu fut, dit-on, attachée par Shiva à ce *changou* que, lorsque Vichnou en sonnait en présence de ses ennemis, il les anéantissait tous à l'instant (6). C'est en l'honneur de ce *changou* primitif que les Malabars sonnent encore aujourd'hui des conques aux fêtes du *pongal*, aux mariages et aux funérailles. Le *changoukadouken* est un pendant d'oreille de la forme de cette conque;

---

dernier chapelet, il consiste ordinairement dans la célèbre formule des cinq lettres (*pañtchâkchara*) *na-mah-shi-vâ-ya*, adoration à *Shiva*. E. J.

(1) L'auteur fait allusion dans ce passage à une tradition populaire d'un caractère puéril, par laquelle les Tamouls expliquent la forme *ardhanârîshvara* de Shiva, qui réunit la moitié de sa forme virile ordinaire à la moitié du corps de *Dourgâ*. E. J.

(2) On forme encore avec ces noyaux des couronnes, des bracelets et des boucles d'oreilles. L'usage des shaivites est de consacrer l'eau qui sert à leurs ablutions, en y trempant un chapelet de *roudrâksha*; l'eau contracte toute la vertu du noyau sacré. E. J.

(3) Ce sont les mêmes prohibitions que celles qui ont été exposées plus haut au sujet du *linga*. E. J.

(4) La forme sanskrite de ce mot est *bhadrâksha*, œil de *Bhadra*, un des noms de Shiva. J'ignore quel est le fruit dont le noyau sert à former ce chapelet. E. J.

(5) Ce pendant d'oreille est aussi nommé *tiroumanikadouken*. Voyez, dans la seconde partie de ces extraits, les chapitres intitulés : Secte du *linga*; *Routirâtcham* ou chapelet des Malabars gentils. E. J.

(6) Voyez, au sujet du *changou*, une note du chapitre intitulé : *Fête du pongal*, etc.

il est le plus souvent d'or et enrichi de pierreries ou d'ornements précieux (1). Les Malabars prétendent que le *chakaram* est un autre dieu manifesté sous la forme d'une roue (2). Voici la fable qu'ils rapportent à ce sujet.

Roudra, sachant que *Dévendiren* se proposait de venir le visiter, se déguisa sous l'apparence d'un de ses propres serviteurs, puis, ayant pris le *routirâtcham* et s'étant couvert de cendres le front et certaines parties du corps, s'assit sur le seuil de son palais. *Dévendiren* se présenta en effet et pria le serviteur de lui dire ce que Roudra faisait en ce moment; le prétendu serviteur ne lui répondit pas; le dieu insista sur sa question, et exprima le désir d'être introduit; le portier continua à garder le silence. Irrité de tant d'obstination, *Dévendiren* leva la main pour le frapper de son arme, faite d'un seul diamant (3); mais il fut saisi d'étonnement en voyant cette arme tomber aux pids du prétendu serviteur au lieu de l'atteindre. Indigné de l'attentat de *Dévendiren*, Roudra reprit sa divine majesté, et lui reprocha vivement d'avoir osé lever la main sur un homme qui portait le *routirâtcham*. *Dévendiren* fit des excuses à Roudra, qui lui pardonna sa faute et jeta sa colère dans la mer. Cette colère se transforma en un géant d'une prodigieuse grandeur; comme ce géant se débattait dans la mer, en jetant d'horribles cris, Brahmâ eut la curiosité de voir ce que c'était; mais il ne tarda pas à s'en repentir; car le géant sauta à ses quatre barbes, et les eût arrachées, si Brahmâ ne lui eût promis, pour obtenir sa délivrance, de lui apprendre une oraison qui obligerait les dieux à lui accorder tout ce qu'il pouvait souhaiter (4). Le géant, dont le nom était *Chalandaren* (5), ayant récité cette oraison, se retira dans les déserts, et s'y livra à la pénitence pendant plusieurs siècles : déjà les montagnes qui s'étaient élevées à ses côtés commençaient à le recouvrir et à le dérober aux regards, lorsque Shiva lui apparut, et lui demanda ce qu'il désirait pour prix de sa pénitence. *Chalandaren* le pria de lui accorder cette grâce, de ne mourir ni de maladie ni de la main des hommes. Cette grâce obtenue, le géant voulut faire aussitôt l'épreuve de sa puissance; il attaqua donc et soumit quatre mondes; il épousa ensuite *Vouroundai*, fille d'un grand roi (6). Cédant alors à son ambition, il conçut le dessein de porter la guerre dans le monde de Roudra. Irrités de l'audace de ce géant, Roudra et Vichnou résolurent de l'exterminer. Roudra prit la figure d'un pénitent, et alla se placer sur la route que devait suivre *Chalandaren* pour arriver au terme de son expédition ; ce géant s'étant mis en marche avec sa nombreuse armée, rencontra dans son chemin le pénitent, qui lui demanda où il allait; le géant lui répondit qu'il allait de ce pas faire la guerre à Roudra : « Quoi! reprit le pénitent, seriez-vous assez insensé pour attaquer celui dont la puissance et la faveur vous ont fait tout ce que vous êtes? » A ce reproche, et à d'autres semblables, le géant répondit de manière à ne point laisser douter que toutes ces représentations étaient inutiles. Cependant Vichnou, qui s'était également déguisé sous l'apparence d'un pénitent, entra dans un jardin de plaisance où se trouvaient plusieurs femmes, entre lesquelles l'épouse de *Chalandaren;* il fit en ce moment apparaître deux monstres effroyables qui jetèrent l'épouvante au milieu de ces femmes, et les mirent toutes en fuite. L'épouse de *Chalandaren*, qui n'avait pas eu le temps de suivre ses compagnes, se jeta au cou du pénitent, en le priant de la prendre sous sa protection; le prétendu pénitent profita honteusement de l'effroi et de la faiblesse de cette femme (7). Dès que Roudra fut assuré que *Vou-*

---

(1) On a observé précédemment que la forme de *tâli* adoptée par les *Paraver*, est celle du *changou* ou conque sacrée. E. J.

(2) Le *tchakra* ( ou *chakaram*, suivant la prononciation tamoule ) est l'arme héroïque de l'antiquité indienne; on le décrit comme un cercle de fer tranchant à l'extérieur, qu'on lançait après lui avoir imprimé un rapide mouvement de rotation : on pense que du nom de cette arme et de la supériorité guerrière dont elle était le symbole, dérive la dénomination des rois *tchakrawartî* ou dominateurs universels, dont le caractère n'a d'ailleurs pas encore été défini avec assez de précision. E. J.

(3) Cette arme est le *vadjra* ou la foudre. Comme le mot *vadjra* désigne également le diamant, les mythologues modernes ont supposé que cette arme était formée d'un seul fragment de cette gemme ; on lit cependant dans les Védas que le *vadjra* est d'or, notion qui rappelle la *lance d'or* des textes zends. Le bouddhisme entend ordinairement le mot *vadjra* dans le sens de diamant, et le fait servir à exprimer une idée d'excellence et de perfection. E. J.

(4) C'est un fait vraiment remarquable que le zèle empressé des sectateurs de Vichnou et de Shiva à faire naître dans leurs légendes les occasions d'humilier Brahmâ, de rappeler sa dégradation présente, d'insulter à sa grandeur déchue. Il semble que les rôles soient distribués dans la composition mythologique moderne comme dans la composition dramatique, et que celui de *vidushaka* ou de bouffon, soit dans la première réservée à Brahmâ, comme il l'est ordinairement à un brahmane dans la seconde; Brahmâ est en effet le personnage ridicule de la pièce, quand il ne se trouve pas réduit au simple rôle d'*utilité*. E. J.

(5) *Chalandaren* est la forme tamoule du sanskrit *Djalandhara*. Les pourâna donnent également ce nom à un géant produit de la colère de Shiva. E. J.

(6) Incorrectement écrit dans l'original *Broundai*. *Vouroundai* est la forme tamoule du sanskrit *vrindâ*, qui est aujourd'hui encore un des noms de l'*ocymum sanctum* ou *toulsî*. E. J.

(7) J'ai observé plus haut que dans la mythologie moderne chaque dieu avait son caractère particulier et son rôle nécessaire ; je complète cette observation en déterminant ceux de Roudra et de Vichnou ; Roudra est le *nâyaka*, le caractère

*roundaï* avait perdu son honneur, il présenta un *chakaram* à *Chalandaren*, et lui dit qu'il le croirait capable de vaincre Roudra s'il parvenait à élever ce *chakaram* au-dessus de sa tête. *Chalandaren* pensa que le pénitent n'avait d'autre intention que de le railler en le défiant de mesurer ses forces avec une roue si légère. Il prit donc le *chakaram* comme en se jouant ; mais à peine avait-il élevé cette arme à la hauteur de sa poitrine, qu'elle se tourna contre lui et le brisa en mille pièces. *Vouroundaï* ayant, quelque temps après, demandé au faux pénitent ce qu'était devenu son mari, engagé dans une expédition contre Roudra, le pénitent lui apprit qu'il avait été tué ; il l'engagea d'ailleurs à ne pas s'affliger, lui promettant de faire recueillir le corps de son mari et de le ressusciter. Vichnou se substitua alors adroitement au corps de *Chalandaren*, et, revêtu de cette apparence, passa douze mille ans avec *Vouroundaï*. Un jour que Vichnou était endormi, *Vouroundaï* l'ayant considéré attentivement, trouva quelque différence entre sa figure et celle de *Chalandaren*; elle l'éveilla aussitôt, et lui demanda qui il était. Vichnou, surpris par cette question, lui avoua son nom et sa supercherie; *Vouroundaï* le maudit, et, ne voulant pas survivre au malheur de son époux, se jeta dans un bûcher ardent, où elle termina sa vie. Vichnou, qui ne pouvait se consoler de cette perte, pleurait jour et nuit sur les cendres de *Vouroundaï*; sa douleur devint si vive qu'il en perdit l'esprit. Les dieux consultèrent Shiva sur le remède qu'il convenait d'apporter au mal de Vichnou ; Shiva conseilla aux déesses *Pârvatî*, *Latchimi* et *Sarasouvadi* de choisir trois espèces de graines que les dieux répandraient sur la terre devant Vichnou, après l'avoir assuré que dans quelqu'une des plantes qui sortiraient de ces graines, ressusciterait l'objet de sa douleur. Les dieux n'eurent pas plus tôt semé les trois espèces de graines choisies, qu'il en sortit trois plantes; l'une était le *toulachi*, une variété du basilic (1), l'autre le *nelli* (2), la troisième le *mâlati* (3). *Latchimi* se transforma en ces trois plantes en même temps, modifiant dans chacune l'expression de sa figure (4) : Vichnou jeta d'abord la vue sur *Mâlati*; mais ayant aperçu que ses yeux étaient courroucés, il se détourna d'elle ; c'était *Latchimi* irritée de l'extravagance de son mari : *Nelli* lui parut plus agréable; mais ce fut dans *Toulachi* qu'il reconnut sa chère *Vouroundaï* : autant il avait été affligé de sa mort, autant il fut joyeux de la voir ressuscitée; ainsi se dissipa sa folie. Depuis ce temps le basilic est nommé *vouroundaroûvam* (5).

Tous ces mystères étant accomplis, Shiva donna le *chakaram* à Vichnou pour en faire son arme ordinaire ; c'est pourquoi l'on représente ce dieu les bras étendus et élevés à la hauteur des épaules, portant le *changou* sur les doigts d'une main et le *chakaram* sur les doigts de l'autre.

### CHAPITRE XXVI.

*Le chakaram transformé en géant et vaincu par Vichnou.*

Voyant les prodiges que Vichnou accomplissait avec son aide, le *chakaram* conçut un grand orgueil, et le laissa un jour éclater en présence du dieu. Vichnou, indigné de l'insolence du *chakaram*, le bannit de sa main et le condamna à s'incarner en géant ; il voulut cependant bien lui annoncer qu'après l'avoir vaincu sous cette forme, il lui ferait de nouveau l'honneur de le porter à sa main. Le *chakaram* prit donc la forme d'un géant et le nom de *Kârtigavîriyârouchounen* (6); il se

---

héroïque de la pièce; à lui s'attache l'intérêt principal ; à lui appartient le beau rôle, à lui les sentiments nobles et généreux ; *Vichnou* représente assez bien le valet de la comédie ; l'intrigue est son emploi, la ruse son caractère distinctif ; il ne paraît guère que déguisé, et se dévoue avec une singulière résignation aux commissions les moins honnêtes. La lecture de la légende de *Chalandaren* et de plusieurs autres du même genre me paraît confirmer pleinement cette observation littéraire. E. J.

(1) Voyez, dans la suite de ces extraits, le chapitre intitulé : *Latchimi transformée en basilic*.

(2) Le *nelli* est, suivant la définition peu explicite des vocabulaires, un arbrisseau dont les fruits sont acides, et servent à des usages médicinaux. E. J.

(3) En sanskrit *mâlati* ( *jasminum grandiflorum* ). Les lexicographes indiens donnent plusieurs étymologies de ce mot, qui toutes font allusion à notre légende ; les uns le dérivent de *Mâla*, un des noms de Vichnou, les autres de *Mâ*, un des noms de *Lakchmî*. J'observerai, au sujet de *Mâ*, que l'identité de ce nom de *Lakchmî* avec celui du manguier en tamoul, est probablement le motif qui a fait consacrer cet arbre à l'épouse de Vichnou. E. J.

(4) C'est le caractère commun de tous les récits mythologiques modernes de représenter les femmes aimées par les dieux dans le cours de leurs transformations humaines, comme des *avatâra* de leurs épouses divines, métamorphoses secondaires qui accompagnent nécessairement les premières. E. J.

(5) *Vouroundaroûvam* est la forme tamoule de *vrindâroûpa*, qui a la forme de *vrindâ*, ou peut-être de *vrindaroûpa*, multiforme ; ce dernier sens ferait allusion aux trois *avatâra* simultanés de *Lakchmî*. E. J.

(6) J'ai modifié la leçon fautive que présentait le manuscrit ; mais la forme *Kârtiga* pour *Kârta* me paraît encore suspecte, parce que ce nom propre est dérivé avec une probabilité de *Kritavîrya*, et que cette dérivation ne peut admettre l'insertion de la syllabe *ka*. *Ardjouna*, surnommé *Kârtavîrya* ou *Sahasrabâhou* (aux mille bras), était roi de *Mahichmatî* sur la *Réoâ* ; il avait vaincu et retenu long-temps prisonnier le célèbre *Râvana*, roi de *Lanka*. La légende relative à l'enlèvement de la vache d'abondance par ce prince est évidemment une répétition de la légende de *Vishoâmitra* disputant à *Vasichtha* la

APPENDIX.

rendit si puissant qu'il défit tous les rois du *poûlógam* et s'assura la domination universelle. Ce fut alors que, pour mettre un terme à tant de désordres, Vichnou s'incarna dans le sein de *Rénougadévi*, épouse du brahmane *Chamadakini*; il reçut en naissant le nom de *Parachourâmen* (1). Un jour, *Rénougadévi* aperçut, se divertissant dans un étang, plusieurs rois dont les formes étaient si belles qu'elle fut frappée d'admiration et conçut aussitôt des désirs coupables. Il suffit de ce mouvement de l'âme pour qu'elle perdît en ce moment même un pouvoir surnaturel que les dieux lui avaient accordé; *Chamadakini*, découvrant son infidélité, ordonna à *Parachourâmen* de lui couper la tête. Nous parlerons avec plus de détails de *Rénougadévi* dans le chapitre qui lui est consacré (2). *Parachourâmen*, assuré que le malheur de sa mère n'avait d'autre cause que le dessein formé par ces rois de la séduire en se montrant à elle sans vêtements, résolut de faire une grande pénitence en l'honneur de Shiva, pour obtenir de lui le pouvoir d'exterminer tous les rois. Pendant qu'il se livrait à cette pénitence, le géant *Kârtigavîryârouchounen* vint visiter *Chamadakini*; ce pénitent désirant offrir au géant un magnifique festin, pria *Dévendiren* de faire descendre dans sa maison la vache *Kâmaténou* (3); *Dévendiren* satisfit aussitôt à ce désir, car les dieux ne peuvent rien refuser aux pénitents. Le lait que donna cette vache fut si abondant, se transforma de tant de manières, et composa des mets si variés, si délicieux, qu'après en avoir goûté, le roi-géant pria le pénitent de lui faire présent de la vache. *Chamadakini* l'assura en vain qu'elle ne lui appartenait pas et qu'il n'était pas en son pouvoir de la donner; le géant, irrité, menaça le pieux pénitent : celui-ci lui dit enfin, pour l'apaiser, que *Kâmaténou* serait à lui, s'il réussissait à s'en emparer. Comme sur cette parole le géant se préparait à enlever la vache, elle disparut subitement; il crut que le pénitent lui avait joué ce tour, et, dans sa fureur, il lui trancha la tête. *Parachourâmen* ayant appris que *Kârtigavîryârouchounen* avait tué son père, demanda à Shiva l'arme *parachou* pour prix de sa pénitence (4); cette arme invincible lui ayant été accordée, il mit à mort *Kârtigavîryârouchounen* et les autres rois; le *poûlógam* fut tout entier soumis à sa domination. Il manquait encore quelque chose à sa vengeance; il recueillit le sang de tous ces rois et l'offrit en sacrifice à Shiva pour obtenir à son père la félicité suprême (5).

Le *chakaram* était rentré dans la main de Vichnou; *Parachourâmen* avait accompli sa mission. Ce héros donna alors en aumône aux brahmanes les grands royaumes qu'il avait conquis, et se dirigea du côté de l'est vers un rocher qui dominait la mer; il pria la mer de se retirer à quelque distance et de lui laisser un coin de terre qu'il pût habiter. La mer se retira en effet; sur le sol qu'elle découvrit, *Parachourâmen* établit des familles de brahmanes et de Malabars; il donna à cette contrée le nom de *Malaiyâlam* qu'elle a conservé jusqu'aujourd'hui (6). Les autres brahmanes ayant appris que leur bienfaiteur possédait encore une certaine étendue de terre, vinrent la lui demander; mais, indigné que des hommes faisant profession de pauvreté montrassent une si grande avidité pour les biens de la terre, *Parachourâmen* jeta sur eux une imprécation et les condamna à trouver plus difficilement que jamais les choses nécessaires à la vie; il déclara que ceux des brahmanes étrangers aux familles établies par lui dans cette contrée, qui auraient la témérité de venir s'y fixer, seraient assurés

---

possession de *Shabalâ*; c'est le récit mythologique des guerres que suscitèrent dans les temps anciens entre les brahmanes et les *kchatriya* leurs prétentions opposées sur les contrées dans lesquelles ils s'étaient établis. E. J.

(1) Voyez la feuille 1 de la XI<sup>e</sup> livraison de l'*Inde Française*. La version de la légende de *Parashourâma*, recueillie par notre auteur, diffère dans quelques détails de celle qui est vulgairement admise dans l'Inde supérieure sur l'autorité des Pourâna : ces différences seront facilement reconnues. E. J.

(2) Voyez, dans la suite de ces extraits, le chapitre intitulé : *Rénougadévi et Mâryammai pidariyâr*.

(3) Voyez, dans la seconde partie de ces extraits, le chapitre intitulé : *Signes dont les Malabars se marquent au front* etc. Cette vache d'abondance, symbole de la terre, est nommée tantôt *Kâmadénou*, tantôt *Shabalâ*, souvent même *Nandi*. E. J.

(4) Les Indiens représentent aujourd'hui le *parashou* par une simple hache; mais il y a lieu de croire que la véritable forme de cette arme leur est inconnue : je pense qu'elle nous a été conservée sur le revers de quelques médailles indo-bactriennes où l'on voit Shiva debout, nu, portant d'une main une peau de tigre, et tenant de l'autre un *trishoûla* ou trident dont la hampe est armée à hauteur d'appui d'un fer de hache. E. J.

(5) Cette dernière circonstance est sans doute empruntée à la rédaction shaivite de la légende de *Parashourâma*. J'ai déjà observé plus haut que les brahmanes avaient exagéré avec complaisance et dans une intention facile à comprendre, les résultats de la victoire de ce personnage historique; je puis ajouter que l'extinction de la race des *kchatriya* n'est pas même admise par les anciennes traditions brahmaniques, et qu'il est fait mention dans les Pourâna, ainsi que dans les *grands poèmes*, de plusieurs rois de *Mahichmatî*, descendants de *Kârtavîrya*, dont cinq fils avaient échappé à la fureur de *Parashourâma*. E. J.

(6) Telle est, suivant la tradition généralement reçue dans le sud de l'Inde, l'origine de la contrée qui s'étend au-dessous du versant occidental des Ghâtes; cette contrée est un don de *Varouna*, ou, pour traduire cette fiction mythologique en un langage plus simple, elle est un sol abandonné par la mer, dont les Ghâtes formaient autrefois le rivage. Quant au nom de *Malaiyâlam*, il est formé de *malai*, montagnes, et d'un suffixe; on donne aussi à cette contrée le nom de *Malapâr* (vulgairement *Malabar*), qui n'est pas, comme le prétend Sonnerat, une corruption portugaise de *Malaiyaâr*, mais un mot formé régulièrement de *malai*, montagne, et de *pâr*, rivage, contrée, *le pays des montagnes*. E. J.

de renaître en ânes après leur mort (1). Il donna encore le gouvernement de toute cette contrée à *Chéroumān*, et se retira sur un rocher situé vers le nord pour s'y livrer à la pénitence jusqu'à la destruction des mondes; les Malabars croient du moins qu'il est un des sept pénitents qui ne doivent mourir qu'à cette époque (2). Lorsque Vichnou s'incarna pour la septième fois, il retira de *Parachourámen* la force divine qu'il lui avait communiquée et en revêtit *Rámen*, pour opérer toutes les merveilles que nous allons rapporter.

## CHAPITRE XXVII.

*Incarnation du changou et du chakaram; guerre de Rámen et de Rávanen.*

Un jour que Vichnou voulait prendre du repos, il recommanda à ses deux portiers de ne permettre à personne l'entrée de son palais. Plusieurs pénitents vinrent ce jour même visiter Vichnou; les portiers voulurent d'abord les congédier; les pénitents ne les eurent cependant pas plus tôt menacés des effets de leur malédiction, qu'ils obtinrent la permission d'entrer: quelque contrariété qu'en éprouvât Vichnou, il ne put s'empêcher de les recevoir avec une extrême politesse, dans la crainte qu'ils ne jetassent quelque malédiction sur sa propre personne (3); mais à peine furent-ils sortis, qu'il fit éclater sa colère contre ses portiers, et les condamna à renaître chacun trois fois en géant; il voulut bien cependant leur promettre de les rétablir dans leur première dignité après les avoir vaincus et frappés de sa propre main. Les deux portiers s'incarnèrent donc sous la forme de géants; l'un prit le nom d'*Iraniyákchen*, et l'autre celui d'*Iraniyen*; Vichnou les défit dans sa troisième et dans sa quatrième incarnation (4) : ils subirent ensuite une nouvelle naissance, et reçurent le jour d'une femme de la race des géants; l'aîné, nommé *Rávanen*, avait dix têtes et vingt bras; le nom du plus jeune était *Koumbakarnen*; quelques années après, leur mère mit au monde un autre fils nommé *Vibíchanen*, et une fille nommée *Chôurpanagai* (5). *Rávanen* fit une grande pénitence en l'honneur de Shiva; plusieurs années s'étant écoulées, ce dieu lui apparut et lui demanda ce qu'il désirait pour prix de ses austérités. *Rávanen* le pria de lui accorder la grâce de vivre cinquante millions d'années et de ne pouvoir être mis à mort par aucun des dieux; cette grâce lui fut accordée. Il épousa *Mandôdari*, fille du géant *Kálanémi*, et fit ensuite une expédition contre le roi *Kouberen*, qui gouvernait le royaume d'*Ilangai* (6); *Kouberen* fut réduit à prendre la fuite et à laisser son royaume à la discrétion du vainqueur. *Rávanen*, encouragé par ce succès, fit la guerre à *Dévendiren*, et, après l'avoir chassé de ses domaines, s'empara de toutes ses femmes, de la vache *Kámaténou* et de l'arbre *Kapaviroukcham*; il réduisit même en captivité le fils de *Dévendiren* ainsi que plusieurs des dieux de sa cour, et les employa à des fonctions serviles dans sa maison. Les femmes de *Dévendiren* donnèrent plusieurs fils à *Rávanen*; il n'en eut qu'un seul de sa propre épouse. Ce fils, nommé *Indirachitou* (7), fit aussi une grande pénitence en l'honneur de Shiva, et lui demanda de ne pouvoir être

(1) Ce récit n'est pas conforme aux traditions populaires des Tamouls, que l'auteur paraît cependant avoir suivies dans les autres parties de son ouvrage. Les brahmanes du *Malaiyâlam* ayant refusé à *Parashouráma* l'emplacement nécessaire pour construire une cabane dans la vaste étendue de terre qu'il leur avait si généreusement donnée, il les maudit et les condamna au mépris des brahmanes de toutes les autres contrées. Tel est le récit que font les brahmanes du *Drávida*, et ils le confirment par le sens peu bienveillant qu'ils attachent au mot *nambouri*, nom des brahmanes du *Malaiyâlam*. E. J.

(2) Les Tamouls ont encore, en cette circonstance, élargi le cercle des *maharchi* pour y faire entrer un personnage mythologique d'une importance très-secondaire. Les Pouràna nous apprennent que *Parashouráma* se retira dans sa vieillesse au milieu des monts *Mahêndra*. E. J.

(3) La mythologie indienne nous représente sans cesse les dieux tremblant devant la colère des pénitents, ou s'ils ont un instant secoué cette crainte salutaire, frappés des effets de leur malédiction, et humiliant leur propre puissance devant l'exaltation spirituelle de ces saints personnages. Dans l'Inde, en effet, plus que dans tout autre pays, l'autorité est acquise à la puissance d'esprit. E. J.

(4) La même légende se lit dans le *Bhâgavata*, avec cette différence que les portiers sont condamnés par la malédiction des pénitents. *Iraniyákchen* et *Iraniyen* sont des altérations tamoules de *Hiranyáksha* et *Hiranya*; ce dernier personnage est plus connu sous le nom de *Hiranyakashipou*. E. J.

(5) Ces deux derniers noms sont inexactement écrits dans l'original *Vipouchanen* et *Chaupanakay*. En sanskrit *Vibhîchana* et *Sôrpanakhâ*. Les autorités indiennes varient sur le nom de leur mère; les Pouràna s'accordent généralement à la nommer *Nêkachî*, tandis que le *Bhâgavata* lui donne le nom de *Koumbhînasî*, qui s'applique dans les autres Pouràna à la mère du *Râkchasa Lavana*; le *Mahâbhârata* présente un autre nom et une autre légende. Il faut d'ailleurs observer au sujet du mot *Nêkachî*, qu'il signifie simplement *Râkchasî* ou issue de *Nikachâ*, la mère commune des *Râkchasa*. E. J.

(6) *Kouvêra*, suivant l'autorité des Pouràna, était, comme *Rávana*, fils du pénitent *Vishravas*. Roi de l'île de *Lanká* ou *Ilangai*, suivant la prononciation tamoule, il en fut dépossédé par son frère, et contraint de chercher un refuge dans l'*Himâlaya*. E. J.

(7) En sanskrit *Indradjit*, c'est-à-dire vainqueur d'*Indra*. Il obtint ce titre pour prix de la liberté qu'il rendit à *Indra*, qui avait été surpris par lui dans une de ces guerres sans cesse renouvelées que les *Déva* soutenaient contre les *Rákchasa*. C'est un fait remarquable, et qui n'a pas encore été assez observé, que les *Rákchasa* et les autres *Asoura*, lorsqu'ils veulent obtenir des

vaincu que par celui qui aurait passé quatorze années sans boire, ni manger, ni dormir. Shiva lui ayant accordé cette grâce, il alla porter la guerre dans tous les mondes, les ravagea, et accabla les dieux de toute sa fureur. Les dieux prièrent enfin Shiva de venir à leur secours : Shiva ordonna à Vichnou de s'incarner pour combattre ce géant et rétablir la paix dans les mondes désolés. Vichnou lui demanda une seule grâce, celle d'ordonner aux dieux du ciel de *Dévendiren*, au moment où éclaterait la guerre contre les géants, de se transformer en singes et de lui composer une armée. Shiva lui en fit la promesse.

Le roi *Tacharadamagárâyen* (1), entouré de trois cents épouses, n'avait encore pu avoir d'enfants d'aucune d'elles : il appela un jour son *gourou* et le pria d'offrir un sacrifice à Shiva pour obtenir de lui la faveur d'être père; pendant la célébration de ce sacrifice, il sortit du feu sacré une forme humaine qui tenait entre ses mains une boule de riz *pongal*; elle la remit au *gourou*, et disparut au même instant. Le *gourou* présenta cette boule au roi, qui, sur son avis, en donna une moitié à *Kávouchaliyâr* (2); puis ayant divisé l'autre moitié en deux portions, présenta la première à *Kaikayi*, et la seconde à *Choumitirai*, deux autres de ses épouses (3); *Kávouchaliyâr* céda une moitié de sa portion à *Choumitirai*. Ces trois femmes mangèrent le riz et ne tardèrent pas à devenir enceintes; *Kávouchaliyâr* donna le jour à Vichnou, qui reçut le nom de *Râmen*; de *Choumitirai*, qui avait mangé deux portions de riz, naquirent *Adichéchen* sous le nom de *Latchoumanen*, et le *chakaram* sous celui de *Chatourouken*; *Kaikayi* donna naissance au *changou* qui reçut le nom de *Paraden*; ces trois divinités s'étaient incarnées pour partager constamment la fortune de *Râmen*. (4). Le gourou du roi prit grand soin de ces enfants, et les instruisit dans les sciences et dans l'art militaire; ils y devinrent bientôt singulièrement habiles. *Râmen* et *Latchoumanen* étaient intimement unis, parce que Vichnou se repose ordinairement sur le serpent *Adichéchen*, son compagnon favori : *Chatourouken* et *Paraden* étaient aussi liés de grande amitié, parce que le *chakaram* et le *changou*, les deux armes de Vichnou, sont fidèles l'un à l'autre.

Le pénitent *Vichouvâmitiren* (5) était sans cesse troublé dans ses méditations et dans ses sacrifices à Shiva par une femme de la race des géants, nommée *T'âdagai* : il se présenta un jour à *Tacharadamagárâyen*, et le pria de permettre que *Râmen* l'accompagnât et combattit ce démon. Le roi craignant d'exposer le jeune prince à un tel danger, s'opposa d'abord à son départ; il y consentit enfin, vaincu par les instances du pénitent. *Latchoumanen* ne voulut pas se séparer de son frère, et l'accompagna dans cette expédition : dès la première rencontre, ils exterminèrent cette sœur des géants. Plein d'admiration pour la valeur des deux jeunes princes, le pénitent les pria de l'accom-

---

forces surnaturelles pour combattre les *Déva*, se livrent à une sévère pénitence en l'honneur de Shiva, qui reçoit également les adorations des Dieux ; Vichnou, au contraire, n'est jamais invoqué par les *Asoura*; il est leur ennemi, il les poursuit, il les combat, il les extermine : la croyance vechnavite, en effet, est plus exclusivement indienne, moins éclectique et probablement moins ancienne que le shaïvisme, qui doit s'être autrefois étendu dans la Bactriane, et s'y être trouvé en contact avec d'autres croyances, particulièrement avec celles qui sont consignées dans les livres zends ; le nârâyanisme, au contraire, ne paraît jamais être sorti de l'Inde intérieure. E. J.

(1) Incorrectement écrit dans l'original *Techwadamacaraya*. En sanskrit *Daśarathumahârâdjâ* : ce prince, de la race de *Raghou*, était roi d'*Ayâdhyâ*, capitale du royaume de *Mahâkôshala*, près des ruines de laquelle s'est élevée la moderne Aoude. E. J.

(2) Incorrectement écrit dans l'original *Camouchaliyar*. *Kâvouchaliyâr* est la forme tamoule honorifique de *Kaôshalyâ*. Ce nom, qui signifie littéralement *princesse de Kôshala*, deviendra dans un autre ouvrage le sujet d'une discussion historique et géographique ; les faits qui y seront rassemblés démontreront qu'il a existé dans l'Inde, dès les plus anciens temps, deux royaumes de *Kôshala*, dont l'un distingué par le nom de *Mahâkôshala* ou *Outtarakôshala*, avait *Ayôdhyâ* pour capitale. E. J.

(3) *Kaikéyi* était fille du roi *Kékaya*, ou plutôt du roi des *Kékaya*, les mêmes que les *Hathayavamshu*. Quant au nom de *Choumitirai*, altération tamoule de *Soumitrâ*, je l'ai substitué au nom propre *Chamoustinar* qui se lit dans l'original, et qui m'est tout à fait inconnu. E. J.

(4) Cette ridicule légende est digne de servir d'introduction au *Râmâyana* burlesque dont notre auteur retrace les principaux traits dans ce chapitre. J'ai peine à croire qu'il présente ici un extrait du célèbre poëme de *Kambanâden* dont le mérite littéraire est si hautement apprécié par les Tamouls ; j'aime mieux conjecturer qu'il a recueilli les traditions vulgaires relatives à l'histoire de *Râma*, de la lecture de quelqu'une de ces misérables compilations en prose, si fréquentes dans la littérature moderne des Tamouls. E. J.

(5) En sanskrit *Vishvâmitra*. Ce personnage héroïque et religieux en même temps, est un des plus remarquables de l'antiquité indienne ; son histoire forme le sujet d'un des plus beaux épisodes du *Râmâyana*. Né *kchatriya*, descendant de la puissante famille des Koushides, rassemblant de nombreux royaumes sous sa domination, il lutte avec *Vasichtha*, un brahmane qui n'a d'autre puissance que son caractère de pénitent, et il est vaincu, il est humilié ; mais il tourne vers la pénitence toutes les forces de son âme, il médite comme il combattait, avec une irrésistible énergie, et lorsque Shiva vient lui demander quel don il désire, il n'en accepte pas d'autre que le rang de brahmane ; les dieux, effrayés par sa pénitence, n'osent pas lui refuser de renouveler pour ainsi dire sa naissance. *Vishvâmitra* est, à n'en point douter, la figure symbolique d'une tribu de *kchatriya* qui réussit à usurper l'autorité et les fonctions pontificales. E. J.

pagner dans le royaume de *Midilapouri*, alors gouverné par le roi *Chanagachakaravardi* (1). Un jour qu'il creusait la terre pour faire les apprêts d'un sacrifice en l'honneur de Shiva, ce roi avait trouvé un coffre qui renfermait une jeune fille d'une admirable beauté et un arc prodigieux d'une telle grandeur qu'il ne fallait pas moins de soixante mille hommes pour le mouvoir. Il fit élever la jeune fille avec beaucoup de soin dans l'intérieur de son palais. Les autres rois ne tardèrent pas à entendre parler de sa beauté, et chacun s'empressa de la demander en mariage; mais le roi *Chanagen* déclara que celui-là seul obtiendrait *Sîdadévi*, sa fille adoptive, qui pourrait lever et tendre l'arc trouvé en même temps qu'elle. Tous les rois firent de vains efforts pour y réussir; aucun ne put le soulever. *Vichouvâmutiren*, qui avait engagé les deux princes à assister à cette solemnité, invita *Râmen* à essayer ses forces sur cet arc; *Râmen* le leva sans peine et le tendit avec une telle violence qu'il le brisa par le milieu. Le roi, fidèle à sa parole, accorda *Sîdadévi* à *Râmen*, et invita la famille de ce prince à venir assister à son mariage. *Tacharaden*, satisfait de cette alliance, pria *Chanagachakaravardi* de consentir, s'il avait encore d'autres filles, à les unir aux trois frères de *Râmen*. Le roi de *Midilapouri* accéda avec empressement à cette proposition; il donna sa fille *Oûroumilai* à *Latchoumanen*, *Milari*, l'aînée des filles de son frère, à *Paraden*, et *Mândavi*, la plus jeune, à *Chatourouken* (2). Tous ces princes, leur mariage accompli, retournèrent avec leur père et leurs épouses dans la contrée d'*Ayódi* (3). *Tacharadamagârâyen* se sentant chargé de vieillesse et voyant *Râmen* parvenu à l'âge de régner, proposa à son conseil de le proclamer son successeur; mais *Kaikaïyi*, jalouse de la nouvelle fortune de *Râmen*, pria son royal époux d'accomplir en ce moment la promesse qu'il lui avait faite, bien des années auparavant, de lui accorder deux grâces, quelles qu'elles fussent. Le roi lui ayant permis de lui adresser ses demandes, la première grâce qu'elle sollicita, ce fut de placer son fils *Paraden* sur le trône, et la seconde d'exiler *Râmen* au fond des forêts. Ces cruelles exigences portèrent une si profonde affliction dans l'âme du roi, qui avait pour *Râmen* une extrême tendresse, qu'il mourut de désespoir quelques jours après (4); mais sa royale parole ne pouvait rester sans accomplissement; il fit, avant sa mort, proclamer *Paraden*, fils de *Kaikaïyi*, roi de tous ses états. *Paraden* ne voulut d'ailleurs rien entreprendre qu'avec l'approbation de *Râmen*; car il eût mieux aimé renoncer à la souveraineté du monde entier que de perdre l'affection de son frère : il régna donc sous ses auspices, toujours prêt à lui céder le trône s'il lui plaisait de le réclamer. *Chatourouken* resta avec *Paraden* pour l'aider de ses conseils dans l'administration du royaume.

*Râmen*, son épouse *Sîdadévi* et son frère *Latchoumanen* se retirèrent dans une forêt. *Chôurpanagai*, sœur de *Râvanen*, vint un jour s'y promener, aperçut *Râmen*, et vivement éprise à sa vue, s'approcha de lui et lui témoigna le vif désir qu'elle avait d'obtenir ses embrassements. *Râmen* indigné de cette proposition, la renvoya à *Latchoumanen*, qui lui coupa le nez et les mamelles, et la chassa honteusement. *Chôurpanagai*, accablée de confusion et irritée par la douleur, alla aussitôt se présenter à *Râvanen*; elle lui dit qu'ayant aperçu dans une forêt la femme de *Râmen*, elle avait voulu la surprendre et la lui amener, mais que *Râmen*, qui la connaissait, l'avait ainsi été mutilée par ce prince (5). *Râvanen* furieux envoya aussitôt quatorze cents géants, avec l'ordre de mettre à mort *Râmen* et *Latchoumanen*, et d'enlever *Sîdadévi*. Lorsque *Râmen* vit les géants s'ap-

---

(1) Incorrectement écrit dans l'original *Sinogasauravartti*; en sanskrit *Djanakatchakravartî*. *Djanaka* était roi de *Mithilâ*, capitale du royaume de *Vidêha*, ou plutôt *Djanaka* était le titre commun des rois de cette contrée. La signification de ce nom n'est pas sans importance; les bouddhistes, en effet, divisent le *Djamboudvîpa* en quatre grandes monarchies, dont la plus orientale, nommée *Poûrvavidêha*, est soumise au *roi des hommes* (*djanapati*); les auteurs chinois prétendent que ce *roi des hommes* est le souverain de la Chine; mais c'est une prétention qui ne peut être reconnue que par la vanité nationale; toutes les analogies concourent au contraire à placer dans l'Inde transgangétique le *Vidêha* oriental, dont le souverain s'honore du titre de *djanapati*, si semblable à celui de *Djanaka*. *Djanaka* est ordinairement compris au nombre des rois *tchakravartî*; les listes de ces dominateurs universels sont d'ailleurs si diverses et si nombreuses, qu'il est difficile de décider à laquelle on doit accorder le plus d'autorité; une des plus anciennement rédigées est certainement celle qui se trouve dans le *Mitrôpanichad*. E. J.

(2) *Oûroumilai* est la forme tamoule d'*Oûrmilâ*; *Milari* est certainement une leçon fautive de quelque nom propre substitué par les Tamouls à celui de *Shroutakîrti* que donne le *Râmâyana*; il faut d'ailleurs observer que, suivant cette autorité incontestable, *Mândavî* fut unie à *Bharata* et sa sœur à *Shatroughna*; ces deux princesses étaient filles de *Koushadvadja*, roi de *Kâshi*. E. J.

(3) Altération tamoule du sanskrit *Ayôdhyâ* : le nom de cette ville signifie littéralement *inexpugnable*. E. J.

(4) C'est ici que vient se placer dans la composition poétique de *Vâlmîki* le bel épisode de la mort d'*Yadjñadatta*, l'un des sujets les plus dramatiques que présentent les poèmes indiens; il domine la première partie du *Râmâyana* par l'intérêt puissant que crée la malédiction du vieux pénitent, menace effrayante attachée à tant de gloire et de puissance, qui éclate enfin au milieu des joies de famille par de terribles effets. E. J.

(5) *Soûrpanakhâ*, suivant la version du *Râmâyana*, alla se présenter à ses deux frères *Khara* et *Doûchana*, qui, entraînés par le désir de la vengeance, vinrent attaquer les deux héros avec quatorze mille *Râkchasa*. E. J.

## APPENDIX.

procher, il remit sa femme à la garde de son frère *Latchoumanen*, et s'avança pour combattre les géants ; il les mit tous à mort à l'exception d'un seul, qui alla porter cette fâcheuse nouvelle à *Râvanen*. Ce prince envoya un géant sous la forme d'un corbeau, pour reconnaître et surveiller ces terribles ennemis : le corbeau s'acquitta fidèlement de sa commission ; mais comme il voulait se donner trop de liberté auprès de *Sîdadévi*, *Râmen* qui reposait à côté de son épouse s'éveilla, et pour châtier l'impudence du corbeau, lui lança un brin d'herbe auquel était attaché un si merveilleux pouvoir, qu'il le poursuivit dans le monde entier comme un trait toujours prêt à le frapper ; le corbeau se réfugia successivement chez tous les rois de la terre ; mais aucun d'eux ne put le délivrer de cette menace de mort ; il crut trouver un asile plus sûr dans les mondes de Brahmâ, de Vichnou et de Roudra, mais l'unique secours qu'il put obtenir de ces dieux, fut le conseil d'aller se jeter aux pieds de *Râmen*, s'il voulait faire cesser son supplice. Il revint en effet se livrer à *Râmen*, qui le priva d'un œil, et le renvoya en cet état à son maître. *Râvanen* ayant long-temps attendu le retour du corbeau, se décida à envoyer dans la forêt un autre géant transformé en cerf. *Sîdadévi* n'eut pas plus tôt aperçu cet animal, qu'elle pria *Râmen* de le lui amener. *Râmen*, toujours empressé à satisfaire les désirs de son épouse, se mit à poursuivre le cerf ; mais le cerf, qui avait ses projets, s'élança dans le plus épais du bois pour attirer *Râmen* sur ses pas ; lorsqu'ils furent à une grande distance, le cerf poussa ce cri ; *Latchoumanen !* Le jeune prince croyant que son frère, menacé de quelque danger, l'appelait à son secours, abandonna aussitôt *Sîdadévi*, et s'enfonça rapidement dans le bois (1). Au même moment *Râvanen*, habillé en pénitent, vint demander l'aumône à *Sîdadévi* ; comme elle s'approchait pour la lui donner, il l'enleva et l'entraîna malgré ses cris. Il rencontra dans son chemin un des amis de *Râvanen* qui lui disputa long-temps sa proie ; mais *Râvanen* réduisit enfin son adversaire à de si fâcheuses extrémités, qu'il lui laissa à peine assez de forces pour aller porter à son ami la nouvelle de l'enlèvement de son épouse (2). Empressé à consoler *Sîdadévi* et à gagner son affection, *Râvanen* l'entoura d'une cour de vingt mille géants choisis entre les plus magnifiques, et lui ouvrit tous les trésors de son palais ; mais rien ne pouvait plaire à *Sîdadévi* en l'absence de son époux.

*Râmen* et *Latchoumanen* n'eurent pas plus tôt appris l'enlèvement de *Sîdadévi*, qu'ils résolurent d'aller à sa recherche, quelque danger qui pût les attendre. Comme ils s'avançaient sans crainte, un géant que *Râvanen* avait mis en embuscade se présenta inopinément à eux ; mais ils le combattirent avec une si courageuse résolution, qu'ils le taillèrent en pièces, et purent librement poursuivre leur entreprise (3). Shiva, qui avait promis à Vichnou de mettre à sa disposition une armée de singes, les avait en effet postés sur un rocher qui dominait le chemin que devaient suivre *Râmen* et *Latchoumanen*. Dès que les gardes avancées des singes aperçurent les deux princes, elles allèrent aussitôt en donner avis au roi *Choukourîben*, qui fit appeler *Anoumanten*, le plus habile de tous les singes, et lui ordonna d'aller reconnaître quels étaient ces étrangers (4). *Anoumanten*, après leur avoir adressé de nombreuses questions, n'osait encore prendre confiance dans leurs paroles ; mais lorsque *Râmen* eut assuré qu'il voyait distinctement les pendants d'oreilles et le cordon de brahmane qu'*Anoumanten* portait, et qui avaient été jusqu'à ce moment invisibles à tous les yeux, celui-ci se souvint de ce qui lui avait été prédit, lorsqu'il avait été transformé de brahmane en singe, qu'il ne serait plus donné à personne de voir son cordon et ses pendants d'oreilles, si ce n'était à Vichnou, revêtu de la forme de *Râmen*. *Anoumanten* se jeta à ses pieds et le reconnut pour son maître souverain. Après leur avoir offert tous ses services, il plaça sur son cou les deux princes fatigués du long voyage qu'ils venaient de faire, et les porta jusqu'au pied du rocher habité par les singes. Il courut promptement porter à *Choukourîben*, la nouvelle de l'arrivée de *Râmen* ; le roi des singes vint avec toute son armée le complimenter et se soumettre à ses ordres. *Râmen* monta ensuite sur le rocher, où il fut reçu avec une

---

(1) Le récit de cette chasse fatale se trouve dans le troisième livre du *Râmâyana* ; le cerf qui surprit la prudence de Râma avait un pelage de couleur d'or ; aussi dit-on proverbialement dans l'Inde, *poursuivre le cerf d'or* (*hêmamriga*), c'est-à-dire, s'épuiser en vains efforts. E. J.

(2) Cet allié fidèle, que notre auteur ne nomme pas, était *Djatâyou*, un des chefs des tribus ailées, fils d'*Arouna* suivant certaines traditions, fils de *Garouda* suivant d'autres autorités. E. J.

(3) Ici encore la version populaire des Tamouls s'éloigne de celle qui a été recueillie par *Vâlmîki* : les deux héros ne furent point attaqués par un *Râkchasa*, mais bien par un monstre acéphale nommé *Kabandha*, une des créations les plus fantastiques et les plus hideuses de la poésie indienne, et qui, j'ai lieu de le croire, n'est pas restée inconnue aux Chinois, dont la démonologie présente un monstre exactement semblable à *Kabandha*. E. J.

(4) *Choukourîben* est la forme tamoule de *Sougrîva*, et *Anoumanten* celle de *Hanoumân* ; *Anoumanten* est immédiatement dérivé d'une forme pali *Hanoumanta*, analogue à celle du nom propre *Douchmanta*. Sougrîva était fils d'*Indra* et frère de *Bâli*, roi des *Vânara* ou singes. *Hanoumân* était fils de *Pavana* et d'*Andjanâ*, femme de *Késharî*, l'un des chefs des *Vânara* ; voyez la feuille 11 de la XXIVe livraison de l'*Inde française*. Il est presque inutile d'observer que la métamorphose des dieux en singes est un trait emprunté aux traditions de l'Inde méridionale ; le caractère propre de la petite mythologie indienne est de dépouiller sans cesse l'histoire à son profit. E. J.

APPENDIX.   95

grande magnificence (1). Il fit la revue de ses troupes, et se trouva à la tête de soixante-douze millions de singes, qui ne respiraient que feu et sang.

*Râmen* envoya *Anoumanten* dans le royaume de *Râvanen* avec ordre de s'informer adroitement où se trouvait enfermée *Sîdadévi*. Le rusé singe porta sa curiosité jusque dans le palais de *Râvanen* : après s'y être introduit à la faveur de mille gentillesses, ne trouvant point *Sîdadévi* dans les appartements, il s'avisa de passer dans un jardin dont elle avait fait sa demeure ordinaire. Il monta sur un arbre afin de mieux observer ; dès que les dames de la cour se furent retirées, il descendit de l'arbre, et s'approchant de *Sîdadévi*, lui annonça qu'il avait été envoyé par *Râmen* pour découvrir le lieu de sa retraite, et que *Râmen* lui-même s'était mis en marche accompagné d'une nombreuse armée, pour venir la délivrer des mains de *Râvanen*. *Sîdadévi* fut ravie d'apprendre cette nouvelle ; mais elle pria *Anoumanten* de se retirer promptement, de peur qu'il ne fût aperçu. Comme il venait de faire un long voyage et qu'il n'avait rien pris depuis long-temps, le singe pria *Sîdadévi* de lui permettre de cueillir quelques fruits du jardin ; elle lui donna seulement la permission de manger les fruits tombés, et lui recommanda de ne point toucher à ceux qui étaient encore suspendus aux branches. *Anoumanten*, qui ne se traitait pas ainsi, se mit à arracher tous les arbres avec sa queue, et, après les avoir rudement secoués pour en détacher les fruits, satisfit complétement sa faim (2). Cet affreux dégât mit les géants en alarme ; mais comme ils se précipitaient sur le singe pour le saisir, celui-ci les assommait à coups de troncs d'arbres. *Râvanen*, apprenant tout ce désordre, envoya son plus jeune fils pour y mettre un terme ; mais le singe le tua comme les autres ; le fils aîné du roi se présenta en ce moment ; le singe recourut alors à la ruse, il se fit tout petit, et se rendit fort docile ; on lui lia les pattes et on l'apporta au roi ; toute la cour s'assembla pour juger le singe, auteur de tant de maux ; on s'accordait déjà à le condamner au dernier supplice, quand *Vibtchanen*, plus modéré que les autres, pria le roi d'ordonner seulement qu'on mît le feu à la queue du singe, pour donner un divertissement à la cour. Le conseil fut agréé comme une heureuse plaisanterie ; on fit donc tremper dans l'huile la queue d'*Anoumanten*, et on y mit le feu ; mais le singe se développa tout-à-coup sous une forme gigantesque, et, redressant sa queue toute enflammée, en frappa au visage *Râvanen* et tous les gens de sa cour : il parcourut comme un furieux le palais et toute la ville, semant partout l'incendie et mettant tout le monde en fuite ; puis enfin, pour ajouter une dernière insulte à toutes les autres, il alla se baigner dans un étang en présence des géants, et y éteignit le feu attaché à sa queue (3). Après s'être ainsi joué de *Râvanen*, le rusé singe revint faire son rapport à *Râmen*.

Satisfait du zèle diligent de son serviteur et des renseignements qu'il avait obtenus, *Râmen* se mit en marche à la tête de son armée de singes : arrivée au bord de la mer qui défendait les états de *Râvanen*, cette immense multitude jeta la terreur sur l'autre rivage. Cependant *Râvanen* commença à rassembler son armée. En vain son frère *Vibtchanen* lui représenta-t-il que puisqu'un seul singe avait fait tant de ravages dans son palais et dans la ville entière, ces millions de singes mettraient assurément tous ses états à feu et à sang. En vain lui conseilla-t-il de renvoyer à *Râmen* qui les commandait, *Sîdadévi*, son épouse, enlevée par une odieuse violence, *Râvanen* se moqua d'un conseil si timide. *Vibtchanen* alors, afin de ne pas être entraîné dans le désastre qui menaçait son frère, se retira de son parti.

Quand il réfléchit aux moyens de faire passer l'armée des singes sur l'autre rivage, *Râmen* éprouva d'abord une sérieuse inquiétude ; il adressa une prière à *Varounen*, le dieu des eaux, et le conjura de venir l'assister de ses conseils. *Varounen* se présenta aussitôt au jeune prince, et lui dit que

---

(1) Ce que l'auteur nomme un rocher était une chaîne de montagnes occupée par les *Vânara* et nommée *Kichkindhya* ou *Kichkindhâ* ; on croit la reconnaître dans un groupe de rochers situés au nord du Maissour, à peu de distance des sources de la rivière *Pampâ*. Un des chants du *Râmâyana* emprunte son titre à cette montagne. E. J.

(2) On peut remarquer dans la complaisance avec laquelle les Tamouls développent ce récit, la tendance de leur mythologie moderne à reporter sur *Hanoumân* toute la gloire de l'expédition de *Lankâ* : *Hanoumân*, devenu pour eux un type national, a singulièrement grandi dans ces derniers siècles en puissance, en gloire et en sainteté ; son image est celle qu'on rencontre le plus fréquemment dans les temples des vechnavites *Râmâwat*; on porte en son honneur des médailles d'or dont une face le représente dans une noble attitude, tandis que l'autre offre Râma assis sur son trône et entouré de ses frères ; il apparaît dans le drame qui porte son nom (*Hanoumannâtaka*) comme un personnage héroïque *qui remplit les trois mondes de sa gloire*; les versions populaires du *Râmâyana* dans l'Inde méridionale ne laissent pour ainsi dire paraître Râmâ à côté de lui que comme un caractère secondaire ; aussi pourrait-on sans inconvénient changer leur titre en celui de *Hânoumata*. On a enrichi *Hanoumân* de toutes les dépouilles des autres personnages mythologiques, sans même essayer de les assortir ; ainsi nous apprenons de la *Relation manuscrite* déjà citée plus d'une fois, que les Tamouls considèrent comme une relique de *Hanoumân* la célèbre dent de Bouddha qui fut solennellement brûlée à Ceylan par le célèbre Constantin de Bragance. E. J.

(3) Cette scène, dont le caractère peut varier de l'héroïque au ridicule, a été plus d'une fois traitée par les poètes dramatiques, et il y est fait de fréquentes allusions dans les compositions littéraires du moyen âge. E. J.

## APPENDIX.

non loin de là demeurait un pénitent qui avait le pouvoir d'empêcher que les pierres n'allassent au fond de l'eau (1). Le pénitent fut appelé ; *Varounen* s'étendant alors sur la mer d'un rivage à l'autre, se transforma en une eau bourbeuse pour marquer l'alignement de la construction. Les singes apportèrent des troncs d'arbres et des pierres, et le pénitent les amoncela sur l'eau dans la direction indiquée par *Varounen* Le petit *ouroutipati* ou *amilpillai* (2) (le rat palmiste) voulut apporter aussi son utilité à cette entreprise ; il se plongea plusieurs fois dans l'eau, puis vint se secouer sur le ciment afin de l'humecter. *Râmen* fut si satisfait de son dévouement, qu'il lui prodigua les marques de sa bienveillance et lui promit de le recevoir, après sa mort, dans la gloire du *vaïkoundam* (3). Pour confirmer cette promesse, il lui passa la main sur le dos et y marqua trois taches jaunâtres.

Lorsque le pont fut terminé, l'armée entière de *Râmen* le passa et alla prendre position sur un rocher. *Râmen* envoya *Angaden*, fils du roi des singes (4), en ambassade à *Râvanen*, et le chargea de déclarer que si *Sîdadévi* n'était pas remise immédiatement à son époux, il viendrait la chercher lui-même dans le palais de son ravisseur. *Râvanen* s'assit sur son trône pour recevoir l'ambassadeur, et ne daigna point lui offrir de siége. Indigné de l'insulte faite à son caractère, le singe roula les anneaux de sa queue les uns sur les autres et s'assit dessus à la hauteur du trône de *Râvanen*. *Râvanen* demanda au singe qui il était pour oser s'asseoir à la même hauteur que lui : *Angaden* lui répondit qu'il était le fils du roi des singes, et qu'il venait au nom de *Râmen* le menacer, s'il refusait plus long-temps de rendre *Sîdadévi* à son époux, de porter le fer et la flamme dans le royaume d'*Ilangai*. Comme *Râvanen* voulait faire saisir l'audacieux envoyé, celui-ci donna un coup de pied au trône, le renversa avec le roi, et se retira précipitamment vers *Râmen* (5). Ce prince, dès lors convaincu que la guerre était son unique ressource, donna à son armée l'ordre de se mettre en marche. Dès qu'il fut entré dans le royaume de *Râvanen*, il détacha de tous côtés des partis pour dévaster les villes et ravager les campagnes. *Râvanen* vint à la rencontre de *Râmen* avec une formidable multitude de géants ; les deux armées se joignirent ; les singes firent un tel carnage des géants, que *Râvanen* demeura seul sur le champ de bataille ; mais comme il avait perdu sa monture et toutes ses armes, ses ennemis jugèrent indigne de leur courage de l'assaillir, et lui permirent de chercher son salut dans la fuite. Quelques jours après, *Râvanen* assembla de nouveau une nombreuse armée de géants ; cette fois, les singes leur arrachèrent le nez et les oreilles, et leur coupèrent les bras ; *Anoumanten* les entortillait dans sa queue au nombre de deux mille à la fois, et les lançant comme avec une fronde, assommait de leurs corps les autres géants ; aussi l'armée de *Râvanen* fut-elle presque complétement détruite. Pour réparer cette seconde défaite, *Râvanen* envoya, une armée plus nombreuse encore sous les ordres d'*Indirachitou*, son fils aîné, dont le char seul était traîné par mille chevaux. Il y eut ce jour-là une affreuse mêlée ; on se battit avec fureur de part et d'autre ; la nuit qui survint sépara enfin les deux armées. *Indirachitou* recourant alors à l'incantation, plaça un serpent sur la corde de son arc et lança cette fatale flèche sur ses ennemis pendant leur sommeil ; le serpent enveloppa leurs pieds dans ses replis et les frappa tous d'immobilité, tous, à l'exception de *Râmen* et de *Latchoumanen* (6). Ces deux princes s'étant éveillés et voyant toute leur armée engourdie par un sommeil de mort, furent consternés ; les dieux eux-mêmes qui assistaient d'en haut à cette terrible

---

(1) Je doute à peine que les Tamouls n'aient fait honneur de ce pouvoir surnaturel au sage *Agastya*, dont le nom se présente dans leurs légendes à tous les endroits où s'accomplissent des prodiges, et que l'on peut considérer comme le patron de l'Inde méridionale. E. J.

(2) J'ai scrupuleusement conservé dans ce passage l'orthographe du manuscrit, les dictionnaires tamouls qui sont à ma disposition ne me présentant point la forme correcte de ces deux mots ; je puis seulement conjecturer que le second est terminé par le mot *pillai*, formant une espèce de diminutif. On trouverait sans doute les détails de cette légende dans le *Sétoumâhâtmya*, ou *Recueil de traditions relatives au pont construit par Râma*. E. J.

(3) Incorrectement écrit dans l'original *vray candom*. *Vaïkountha*, l'un des noms de Vichnou, est aussi celui du ciel qu'il habite. On propose plusieurs étymologies de ce nom ; la plus vraisemblable est celle qui l'explique par *séjour de ceux qui sont dégagés de l'illusion*. E. J.

(4) L'auteur commet ici une légère inexactitude ; *Angada* n'était pas le fils du chef des singes qui accompagnait *Râma* dans son expédition, c'est-à-dire de *Sougrîva* ; son père était *Bâli*, qui régnait sur les *Vânara* au moment de l'arrivée de *Râma* dans l'Inde méridionale, et qui, mortellement blessé par ce héros, partagea son royaume entre son fils *Angada* et son frère *Sougrîva*, après leur avoir recommandé de suivre le prince d'*Ayôdhyâ* dans son expédition contre *Lankâ*. E. J.

(5) Les diverses autorités ne s'accordent pas sur les circonstances de cette ambassade ; *Angada*, dans le drame intitulé *Mahâvîratcharitra*, accomplit plus dignement sa mission, et s'échappe au moment où *Râvana*, ne pouvant contenir sa fureur, donne l'ordre de lui infliger un châtiment honteux ; les choses se passent à peu près de même dans le *Hanoumannâtaka*. E. J.

(6) L'arme magique lancée par *Indradjit* est nommée dans les textes *nâgapâsha* ; ce mot peut signifier *nœud coulant formé de serpents* ; mais les Indiens l'interprètent ordinairement par *nœud coulant propre à entraîner et à terrasser les éléphants* (*nâga*) : le *nâgapâsha* est une des armes divines dont il a été fait mention dans une autre note. Le récit de notre auteur ne s'accorde pas d'ailleurs avec celui du *Hanoumannâtaka*, suivant lequel *Râma* et *Lakchmana* furent seuls atteints par cette arme fatale. E. J.

## APPENDIX.

lutte, commencèrent à concevoir de tristes pressentiments sur son issue; mais *Kerouden* (1), la monture ordinaire de Vichnou, s'apercevant que l'enchantement consistait seulement dans les étreintes dont le serpent avait lié les singes, se précipita sur le reptile et le mit en pièces; les singes se relevèrent aussitôt de leur mortel assoupissement, aux cris de *vive Râmen* (2)! *Indirachitou*, qui s'était confié dans le pouvoir de cet enchantement, fut frappé de stupeur en entendant leurs acclamations; il reconnut dès lors que *Râmen* ne pouvait être qu'une incarnation de Vichnou, et se retira, persuadé que tous les efforts qu'on tenterait contre lui n'obtiendraient pas un plus heureux succès (3); mais *Râvanen*, qui ne pouvait croire à la nature divine de *Râmen*, fit appeler son frère *Koumbakarnen*, qui était alors dans son temps de sommeil. Ce géant, en effet, dormait six mois de suite et ne mangeait qu'un seul jour par année; mais il ne pouvait être rassasié qu'avec une charge de mille chariots de vin, de riz et d'autres provisions. *Râvanen* envoya des cavaliers le chercher; ils passèrent et repassèrent plusieurs fois sur son corps sans l'éveiller; quand il aspirait l'air, les hommes et les chevaux étaient entraînés dans ses narines, et quand il respirait, son souffle les rejetait avec une telle violence qu'ils étaient brisés contre terre. On essaya en vain plusieurs autres moyens pour le tirer de son profond sommeil; on s'avisa enfin de faire entrer dans ses narines des troupeaux de chèvres dont les bonds pétulants chatouillèrent si désagréablement ses membranes, qu'il s'éveilla en sursaut. Après avoir fait son repas ordinaire, il se rendit auprès de *Râvanen*. Le premier jour qu'il fit l'essai de ses forces contre les ennemis, il avala les singes comme des mouches, et en détruisit des myriades. Le roi des singes s'avança pour diriger un coup contre lui; le géant le souleva comme un mouton et le chargea sur ses épaules. Il fut si satisfait de cette capture, qu'il ne voulut pas en attendre d'autre et emporta son prisonnier pour en faire présent à *Râvanen*; mais tout écumant encore du vin qu'il avait bu la veille, il tomba et s'endormit en chemin. Le roi des singes, profitant de cette heureuse occasion, lui coupa la moitié du nez et courut l'apporter à *Râmen*. Quand *Koumbakarnen* se fut éveillé, il s'aperçut que son prisonnier s'était échappé; il n'en alla pas moins se présenter à son frère, qui lui demanda aussitôt si c'était dans la bataille qu'il avait perdu la moitié de son nez. Le géant, exaspéré par cette cruelle insulte, se précipita furieux sur les singes, qui lui échappèrent par une fuite rapide. *Râmen* demeura seul pour recevoir son choc; il l'atteignit d'une flèche qui lui coupa un bras, puis de plusieurs autres qui séparèrent du tronc le second bras et les deux cuisses. Le géant étant alors tombé dans son sang, pria *Râmen* de lui trancher la tête et de l'envoyer dans les eaux ténébreuses situées au-delà des mondes connus. *Râmen* lui accorda cette grâce, et la flèche dont il atteignit la tête du géant l'emporta jusque dans les eaux ténébreuses (4).

Survivant à tant de pertes, *Râvanen* espéra que le sort des armes lui serait enfin favorable; il s'avança à la tête d'une armée de géants. *Latchoumanen* voulut s'opposer à lui; mais le roi d'*Ilangai* le tua et ne se retira qu'après avoir mis en déroute l'armée entière des singes. *Râmen*, vivement affligé de la perte de son frère, envoya aussitôt *Anoumanten* chercher l'herbe *sandini*, qui croît sur un rocher à quelque distance d'*Ilangai*, et qui possède la vertu de ressusciter les morts (5). Arrivé à ce rocher, *Anoumantem* avait oublié le nom de l'herbe salutaire; comme il ne voulait cependant point retourner sur ses pas, il arracha le rocher et l'apporta à *Râmen*. On approcha l'herbe *sandini* de *Latchoumanen* et de tous les guerriers tués dans la bataille; ils se levèrent tous aussitôt pleins de vie. *Râmen* ordonna à *Anoumanten* de remettre le rocher à sa place; le singe, pour s'éviter la peine de le reporter, fit une fronde de sa queue, et lançant le rocher, le fit retomber à la place qu'il occupait auparavant. Les singes, ressuscités une seconde fois, crièrent encore *vive Râmen!*

---

(1) *Kerouden* est la forme tamoule de *Garouda*. Ce personnage mythologique, dont les Indiens ont appliqué le nom à une espèce de milan, est l'ennemi naturel des serpents ou *nâga*; il a plusieurs fois vengé sur eux les cruelles offenses que reçut *Vinatâ* sa mère de *Kadrou* la mère des *nâga*; on le représente ordinairement portant au cou un serpent en forme de collier. E. J.

(2) Ces mots qu'on est d'abord tenté de considérer comme une méprise de l'auteur, tant ils paraissent étrangers au sujet, ne sont cependant qu'une traduction un peu libre de l'acclamation dont les Indiens saluent leurs princes : *vive Râma!* représente dans le style de notre auteur *djayatou Ilâmah*; victoire à *Râma*! E. J.

(3) Ce récit n'est pas conforme à la tradition généralement reçue, suivant laquelle *Indradjit*, toujours fidèle à la cause de son père, fut surpris et tué par *Lakchmana* pendant la célébration d'un sacrifice. E. J.

(4) Il est facile de reconnaître que les Tamouls ont exagéré le personnage de *Koumbhakarna* comme celui de *Hanoumân*; d'une figure étrange et horrible, ils ont réussi à tirer une figure grotesque et hideuse; une pareille transformation était tout à fait dans les moyens de leur esprit. Le meilleur commentaire du texte qu'on vient de lire est la représentation de *Koumbhakarna* tracée par les peintres indiens; elle rappelle les héros de l'ingénieuse composition de Rabelais. E. J.

(5) *Sandini* est une altération tamoule peu régulière du sanskrit *sandhânî*, l'un des noms d'une plante fabuleuse, qui est nommée *vichalyâ* dans l'*Hanoumannâtaka*; on lit dans cette composition que l'herbe *vichalyâ* croît sur la montagne *Drouhina*, située à six millions d'*yôdjana* de *Lankâ*. Le *Mahâvîratcharitra* s'éloigne de ces deux traditions; *Hanoumân*, suivant ce drame, brisa la montagne qui contient l'*amrita*, et apporta ce breuvage salutaire aux héros tombés dans le combat. E. J.

# APPENDIX.

Encouragé par son premier succès, *Râvanen* renouvela la guerre en rassemblant les géants de tous les mondes : *Râmen* lança contre eux une flèche enchantée dont l'effet fut tel que ces géants s'entretuèrent les uns les autres (1). *Dévendiren* avait envoyé à *Râmen* un char de guerre non moins rapide et non moins magnifique que celui de *Râvanen*; les deux héros montèrent sur leurs chars, et s'élevant dans l'air, se livrèrent un long combat; mais n'ayant encore pu réussir à décider la lutte, ils se retirèrent chacun vers son armée. *Râmen*, voulant enfin terminer par un seul coup ces guerres désastreuses, appela *Râvanen* à un nouveau combat; il lui trancha successivement ses dix têtes; mais il ne les avait pas plus tôt abattues qu'elles se rejoignaient au corps. *Vibîchanen*, qui connaissait le seul endroit où *Râvanen* fut réellement vulnérable, avertit *Râmen* qu'il ne servirait de rien de couper les têtes, les bras ou les jambes de son ennemi, parce que ces membres reviendraient toujours se joindre au tronc, mais qu'en le frappant au nombril, où était concentrée toute sa force, il était assuré de le tuer; *Râmen*, se confiant à ce conseil, porta un coup mortel à son ennemi (2). Devenu maître de tous ses états, il en donna le gouvernement à *Vibîchanen*, pour prix de son dévouement. *Râmen* fit alors amener *Sîdadévi* en sa présence; mais il ne lui permit de s'approcher de lui qu'après avoir donné des preuves certaines de la chasteté qu'elle avait conservée pendant son séjour dans le palais de *Râvanen*. *Sîdadévi*, pour satisfaire aux justes exigences de son époux, fit allumer un grand feu, et y entra en présence de tous les dieux. Après être restée plusieurs heures au milieu des flammes; elle se retira sans en avoir été atteinte, et se purifia ainsi de tout soupçon (3). *Vibîchanen* fit présent à *Râmen* et à *Sîdadévi* d'un char magnifique qui devait les ramener dans leur royaume (4); *Râmen* y fit monter l'armée entière des singes; mais comme il en manquait un à son appel, et qu'il ne voulait quitter *Ilangai* qu'avec son armée au complet, il écrivit promptement une lettre à *Yamatarmarâyen* qu'il soupçonnait d'avoir enlevé le singe, et la lui envoya au bout d'une flèche ; *Yamen* se trouva fort embarrassé; il ignorait en effet ce qu'était devenu le singe, qui était resté écrasé entre les doigts de *Koumbakarnen*; il supplia donc Brahmâ de lui créer un singe le plus tôt possible; Brahmâ consentit à lui en créer un, et *Yamen* l'envoya immédiatement à *Râmen* (5). Ce héros, n'étant plus retenu par aucun soin, retourna dans le royaume d'*Ayôdi*.

*Râmen* continua long-temps un règne illustré par la valeur et par la justice. Un jour enfin *Yamarâyen* vint visiter *Râmen*, et le pria, ayant à lui parler de choses secrètes, de ne permettre à personne d'interrompre leur entretien. *Râmen* ordonna à *Latchoumanen* de veiller sur la porte et de n'en permettre l'accès à personne; *Yamatarmarâyen* représenta alors à *Râmen* qu'il vivait depuis dix mille ans sur la terre, qu'il y avait accompli de grandes actions, et qu'il était temps enfin qu'il songeât à se retirer de la société des hommes. En ce moment, se présenta un pénitent qui désirait voir *Râmen*; *Latchoumanen*, craignant de s'attirer quelque malédiction, n'osa pas lui défendre l'entrée de la salle. *Yamatarmarâyen* et le pénitent furent à peine sortis, que *Râmen*, furieux contre son frère, le chassa de son palais. *Latchoumanen*, poussé par le désespoir, alla se jeter dans une rivière, et y disparut, après avoir repris la forme d'*Adichéchen*. *Râmen*, vivement affligé de la mort de son frère, se dirigea vers cette rivière accompagné de *Paraden* et de *Chatourouken*, avec l'intention de rendre les derniers devoirs à son frère; là, abattu par l'affliction et pouvant à peine se soutenir, il s'appuya sur les épaules de ses frères, les transforma l'un en *changou* et l'autre en *chakaram*, et après les avoir replacés sur ses doigts, disparut lui-même pour retourner au ciel (6).

(1) Cette flèche enchantée était une arme divine ; les textes la nomment *môhana*, qui produit l'illusion. E. J.

(2) Ce récit ne s'accorde avec aucune des traditions recueillies dans les poëmes sanskrits; le *Râmâyana*, le *Raghouwamsha*, le *Mahâvîrotcharitra*, l'*Anarghardghava* et les autres autorités nous représentent *Râma* abattant sous un seul trait les dix têtes de son ennemi, et lui arrachant la vie par ce coup fatal. Les Tamouls ont voulu embellir par le merveilleux un récit qui était trop simple pour leur plaire ; ils n'ont réussi qu'à charger leur composition de circonstances puériles. E. J.

(3) Cette épreuve ne justifia pas complétement *Sîtâ* aux yeux de *Râma* ; la calomnie s'attacha à son épouse, et renouvela dans son esprit des soupçons qu'il ne lui fut plus possible d'en écarter ; cédant à leur importunité, il répudia *Sîtâ*, qui se retira dans une forêt sur les bords du Gange. Quelques années après elle fut enlevée à ses regrets par la Terre, qui la reçut dans son sein pour la soustraire à l'outrage d'une seconde épreuve. E. J.

(4) *Vibîchana* fit présent à *Râma* du célèbre char *pouchpaka* que *Râvana* son frère avait enlevé à *Kouvêra* en même temps que son royaume et ses trésors. De retour à *Ayôdhyâ*, *Râma* renvoya à *Kouvêra* son char merveilleux. E. J.

(5) On reconnaît encore ici le caractère particulier de puérilité qui distingue les additions faites par les Tamouls aux traditions mythologiques de l'Inde supérieure. E. J.

(6) Ce récit complète le cadre mythologique dans lequel les Tamouls ont fait entrer le *Râmâyana*, à l'exemple des Pourâna et des *mahâkâvya* de la littérature sanskrite. On peut remarquer une grande ressemblance de détails entre la légende de *Râma* telle qu'elle est exposée dans ce chapitre, et la narration épique de la même légende dans le *Raghouwamsha*; ainsi le trait le plus caractéristique du *Râmâyana* tamoul, l'apparition pendant le sacrifice à Shiva d'une figure divine apportant à *Dasharotha* l'espoir d'une postérité, se retrouve dans le poëme que j'ai cité, avec cette différence cependant que la figure sortie du feu offre au roi non pas une boule de riz *pongal*, mais une coupe remplie d'un breuvage qui n'est autre que la semence de Vichnou sous l'apparence de lait. E. J.

APPENDIX. 99

Les Malabars gentils, qui ont une extrême dévotion pour Vichnou et pour les deux divinités qui reposent dans ses mains, portent des pendants d'oreilles en forme de *changou* et de *chakaram*, travaillés en or et enrichis de perles; ils espèrent gagner ainsi de grandes indulgences. Aussi percent-ils les oreilles à leurs enfants dès l'âge de deux ou trois ans; c'est un usage solemnel et régulièrement observé (1). Les Malabars chrétiens portent aussi le *changou* et le *chakaram* en forme de pendants d'oreilles; en vain Mgr le patriarche d'Antioche leur a-t-il défendu de se parer de ces ornements, ils n'en ont pas moins persisté dans leur usage.

CHAPITRE XXVIII.

*Culte des serpents chez les Malabars; pendants d'oreilles en forme de serpent.*

Entre toutes les espèces de serpents, celle qu'on nomme *nâgapâmbou* (2) passe pour la plus noble; elle est adorée par les Malabars comme une divinité. *Adichéchen* (3) est le roi de cette caste de serpents; les Malabars disent que sur ses mille têtes il supporte le monde que nous habitons, et qu'il se métamorphose toutes les fois que Vichnou vient s'incarner sur la terre, afin de l'accompagner partout comme son plus fidèle serviteur.

Le poison du *nâgapâmbou* est si subtil, que celui qui est mordu par ce serpent meurt quelques heures après, à moins d'être promptement secouru. Il y a cependant des bateleurs qui nourrissent chez eux des *nâgapâmbou*, et qui, après les avoir dressés à faire mille gentillesses, les portent au marché public, où ils les font danser et courir, sans qu'ils nuisent à personne (4).

Des soldats de Pondichéry ayant, il y a quelque temps, tué dans leur corps de garde un serpent *nâgapâmbou*, les Malabars gentils accoururent aussitôt, se lamentant et jetant de grands cris : après l'avoir enlevé avec beaucoup de respect, et avoir même ramassé la terre sur laquelle il avait été tué, ils allèrent l'enterrer hors de la ville. Lorsque les gentils veulent offrir un sacrifice aux *nâgapâmbou*, ils vont en tous lieux chercher le trou d'un de ces animaux, et là même lui sacrifient un coq (5).

Les femmes malabares gentiles et chrétiennes portent des pendants d'oreilles en or, qui ont la forme de la tête du *nâgapâmbou*, et auxquels on donne le nom de *nâgavadam* (6). On raconte à ce sujet la fable suivante.

(1) Voyez, sur cette cérémonie qui paraît accompagner le *tchoûlâkârya*, une note se rapportant au chapitre 11 de la seconde partie de ces extraits. E. J.

(2) Incorrectement écrit dans l'original *nahampampou*. Le *nâgapâmbou* (serpent *nâga*), que les Tamouls nomment aussi par un singulier euphémisme *nallapâmbou* (le bon serpent) est le terrible *cobra di capello*, ou serpent à chaperon, dont on peut voir des représentations exactes dans plusieurs livraisons de l'*Inde Française*. Il est constant que le nom de *nâga* ne lui a pas toujours exclusivement appartenu, et a été dans d'autres temps et dans d'autres contrées attribué à des êtres soit réels, soit fictifs, qui n'avaient rien de commun avec ce reptile; les *nâga* de la mythologie épique sont comme les *dragons* de l'antiquité grecque, des serpents dont les formes, grandes et terribles, représentent dignement les races guerrières et ennemies dont ils sont le symbole. E. J.

(3) *Adishécha* ou *Shécha*, nommé aussi *Ananta* ou l'*infini*, est une création du nârâyanisme; les vechnavites modernes ont attribué à *Shécha* le nom, le titre et le caractère de *Vâsuki*, l'ancien roi des *nâga*, célébré dans les poésies épiques et traditionnelles des Indiens. Le seul *avatâra* de *Shécha* que connaisse la mythologie classique est sa transformation en *Balarâma*, frère de *Krichna*, la plus récente des incarnations de Vichnou; la timide réserve qu'ont montrée en ce point les vechnavites, si empressés à appliquer les anciennes légendes aux noms nouveaux qu'ils mettent en honneur, me paraît être un aveu irrécusable de l'origine moderne de ce personnage mythologique. Le nom d'*Adishécha* est composé de *Shécha* et de l'épithète *âdi*, premier, primitif, qui se trouve jointe à quelques autres noms de divinités. *Adishécha* est représenté sur la planche 1 de la 11e livraison de l'*Inde Française*. E. J.

(4) Voyez la planche III de la XVIe livraison de l'*Inde Française*. Les psylles sont nommés *âhtoundika* en sanskrit et *pâmbâtti* en tamoul; leur industrie paraît être depuis long-temps connue dans l'Inde; on voit un psylle figurer dans le drame sanskrit intitulé *Moudrârâkchasa*; cette description se lit dans un autre drame de la même époque, le *Shâradâtilaka* : « voici que » s'approche le psylle, avec son serpent et son singe; sur sa tête il porte une touffe de plumes de paon; un de ses bras est » enveloppé de jeunes pousses de vigne, l'autre est orné d'un bracelet de coquillages; ses cheveux, relevés en une seule » touffe, sont suspendus au-dessus de son front, tandis qu'au-dessous de l'une à l'autre oreille s'étend une seule ligne de » cendres. Il répète la formule magique de *Garouda*, et méditant sur son maître spirituel, il ouvre avec précaution son » panier et en tire le reptile, qu'il excite doucement ». Il faut ajouter à ces indications quelques détails curieux sur la danse des serpents, qui se lisent dans l'ouvrage de M. de la Flotte. On nomme *pidâren* sur la côte de Coromandel les psylles qui font profession de prendre les serpents dans leurs trous, et de guérir les piqûres de ces reptiles. E. J.

(5) Si un Indien est assez heureux pour qu'un *nâga* soit venu se nicher dans quelque coin de la maison qu'il habite, il ne manque pas de mettre chaque jour un vase plein de lait à la portée de son hôte; de plus il lui offre en sacrifice à certains jours un coq ou un autre volatile domestique. On trouve des détails curieux sur le culte rendu à ce serpent dans l'ouvrage de M. Dubois intitulé : *Mœurs et institutions des peuples de l'Inde*, T. 11, p. 435. E. J.

(6) *Nâgavadam*, ou plus correctement *nâgapadam*, signifie *pendant d'oreille en forme de nâga* ; ce bijou est le plus souvent d'argent. E. J.

APPENDIX.

*Rouvoumi*, femme du brahmane *Youdagen* (1), fut mordue par un serpent *nâgapâmbou*. Ce brahmane conjura le *nâgapâmbou* de venir lui avouer pour quel motif il avait donné la mort à sa femme. Le *nâgapâmbou* se présenta en effet, et lui dit que s'il l'avait mordue, ce n'avait point été de sa propre volonté, mais qu'il l'avait fait, parce que Brahmâ avait écrit dans la tête de *Rouvoumi* qu'elle devait, ce jour-là, mourir de la morsure d'un *nâgapâmbou* (2). « C'est faux, répliqua le » brahmane; suivez-moi à cette heure même devant Brahmâ; je veux savoir la vérité. » Dès qu'ils furent arrivés devant Brahmâ, ce dieu fit appeler son secrétaire *Chitirapoutiren* (3) pour examiner la destinée de cette femme; il se trouva en effet qu'elle devait mourir de la morsure d'un *nâgapâmbou*. Après avoir donné gain de cause au serpent, Brahmâ, pour le récompenser de l'exactitude qu'il avait montrée à exécuter ses ordres, ordonna aux femmes d'avoir une grande vénération pour le *nâgapâmbou*, et déclara que celles qui porteraient la forme de sa tête en manière de pendants d'oreilles, seraient préservées de tout mal, et acquerraient de grandes indulgences pour la rémission de leurs péchés (4).

## CHAPITRE XXIX.

*Latchimi transformée en basilic.*

Il y a trois espèces de basilics, savoir : l'*erichnatoulachi*, l'*ichtirîtoulachi* et le *toulachi* proprement dit; la déesse *Latchimi* s'est, suivant l'opinion des gentils, transformée en ces trois espèces de basilics (5). Les brahmanes ont toujours un plant de basilic dans leur cour ou dans leur jardin à peu de distance de leur maison. Tous les jours, le matin, vers midi et le soir, après s'être purifiés, et avant de prendre leur repas, ils trempent quelques feuilles de basilic dans un pot d'eau; ils s'arrosent la tête de cette eau, et ils en boivent; car ils sont persuadés qu'elle a acquis la vertu d'effacer les péchés; ils répandent aussi un peu de cette eau au pied du basilic, et tournent trois fois autour de cette plante; ils l'adorent ensuite, les mains élevées sur la tête, lui font un sacrifice de riz, de morceaux de cocos et de figues pilées. Les brahmanes s'assemblent tous les vendredis pour offrir au basilic un sacrifice plus solemnel, dont les matériaux sont une espèce de pain de riz, des figues pilées, des morceaux de cocos et du sucre; ils ornent le basilic des fleurs d'autres plantes, l'encensent, et lui offrent de l'arèque et du bétel; puis ils mangent ensemble toutes les choses offertes et boivent de l'eau sucrée dans laquelle on a fait bouillir du poivre et du gingembre. Pendant toute la durée du mois, qui correspond à notre mois de novembre, les brahmanes célèbrent trois fois par jour la cérémonie qu'on vient de décrire, et font ces offrandes d'abord au basilic, puis ensuite à une tige de *nelli* qu'ils plantent au pied du basilic; les autres jours de l'année, ils ne plantent point de *nelli* pour célébrer cette cérémonie (6).

(1) Quelque suspecte que soit la forme de ces noms propres, je l'ai respectée, parce que n'ayant rencontré cette légende dans aucun ouvrage original, les moyens me manquent pour restituer ces noms avec certitude; je conjecture seulement que *Rouvoumi* est une leçon incorrecte pour *Rodvini*, en sanskrit *Rôdpinî*. E. J.

(2) Les Indiens sont persuadés que chaque homme porte dans les lignes de son crâne sa destinée écrite de la main de Brahmâ au moment de la naissance; aussi nomment-ils la destinée *talaivîdi*, *ordre que l'on porte sur sa tête*. E. J.

(3) Ce nom, inexactement écrit dans l'original *Sitrapoutren*, me paraît être une variante fautive de *Tchitragoupta*; c'est en effet ce personnage mythologique qui tient le registre des actions humaines et qui y inscrit la destinée de chaque homme au moment de sa naissance. Mais *Tchitragoupta* est considéré par tous les mythologues comme le secrétaire de *Yama*, et non comme celui de Brahmâ. E. J.

(4) Je répare une omission de l'auteur en faisant mention d'une autre espèce de pendants d'oreilles que l'on porte également dans une intention religieuse; elle est nommée *rôvardkou*, et a la forme d'une demi-lune. Les femmes d'une certaine caste ne portent d'autres pendants d'oreilles que des lames d'or roulées et nommées *ponnôlai* ou *feuilles d'or*. E. J.

(5) Une autre légende, celle qui se rapporte à *Vrindâ*, nous montre aussi *Lakchmî* transformée simultanément en trois plantes différentes, qui paraissent d'ailleurs n'avoir aucun rapport avec celles qui sont désignées dans ce chapitre. Le *toulachi* ou *toulasî* est l'*ocymum sanctum* de notre nomenclature botanique; je ne puis déterminer aussi précisément la synonymie linnéenne de l'*ichtirîtoulachi* (*toulasî* des femmes), et moins encore celle de l'espèce nommée dans le texte *erichnatoulachi* (probablement une leçon fautive pour *kirichnatoulachi*, toulasî violacée) : la première de ces trois espèces paraît être identique avec celle qui est nommée *kathindjara* en sanskrit. Je profite de l'occasion que m'offre cette note pour substituer à des conjectures la forme correcte d'un autre nom de plante cité dans un chapitre précédent; il s'agit du *villai*, au sujet duquel l'auteur a commis l'erreur de donner à la plante le nom de ses feuilles, *villaipatiri*. E. J.

(6) Cette description est la plus complète que je connaisse des cérémonies religieuses célébrées en l'honneur du *toulasî* : il est à regretter que l'auteur qui a consacré des notices particulières à presque tous les objets de la vénération des Indiens, ait négligé de nous faire connaître les traditions populaires de l'Inde méridionale relatives à la célèbre pierre *sâlagrâma* ou ammonite de la rivière *Gandakî*; on trouve sur ce sujet quelques renseignements curieux, mais insuffisants, dans les *Essais sur l'Inde* de M. de la Flotte. E. J.

# APPENDIX.

## CHAPITRE XXX.

### *Couronne à longue queue ou poúcháram* (1).

Les Malabars gentils reconnaissent sept *pidariyvr*, ou sept grandes maîtresses des démons, savoir : *Piramâni*, *Mâgéchouri*, *Kávoumári*, *Nárâyani*, *Várági*, *Indiráni* (2). Ces *pidariyár* ou démons femelles sont des manifestations des principales déesses. Elles dominent dans chaque ville sur tous les autres démons. Les pagodes qui leur sont consacrées sont toujours situées hors des villes sur les grands chemins ; les gentils frissonnent de peur quand ils passent la nuit devant ces pagodes ; car quelques-uns y ont été, dit-on, cruellement maltraités.

Chaque ville célèbre tous les ans, en l'honneur de sa *pidariyár*, une fête solennelle. Les individus des castes *Palli* et *Totti* (3) sont chargés d'en diriger les cérémonies, parce que ce devoir est attaché à leur condition ; les chrétiens qui appartiennent à ces castes doivent également leur assistance à cette célébration. Voici l'ordre de la cérémonie : pendant les quinze jours qui précèdent la fête, un individu de la caste *Palli* et un de la caste *Totti* parcourent de nuit les rues de la ville, tenant un sabre en main et annonçant la fête de la *pidariyár* : le *Totti* ne porte de pendants ou *nágavadam* qu'à une seule oreille, et n'a qu'un seul pied chaussé. Les individus de ces castes observent aussi long-temps un jeûne rigoureux ; pendant tout ce temps, ils ne prennent d'aliments et de sommeil qu'en plein air, et s'interdisent l'entrée de toute maison. Le jour de la fête, ils parent leur tête de couronnes de fleurs terminées par des queues qui pendent jusqu'à la ceinture ; c'est une marque distinctive qui annonce leur caractère de sacrificateurs de la *pidariyár* ; c'est pourquoi on les nomme *pallichatikárer* (4), gens qui sacrifient aux *pidariyár*. Ils font une procession dans les rues de la ville ; on allume des lampes au-devant des portes sur leur passage ; les gens riches font quelquefois égorger un mouton par les sacrificateurs. Lorsque la procession approche de la pagode, un d'entre eux tranche la tête à un mouton, recueille tout le sang dans un pot, et y mêle un peu de riz ; il arrache ensuite les intestins du mouton et les jette sur son cou en forme de bandelettes pour témoigner en présence des démons qu'il vient d'offrir un sacrifice à leur grande maîtresse. Les sacrificateurs vont enfin tous ensemble jeter aux quatre coins de la ville le sang et le riz mêlés, pour conjurer les démons, au nom de leur grande maîtresse, de ne faire aucun dommage ni à la ville ni aux biens de la terre (5).

Les PP. Jésuites de Pondichéry, qui emploient tout leur zèle, comme ils le prétendent dans leurs lettres, à inventer chaque jour quelque nouveau moyen d'exciter la dévotion des Malabars chrétiens, se sont avisés de se parer, dans une cérémonie religieuse, de couronnes de fleurs à longues queues, semblables à celles que portent les *pallichatikárer* ; le P. Tachard, qui officiait à la fête du Saint-Sacrement, donna la bénédiction la tête ceinte d'une couronne de cette espèce : les PP. de Breville, Dolu et Turpin en portaient de pareilles. Il est cependant certain que cette couronne est l'insigne de ceux qui se consacrent au culte des sept démons femelles.....

(1) J'ai ainsi modifié ce mot, qui se lit *poutcharam* dans l'original ; il ne se trouve pas dans les dictionnaires tamouls que je puis consulter : il représente sans doute un mot sanskrit *poūdjára* dont l'analogue existe dans le tamoul *poūchári*. E. J.

(2) Les *Pidariyár* sont évidemment les *Mâtri* ou énergies divines de l'Inde supérieure ; je ne puis d'ailleurs déterminer l'orthographe de leur nom tamoul, parce qu'il ne se trouve dans aucun des dictionnaires qui sont à ma disposition ; je puis seulement conjecturer qu'il est terminé par la particule honorifique *âr*. Les noms des *Pidariyár*, au nombre de six seulement dans l'original, sont presque méconnaissables dans les leçons fautives *Pranami*, *Mokechourray*, *Cadoumari*, *Navami* et *Varaskia* ; le nom omis est *Kávowéri*, l'énergie de *Kowéra*, ou *Nárachingi*, l'énergie de *Nárasimha*. Les diverses listes de *Mâtri* ne s'accordent en effet ni sur les noms, ni sur le nombre de ces abstractions divines ; le plus souvent sept, les autres huit et d'autres encore seize. Ces déesses sont plus connues sous le nom de *Shakti*, *énergies*, que sous celui de *Mâtri*, *mères*, qui paraît emprunté à l'emploi honorifique du mot *mère* dans les langues de l'Inde méridionale. E. J.

(3) On trouve des notices exactes sur les *Palli* et les *Totti* dans les feuilles vi et vi de la xve et vi de la xiiie livraisons de l'*Inde Française*. Il faut éviter de confondre les *Palli* avec les *Paller*, qui paraissent former la dernière division de la race des paria. La caste des *Totti* est, suivant les traditions locales, originaire des environs du district de Kongou, entre *Tritchinapalli* et le *Maïssour*. E. J.

(4) Incorrectement écrit dans l'original *pellichettikarer*. Ce mot, composé de *palli*, habitation, de *chati*, pour le sanskrit *shakti*, et du suffixe *káren*, signifie littéralement *sacrificateurs des Pallishakti ou énergies divines qui président aux villes*. E. J.

(5) Cette cérémonie appartient au culte primitif des tribus qui peuvent être considérées comme indigènes dans l'Inde méridionale : on ne possède encore aucun des renseignements bien incomplets sur les pratiques de ce culte ; on peut cependant induire des faits observés par les voyageurs, que les sacrifices sanglants sont à peu près les seuls que connaissent ces tribus, et que le sang des victimes est probablement la matière même du sacrifice, puisque dans presque toutes les circonstances, et surtout lorsque l'idole est une pierre dressée, les sacrificateurs recueillent ce sang pour en arroser l'idole. E. J.

# APPENDIX.

## CHAPITRE XXXI.

### *Rénougadévi et Māriyammai pidariyār.*

Le culte de ces divinités est très-répandu parmi les Malabars ; ils sont persuadés que *Parachati* (1) ou l'essence suprême s'est transformée en ces deux déesses ; qu'elle a une fois pris naissance dans le sein de la femme d'un brahmane, sous le nom de *Rénougai*, a été unie au célèbre pénitent *Chamadakini*, et a obtenu, avec la condition de déesse, le titre de *Rénougadévi ;* qu'une autre fois, elle s'est incarnée dans le sein d'une blanchisseuse, a été élevée dans la maison d'un paria, est restée vierge, et ayant, dès son enfance, manifesté sa nature divine, a été adorée sous le nom de *Māriyammai*, dans une pagode particulière (2). Ces deux déesses ont, dans l'opinion des Malabars, le pouvoir de guérir des plus terribles maladies. *Rénougadévi* guérit du *channi* (3), de l'ophthalmie et de la lèpre ; on distingue quatre espèces de lèpre ; l'une couvre tout le corps de pustules ; elle est incurable ; aussi n'attribue-t-on pas à cette déesse le pouvoir d'en purifier ; les autres ont pour symptômes de grandes taches rouges, blanches ou noires, qui s'étendent sur la peau ; ces trois lèpres, distinguées par la couleur des taches, ne se confondent jamais dans une même personne. Quant à *Māriyammai*, elle ne guérit que de la petite vérole. Elles ont l'une et l'autre le pouvoir de délivrer les possédés des démons qui les obsèdent (4). Voici les fables que l'on rapporte au sujet de ces deux divinités.

*Rénougai*, épouse du brahmane *Chamadakini*, avait long-temps mené une vie si pure et si chaste, que Shiva, pour honorer sa vertu, lui avait accordé un pouvoir surnaturel ; c'était, lorsqu'elle allait à l'étang chercher l'eau destinée aux sacrifices que son mari devait célébrer en l'honneur des dieux, de rapporter cette eau dans ses mains sous la forme d'une boule, sans avoir besoin d'aucun vase (5). Un jour qu'elle se trouvait au bord de l'étang, elle vit se réfléchir dans l'eau les traits de plusieurs rois d'une beauté parfaite et d'une grâce ravissante (6) ; elle fut si vivement émue de cette image, qu'elle conçut des désirs impurs ; privée au même moment du pouvoir que Shiva lui avait accordé, elle fut obligée de revenir chez elle sans apporter de l'eau à son mari. Il soupçonna aussitôt qu'elle avait failli à son honneur ; il appela son fils *Parachourâmen*, et lui donna l'ordre de couper la tête à sa mère. Averti de ce dessein, *Rénougadévi* courut à la pagode de *Māriyammai* pour se confier à sa protection. *Parachourâmen* l'y poursuivit ; comme il voulait entrer dans la pagode, *Māriyammai* lui opposa une vive résistance, mais *Parachourâmen*, dans la lutte, abattit la tête de *Māriyammai*, et, saisissant sa mère, lui fit éprouver le même sort (7). Après avoir ainsi exécuté les ordres qu'il avait reçus, il revint à la maison paternelle. Satisfait de son obéissance, son père lui demanda ce qu'il désirait pour prix de son obéissance. *Parachourâmen*, qui avait accompli son terrible devoir, l'âme pénétrée d'une vive douleur, supplia instamment son père de rendre la vie à *Rénougai*. *Chamadakini* ne pouvant refuser cette grâce au dévouement de son fils, lui permit de rejoindre la tête de sa mère à son corps, l'assurant qu'il suffirait, pour la faire revivre, de verser un peu d'eau sur ses membres raidis.

---

(1) *Parachati* est la forme tamoule de *Parashakti*, qui signifie littéralement la *suprême énergie* ; elle est considérée par les mythologues comme une forme de *Dourgâ*, comme l'*énergie* ou la manifestation passionnée de *Parashiva*. E. J.

(2) Les traditions populaires des Tamouls ne s'accordent pas sur l'existence de ces deux divinités ; les unes ne reconnaissent de différence ni d'essence, ni d'attributs, entre *Rénoukâ* et *Māriyammai*, et réunissent ces deux noms sur un seul personnage mythologique, en attribuant le dernier comme un titre à *Rénoukâ* devenue *Mâtri* ; les autres traditions distinguent ces deux déesses par leur origine, mais les rapprochent dans un supplice commun, comme pour trouver une occasion de les confondre et de les identifier ; il me semble que la dernière version doit avoir été inventée postérieurement par les paria pour faire participer à la divinité de *Rénoukâ* la *paraitchi* dont *Parashourâma* avait réuni le corps à la tête de sa mère. E. J.

(3) *Channi* signifie simplement *accès convulsif* ; aussi entre-t-il souvent en composition avec d'autres mots qui déterminent la nature ou la cause des convulsions ; on l'emploie très-souvent dans le sens de *choudagachanni*, *convulsions de matrice* ; cette maladie est une des plus fréquentes et des plus dangereuses de l'Inde méridionale. E. J.

(4) Voyez, dans la suite de ces extraits, le chapitre intitulé : *Démoniaques*.

(5) Je pense qu'on doit expliquer cette fiction par une allusion au nom de *Rénoukâ*, qui signifie littéralement *poudreuse*, et qui peut être considéré comme une épithète de la terre : or les divers systèmes philosophiques des Indiens reconnaissent comme la forme propre du mélange des deux éléments la terre et l'eau, la forme ronde (*pindatâ*), parce que, suivant leurs observations, l'eau répandue sur la poussière se forme en globules. E. J.

(6) La version de cette légende, recueillie dans les Pourâna, rapporte que *Rénoukâ* aperçut réfléchi dans l'eau de l'étang un *Gandharva* qui passait dans l'air ; un regard trop complaisant lui fit perdre, avec la pureté de l'âme, le don qu'elle avait reçu de Shiva. E. J.

(7) Les circonstances de ce récit diffèrent nécessairement de celles de la version qui a été suivie dans la notice sur *Māriyammai* (feuille 1 de la xxe livraison de l'*Inde Française*). Les Pourâna, qui ne connaissent point d'ailleurs la hideuse transformation de *Rénoukâ*, ajoutent que *Parashourâma* tua, en même temps que sa mère, ses frères, qui avaient refusé d'obéir à l'ordre cruel de *Djamadagni*. E. J.

APPENDIX. 103

*Parachourâmen* retourna aussitôt à la pagode ; mais, dans le trouble qu'il éprouvait, il plaça la tête de *Mâriyammai* sur le cou de sa mère, et joignit celle de sa mère au corps de *Mâriyammai* ; ce fut dans cet état qu'il les ressuscita toutes deux. *Chamadakini* déclara alors à *Rénougaï* qu'infidèle à son devoir, défigurée, immonde comme elle était, il ne la jugeait plus digne de s'approcher de lui ; mais qu'il obtiendrait de Shiva qu'une pagode lui fût consacrée, où elle serait adorée comme une déesse, sous le nom de *Rénougadévi*. Shiva lui accorda en effet cette faveur en considération de la pénitence de son époux, et lui donna même le pouvoir de guérir du *channi*, de l'ophthalmie et de trois espèces de lèpre. Aussi, voit-on souvent des femmes faire vœu de porter toute leur vie un bijou d'or suspendu au cou en l'honneur de cette déesse pour obtenir d'être préservées du *channi*. Quand on est attaqué de cette maladie ou de quelqu'autre de celles qui sont soumises à son influence, on lui offre en sacrifice, le jour *vellikijamai*, du riz *pongal*, et un mouton ou une poule tout au moins (1). Shiva accorda encore à *Rénougadévi* le pouvoir d'expulser les démons ; on célèbre tous les ans, en son honneur, une fête solennelle semblable à celle de *Mâriyammai* qui sera décrite plus bas. Shiva donna également à *Mâriyammai* le pouvoir de chasser les démons et de guérir de la petite vérole. Lorsqu'une femme vient d'accoucher, on suspend au-dessus de la porte de la maison une poignée de feuilles de margousier comme le signe de la présence de *Mâriyammai*, pour empêcher les démons de rôder autour de l'enfant nouveau-né (2). Les grâces accordées par Shiva à ces déesses sont moins des bienfaits que des signes durables de l'impureté à laquelle elles sont condamnées. Aussi, les Malabars pensent-ils que la lèpre et la petite vérole sont réellement les déesses *Rénougadévi* et *Mâriyammai*, transformées en ces deux fléaux ; ainsi, pour dire qu'une personne est atteinte de la petite vérole, on se sert de cette expression : *ammai vilaiyâditchou*, c'est-à-dire *la vénérable dame se divertit*(3). Les personnes attaquées de la petite vérole sont considérées comme immondes, et communiquent leur impureté à tout ce qui les entoure. Aussi long-temps que cette maladie infecte une maison, on ne peut ni la balayer ni la tapisser de fiente de vache ; ceux qui s'y trouvent ne peuvent non plus ni se laver la tête avec de l'huile, ni se peigner, ni donner leur linge à blanchir, ni enfin mâcher du bétel ; il leur est également défendu d'avoir commerce avec leurs femmes, alors même qu'elles ne seraient point affectées de cette maladie.

On place auprès de la personne affectée de la petite vérole un vase plein d'eau, où trempe une poignée de feuilles de margousier, qui représente *Mâriyammai*. Les parents du malade font des vœux et des prières à cette déesse ; les uns promettent d'aller demander en aumône du *kanji* (eau de riz) chez un blanchisseur, et de le faire boire au malade, qui n'a d'ailleurs pas à craindre de perdre sa caste pour ce fait (4) ; les autres s'engagent à faire mouler une figure du malade et à la consacrer dans la pagode de *Mâriyammai* (5) ; d'autres encore s'obligent à envoyer demander l'aumône dans chaque maison en l'honneur de *Mâriyammai*. Cette quête se fait ainsi : une pariate, servante de cette déesse, portant sur sa tête un vase rempli d'eau et de feuilles de margousier, tenant de la main droite quelques feuilles de cet arbre et un rotin, parcourt les rues de la ville, accompagnée de joueurs d'instruments et de plusieurs personnes chargées de recevoir les aumônes ; lorsqu'elle s'arrête devant la porte d'une maison, elle donne aux joueurs d'instruments le signal de faire grand bruit, puis elle chante et danse, le vase sur la tête, avec une extrême agilité, sans répandre une seule goutte d'eau (6) ; ceux qui ont le plus de dévotion pour *Mâriyammai* font brûler de l'encens devant son idole ; puis font apporter un peu de riz dans un vase, et, après l'avoir offert à *Mâriyammai*, le donnent aux collecteurs d'aumônes ; la danseuse, en récompense de leurs présents, dépose dans le vase quelques feuilles de margousier, que les gens de la maison se passent dans les cheveux ou attachent

---

(1) Le choix d'un mouton ou d'une poule pour victime indique généralement un sacrifice offert à une des divinités terribles ou *Shakti*. Le jour *vellikijamai* est le sixième de l'hebdomade indienne. E. J.

(2) Lorsqu'une famille est atteinte de la petite vérole, ses voisins attachent des touffes de feuilles de margousier aux murailles et au toit de leurs maisons, pour se préserver de la contagion. E. J.

(3) Incorrectement écrit dans l'original *ammai viliaditchou*. *Vilaiyâditchou* signifie littéralement *s'est diverti*; c'est une forme peu régulière, mais substituée par l'usage vulgaire à la forme normale *vilaiyâdoutou*. *Ammai*, mère, est souvent employé en tamoul comme titre honorifique. E. J.

(4) *Mâriyammai* étant née dans la caste des *vannâr* ou blanchisseurs, il est permis au malade de boire du *kanji* préparé par un individu de cette caste ; le mot *kanji*, qui est passé dans la langue française sous la forme *cange*, désigne l'eau qu'on retire du riz après l'avoir fait long-temps bouillir. E. J.

(5) Les temples des divinités populaires et locales, particulièrement ceux d'*Ayyanâr*, de *Mannârsouvâmi* et des *Shakti*, sont encombrés d'offrandes de ce genre. Il n'est pas nécessaire que la figure grossièrement moulée en terre cuite reproduise les traits de l'individu qu'elle est supposée représenter ; il suffit qu'un nom et une intention soient attachés à cette figure, pour que sa présentation produise tout l'effet qu'on peut en attendre. E. J.

(6) On en voit même exécuter cette danse la tête chargée de plusieurs vases pleins d'eau posés les uns sur les autres ; ces vases sont nommés en tamoul *niroigarom*. E. J.

APPENDIX.

à leur toque comme le signe extérieur de leur vénération pour *Mâriyammai*. Le cinquième jour de la maladie, les parents offrent à *Mâriyammai* un sacrifice de petits pains pétris de riz et de sucre; ils les rangent d'abord autour du vase placé au chevet du malade, puis lui en font goûter ainsi qu'aux enfants de la maison. Le septième jour, on offre un autre sacrifice de petits pains pétris de riz et de lait caillé; on les range aussi autour du vase, et on en donne à goûter au malade et aux enfants. Quelques jours après, on prépare de l'eau sucrée, on l'offre à *Mâriyammai*, puis on en fait boire au malade. Quand il est convalescent, on fait une nouvelle offrande de petits pains pétris de riz et de lait caillé, et, après les avoir rangés autour du vase, on lui en donne à manger. On broie ensuite des feuilles de margousier et du safran, et on lui frotte le corps avec ce mélange (1); il sort alors accompagné de ses plus proches parents, qui portent un vase rempli d'eau et de feuilles de margousier; arrivé à un étang, il s'y baigne, et ses parents jettent dans l'eau le vase et ce qu'il contient, en rendant grâces à *Mâriyammai* d'avoir conservé une vie qui leur est chère (2). Cette cérémonie terminée, toute la famille retourne à la maison, et prend grand soin de la purifier avec de la fiente de vache.

L'usage est encore que le convalescent se rende, en compagnie d'une servante de *Mâriyammai*, à la maison de quelque blanchisseur, pour témoigner sa reconnaissance à cette déesse; la danseuse porte sur sa tête un vase rempli d'eau et de feuilles de margousier, et tient en main quelques feuilles de cet arbre et un rotin; elle est précédée du convalescent, qui porte aussi une poignée de feuilles de margousier; les principaux parents les accompagnent avec des musiciens qui font un grand bruit de trompettes et de tambours pendant tout le chemin. Arrivés à la maison du blanchisseur, celui-ci apporte un pot rempli d'eau et la répand sur les pieds de la danseuse, comme pour en arroser ceux de *Mâriyammai*, qui est d'ailleurs présente dans les feuilles de margousier.

On célèbre une fois chaque année une fête solennelle en l'honneur de *Mâriyammai*. Les blanchisseurs y remplissent les fonctions de sacrificateurs; sept ou huit jours avant la fête, ils vont, accompagnés de joueurs d'instruments, au son des trompettes et des tambours, demander dans toutes les maisons de la ville une aumône de riz; d'autres blanchisseurs dressent, pendant ce temps, une tente de rameaux qu'ils ornent de toiles peintes. Le jour même de la fête, on place l'idole de *Mâriyammai* sous la tente; on y étend une toile blanche, et on offre un sacrifice de riz *pongal*, auquel chacun s'empresse de contribuer en apportant du beurre et de l'huile; un *pallichatikâren* (3) coupe ensuite la tête à un mouton et la sacrifie à *Mâriyammai*; de la chair de ce mouton et de légumes assaisonnés, on prépare divers ragoûts que les blanchisseurs et les joueurs d'instruments se partagent entre eux (4).

CHAPITRE XXXII.

*Démoniaques.*

On rencontre assez fréquemment dans ce pays des démoniaques. Il n'y a que les *poûdjâri*, gens qui font leur demeure dans les pagodes des *pidariyâr* (5), qui aient le pouvoir de chasser les démons. Lorsque le *poûdjâri* est appelé pour chasser le démon du corps d'un possédé, il arrive les mains armées d'une corde et d'une fourche à trois dents: dès qu'il est entré, il fait tapisser la chambre

---

(1) Cette singulière opération est souvent très-douloureuse pour le malade; en frottant avec ce mélange son corps encore couvert de pustules, on renouvelle ou on ravive ses plaies; on essaie, il est vrai, de les cicatriser, en y appliquant des feuilles de margousier broyées et frites dans de l'huile ou dans du beurre. L'usage des feuilles de margousier constitue toute la thérapeutique des Tamouls dans les cas de petite vérole; on évente le malade avec des feuilles de margousier, on couvre son lit de ces feuilles, on en jette dans l'eau avec laquelle on lave ses plaies; on ajoute quelquefois cependant à ce puissant spécifique des emplâtres de bouse de vache. E. J.

(2) Il est intéressant d'observer que presque toutes les cérémonies purificatoires et expiatoires des Tamouls se terminent par cette immersion dans un étang de quelques offrandes consacrées à la divinité par la faveur de laquelle on est purifié; ainsi celui dont *Mâriyammai* a préservé l'existence, jette dans l'étang un vase plein d'eau et de feuilles de margousier; les jeunes filles qui se purifient le second jour du *pongal* des malheurs de l'année passée, jettent dans l'étang les restes des fleurs et des offrandes dont on a paré les vaches; le fils qui célèbre les cérémonies du *shrâddha* en l'honneur de son père, et qui se purifie après les avoir célébrées, jette dans l'eau de l'étang la pierre sur laquelle il a fait descendre l'âme du défunt et les boules de riz qu'il a offertes aux *pitri*. E. J.

(3) *Mâriyammai* étant une forme secondaire de *Dourgâ* ou *Mâhêshwari*, ses sacrificateurs ont droit au titre de *pallichutikâren*. E. J.

(4) On considère quelquefois comme célébrée en l'honneur de *Mâriyammai* la sanglante cérémonie nommée *tchakrapoûdjâ*; mais elle est plus souvent nominativement adressée à *Dourgâ*. E. J.

(5) *Poûdjâri* ou *poûchâri* est un dérivé tamoul du radical sanskrit *poûdj*, qui a le sens détractif de *sacrificule*: ce mot n'est pas précisément synonyme de *pallichatikâren*, parce qu'il désigne tous ceux qui officient dans les temples des divinités populaires, quelle que soit d'ailleurs la caste à laquelle ils appartiennent: la pl. v de la IIe livraison de l'*Inde Française* représente un brahmane *poûdjâri*. E. J.

# APPENDIX.

avec de la fiente de vache. Il fait asseoir le possédé au milieu de la chambre, et place près de lui des fleurs et un coco destiné à être cassé : il agite ensuite une clochette pour calmer les esprits du possédé, et offre un coq en sacrifice aux dieux Roudra, Vichnou et Brahmâ, ainsi qu'aux *pidariyâr*. Le démoniaque fait pendant tout ce temps des contorsions effroyables; si on lui présente des pierres, il les écrase sous ses dents; il se frappe si violemment la tête contre tout ce qu'il trouve, qu'il semble qu'il doive se la mettre en pièces. Le *poüdjâri* le fouette alors de toute sa force à grands coups de corde, jusqu'à ce que le démon, parlant par la bouche du possédé, lui promette de sortir du corps (1). Cette déclaration une fois faite, le démoniaque saisit la première chose qu'il trouve sous sa main; c'est presque toujours quelque grosse pierre qu'on a soin de lui jeter; le *poüdjâri* le fouette de nouveau et le fait courir pendant quelque temps avec une incroyable rapidité, jusqu'à ce qu'il trouve un arbre; le démoniaque jette là ce qu'il avait emporté, et tombe à terre comme épuisé de forces; le *poüdjâri* lui attache promptement les cheveux au tronc de l'arbre avec un clou; il coupe ensuite les cheveux et les offre en sacrifice au démon (2). Le possédé se trouve aussitôt délivré; mais à peine peut-il remuer son corps, tant il se sent meurtri et brisé. Les possédés, après leur délivrance, n'oseraient manquer d'aller eux-mêmes ou d'envoyer une personne de leur famille plusieurs fois chaque année à la pagode d'une *pidariyâr*, pour lui faire des adorations et des sacrifices..........

## CHAPITRE XXXIII.
### Cordon anandaviratam.

L'*anandaviratam* (3) est un cordon de soie rouge tressé, qui est supposé représenter Vichnou sous la forme du serpent *Ananden* : ce cordon est orné de quatorze nœuds, en mémoire des quatorze incarnations de ce dieu; c'est pour observer le même rapport des nombres qu'on s'engage à le porter quatorze ans (4). Ce vœu n'oblige pas d'ailleurs à porter constamment l'*anandaviratam* ; les uns le conservent avec soin dans une boîte, l'en tirent au moment de célébrer leurs cérémonies journalières en l'honneur des dieux, et le placent entre les autres idoles; ils ne le portent au bras que lorsqu'ils veulent accomplir les cérémonies particulières instituées en l'honneur de ce cordon (5); les autres, dans la crainte qu'il ne leur soit dérobé, le portent constamment attaché au bras; les uns pratiquent ces cérémonies pendant toute la durée de leur vie; les autres cessent de les pratiquer à la fin de la quatorzième année (6). Lorsqu'on veut se faire initier à ce culte particulier, on prie d'avance ses parents, ses amis et des brahmanes d'assister à la cérémonie; tous les conviés étant assemblés à la maison du récipiendaire, sous une tente qu'il a fait dresser, les brahmanes célèbrent la cérémonie de l'*anandaviratam*, telle que Vichnou lui-même l'a instituée; on en trouvera les détails dans la légende suivante.

Au temps où Vichnou s'incarna sous la forme de *Kirichnen*, vivaient six princes, héritiers de deux rois qui étaient frères; un de ces princes, nommé *Touriyôdanen*, était l'unique fils de l'un des deux rois. Les autres princes lui déclarèrent la guerre; les prétendants se livrèrent de sanglants combats pendant plusieurs années, et obtinrent alternativement des succès importants; la victoire fut enfin assurée à *Touriyôdanen* qui chassa les cinq frères de leurs états et les réduisit à chercher

---

(1) Les Tamouls donnent ordinairement à ces démons le nom de *péy*, et à ceux qui en sont possédés celui de *péypiditaven* : le mot *péy* me parait être une altération tamoule du sanskrit *pésha* pour *pishâtcha*, qui ne se trouve pas dans les dictionnaires, mais qui doit avoir existé, puisque son féminin *péshi* est encore usité. E. J.

(2) Il est difficile de concevoir l'accomplissement d'un pareil exorcisme, sans supposer une grande complaisance de la part du possédé qui se conforme aux exigences de ce cérémonial. E. J.

(3) On lit dans l'original *anandavîrtam* ; cette forme étant évidemment altérée, je n'ai pas hésité à lui substituer *anandaviratam*, pour le sanskrit *anantavrata*; *anantavrata* ne désigne pas d'ailleurs, comme le prétend l'auteur, le cordon consacré, mais bien le vœu par lequel on s'engage à le porter. Voyez sur *Ananden* une note se rapportant au chapitre intitulé : Culte du serpent chez les Malabars etc. E. J.

(4) Les mythologues indiens ne s'accordent pas sur le nombre des incarnations de Vichnou; les uns en comptent dix, les autres quatorze, et plusieurs vingt; il est vraisemblable que le nombre le plus restreint a été le plus anciennement admis, et qu'il s'est successivement accru de toutes les imitations des premières légendes. Les vingt incarnations de ce dieu sont les suivantes : *Pourouchã* ou *Padmanâbha*, *Varâha*, *Nârada*, *Nârâyana*, *Kapila*, *Datta* ou *Atréya*, *Richabha*, *Prithou*, *Matsya*, *Koûrma*, *Dhanvantari*, *Môhini*, *Narasimha*, *Vâmann*, *Vyâsa*, *Parashourâma*, *Râmatchandra*, *Krichna*, *Bouddha*, *Kalki*; cette dernière incarnation est attendue à la fin du *kalîyouga*. E. J.

(5) Les sectaires de l'*anantavrata* célèbrent chaque année une cérémonie solennelle nommée *anantatchatourdashi*, le quatorzième jour du premier *paksha* du sixième mois; ils observent ce jour-là un jeûne rigoureux. E. J.

(6) L'observation perpétuelle de ce vœu n'est point facultative, suivant Sonnerat; ce voyageur prétend qu'il suffit d'avoir célébré une seule fois la cérémonie solennelle de l'*anantavrata* pour être soumis au devoir de la célébrer pendant toute sa vie, et même pour obliger ses enfants nés et à naitre, qui ne peuvent se libérer de cet héritage religieux qu'en se faisant relever du vœu paternel au temple de *Pârpâlnâdou* sur la côte de Malabar. E. J.

APPENDIX.

une retraite dans les déserts(1). Ces princes, dans leur affliction, résolurent de faire une grande pénitence en l'honneur de Vichnou pour implorer son secours. Plusieurs années s'étant écoulées, Vichnou leur apparut, et leur demanda ce qu'ils souhaitaient pour prix de la pénitence à laquelle ils s'étaient livrés; ils lui exposèrent l'extrême détresse dans laquelle ils se trouvaient, chassés de leur royaumes et réduits à une misérable existence; ils le supplièrent de les rétablir dans leur première condition. Vichnou accordant à leurs instances une réponse favorable, leur annonça que s'ils voulaient joindre à l'austérité de leur pénitence la pratique des cérémonies de l'*anandaviratam*, ils se verraient bientôt aussi puissants qu'ils l'avaient jamais été. Comme la signification du mot *anandaviratam* leur était inconnue, ils lui demandèrent ce que c'était, et si ces cérémonies avaient été pratiquées par les pénitents des anciens temps : Vichnou leur fit alors le récit de cette légende pour satisfaire à leurs questions (2).

« Le roi *Vatchiradandachakaravardi* (3) était un prince riche et puissant; sa prospérité excita l'envie des autres rois, qui conjurèrent sa perte : il se vit un jour inopinément accablé par toutes les forces de ses ennemis; surpris, ne pouvant opposer aucune résistance à leur invasion, réduit aux dernières extrémités, il implora le secours de Vichnou. Vichnou lui apparut aussitôt, et lui déclara qu'il n'avait d'autre moyen de se soustraire aux dangers qui l'entouraient que de célébrer pendant quatorze ans, une fois chaque année, la cérémonie dont il allait lui exposer les détails. Le roi suivit ce conseil avec d'autant plus d'empressement que Vichnou l'assura que les forces de ses ennemis s'affaibliraient graduellement à mesure qu'il accomplirait son vœu. Vichnou lui recommanda alors de tresser un cordon de soie qui imitât la forme du serpent *Ananden*, qui a sept têtes et quatorze yeux (4); il l'assura que lui-même, manifesté sous la forme de ce serpent, serait toujours présent dans le cordon de soie, et disposé à favoriser ses entreprises aussi long-temps qu'il pratiquerait avec exactitude les cérémonies attachées à son vœu; il lui recommanda encore de former quatorze nœuds dans le cordon, en prononçant sur chacun de ces nœuds un des quatorze noms de Vichnou, *Kéchaven, Náráyanen, Mádaven, Góvinden, Vichnou, Madouchoüdanen, Tirivikiramen, Vámanen, Aridéven, Kirichnen, Padoumandben, Tamodaren, Ságarachanen, Váchoudéven*(5); il l'assura que, présent sous tous ces noms illustrés dans quatorze incarnations différentes, il s'empresserait d'accomplir tous ses désirs, pourvu qu'il s'obligeât à répéter chaque jour ces noms sacrés avec la vénération due aux glorieux exploits qu'ils rappelaient. Vichnou fit ensuite apporter une feuille de figuier sur laquelle était posée une masse de riz cuit, un pot contenant de l'eau (6), des feuilles de manguier et des feuilles de *tarpai* entrelacées en forme de serpent. Il récita des prières sur l'eau contenue dans le vase pour la consacrer et lui donner la vertu de représenter *Kangai*; puis il en arrosa le roi, se servant des feuilles de manguier comme d'aspersoir; il prit le cordon *anandaviratam*, le plaça sur le pot, et le consacra également en prononçant sur chaque nœud les noms rapportés plus haut; le cordon représenta dès ce moment Vichnou sous la forme d'*Ananden* et dans la gloire de ses quatorze incarnations. Vichnou fit apporter une autre feuille de figuier, disposa sur cette feuille des figues pilées, du bétel, de l'arèque, et les deux moitiés d'un coco qu'il brisa; il célébra, avec ces matériaux, un sacrifice *yákiyam* en son propre honneur; puis il attacha le cordon *anandaviratam* au bras droit du roi, et lui recommanda de le porter quatorze ans, de le renouveler chaque année avec les mêmes

---

(1) L'auteur, après nous avoir donné le *Rámáyana* populaire des Tamouls, devait compléter son cycle épique par cette version du *Mahábhárata*. C'est là ce que l'Inde moderne a fait de son plus beau monument historique, un cadre pour une série de légendes relatives à une des plus récentes pratiques de petite dévotion. E. J.

(2) J'ai déjà indiqué dans un autre passage comme un des signes qui annoncent une rédaction moderne des traditions mythologiques, la forme littéraire propre aux ouvrages narratifs tels que le *Pañtchatranta*, le *Vétálapañtchavinshati* etc.; on n'a donné cette forme épisodique à la littérature religieuse que dans les temps modernes, lorsque la vieillesse de la civilisation indienne a senti le besoin d'être amusée par des contes. E. J.

(3) Ce mot représente le sanskrit *Vadjradantatchakravarti*. *Vadjradanta* est le nom d'un *Asoura* célèbre; je ne pense pas qu'on le trouve dans les anciennes listes de rois *tchakravarti*. E. J.

(4) Les mythologues vechnavites ne s'accordent pas sur la forme du serpent *Ananta*; les uns lui donnent sept têtes, d'autres lui en attribuent mille; on le représente ordinairement déployant les chaperons de ses sept têtes comme un parasol sur Vichnou endormi. E. J.

(5) J'ai restitué conjecturalement plusieurs de ces noms qui étaient altérés dans l'original; j'ai lu *Madouchoüdanen* au lieu de *Natousandaven*, *Aridéven* pour *Hari* au lieu de *Iridaren*, *Kirichnen* au lieu de *Kicken*, *Ságardchanen* pour *Ságardsana* au lieu de *Sangarisanen*. Il faut d'ailleurs observer que la plupart de ces noms ne sont pas ceux sous lesquels Vichnou s'est révélé dans ses quatorze incarnations, et plusieurs font allusion aux mêmes faits mythologiques, tels que ceux de *Náráyana* et de *Padmanábha*, de *Mádhava* et *Madhousúdana*, de *Trivikrama* et de *Vámana* etc. E. J.

(6) Le vase dont on se sert dans cette cérémonie doit être de cuivre, et couvert extérieurement d'une couche de chaux; on pose ordinairement sur son orifice une noix de coco. E. J.

APPENDIX.   107

cérémonies, dont l'accomplissement ne devait être confié qu'à des brahmanes, de faire la quatorzième année d'abondantes aumônes aux brahmanes, et de leur servir un splendide repas (1). Le roi observa scrupuleusement toutes ces cérémonies ; aussi remportait-il de jour en jour de plus grands avantages sur ses ennemis ; lorsque son vœu fut entièrement accompli, il se trouva souverain dominateur du monde entier. »

Vichnou raconta, au sujet de l'*anandaviratam*, une autre légende non moins merveilleuse.

« Un brahmane qui venait de se marier dans une contrée éloignée, retournait dans son pays avec sa nouvelle épouse ; ils rencontrèrent sur leur route des femmes occupées à célébrer la cérémonie de l'*anandaviratam* ; la femme du brahmane, pressée du désir d'en connaître les pratiques, s'approcha, et conçut une si haute opinion de cet acte de piété, qu'elle pria son mari de lui permettre de s'arrêter quelques instants pour qu'elle pût y participer. Elle se réunit donc à ces femmes, qui s'empressèrent de lui former un cordon des fils qu'elles enlevèrent à l'étoffe de leurs vêtements, n'en ayant pas d'autre à lui offrir en ce moment ; la femme du brahmane reçut encore de ses nouvelles compagnes toutes les autres choses nécessaires à la célébration de la cérémonie ; ces préparatifs terminés, elle fut initiée à la dévotion de l'*anandaviratam*. Elle alla aussitôt retrouver son mari, et tous deux continuèrent leur route. Arrivés à l'emplacement de la maison du brahmane, ils la trouvèrent transformée en un palais où l'or et l'argent brillaient de toutes parts (2). Les richesses du brahmane s'accroissaient chaque jour ; mais, enivré par la prospérité et par la présomption, il ne soupçonnait même pas qu'il pût être redevable de ces trésors à l'*anandaviratam* : un jour qu'il considérait le cordon que sa femme portait au bras, il lui demanda ce que c'était ; sa femme étonnée lui reprocha de ne pas mieux connaître leur bienfaiteur, puisque toutes leurs richesses n'étaient dues qu'à la dévotion dont elle avait fait preuve pour l'*anandaviratam*. « Quoi ! s'écria le brahmane, êtes-vous assez insensée pour croire qu'une telle vertu soit attachée à ce misérable cordon ? Apprenez que je possède toutes les sciences, que je suis l'ami des dieux, et que j'obtiens de leur faveur, par mon mérite, tout ce que je puis désirer ? » Il lui arracha en même temps l'*anandaviratam*, cause première de tant de prospérités, et le jeta dans le feu. Pénétrée de douleur et effrayée par l'audace d'un tel crime, sa femme recueillit avec soin les cendres du cordon et les avala dans une tasse d'eau, pour les préserver de la profanation. Toutes les richesses du brahmane s'évanouirent bientôt, et autant sa maison avait été opulente, autant devint pressante la misère à laquelle il se trouva réduit : sa femme qui ne pouvait calmer les craintes que lui avait fait concevoir l'outrage fait à l'*anandaviratam*, le menaça des plus terribles effets de la colère de Vichnou, s'il ne se décidait à faire pénitence de son crime. « Eh bien, dit-il, je vais moi-même trouver ce dieu, et je m'engage à ne prendre ni nourriture ni sommeil que je ne l'aie rencontré. » Il se mit donc en chemin ; le premier jour, au soir, il alla se reposer sous un manguier ; tous les fruits de cet arbre étaient tombés à terre, mais les animaux de la forêt semblaient éviter d'y toucher ; il supposa que cet arbre était aussi souillé de quelque péché. Il se remit en route, et le lendemain prit quelque repos dans une plaine qui offrait d'excellents pâturages, et au milieu de laquelle erraient un bœuf, une vache et un veau qui ne broutaient point l'herbe et qui étaient d'une extrême maigreur ; il supposa encore que ces animaux avaient commis quelque grand péché et l'expiaient dans cette misérable condition. Le troisième jour, il se reposa dans un lieu où se trouvaient réunis un âne et un éléphant (3) : le rapprochement de ces animaux excita d'abord son étonnement, mais il reconnut bientôt que ces animaux subissaient en cet endroit une peine méritée. Le quatrième jour, il se trouva au bord d'un étang ; accablé de soif et de fatigue, il voulut se rafraîchir la bouche avec un peu d'eau ; elle était singulièrement amère de ce côté ; il alla en goûter sur le bord opposé et la trouva très-douce ; cette circonstance lui donna à penser qu'il y

---

(1) On reconnaît ici l'empressement des brahmanes à profiter de toutes les occasions pour recommander les distributions d'aumônes et les convocations de *sabhâ* ou assemblées solennelles, dans lesquelles les brahmanes invités reçoivent des présents en argent ou en objets d'utilité domestique. E. J.

(2) Cette légende me paraît être un emprunt fait au fonds commun des Pourâna par la littérature vchnavite moderne ; je pense du moins qu'on peut la considérer comme une imitation de la légende si connue de *Shrîdâma* ou *Souddma*, l'ami d'enfance de *Krichna*, qui forme le sujet d'un épisode du *Bhâgavatapourâna* ( x$^e$ chant ). *Shrîdâma*, réduit à une extrême pauvreté, cède aux instances de sa femme, et se rend auprès de son puissant ami ; il est accueilli avec bonté par *Krichna* et entouré des respects de tous les serviteurs du héros ; aucune consolation ne manque à son infortune, si ce n'est celle des richesses ; entré pauvre dans le palais de *Krichna*, il en sort pauvre, mais satisfait des témoignages d'affection qu'il a reçus. *Shrîdâma*, au moment où il espère rentrer dans sa maison, ne la retrouve plus ; une grande ville s'offre à ses regards étonnés ; un chambellan l'invite à prendre possession de son palais, et sa famille vient ajouter à son étonnement et à sa joie en lui annonçant qu'il est le maître de la ville de *Shrîdâmapoura*. E. J.

(3) L'étonnement du brahmane, auquel le lecteur européen pourrait ne pas trouver un motif suffisant dans cette réunion des deux animaux, est naturellement partagé par un Indien ; car dans son opinion l'éléphant est un animal noble et de bon augure ; l'âne, au contraire, est un animal abject, et dont la rencontre est un des plus sinistres présages. E. J.

avait quelque chose de surnaturel dans cet étang (1). Il continua sa route pendant quelques journées encore : un vieillard lui apparut enfin, qui lui demanda ce qu'il cherchait et quel était le motif de son anxiété. Le brahmane lui raconta avec candeur l'histoire de sa vie, et lui avoua qu'après avoir été dans l'opulence et avoir joui de tous les plaisirs, il se trouvait maintenant accablé de misère, parce qu'il avait eu la folle impiété de jeter dans le feu l'*anandaviratam* que portait sa femme; il ajouta qu'il cherchait Vichnou pour lui demander le pardon de ce crime et le prier de lui rendre sa faveur et les richesses dont il avait joui. Le vieillard lui dit qu'il pouvait se dispenser d'aller plus loin, puisque lui-même cherchait ce dieu depuis plus de cent ans sans avoir encore pu le rencontrer. Le brahmane lui répondit que, quelque fatigue qu'il dût supporter, il n'en poursuivrait pas moins sa route jusqu'à ce qu'il eût accompli son dessein, et que s'il ne lui était pas réservé de l'accomplir, il était résigné à mourir de faim et de soif plutôt que d'être infidèle à son vœu. En ce moment, Vichnou apparut au brahmane, et l'assura que sa courageuse résolution lui avait été si agréable, que non seulement il lui pardonnait son offense, mais qu'il lui rendait même tous les biens dont il l'avait dépouillé, à condition que sa femme et lui témoignassent toujours une grande dévotion pour l'*anandaviratam*. Le brahmane se prosterna aux pieds de Vichnou, et lui rendit d'humbles actions de grâce. Avant de se séparer de ce dieu, il le pria de lui apprendre ce que c'était que le manguier dont les fruits tombés à terre étaient dédaignés par les animaux de la forêt? Vichnou lui répondit qu'il avait existé un célèbre maître d'école qui, semblable à un arbre qui ne porte que des fruits amers, ne donnait à ses disciples qu'une instruction pernicieuse ; il avait été enfin transformé en cet arbre dont les animaux eux-mêmes ne voulaient pas manger les fruits (2). Le brahmane demanda ensuite pourquoi le bœuf, la vache et le veau qui s'étaient présentés sur sa route, ne paissaient pas dans les gras pâturages qu'ils foulaient : le dieu répondit qu'un brahmane étant allé demander un champ à un roi, ce prince avait ordonné à son ministre de mettre ce brahmane en possession d'un des meilleurs champs de son domaine, mais que le ministre n'ayant pas d'estime pour le brahmane, lui avait donné un champ presque entièrement stérile; le brahmane avait été transformé en veau, pour n'avoir point protesté contre l'injustice du ministre, le ministre en bœuf, pour avoir fait si peu de cas d'un brahmane, et le roi en vache, pour avoir négligé de s'informer si le ministre avait fidèlement exécuté ses ordres (3). Le brahmane demanda ce que signifiait l'éléphant qu'il avait trouvé en compagnie d'un âne : Vichnou répondit qu'un pénitent s'étant un jour arrêté devant le palais d'un puissant roi, ce prince lui dit qu'il le lui donnerait volontiers en échange des mérites qu'il avait acquis par ses austérités ; le pénitent, qui comptait bien gagner d'autres mérites par le mêmes moyens, échangea contre le palais du roi tous ceux qu'il avait acquis jusqu'à ce jour; le roi et le pénitent furent condamnés à renaître, après leur mort, l'un en éléphant, l'autre en âne ; le premier en expiation de son orgueil et de son impénitence, le second pour avoir estimé ses mérites à si bas prix. Le brahmane demanda aussi pourquoi l'eau de l'étang était douce d'un côté et amère de l'autre : Vichnou répondit que de deux frères qui faisaient le commerce en commun, l'un était fourbe et l'autre plein de bonne foi; qu'un jour, comme ils faisaient creuser cet étang à leurs frais, l'un avait été changé en eau amère, et l'autre en eau douce. Le brahmane demanda enfin qui était le vieillard qui lui était apparu. Vichnou répondit que ce vieillard était une forme dont il s'était revêtu pour se présenter à lui et éprouver la constance de ses pieuses résolutions. Le brahmane pria Vichnou de lui dire si tous ceux qui expiaient leurs péchés dans les liens de la transformation resteraient long-temps encore dans cette misérable condition : Vichnou lui répondit qu'il pouvait, en retournant à sa maison, leur déclarer de sa part que leurs péchés étaient expiés. Le brahmane s'empressa d'exécuter les ordres du dieu, et de porter à ces malheureux l'annonce de leur délivrance. Arrivé à sa maison, le brahmane se fit aussitôt initier à la dévotion de l'*anandaviratam*, et reçut en récompense des richesses qui égalaient celles dont il avait joui avant son crime. »

Ce récit terminé, Vichnou annonça aux cinq princes que s'ils pratiquaient régulièrement les cérémonies de l'*anandaviratam*, ils seraient bientôt rétablis dans toute leur puissance. Ces princes conçurent en effet une si haute opinion de cet acte de piété, qu'ils prirent immédiatement le cordon ;

(1) L'utilité publique a été heureusement servie dans l'Inde par le devoir qu'impose l'autorité religieuse aux personnes riches d'employer leur fortune à tracer des chemins, à creuser des étangs et à construire des *chatiram* ou chauderies. E. J.

(2) Dans un sujet qui pouvait admettre une si grande variété de scènes épisodiques, un pouraniste orthodoxe ne devait pas omettre l'occasion de représenter par une terrible image les peines réservées aux chefs des sectes hérétiques. La figure de la *fructification* des actes et des paroles est d'ailleurs une de celles qui sont le plus familières aux Indiens. E. J.

(3) Notre Dante ne pouvait non plus manquer de réserver une place dans son enfer pour les rois qui s'acquittent négligemment du devoir d'enrichir les brahmanes : il est à peine nécessaire d'observer que l'auteur de cette légende appartenait au premier des quatre ordres de la société indienne. E. J.

APPENDIX.                                                                109

ils ne tardèrent pas à remporter sur *Touriyódanen* et ses alliés une victoire qui leur assura la paisible possession de leurs états.

## CHAPITRE XXXIV.
### *Le chadaï et le chandiramâma.*

Le *chadaï* est une tresse de cheveux que l'on porte en l'honneur du dieu Shiva, qui en porta une pareille pendant le cours de ses pénitences. Les plus austères pénitents sont les seuls qui se parent de cette tresse; quelques-uns d'entre eux chargent leur tête de plusieurs *chadaï* (1). Comme ils ne les peignent et ne les lavent qu'une seule fois dans l'espace de dix ou quinze ans, leur tête est couverte de vermine : le nettoiement du *chadaï* se fait la dixième ou la quinzième année avec de grandes et solennelles cérémonies, car ils sont persuadés que le *chadaï* leur donne le degré de pureté nécessaire pour être reçus dans le ciel plus élevé. Les gentils qui étaient pénitents et qui portaient le *chadaï* avant leur conversion à notre religion, le portent encore de la même manière. Mgr le Patriarche d'Antioche a fait couper le *chadaï* à un de ces pénitents chrétiens pendant son séjour à Pondichéry. Le *chandiramâma*, c'est-à-dire *le croissant de la lune*, est un bijou d'or en forme de croissant que les gentils suspendent au cou de leurs enfants en l'honneur de la lune, et avec l'intention de prier cette divinité de faire croître et prospérer leur famille (2). Les chrétiens suspendent au cou de leurs enfants un *chandiramâma* qui porte une petite croix gravée en creux ou en relief.

## CHAPITRE XXXV.
### *Vitiyârambam.*

La cérémonie du *vitiyârambam* (3) se célèbre le jour de l'entrée d'un enfant malabar à l'école publique. On prépare une tente de la même manière que dans les autres occasions ; on purifie la maison avec de la fiente de vache ; on baigne l'enfant et on le revêt de ses plus beaux habits. Les principaux parents s'empressent de prier les autres d'assister à la cérémonie; lorsqu'ils sont tous rassemblés, on va convier le maître de l'école, ainsi que tous ses écoliers. On place au milieu de la tente une idole de *Pillaiyâr*, et à côté quelques fleurs et un livre oint de safran qui contient un alphabet (4); on pose devant le livre un plat de riz *pongal*, de morceaux de coco, de pois cuits et de sucre, ainsi qu'un autre plat rempli de figues, de bétel, d'arèques et de chaux, puis on casse un coco. Le maître d'école fait adresser à *Pillaiyâr*, par l'enfant, un salut qui consiste à se battre trois fois les tempes avec les poings, les bras croisés, à faire trois révérences à la manière des femmes, et à offrir une adoration, les mains jointes et élevées sur la tête (5); il engage ensuite l'enfant à se prosterner devant le livre, et à répéter après lui l'alphabet. On distribue alors du *tirounîrou* à tous les assistants, puis on place l'enfant dans un palanquin, et on le promène par toutes les rues de la ville, accompagné de ses parents, des amis de sa famille et d'un grand nombre de joueurs d'instruments. Le livre représente *Sarasouvadi*, épouse de Brahmâ, et déesse de la science; les gentils pensent que le don de la science est accordé par elle (6). Le safran, comme on l'a déjà vu, est une

---

(1) *Chadaï* est l'altération tamoule du sanskrit *djatâ*. Nous savons par le témoignage des voyageurs chinois que cette coiffure était déjà un des insignes religieux des shaivites au commencement du septième siècle de notre ère ; elle est aujourd'hui encore un des attributs distinctifs de la secte des *djangama*. Le nom de cette secte m'offre une occasion de réparer une omission en rappelant, au sujet d'*Allamaprabhou*, le réformateur du culte du *linga*, que l'on trouve dans un traité écrit en telougou, et intitulé *Prabhoulingaîlla* (M'Kensie cat. p. 285) une notice sur ce personnage légendaire et sur la réforme religieuse qu'il opéra ; mais le prince dont il obtint la protection est nommé dans ce traité *Bâsavéshwara*, et non pas *Shoûlidéva*, comme dans la légende rapportée plus haut. E. J.

(2) Le caractère de *générateur* appartient dès les plus anciens temps de la religion indienne au dieu Lune, dont le nom védique (je désigne ainsi *sôma* par opposition à *tchandra*) exprime le pouvoir qui lui est attribué de produire et de faire croître. Quant à *tchandra*, je me réserve de démontrer ailleurs que cette dénomination était originairement une épithète qui signifiait *blanc*, et qui est passée à la signification de *lune* par une suite d'idées dont on trouve une autre application dans un des noms de la lune chez les peuples sémitiques. E. J.

(3) Incorrectement écrit dans l'original *vittiyarampam*. *Vitiyârambam* est l'altération tamoule du sanskrit *vidyârambha*, qui signifie littéralement *introduction à la science*. On trouve sur cette cérémonie une notice succincte mais exacte dans la *Relation* manuscrite déjà plusieurs fois citée. E. J.

(4) Cet alphabet est nommé en tamoul *arivari*; ce mot est composé de *vari*, ligne, et de *ari*, forme tamoule de *hari* ou Vichnou ; la première ligne de l'alphabet s'ouvre en effet par l'invocation *ari* plusieurs fois répétée. E. J.

(5) Voyez sur la consécration religieuse de ce salut le chapitre de la première partie intitulé : *Explication des cérémonies du mariage des Malabars gentils*, p. 17. E. J.

(6) *Sarasouvadi* est la forme tamoule de *Saraswati*. *Saraswati*, déesse de la science, est quelquefois confondue avec la personnification mythique de la *gâyatrî*, que Manou nomme *la mère du brahmane*. Les Tamouls la représentent souvent par un volume d'olles ou de feuilles de palmier placé dans la main de Brahmâ ; ils prétendent néanmoins qu'elle réside toujours sur la langue de son époux, l'auteur des Védas. E. J.

28

offrande à *Ditta* (1), déesse de la joie ; le plat rempli de riz *pongal*, de morceaux de cocos, de pois cuits et de sucre, est une offrande présentée à la déesse *Sarasouvadi*, pour la prier d'accorder la science à l'enfant. On casse le coco en sacrifice à *Pillaiyâr*, pour le prier de n'apporter aucun obstacle aux progrès de cet enfant dans ses études ; le salut qu'il fait à *Pillaiyâr* est l'adoration que l'on adresse ordinairement à ce dieu, et dont nous avons déjà parlé ; le prosternement devant le livre est une adoration à *Sarasouvadi* ; le plat de figues, de bétel, d'arèques et de chaux, est une autre offrande à *Sarasouvadi*. S'il se trouve des chrétiens à la célébration de cette cérémonie, ils ne se font aucun scrupule de manger des choses offertes en sacrifice. Ils font d'ailleurs eux-mêmes une cérémonie presque semblable ; ils élèvent un autel sous la tente, et y placent l'image de la Vierge (2), des cierges allumés, des fleurs et un livre oint de safran contenant l'alphabet malabar ; ils disposent au pied de l'autel les deux plats remplis de riz *pongal*, de morceaux de cocos, de pois cuits, de beurre, de figues, de bétel, d'arèques et de chaux. Ils cassent ensuite le coco ; l'enfant adresse à l'image de la Vierge le triple salut consacré à *Pillaiyâr*, et le prosternement dû à *Sarasouvadi* ; puis le maître d'école lui fait répéter l'alphabet à haute voix. On distribue ensuite aux assistants les mets contenus dans les deux plats ; les gentils qui se trouvent là en reçoivent leur part ; on fait enfin la procession dans les rues de la ville.

Il y a un caractère particulier que l'on trace, soit à la fin des lignes, soit en tête des pages ; ce caractère, consacré à *Pillaiyâr*, et nommé *Pillaiyârmougi*, représente, dit-on, la tête de ce dieu (3) Ce caractère n'est jamais omis dans les livres des Malabars chrétiens (4).

## CHAPITRE XXXVII.

### *Diverses superstitions.*

Les Malabars ne donnent jamais du feu de leur maison pendant leur repas, ni pendant celui de leur famille, parce que le dieu *Akini* assiste au repas, dont il est le gardien ; le donner à d'autres en cette occasion, serait lui faire un affront et lui signifier l'intention de le chasser de la maison (5). Ils considèrent le feu, qu'ils nomment *akini*, comme un dieu domestique ; ils ne manquent pas, avant de commencer leur repas, de prendre un peu de leur portion de riz, de jeter ce riz dans le feu et d'y répandre un peu de beurre. C'est un sacrifice offert à *Akini* pour le remercier du bon office qu'il a rendu dans la préparation des mets ; car ils croient s'être rendu coupables de bien des meurtres, en détruisant plusieurs animaux qui se trouvaient dans le bois, dans le riz et dans les légumes ; aussi disent-ils à *Akini* en lui offrant ce sacrifice : « Seigneur, si quelque péché a été « commis, la faute en est à nous ; nous vous en demandons pardon (6). » Les Malabars sont per-

(1) L'explication que j'ai proposée du nom de cette déesse est confirmée par la forme prakrite de l'exclamation *dichtyâ* (*ditthiâ*), qui en diffère à peine. E. J.

(2) J'ai déjà observé plus haut que les Jésuites avaient presque toujours identifié le culte de la Vierge avec celui de *Pillaiyâr*. Ils avaient pour ainsi dire commencé à réaliser par anticipation une prophétie populaire qui était répandue, il y a une dizaine d'années dans l'Inde méridionale, et suivant laquelle toutes les castes devaient dans les trente-cinq années suivantes se confondre en une seule et se réunir dans un culte commun. Le gouvernement anglais de l'Inde est sans doute destiné à justifier cette prophétie, mais dans un nombre d'années qui dépassera certainement le terme assigné à son accomplissement. E. J.

(3) J'ai conjecturalement substitué cette leçon à celle de *Pillaiyârchougi* que présente l'original. En sanskrit *Ganêshamoukha* ou *Ganêshamoukht* : ce trait, tel qu'il est aujourd'hui figuré par les copistes du Bengale et des autres parties de l'Inde supérieure, peut représenter tout au plus la trompe du dieu qui écarte les obstacles ; quant au *finul* qu'on trouve dans les anciennes inscriptions de l'Inde méridionale, et qui figure deux lignes perpendiculaires réunies à leur sommet par une boucle, il est difficile d'y attacher un sens précis. On lit en tête de la première ligne de presque tous les livres et les actes publics la formule propitiatoire *Ganêshâya-namah*, adoration à *Ganêsha* ! les Tamouls la remplacent souvent par une invocation à *Avrounougen* ou *Soubrahmanya*, surtout au commencement de leurs lettres. Cet usage doit peut-être s'expliquer par la ressemblance de caractère qui existe entre ces deux personnages mythologiques ; ils sont également fils de Shiva, nés de sa colère pour la destruction de ses ennemis : on peut même croire que les Tamouls ont autrefois confondu leurs noms et leurs attributions, puisque le nom de *Pillaiyâr* paraît n'être que la traduction de celui de *Koumârasvâmî*, qui appartient à *Soubrahmanya*. E. J.

(4) Je dois avertir le lecteur que j'ai entièrement supprimé le chapitre XXXVI intitulé : *Remarques sur les informations faites en 1707 à Pondichéry et dans d'autres villes, au sujet du mémoire présenté au pape Clément XI par le P. François Marin contre les cérémonies pratiquées par les Jésuites dans les missions malabares*. Ce chapitre, d'une étendue considérable, est exclusivement consacré à la polémique religieuse ; on n'y trouve qu'un très-petit nombre de faits intéressants perdus dans un amas confus de réflexions prolixes et dépourvues d'intérêt. E. J.

(5) Voyez sur cette croyance populaire le chapitre de la première partie intitulé : *Explication des cérémonies du mariage des Malabars gentils*, p. 24. E. J.

(6) Le principe de la transmigration supérieure et inférieure des âmes humaines explique les scrupules religieux des Indiens. Il y a, suivant Manou, cinq ustensiles domestiques dont l'usage charge le *grihastha* du meurtre d'un grand nombre

# APPENDIX.

suadés en effet que les âmes des hommes, après leur mort, passent et repassent sans cesse dans différentes formes de plantes, d'animaux et d'hommes, jusqu'à ce qu'elles soient enfin arrivées à une parfaite pureté qui leur fasse mériter le ciel le plus élevé. Ils considèrent d'ailleurs *Akini* comme un dieu inférieur, parce que le feu a besoin d'aliments pour être entretenu, et qu'il s'éteindrait si l'on cessait de lui fournir de la matière.

Les Malabars ne donnent jamais du feu sur lequel ils font bouillir du lait, parce que, disent-ils, *Akini* est en ce moment occupé à la consécration et à la cuisson du lait, qui est un des bienfaits de *Latchimi*: faire sortir *Akini* de la maison en cette circonstance, c'est manquer de respect envers *Latchimi*, c'est faire naître le présage que la fortune de la maison ne tardera pas à en sortir (1).

Les Malabars ne donnent jamais non plus du feu qu'ils entretiennent ordinairement pour réchauffer un enfant à la mamelle, parce que ce serait priver en partie l'enfant des soins d'*Akini*, et présager qu'il ne vivra pas long-temps. Ils ne donnent pas non plus de feu après le crépuscule, parce que le dieu *Akini* remplace alors comme gardien de la maison le soleil qui s'est retiré de l'horizon; aussi chacun a-t-il soin de se procurer du feu et d'en allumer avant que le soleil ne se couche: ils sont persuadés que s'ils donnaient du feu pendant la nuit, la fortune sortirait de la maison avec *Akini* (2).

Qu'une tortue soit entrée dans la maison d'un Malabar, c'est, croit-on, un signe certain de la mort prochaine de quelque membre de la famille. Aussi s'empresse-t-on d'aller chercher un brahmane qui bénisse la maison et qui en chasse les avant-coureurs de la mort (3). Cette précaution est bien inutile, puisque le dieu Brahmâ écrit dans la tête de tous les hommes le jour de leur mort, ainsi que tous les événements de leur vie; les gémissements de la famille et les prières des brahmanes, résisteront-ils aux puissants efforts des émissaires envoyés par *Tarmaráyen*, roi des enfers, pour enlever les âmes suivant la volonté de Brahmâ.

## TROISIÈME PARTIE (4).

### CHAPITRE I.

Les brahmanes et les Malabars gentils prétendent que *Kartâ*, qu'ils nomment aussi *Paráparavastou* (5) ou *Parachati*, est le dieu souverain, et que son essence est identique avec le plus subtil des cinq éléments, qui sont l'eau, le feu, la terre, l'air et l'éther. Ils disent qu'il est souverainement intelligent, et que ses perfections sont infinies. Cette suprême essence, suivant eux, contient et renferme en soi l'univers entier; elle en est pour ainsi dire l'âme; elle est la force qui produit et

---

d'êtres vivants; ce sont la pierre qui lui sert d'âtre, la pierre sur laquelle il broie les épices, son balai, son mortier avec le pilon, et le vase de cuivre avec lequel il puise de l'eau. E. J.

(1) Les Indiens, à qui l'on ne peut reprocher d'avoir laissé une seule idée incomplète, après avoir représenté la Terre ou *Lakhmî* par la vache, ont considéré le lait comme le symbole des richesses que donne la féconde *Prithvî*; aussi une des figures qui leur sont le plus familières pour exprimer la production des biens, est-elle celle qu'ils empruntent au mot *douh* qui signifie traire. C'est d'une mer de lait qu'ils font sortir comme une crème l'*amrita* ou la liqueur d'immortalité; c'est de la même mer que surgit *Lakshmî* la déesse des richesses, la source de tous les biens terrestres. E. J.

(2) Les Indiens ont conservé quelques traits de la figure védique d'*Agni*; mais ils les ont altérés en les réduisant aux proportions exiguës de leur mythologie moderne. *Agni* paraît en effet dans les Védas comme le *maître de la maison* (*grihapati*), comme l'*auteur des richesses domestiques* (*djâtavédas*), comme le *prêtre de famille*, si j'entends correctement l'expression encore douteuse *vishâm kavi*. E. J.

(3) On trouve l'indication d'un présage semblable dans une note se rapportant au chapitre intitulé: *Superstitions relatives à l'accouchement des femmes*. J'observe que j'ai cru devoir réunir ce dernier paragraphe à ceux qui le précèdent, quoiqu'il forme dans l'original un chapitre particulier intitulé: *Superstition relative à la tortue*. E. J.

(4) Cette partie de l'ouvrage est exclusivement consacrée à l'exposition des dogmes théologiques des Indiens et à une comparaison de ces dogmes avec les principes enseignés par la religion chrétienne. Elle est nécessairement privée du genre de mérite qu'on peut apprécier dans les deux premières parties, l'exactitude des observations et la fidélité minutieuse de leur exposition; j'ai déjà remarqué que ce mérite était le seul qui fût à la portée de l'auteur, homme mal préparé par ses études à examiner les questions philosophiques, et par le caractère même de ses fonctions, à porter un jugement impartial sur leur mérite relatif et même absolu. Une comparaison des principes théologiques indiens et chrétiens était un sujet d'une grande étendue et d'un haut intérêt; mais une discussion philosophique aussi grave était trop supérieure aux faibles moyens dont disposait l'auteur, pour qu'il pût opposer à la puissante dialectique des brahmanes autre chose que de simples assertions. J'ai pensé qu'il était inutile, après les travaux des Colebrooke, des Lassen et des Windischmann sur la philosophie indienne, de publier sur ce sujet des notions mal conçues et plus mal exprimées encore; je n'ai donc extrait de cette troisième partie qu'un petit nombre de passages, pour empêcher qu'une soupçonneuse curiosité ne regrettât ceux que j'ai supprimés. E. J.

(5) Ce mot est plus usité dans l'Inde méridionale que dans l'Inde supérieure: composé de *parápara*, premier et dernier, et de *vastou*, substance; il signifie *essence universelle*, et rappelle la définition chrétienne empruntée à la première et à la dernière lettres de l'alphabet grec. E. J.

# APPENDIX.

conserve toutes choses dans un ordre merveilleux ; elle est la substance répandue dans tous les êtres ; elle est le principe même du mouvement ; elle existe par elle-même ; elle est de toute éternité ; elle ne dépend d'aucune chose, et toutes choses dépendent d'elle (1).

Ils exposent ainsi leur système : *Kartá* voulant se manifester, répandit sa substance dans l'univers entier, et produisit par cette effusion toutes les merveilles des quatorze mondes. Il se transforma ensuite en une figure humaine à laquelle il imposa le nom de Shiva ; mais comme Shiva était destiné à se retirer dans le *satiyalógam*, le ciel de la perfection ; il se transforma en une autre figure humaine à laquelle il donna le nom de Roudra, puis se revêtit encore de deux autres formes semblables, qu'il nomma Vichnou et Brahmâ ; il remplit ces trois figures de son intelligence, et leur confia la direction des affaires humaines ; aussi disent-ils que ces trois personnes ne forment qu'une seule divinité (2). C'est par ces trois manifestations que *Kartá* opère toutes choses. Brahmâ est le créateur ; rien n'est produit dans le monde que par sa volonté ; Vichnou est le conservateur ; il entretient l'harmonie entre toutes les parties du monde ; Roudra est le destructeur ; c'est lui qui anéantit toutes choses. Ces trois dieux sont soumis à Shiva qui a la plénitude de l'essence de *Kartá*, qui est *Kartá* lui-même (3).

D'autres prétendent que *Kartá* se manifesta sous l'apparence d'une figure humaine formée de mille têtes, de deux mille bras et de deux mille jambes (4), que Vichnou sortit de l'estomac de cette monstrueuse figure, Brahmâ du nombril de Vichnou, et Roudra du visage de Brahmâ. *Kartá* donna à Brahmâ le pouvoir de créer, à Vichnou celui de conserver, et à Roudra celui de détruire. D'autres enfin croient que *Parachati* fit naître d'un œuf Brahmâ et *Latchimi*, d'un autre œuf Vichnou et *Párvatí*, d'un troisième enfin Roudra et *Sarasouvadi* ; qu'il unit *Latchimi* à Vichnou, *Párvatí* à Roudra et *Sarasouvadi* à Brahmâ. Ces divinités furent formées, suivant eux, de la substance de *Parachati*, qui se renferma dans ces œufs pour en faire éclore ses trois manifestations (5). *Parachati* donna à Brahmâ le pouvoir de créer, à Vichnou celui de conserver, à Roudra celui de détruire, et institua *Sarasouvadi* déesse des sciences, *Latchimi* déesse des richesses, et *Párvatí* déesse de la vie.

*Kartá* donna pour séjour aux trois dieux qu'il avait créés un rocher d'argent nommé *Magámérouparouvadam*, lieu de délices et de félicité (6) ; il produisit un nombre infini de divinités inférieures, et leur confia la garde des autres mondes. Comme les dieux ne devaient passer dans cette condition qu'un certain nombre de siècles, *Kartá*, les temps étant venus, les plaça dans le *satiyalógam*, où ils devaient jouir d'une béatitude parfaite ; puis, après un certain nombre de siècles, il les reproduisit de nouveau et les plaça sur le *Magámérouparouvadam* ; il les a déjà plusieurs fois ainsi absorbés et reproduits, de manière que le *Magámérouparouvadam* et le *satiyalógam* possèdent plusieurs formes de Roudra, de Vichnou et de Brahmâ. Les chefs des autres mondes ne doivent non plus y demeurer qu'un certain temps, après lequel, suivant leurs mérites, ils s'élèvent jusqu'au *satiyalógam*, ou vont dans le *poúlógam* renaître sous une forme inférieure en expiation de leurs péchés (7).

*Kartá* a déjà trois fois anéanti tous les mondes ; nous sommes arrivés au quatrième âge, après lequel tous les dieux et toutes les âmes reçues dans le *satiyalógam* rentreront dans la substance de *Kartá* pour se confondre avec elle, tandis que tous les autres êtres, habitants des mondes inférieurs ou aux enfers, iront s'absorber dans le *máymáy* (8), lieu de ténèbres, où il n'y a ni plaisirs ni peines, pour y attendre une nouvelle création. Lorsque *Kartá* crée de nouveau les mondes, il reproduit les

---

(1) Cette exposition de l'auteur est tout-à-fait fausse ; aucune secte indienne n'a confondu l'Être Suprême (*Paramátmá*) avec l'*ákásha* ou éther, l'un des cinq éléments. La substance de ce premier chapitre se trouve dans une note du premier volume du *Zend-avesta* d'Anquetil (p. cxxxviij) ; les noms propres y sont presque tous défigurés par une orthographe fautive ; Anquetil a emprunté ce résumé aux fragments qui lui avait communiqués le P. Claude. E. J.

(2) Ce dogme est tout entier dans le mot *trimúrti*, qui appartient également à la philosophie et à la mythologie indiennes, et qui implique l'unité de substance en constatant la distinction des formes. E. J.

(3) Le titre de *Mahâdéva*, grand Dieu, est un de ceux par lesquels Shiva est le plus fréquemment désigné : ce Dieu est, dans presque tous les systèmes mythologiques, le chef suprême des divers ordres de divinités. E. J.

(4) C'est la forme sensible sous laquelle les Indiens se représentent le *mahâpouroucha* ou le macrocosme ; on trouve une admirable description de cet être cosmogonique dans le onzième *lecture* du *Bahgavadgîtá* ; la poésie mystique des Indiens, si riche de grandes images, peut à peine citer un passage plus sublime que l'extase d'*Ardjouna*. E. J.

(5) L'auteur fait ici allusion au système mythologique des *andam* ou œufs primitifs, qui n'est qu'un développement mythologique du dogme de l'*Hiranyagarbha*. E. J.

(6) Cette opinion est une de celles que l'auteur a empruntées à la petite mythologie indienne ; suivant la mythologie pouranique, chacun de ces dieux a son *lóka* ou son étage particulier dans le système des mondes. E. J.

(7) On peut apercevoir à travers la rédaction confuse de l'auteur, qu'il parle des périodes proportionnelles à l'ensemble des mondes nommés *manwantara* et *pralaya*. E. J.

(8) *Máymáy* est l'altération tamoule de *máyá*, l'illusion, le principe de la multiplicité, de la distinction, et par suite la cause de la création ; les pouranistes ont pour ainsi dire condensé cette fiction dogmatique en une figure mythologique dont ils font l'épouse de Brahmâ. E. J.

APPENDIX.

dieux maîtres du *Magâmérouparouvadam*, et destine les êtres absorbés dans le *maymay* à aller, chacun selon son mérite, habiter les autres mondes (1).

Les brahmanes sont persuadés que *Kartâ*, *Parâparavastou* ou *Parachati* est le plus subtil des cinq éléments, qui pénètre et remplit toutes choses de son immensité, et en est le souverain ordonnateur; aussi pensent-ils que tout ce qui s'accomplit dans l'univers est le résultat d'une action purement matérielle bien qu'essentiellement subtile, qui peut se passer de l'intervention d'une intelligence divine. Ils considèrent tout ce qui est rapporté dans leurs livres de la naissance, de la manifestation et de la reproduction des dieux, comme des fables qui ne sont bonnes qu'à amuser la crédulité du peuple; ils n'en sont pas moins empressés à en faire une étude sérieuse, afin de pouvoir les enseigner aux autres castes (2)........

CHAPITRE XII.

Les Malabars gentils attribuent tous les événements de leur vie au destin, qu'ils regardent comme la loi invariable de leur existence ; ils croient que toutes leurs actions, bonnes ou mauvaises, sont déterminées dès le moment de leur naissance, et qu'il n'est pas à leur disposition d'agir contrairement à cette nécessité(3). C'est Brahmâ qui règle le destin ; il a soin de tenir un compte exact de toutes les actions, afin de pouvoir déterminer la condition des hommes après leur mort, soit pour les envoyer dans l'enfer, ou dans quelque paradis, soit pour faire passer leurs âmes dans les corps qu'ils ont mérité d'obtenir par leurs œuvres. Aussi lorsqu'il leur est arrivé quelque malheur, s'emportent-ils contre eux-mêmes, et maudissent-ils leur destinée avec colère. S'ils sont pauvres et affligés, c'est pour eux une preuve évidente qu'ils seront plus misérables encore après leur mort; s'ils sont riches, c'est le témoignage le plus éclatant qu'ils puissent obtenir de la faveur de leurs dieux, de leur gloire et de leur félicité dans l'autre vie (4); s'ils font du mal, c'est que les dieux les ont destinés à le faire; s'ils font du bien, c'est qu'une nécessité absolue les y a portés........

CHAPITRE XV.

Il y a de nombreuses observations à faire sur le mot *Sarouvéchouren* que les PP. Jésuites emploient pour exprimer l'idée de Dieu (5). Le nom de *Sarouvéchouren* appartient proprement à Shiva, parce que ce Dieu est la première forme humaine que *Kartâ* ait revêtue, et la seule qu'il ait douée de la plénitude de son intelligence ; mais Shiva devant se retirer dans le monde de la perfection, et *Kartâ* ayant pris sous les noms de Roudra, de Vichnou et de Brahmâ trois autres formes secondaires qui ne sont que la même essence divine manifestée dans ses diverses qualités, on attribue à chacun de ces trois dieux également le nom de *Sarouvéchouren;* on ne le donne jamais à aucun autre dieu, quoique *îchouren* signifie *seigneur*, et que ce titre paraisse pouvoir convenir également à tous les dieux et aux hommes puissants (6). Est-il dès lors permis d'attribuer au vrai Dieu le nom de *Sarouvéchouren?* Les noms sont destinés à donner de justes notions des choses que l'on veut désigner; imposer des noms d'une signification contraire à la notion que l'on a des choses, c'est vouloir ne pas être compris ; or appeler Dieu du nom de *Sarouvéchouren*, c'est donner de lui une idée absolument fausse, puisque Dieu n'est ni *Kartâ* ni Shiva.

Quelque interprétation que l'on donne du nom de *Sarouvéchouren*, il présente toujours une idée qui obscurcit celle qu'on doit se former de Dieu ; ainsi on lit dans le deuxième chapitre de la

---

(1) L'auteur expose dans ce passage d'une manière peu exacte la destruction absolue des mondes, ou le *mahâpralaya;* lors de cette absorption universelle, la *mâyâ* se résout comme tous les êtres, dont elle est l'origine, dans l'essence du *Paramâtmâ*. E. J.

(2) Cette observation n'est malheureusement applicable dans les temps modernes qu'à un très-petit nombre de brahmanes; presque tous ont foi dans les légendes mythologiques qu'ils répètent au peuple, et l'on commence déjà à distinguer comme des hommes éminents ceux qui peuvent les emprunter à l'étude des textes sanskrits. E. J.

(3) Cette nécessité peut être considérée sous un double rapport, d'abord comme un pouvoir occulte mal défini dans son principe, et plus mal expliqué dans ses prétendues influences, mais qui n'en obtient pas moins du peuple un culte de terreur, puis ensuite comme une puissance morale admise par certaines écoles philosophiques de l'Inde, comme une prédestination que le système éclectique du *Sânkhyayôga* concilie subtilement avec le libre arbitre, manifestation nécessaire de l'*ahamkâra*, comme une disposition naturelle innée à agir en vertu du mérite des actions accomplies dans les existences antérieures. Cette nécessité est nommée *daïva* dans son caractère mythologique, et *svabhâva* dans son caractère philosophique. E. J.

(4) Voyez le chapitre XIV de la première partie de ces extraits. Le texte ne me paraît pas assez important pour que j'expose, même succinctement dans une note, la théorie philosophique du *nidâna* ou de la succession des causes et des effets. E. J.

(5) *Sarvêshvara*, le maître universel, est en effet un des titres de Shiva considéré comme *Mahâdêva*; mais il n'en est pas moins probable, comme je l'ai observé dans une des notes précédentes, que les Tamouls ont confondu la première partie de cette dénomination avec le mot *Sharva*, qui est un des noms de Shiva. E. J.

(6) Le mot *îchouren* ou *îshvara* est un des noms les plus vulgaires de Shiva ; mais il n'est pas, comme le prétend l'auteur, exclusivement usité dans un sens mythologique. E. J.

APPENDIX.

*Doctrine chrétienne* rédigée en langue malabare, que le nom de *Sarouvéchouren* signifie *seigneur de toutes choses*; cela est exact, mais il n'y a rien dans cette interprétation qui ne convienne également aux croyances des Malabars gentils (1)..... Il ne paraît pas plus convenable de donner à Dieu le nom de *Parâparavastou*, qui signifie *chose sublime*; car cette dénomination est réservée au plus subtil des éléments, que les Malabars gentils considèrent comme l'Être Suprême; ils ne désignent jamais par ce nom isolé aucune manifestation divine, pas même Shiva, ni Roudra, ni Vichnou, ni Brahmâ; il est vrai qu'ils le joignent souvent au mot *Sarouvéchouren*; mais ils ne l'entendent alors que dans un sens d'attribution (2). Les PP. Jésuites se servent néanmoins de cette expression pour désigner le Dieu que nous adorons; on la trouve dans la quatrième instruction de la *Doctrine chrétienne*. Le seul inconvénient qu'il y ait à inventer un nom nouveau, c'est que les Malabars, qui ne veulent pas s'avouer chrétiens, n'oseraient pas le prononcer en présence des gentils comme ils prononcent celui de *Sarouvéchouren*, de peur de paraître engagés dans une nouvelle secte (3). La langue malabare étant d'ailleurs très-riche, on ne peut être embarrassé de trouver quelque mot générique qui désigne absolument Dieu; ainsi l'on pourrait choisir celui de *Sarouvavallaver*, qui veut dire *tout puissant* (4), ou celui de *Parâparasouvâmi*, qui signifie *très-excellent seigneur*. Les gentils peuvent sans doute donner ces noms à leurs dieux; mais comme ils ne sont ni spéciaux, ni vulgairement usités, ils ne laissent du moins dans l'esprit aucune fausse notion.......

CHAPITRE XVI.

Les Malabars gentils saluent les brahmanes en disant, les mains jointes en avant du front, *tenden souvâmi*, ce qui signifie, « je me prosterne devant vous, seigneur » (5). Les brahmanes répondent *âchîrvâdam*, c'est-à-dire « que *Latchîmi* vous donne longue vie, félicité et richesses ! » tel est le sens propre que les brahmanes attachent au mot *âchîrvâdam*, lorsqu'ils l'emploient pour rendre le salut aux Malabars : *â* est la première lettre du mot *âyou*, qui signifie longévité; *chîr* est un des noms de *Latchîmi*; les gentils la considérant comme la déesse de l'abondance, emploient le mot *chîr* dans le sens de richesses, pour mieux exprimer la faveur de cette déesse; car il y a dans leur langue beaucoup d'autres mots qui signifient richesses, mais qui ne font aucune allusion à *Latchîmi*; le sens de *vâdam* est parole : *âchîrvâdam* signifie donc littéralement *parole de Latchîmi et de longévité* (6). La signification propre de *souvâmi* est Dieu ou Seigneur; les brahmanes étant con-

(1) La convenance des dénominations et des formules religieuses empruntées aux langues des peuples orientaux, et appliquées à l'expression des dogmes de la religion chrétienne, est une des difficultés théologiques les plus sérieuses, en même temps qu'elle est une des questions philologiques les plus curieuses à examiner, puisqu'elle intéresse les rapports de l'expression avec la pensée : M. A. Rémusat a présenté d'ingénieuses considérations sur ce sujet dans son *Examen de la traduction chinoise du Nouveau Testament*. On doit concevoir qu'il est difficile de garder une juste mesure entre les expressions qui signifient trop et celles qui ne signifient pas assez, d'inventer des mots assez heureux pour s'accorder avec le génie et la direction intellectuelle de la langue, sans rappeler cependant, ne fût-ce que par des allusions, aucun des termes consacrés de cette langue. Les diverses sectes indiennes se sont elles-mêmes fait l'une à l'autre plus d'un emprunt du genre de celui qui est blâmé dans ce passage; elles ont souvent emprunté sans nécessité, sans subtilité même, soit dans un esprit de conciliation, soit par des motifs moins généreux : le shaivisme surtout a été souvent dépouillé au profit des sectes qui ont voulu ou se rattacher à son antique origine, ou se faire de son alliance un titre à sa protection; ainsi la secte bouddhique et presque orthodoxe des *Aîshwarika* doit aux shaivites une grande partie de ses dogmes et de ses noms mythologiques; c'est à la même origine que doit être rapportée la célèbre formule *ôm manih padmé hoûm*, à peine connue des bouddhistes de Ceylan et de la Chine, tandis qu'elle constitue presque toute la liturgie des bouddhistes du Nepal et du Tibet. *Ishwara*, en effet, suivant les traditions shaivites, au moment de créer les mondes, consulta *Shakti* ou son énergie; *Shakti* répondit : *ôm manih padmé hoûm*; « Oui ! que le joyau soit dans le lotus ! » c'est-à-dire suivant l'interprétation des sectaires, « que le *linga* soit dans l'*yôni*. » E. J.

(2) J'ai substitué cette rédaction à des débris de phrase où ne me présentaient aucun sens complet. Le mot *parâparavastou* a été expliqué dans une note d'un des chapitres précédents. E. J.

(3) On a vu dans la première partie de ce traité que tel était le motif qui avait déterminé des PP. Jésuites à travestir d'une manière si bizarre les noms de baptême qu'ils imposaient à leurs néophytes; l'auteur a omis le plus curieux de ces déguisements de mots, celui du prénom André en *Indiren* ou *Indra*. Je dois d'ailleurs observer que les missionnaires des églises réformées n'ont pas toujours été plus scrupuleux ou plus prudents; ainsi toutes les versions du Nouveau Testament dans les langues de l'Inde, publiées par les missionnaires de Serampour, substituent dans le v. 4 du 1er ch. de l'Évangile de S. Mathieu, le nom mieux connu de *Râma* à celui d'*Aram* que porte le texte. E. J.

(4) Incorrectement écrit dans l'original *sarouvavastavar*. *Vallaven* ( *vallabî* ) signifie en tamoul *puissant*; c'est de ce mot, si je ne me trompe, que s'est formé le sanskrit *vallabha*, dont l'origine est si douteuse. E. J.

(5) Incorrectement écrit dans l'original *tindem souvami*. En sanskrit *dandah* (*bhavatou*) *sôdmin*; *tenden* n'est en effet que l'altération tamoule de *danda*; mais il a dans la langue tamoule un sens qui ne s'est conservé en sanskrit que dans le mot *dandavat*; il signifie *respect, salut, prostration*, et non pas, comme le prétend l'auteur, *je me prosterne*. *Souvâmi* doit ici prendre l'*i* long. E. J.

(6) Cette opinion étymologique n'est pas particulière à notre auteur; le mot *âchîrvâdam* est expliqué de même dans un dictionnaire tamoul manuscrit de la Bibliothèque Royale; l'étymologie n'en est pas moins fausse, puisque le mot est régu-

sidérés comme des dieux, on leur donne le nom de *souvâmi* ; c'est un titre qui ne s'accorde qu'aux personnes les plus dignes de respect.

Les chrétiens saluent les PP. Jésuites en disant, les mains jointes en avant du front, *sarouvéchourechtôtiram souvâmi*, c'est-à-dire « louange à Dieu, seigneur (1) ! » Ce mot est composé de *sarouvéchouren*, formé lui-même de *sarouven* et d'*ichouren*, un des noms de Shiva, et de *ichiôtiram*, louange ; c'est-à-dire « louange à Shiva, seigneur (2) ! » Tous les chrétiens donnent aux PP. le titre de *souvâmi*, comme celui qui convient le mieux à leur dignité de brahmanes. Les PP. répondent au salut comme les brahmanes, par le mot *âchîrvâdam*. J'ai lu le mot *âchîrpâdam* dans plusieurs livres de piété écrits en langue malabare par les PP. Jésuites ; *pâdam*, qui signifie pied, fait encore allusion à la faveur de *Latchimi* ; le sens du composé est donc « que la faveur de *Latchimi* soit avec vous et vous donne longue vie et félicité (3) » !...... On trouve encore dans la salutation évangélique le mot *âchîrvâdam*, employé pour exprimer que la Vierge est *bénie* : cette expression ne peut cependant servir qu'à désigner une personne en possession de *Latchimi* ou des richesses, et destinée à une longue vie........

lièrement dérivé de *âshis*, bénédiction, et de *vâda*, action de prononcer. *Chîr* n'est pas une altération régulière de *Shrî*, et n'existe pas dans la langue tamoule avec ce sens ; *âyou* ou *âyourou* est la forme tamoule du sanskrit *âyous*, longévité. E. J.

(1) Incorrectement écrit dans l'original *sarouestatiram*. En sanskrit *sarvêshvarastôtram sôâmin* ; le mot *stôtra*, louange, est passé en tamoul sous la double forme *tôtiram* et *ichtôtiram*. Le mouvement des mains qui accompagne la formule de salutation est l'*añjali* ; la signification expresse de ce geste est que l'on reçoit sur son front les ordres de la personne à laquelle on s'adresse. E. J.

(2) J'ai substitué cette explication à une exposition complètement inintelligible du mode de composition de ce mot ; j'ai pu seulement reconnaître que cette exposition ne différait pas de celle qui se trouve dans le chapitre 1 de la première partie. E. J.

(3) Cette observation, inexacte de tous points, ne permet pas de croire que l'auteur eût une connaissance bien avancée de la langue tamoule ; il ignorait sans doute que les consonnes *v* et *b* se permutent régulièrement en tamoul, et que *b*, doublé par une loi euphonique, se prononce *p* ; or le mot *âchîrpâdam* représente réellement *âchîrbâdam* pour *âchîrvâdam*: on ne comprend pas d'ailleurs quel rapport il pouvait établir entre le mot *pied* et la déesse *Lakchmî*. E. J.

FIN DE LA TROISIÈME PARTIE.

## NOTES SUPPLÉMENTAIRES.

### I.

( Extrait d'un manuscrit inédit intitulé : *Relation des erreurs etc.* Chapitre vii. *Opinion que les Malabars ont des Européens ou Piringi.* )

Les Malabars gentils appellent tous les Européens du nom de *Piringi* ; nous n'avons pas dans nos langues d'Europe un seul terme qui représente tout le mépris et le dégoût que ce mot exprime. Les *Piringi* ne peuvent avoir, à leur avis, ni politesse, ni habileté, ni science : à un verre d'eau offert par un *Piringi*, à des mets apprêtés par un *Piringi*, les Malabars préfèrent les tourments de la soif et de la faim : recevoir des aliments d'un *Piringi*, c'est une action infâme. L'infamie atteint même une caste entière, lorsqu'un de ses membres l'abandonne pour se faire chrétien, c'est-à-dire *Piringi* : car celui qui reçoit le baptême est encore plus vil que celui qui le confère ; le disciple descend au-dessous du maître.

Les Portugais, qui ont les premiers occupé cette côte, étaient trop inhabiles pour détruire cet étrange préjugé et pour prévenir cette déconsidération générale. Dans leur zèle pour convertir ces infidèles, ils leur demandaient brusquement s'ils voulaient se faire recevoir dans la caste des chrétiens, c'est-à-dire devenir *Piringi* ; ces propositions ne pouvaient être reçues qu'avec horreur par des hommes qui s'estimaient supérieurs aux *Piringi*. De plus, dans les premiers temps de leur domination, les Portugais ne connaissant aucune des langues de cette partie de l'Inde, se servaient, dans leurs exhortations religieuses aux Malabars, des mêmes termes que les musulmans, pour les inviter à sortir de leur caste et à entrer dans la leur. Les exhortations des Portugais ne paraissant point aux gentils différer, même par la forme, des exhortations des musulmans, étaient considérées comme non moins dignes de mépris.

Plusieurs circonstances confirmaient les Malabars dans ces sentiments ; les Européens mangeaient de la chair de vache, buvaient du vin, crachaient dans leurs habitations, enterraient les morts dans leurs églises, et se servaient, comme les parias, de portes dans l'intérieur de leurs maisons. Il eût suffi de ces habitudes perverses pour éloigner d'eux tous les gentils. Ces peuples sont d'ailleurs persuadés que les brahmanes seuls peuvent acquérir la connaissance de la loi divine ; que la science est un des priviléges de leur noble extraction, tandis que l'ignorance est l'état naturel et la condition d'existence des classes inférieures. Ils pensent donc qu'un *Piringi* peut être riche et courageux ( comme les marchands et les guerriers ), mais qu'il ne peut jamais

## APPENDIX.

atteindre à la noblesse et à la science d'un brahmane, noblesse et science qui, en vérité, n'empêchent point beaucoup de brahmanes de commettre des actions honteuses et d'être fort ignorants, si nous les jugeons d'après nos idées; c'est du moins l'impression qui m'est restée de mes fréquents rapports avec les Malabars, pendant les onze années que j'ai fait partie de la mission du Madouré.

Cette mission a été fondée par le R. P. Jésuite de gli Nobili ou de Nobilibus, qui arriva d'Europe au royaume de Madouré en l'an 1600. Il commença par apprendre le tamoul et le telinga, qui sont les langues vulgaires du pays, répandues dans toutes les castes, puis le *grantham*, langue des lois et de la science théologique que se sont réservée les brahmanes. L'expérience lui révéla bientôt quels préjugés s'opposaient à la conversion des gentils non soumis à la domination des chrétiens. La charité est ingénieuse et sait prendre toutes les formes ; le P. de gli Nobili déposa le nom, les vêtements et les mœurs d'un Européen, tous objets de scandale; sachant que les brahmanes *sannyâsi* obtiennent par la sainteté de leur vie le respect de ces peuples, il prit l'habit de *sannyâsi* et se présenta sous le nom de brahmane *sannyâsi* de Rome. Adoptant des habitudes de ces pénitents tout ce qui pouvait se concilier avec sa foi et son horreur de l'idolâtrie, il commença cette glorieuse mission qui est aujourd'hui si florissante, et fonda la grande *chrétienté* du Madouré.

Le P. de gli Nobili et les compagnons qu'il s'était associés dans cette entreprise avaient abandonné les mœurs européennes pour imiter la vie austère des pénitents de l'Inde, s'étaient familiarisés avec les mœurs et les idiomes, prêchaient et écrivaient de savants discours dans toutes les langues du pays ; mais ils ne pouvaient pas aussi facilement altérer la couleur de leur peau, qui trahissait leur origine *piringi*. Ce n'était que par des paroles adroites qu'ils pouvaient écarter les soupçons des Malabars. Ils leur disaient donc que l'Europe présentait de nombreux rapports avec l'Inde : bien que les Malabars fussent tous plus ou moins noirs, ils étaient divisés en castes nombreuses, celles des brahmanes, des *râdjâ*, des *kômoutti*, des *choûtirer*, des gens de basse extraction, etc. : les Européens, au contraire, étaient tous plus ou moins blancs, et cependant il y avait parmi eux des hommes nobles et savants qui s'appelaient brahmanes, des hommes d'une valeur éprouvée, rois, princes, seigneurs, capitaines et soldats qui s'appelaient *râdjâ*, des hommes de commerce, partisans, marchands, courtiers qui répondaient aux *kômoutti*; puis enfin des hommes de basse condition, divisés en plusieurs rangs, adonnés à plusieurs métiers. Les gens de la plus basse extraction étaient ceux dont la couleur était le plus foncée. La caste la plus noble se réservait les trésors de la science, faisait usage d'une langue particulière, se distinguait par des manières polies et par l'influence qu'elle exerçait sur les autres classes. Les brahmanes d'Europe savaient seuls la loi, ne conversaient qu'entre eux, ne mangeaient rien qui ne fût apprêté de leurs propres mains, et maintenaient leur supériorité dans tous leurs rapports avec les castes inférieures. Ces brahmanes étaient tous blancs, parce qu'ils venaient des régions du nord, où le soleil est moins ardent ; c'est ce qui leur donnait une ressemblance accidentelle avec les *Piringi*; de même sur les côtes de l'Inde une chaleur brûlante confondait sous une même couleur les brahmanes et les parias ; et cependant en Europe, comme dans l'Inde, chaque caste était largement séparée des autres par ses connaissances, ses habitudes et ses vêtements. Si quelque Malabar objectait que les *sannyâsi* de Rome professaient la même religion que les *Piringi*, les PP. brahmanes leur répondaient que cette unité de croyances ne prouvait point qu'ils fussent d'origine *piringi*; des parias appartenaient aux sectes de Shiva et de Vichnou, et cependant les brahmanes, qui étaient de ces deux sectes, n'étaient point considérés comme parias. Les *sannyâsi* de Rome suivaient la même voie religieuse que les *Piringi*; était-ce un motif pour qu'ils fussent de la même caste? Cette réponse, qui ne laisse point subsister de contradiction entre les actes et les paroles des PP. Jésuites, a paru assez concluante aux Malabars pour que la seule mission du Madouré compte aujourd'hui près de cent mille chrétiens.

Le P. de gli Nobili et les autres missionnaires de son ordre n'avaient rien négligé de ce qui pouvait leur donner quelque ressemblance avec les brahmanes *sannyâsi*; ils allaient vêtus d'une toile teinte en jaune foncé, la barbe et les cheveux rasés, les oreilles percées et traversées, comme celles des pénitents indiens, par de petits morceaux de bois de margousier très-légers (car il n'est pas permis au brahmane *sannyâsi* de se parer de pendants d'oreilles d'or, d'argent ou d'autre métal). Ils portaient de la main gauche un petit vase de cuivre, et de l'autre un bâton de leur hauteur, divisé par sept nœuds bien formés, et dont l'extrémité supérieure était garnie d'une banderole de même couleur que les pièces de vêtement. Ils attachaient à leurs pieds, pour toute chaussure, des socques de bois; ils demeuraient dans de petites huttes construites en terre, couvertes de paille, et ayant le sol pour plancher. Ils plaçaient à terre devant eux, sur des feuilles d'arbres, les herbes et la petite portion de riz cuit à l'eau qui composaient toute leur nourriture. Ils s'abstenaient de boire du vin, de manger de la viande, du poisson et des œufs (car mieux vaudrait à un *sannyâsi* commettre un grand crime que de manger de toutes ces choses). Ils se servaient, pour s'asseoir et pour dormir, d'une peau de cerf ou de tigre, et se faisaient un coussin de leur bréviaire. Ils se lavaient le corps tous les matins, soit avant de manger, soit avant de célébrer les saints offices. Ils allaient de jour et de nuit, parcourant les bois, les déserts, les montagnes, visitant les peuplades, traversant à la nage des rivières rapides, sur lesquelles les indolents naturels n'ont jamais pensé à établir ni ponts ni bateaux, supportant de grandes fatigues pour instruire, exhorter et administrer les chrétiens..... Souvent même ils passaient la nuit loin des peuplades, exposés aux

APPENDIX.

intempéries de l'air, aux attaques des bêtes féroces et des reptiles venimeux. Souvent enfin ils étaient pris, battus, et obligés, pour sauver leur vie, d'abandonner leurs églises à la dévastation, leurs néophytes aux menaces et aux séductions : c'était la couleur blanche de leur peau qui éveillait toujours l'inquiète défiance des Malabars, et qui suscitait contre eux tant de passions haineuses. Mais s'ils eussent renoncé à leurs habitudes brahmaniques, que serait devenue la mission du Madouré?

Les PP. ont été souvent persécutés et cruellement tourmentés dans les états de Madouré, de Tritchinapalli et de Tanjaour ; mais ils ont presque toujours échappé aux sentences capitales prononcées contre eux, parce que des personnes respectables représentaient aux juges que tuer un *sannyâsi* est un péché qui ne se pardonne ni dans cette vie ni dans l'autre........

II.

*Notice sur Djagannâtha.*

*Djagannâtha*, *le maître du monde*, est un des noms de Vichnou ; il est aujourd'hui presque exclusivement réservé par l'usage à une statue de ce Dieu, adorée dans le célèbre temple de *Pourouchôttamakchétra*, sur la côte d'Orissa. Les traditions les plus diverses sur l'origine de cette idole sont admises et conciliées par la facile crédulité des Indiens. Suivant la version la plus répandue parmi les Tamouls, le corps de *Krichna*, placé sur le bûcher qui devait le consumer, fut enlevé par les eaux de la mer, et entraîné sur la côte opposée : le célèbre roi *Parikchit*, descendant des *Pândava*, fut averti en songe de se rendre sur les bords de la mer, de recueillir ce corps et de le déposer dans un temple qui devait rester fermé pendant six mois. *Parikchit* exécuta cet ordre mystérieux ; mais entraîné par un mouvement d'indiscrète curiosité, il désira contempler le corps de *Krichna*, et pénétra dans le temple trois mois avant le terme prescrit ; il trouva le corps transformé en une statue, qui est celle que l'on voit encore aujourd'hui dans le temple de *Djagannâtha*. Le P. Roberto de gli Nobili a recueilli dans son *Ezourvedam*, qu'on peut nommer le Pourâna des Malabars chrétiens, une autre tradition populaire de l'Inde méridionale, dont les principaux traits paraissent avoir été empruntés à une légende bouddhique relative à une statue de *Shakyamouni*. L'Être Suprême, manifesté sous la forme d'un tronc d'arbre, avait été porté par la mer sur la côte de *Pourouchôttamakchétra* : le roi *Indradyoumna*, averti par une vision de la nature divine de ce tronc d'arbre, le confia au ciseau de *Vishvakarmâ*, l'architecte et le sculpteur des dieux ; *Vishvakarmâ* s'engagea à en tirer une statue de Vichnou d'une parfaite beauté, et à la terminer en une seule nuit, pourvu qu'il fût assuré de n'être épié par personne pendant l'exécution de son œuvre : la condition fut mal observée par le roi, que sa curiosité porta à s'assurer si *Vishvakarmâ*, dont le travail ne s'annonçait extérieurement par aucun bruit, ne s'était pas furtivement soustrait à la nécessité d'accomplir son engagement. *Vishvakarmâ* aperçut le roi, et offensé de sa défiance, se retira, laissant la statue à peine ébauchée ; quelque imparfaite que fût cette image de Vichnou, *Indradyoumna* ne voulut pas consentir à faire terminer l'œuvre de *Vishvakarmâ* par des mains humaines ; il la plaça dans le temple, et institua en son honneur les cérémonies religieuses que l'on célèbre encore aujourd'hui. Une troisième version, qui est celle du *Pourouchôttamakchétramâhâtmya*, présente les mêmes personnages, mais les place dans des rapports différents. *Indradyoumna*, roi d'*Avanti*, désirait offrir ses adorations à une incarnation de Vichnou, *Nîlamâdhava*, que presque tous les mythologues s'accordent à identifier avec *Krichna* ; cette manifestation venait de se résoudre en son essence originaire, au moment où *Indradyoumna* arrivait dans le pays d'*Outkala* pour la rencontrer et l'adorer ; mais un songe avertit le roi que Vichnou était près de se manifester sous une forme plus auguste, et qui durerait autant que le monde ; cette manifestation devait être nommée le *Dârvavatâra* ou la *transformation en tronc d'arbre*. On annonça bientôt après à *Indradyoumna* qu'un tronc de *nimba* (*melia azadirachta*) d'une merveilleuse apparence, et marqué des emblèmes de Vichnou, était porté par les vagues de *Shvêtadvîpa* vers la côte de *Pourouchôttamakchétra* : le roi s'empressa de faire recueillir le tronc de *nimba*, et se conformant aux avis de *Nârada*, pria *Vishvakarmâ* de le façonner en une statue de Vichnou. D'un seul coup de hache le divin artiste transforma ce tronc en une image quadriforme (*tchatourmoûrti*) ou plutôt en quatre figures, celle de *Krichna* ou *Djagannâtha*, coloriée en bleu, celle de *Baladéva* ou *Balabhadra* son frère, coloriée en blanc, celle de *Soubhadrâ*, leur sœur, coloriée en jaune, et une espèce de pilier nommé *Soudarshana*, portant un *tchakra* à chaque bout. Le roi fit ensuite construire, pour recevoir ces divines images, un temple d'une grande magnificence, que Brahmâ, *Indra* et les autres dieux vinrent eux-mêmes consacrer. On ne peut méconnaître dans les diverses variantes de cette légende le caractère allégorique qui distingue éminemment la mythologie des vechnavites, mythologie secondaire qui n'est pour ainsi dire qu'une allusion continuelle aux traditions mythologiques antérieures ; ainsi le tronc d'arbre flottant sur les eaux est simplement une application, une mise en légende de l'étymologie religieuse de *Nârâyana* ( qui a son mouvement sur les eaux ) ; si le mot *Nârâyana* n'avait pas préexisté, la légende n'eût pas été inventée, parce qu'elle n'a pas d'autre raison que ce nom, qu'elle ne se rattache à aucune tradition historique ou religieuse, mais seulement à l'interprétation de ce nom : *Parikchit* doit attendre la fin du sixième mois pour contempler

118                    APPENDIX.

*Krichna; Nârâyana*, en effet, dans son caractère cosmogonique, dort pendant six mois de l'année humaine. On peut également reconnaître le facile syncrétisme de cette croyance religieuse dans l'attribution faite successivement à l'idole de *Djagannâtha* des noms, des caractères et des insignes des autres divinités, aux jours de leurs fêtes solemnelles; cette multiplicité de rôles prête d'ailleurs aux brahmanes desservants du temple une ingénieuse excuse pour la forme grossière de la statue; « puisque *Djagannâtha*, disent-ils, est l'Être Suprême manifesté, la réunion de tous les dieux, comment peut-il avoir une forme arrêtée et distincte? » Ces trois statues en effet, au rapport de M. Stirling, ne sont que des bustes sculptés en bois, dont la hauteur est environ de six pieds; elles présentent l'aspect de figures humaines grossièrement taillées et posées sur une espèce de piédestal; on charge ordinairement leur tête d'une coiffure en étoffes de couleur, dont la forme est à peu près celle d'un casque. Les deux frères, suivant la même autorité, ont les bras étendus horizontalement à la hauteur des oreilles; leur sœur est absolument privée de cette partie d'une forme humaine. Lorsqu'on traîne processionnellement ces statues dans leurs *ratha* ou chars triomphaux, on prend soin de parer la principale idole, celle de *Djagannâtha*, d'un nez, de mains et de pieds d'or, ou du moins de métal doré, et de disposer élégamment une draperie écarlate autour de sa partie inférieure ou piédestal. Les yeux de cette statue sont deux gros rubis du plus bel éclat; quelques naturels de la côte prétendent, il est vrai, qu'un de ces rubis a été enlevé il y a plus d'un siècle, et remplacé par un verre coloré. Quant au *rathayâtrâ* ou procession du char colossal de *Djagannâtha* et aux actes d'atroce dévotion dont cette procession est l'occasion, c'est depuis long-temps un de ces lieux communs au sujet desquels il suffit d'en appeler à la mémoire du lecteur.

DJAGANNÂTHA.

FIN.

# TABLE DES CHAPITRES.

## PREMIÈRE PARTIE.

Chap. I.—VII. Considérations sur le baptême et l'extrême onction................................................ 5
— VIII. Mariage......................................................... 7
— IX. Motifs religieux du mariage.................... 7
— X. Polygamie........................................................ —
— XI. Divorce............................................................. 8
— XII. Indissolubilité du mariage........................ —
— XIII. Biens du mariage........................................ 8
— XIV. Devoirs des époux...................................... 9
— XV. Cérémonies du mariage des Malabars chrétiens.. 9
— XVI. Cérémonies du mariage des Malabars gentils... 12
— XVII. Explication des cérémonies du mariage des Malabars gentils......................... 14
    Légende de *Pillaiyár*.
    Légende de l'*arachou*.
    Légende du *má*.
    Légende de *Kangai*.
    Légende des quarante-huit mille pénitents.
    Légende de *Choupiramaniyan*.
— XVIII. Superstitions relatives aux règles des femmes.. 31
— XIX. Première grossesse des femmes................ 34
— XX. Superstitions relatives à l'accouchement des femmes.................................... 34
— XXI. Purification.................................................. 36
— XXII. Présentation.............................................. 36
— XXIII. Imposition du nom................................ 36
— XXIV. Cérémonies qui ont lieu aux funérailles des brahmanes................................ 37
— XXV. Purification des brahmanes................... 39
— XXVI. Anniversaire............................................ 41
— XXVII. Cérémonies qui ont lieu aux funérailles des Malabars chrétiens.......... 43
— XXVIII. Deuil des brahmanes et des Malabars..... 45
— XXIX. Souillures contractées par l'attouchement des morts.................................... 45
— XXX. Du métier de joueur d'instruments et de ses devoirs.................................... 46
— XXXI. Quelques faits particuliers et intéressants.... —
— XXXII. Tribunal de justice des PP. Jésuites......... —
    Lettre de M. le Chev. Hébert au P. Tachard.

## SECONDE PARTIE.

Chap. I. Castes des Malabars.................................. 49
— II. Institution du sacerdoce des brahmanes......... 50
— III. Cordon *yákiyopavidam*................................ 51
— IV. *Koudoumbi*................................................. 53
— V. Ordre des *brahmatchári*.............................. 54
— VI. Règle et vêtement des *brahmatchári*......... 56
— VII. Ordre des brahmanes.................................. 57
— VIII. Règle et vêtement des brahmanes............ 57
— IX. Irrégularités................................................... 59
— X. Jésuites *brahmatchári* et brahmanes......... 59
— XI. Ordre des *vánaprastha*................................ 60
— XII. Ordre des *sannyási*................................... 60
— XIII. Gourou ou directeur de conscience......... 63
— XIV. Origine du *linga*...................................... 65
— XV. Secte du *linga*........................................... 67
— XVI. Pénitents *táder*, *paramánji* et *digambara*.... 70
— XVII. *Dévadáchi* ou femmes des pagodes........ 72
— XVIII. Description des pagodes........................ 73
— XIX. Signes dont les Malabars se marquent au front avec des cendres de fiente de vache........ 74
— XX. *Tirounámam*............................................... 77
— XXI. *Oûrtapoundiram*....................................... 78
— XXII. Fêtes du *pongal*, des nouvelles lunes et des dédicaces.................................... 79
— XXIII. Purifications des Malabars.................... 84
— XXIV. *Rostirátcham* ou chapelet des Malabars gentils................................... 85
— XXV. Pendants d'oreilles des Malabars............ 87
— XXVI. Le *chakaram* transformé en géant, et vaincu par Vichnou................... 89
— XXVII. Incarnation du *changou* et du *chakaram*. Guerre de *Rámen* et de *Rávanen*...... 91
— XXVIII. Culte des serpents chez les Malabars ; pendants d'oreilles en forme de serpent........ 99
— XXIX. *Latchimi* transformée en basilic........... 100
— XXX. Couronne à longue queue ou *poûchdram*... 101
— XXXI. *Rénougadévi* et *Máriyammai Pidariyár*... 102
— XXXII. Démoniaques......................................... 104
— XXXIII. Cordon *anandaviratam*...................... 105
— XXXIV. Le *chadai* et le *chandiramóuna*........ 109
— XXXV. *Vitiyáraubam*........................................ 109
— XXXVI. Remarques sur les informations faites en 1707 à Pondichéry etc......... —
— XXXVII. Diverses superstitions....................... 110

## TROISIÈME PARTIE.

Chap. I. Opinion des Malabars sur la divinité..... 111
— II. Réfutation de l'opinion des brahmanes sur la divinité.................................... —
— III. Non-éternité des éléments............................ —
— IV. Idée du vrai Dieu......................................... —
— V. Perfections de Dieu...................................... —
— VI. Bonté de Dieu.............................................. —
— VII. Infinité de Dieu.......................................... —
— VIII. Immensité de Dieu.................................... —
— IX. Immutabilité de Dieu................................... —
— X. Éternité de Dieu............................................ —
— XI. Unité de Dieu............................................... —
— XII. Providence de Dieu.................................... 113
— XIII. Justice de Dieu.......................................... —
— XIV. Miséricorde de Dieu................................. —
— XV. Emploi du nom de *Sarouvéchouren*......... 113
— XVI. Salut adressé par les Malabars aux brahmanes... 114
— XVII. L'âme humaine........................................ —
— XVIII. Spiritualité de l'âme.............................. —
— XIX. Immortalité de l'âme................................ —
— XX. Inconsubstantialité de l'âme avec l'essence divine... —
— XXI. Unité de l'âme humaine............................ —
— XXII. Liberté de l'âme...................................... —
— XXIII. L'âme créée à la ressemblance de Dieu..... —

FIN DE LA TABLE DES CHAPITRES.

# TABLE
## DU DEUXIÈME VOLUME.

### DIVINITÉS.

| | | |
|---|---|---|
| Manmatha. | 16ᵉ livr., pl. I. | |
| Râvana, Roi de Lanka. | 17ᵉ livr., pl. I. | |
| Hanouman. | 18ᵉ livr., pl. I. | |
| Soubrahmanya. | 19ᵉ livr., pl. I. | |
| Mâriyammai ou Shitalâ. | 20ᵉ livr., pl. I. | |
| Kâtavârayen. | 21ᵉ livr., pl. I. | |
| Mannârsouvâmi. | 21ᵉ livr., pl. II. | |
| Ayyanâr ou Hariharapoutra. | 21ᵉ livr., pl. III. | |
| Satchi, épouse d'Indra. | 22ᵉ livr., pl. I. | |
| Agni, Dieu du feu. | 22ᵉ livr., pl. II. | |
| Svâhâ, épouse d'Agni. | 22ᵉ livr., pl. III. | |
| Yama, Dieu des régions inférieures | 22ᵉ livr., pl. IV. | |
| Sâmalâdévi, épouse de Yama. | 22ᵉ livr., pl. V. | |
| Nirriti. | 23ᵉ livr., pl. I. | |
| Dirghâ, épouse de Nirriti. | 23ᵉ livr,, pl. II. | |
| Varouna, Dieu des eaux. | 23ᵉ livr., pl. III. | |
| Kâlikâ, épouse de Varouna. | 23ᵉ livr., pl. IV. | |
| Vâyou, Dieu du vent. | 24ᵉ livr., pl. I. | |
| Andjanâ, épouse de Vâyou. | 24ᵉ livr., pl. II. | |
| Kouvêra, dieu des richesses. | 24ᵉ livr., pl. III. | |
| Tchitralékhâ, épouse de Kouvêra. | 24ᵉ livr., pl. IV. | |
| Ishâna. | 24ᵉ livr., pl. V. | |

### PORTRAITS.

| | | |
|---|---|---|
| Ajagou tannir Karichy. | 16ᵉ livr., pl. II. | |
| Rangani. | 17ᵉ livr., pl. II. | |
| Cipaye. | 18ᵉ livr., pl. II. | |
| Chinappa. | 19ᵉ livr., pl. II. | |
| Perirayapa. | 20ᵉ livr, pl. II. | |
| Arnigritchi. | 21ᵉ livr., pl. IV. | |
| Chahgaramousen. | 22ᵉ livr., pl. VI. | |
| Mittou. | 23ᵉ livr., pl. V. | |
| Vieille femme de haute caste. | 24ᵉ livr., pl. VI. | |

### VUES, CÉRÉMONIES RELIGIEUSES ET SCÈNES DE LA VIE PRIVÉE.

| | | |
|---|---|---|
| Danse des serpents. | 16ᵉ livr., pl. III. | |
| Kouraver, porteurs de sel. | 16ᵉ livr., pl. IV. | |
| Kouraver, vanniers. | 16ᵉ livr., pl. V. | |
| Noroungati. | 16ᵉ livr., pl. VI. | |
| Irouler, habitants des forêts. | 17ᵉ livr., pl. III. | |
| Karoumer, tailleurs de pierres. | 17ᵉ livr., pl. IV. | |
| Veder, chasseurs indiens. | 17ᵉ livr., pl. V. | |
| Komboukârer parias. | 17ᵉ livr., pl. VI. | |
| Tomber, jongleurs. | 18ᵉ livr., pl. III. | |
| Kaller ou tribu des voleurs. | 18ᵉ livr., pl. IV. | |
| Djitti, lutteurs. | 18ᵉ livr., pl. V. | |
| Saradakârer, chanteurs ambulants. | 18ᵉ livr., pl. VI. | |
| Pandaram. | 19ᵉ livr., pl. III. | |
| Djangama, religieux de la secte de Vichnou. | 19ᵉ livr., pl. IV. | |
| Porteurs d'eau du Gange. | 19ᵉ livr., pl. V. | |
| Ladasannyâsi ou Bairagi. | 19ᵉ livr., pl. VI. | |
| Gari ou char traîné par des bœufs. | 20ᵉ livr., pl. III. | |
| Koudougoudouppaigâren ou devin. | 20ᵉ livr., pl. IV. | |
| Pénitent satadeven. | 20ᵉ livr., pl. V. | |
| Musiciens. | 20ᵉ livr., pl. VI. | |
| Musiciens. | 21ᵉ livr., pl. V. | |
| Indien agonisant porté sur les bords du Gange. | 21ᵉ livr., pl. VI. | |
| Combat de Râma et de Râvana. | 23ᵉ livr., pl. VI. | |
| APPENDIX. | 25ᵉ livr. | |
| Introduction. | | |
| Extraits d'un manuscrit inédit intitulé : *Religion des Malabars*. | | |

FIN DE LA TABLE DU DEUXIÈME VOLUME.

### ERRATA DES PLANCHES.

19ᵉ livr., pl. III, lisez *Pandâram, religieux de la secte de Shiva*. | 20ᵉ livr., pl. I, lisez *Shitalâ*.

### ERRATA DU TEXTE.

16ᵉ livr., feuille III, lisez *Pânditti, Kouroumer, Kouraver*.
17ᵉ livr., feuille IV, lisez *Karoumen*; f. VI, lisez *Komboukârer*.
18ᵉ livr., feuille III, lisez *Tomber*; f. VI, lisez *Chârudakârer*.
19ᵉ livr., feuille IV, lisez *Nâmam*.

20ᵉ livr., feuille I, lisez *Krichnâ*.
21ᵉ livr., feuille II, lisez *Pârvati*.
24ᵉ livr., feuille IV, lig. 19, lisez *Tchitralékhâ*.

### ERRATA DE L'APPENDIX.

P. 5, l. 3, lisez *sannydsi*.
P. 14, l. 42, lisez *poutiraldbam*.
P. 18, l. 47, lisez *vata*.
P. 21, l. 37, lisez *Gôddvari*.
P. 21, l. 51, lisez *Shoukra*.
P. 21 et 22, *passim*, lisez *Magâbali*.
P. 31, l. ult., lisez *Bouddha*.
P. 33, l. 43, lisez *Pârvati*.
P. 35, l. 53, lisez *mahâbâhou et sahasrabâhou*.
P. 37, l. 52, lisez *vatiavant*.
P. 42, l. 5, lisez *hâpichandanam*.

P. 46, l. 57, lisez *vannâr*.
P. 60, l. 52, à laquelle les *dvidja* seuls.
P. 64, l. 30, lisez *routirâtcham*.
P. 70, *passim*, lisez *tâder*.
P. 81, l. 32, lisez *souvâmi*.
P. 82, l. 17, lisez *souvâmi*.
P. 88, l. 46, lisez *vadjra*.
P. 97, l. 38, lisez *Anoumanten*.
P. 101, l. 4, lisez *pidariyâr*.
P. 101, l. 32, lisez *pallichatikârer*.
P. 101, l. 42, lisez *Narasinha*.

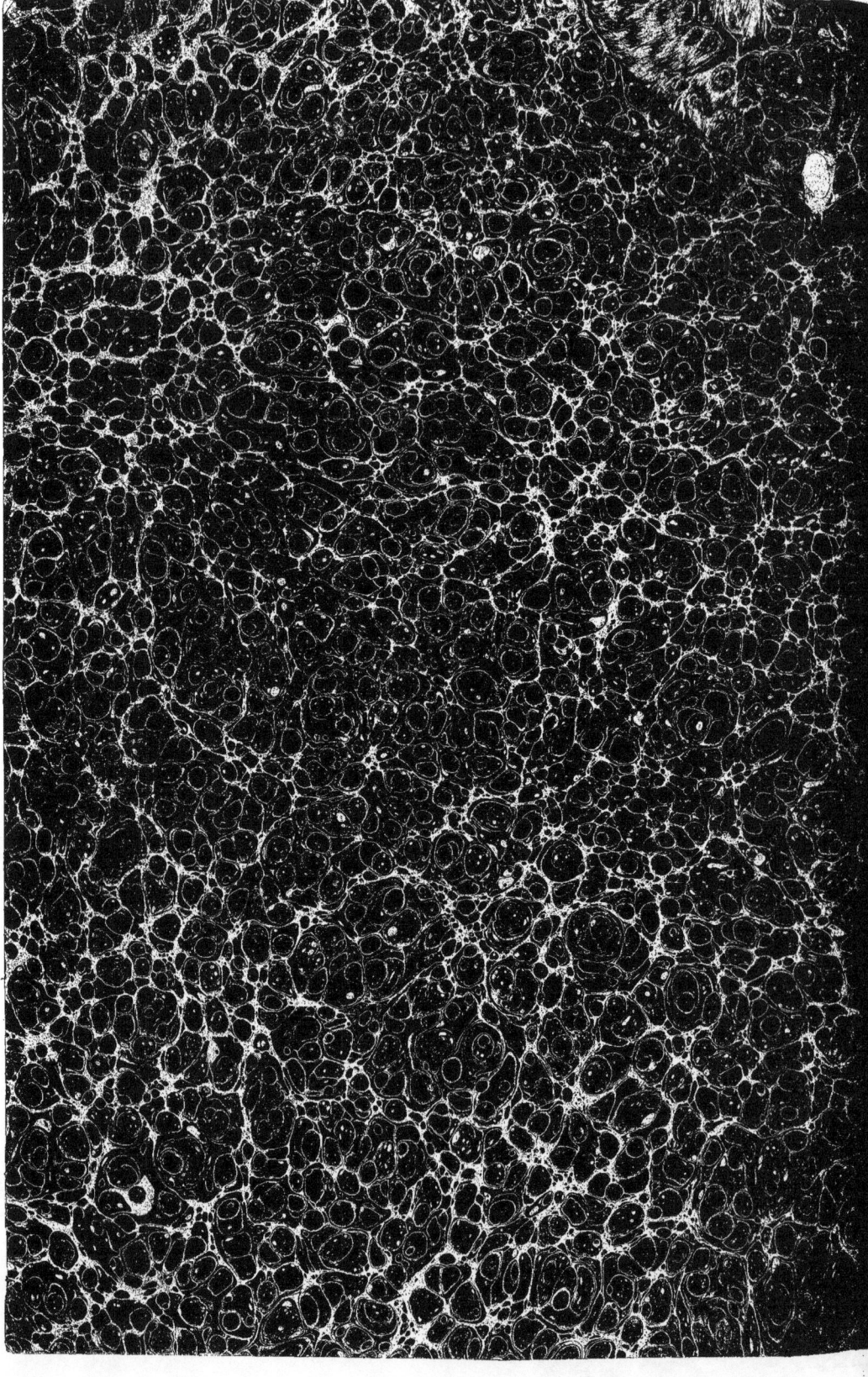

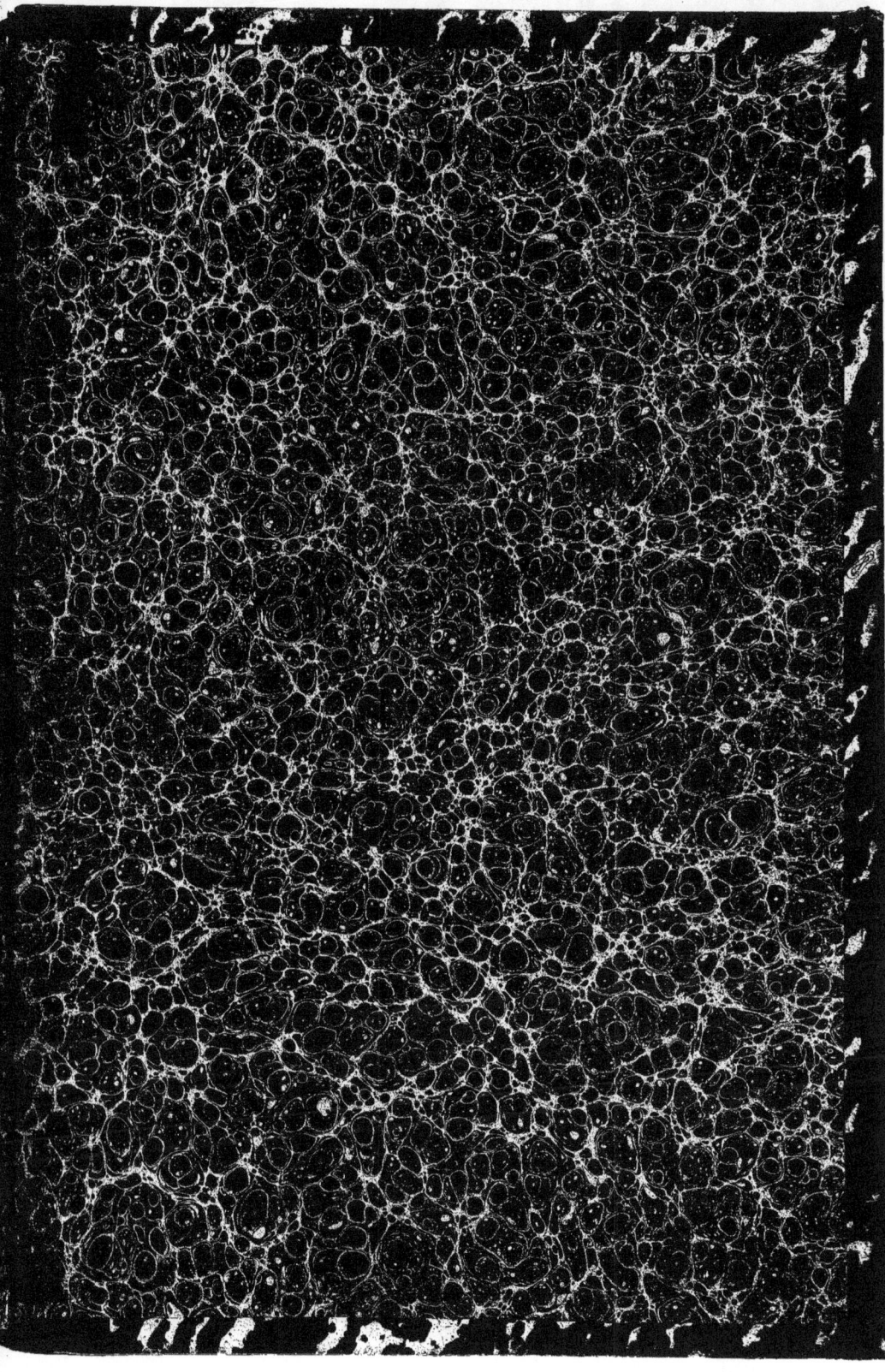

www.ingramcontent.com/pod-product-compliance
Lightning Source LLC
Chambersburg PA
CBHW060058190426
43202CB00030B/2610